基于核心素养的
初中数学教学设计

周强

陈荣◎主 编

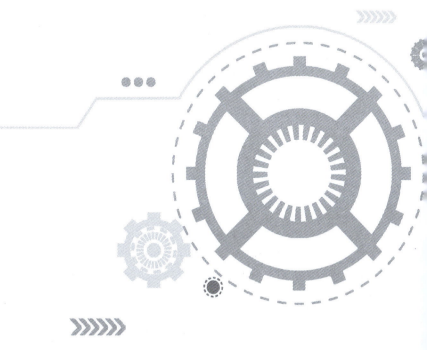

西南财经大学出版社

中国·成都

图书在版编目(CIP)数据

基于核心素养的初中数学教学设计/周强,陈荣

主编.--成都:西南财经大学出版社,2024.11.

ISBN 978-7-5504-6408-7

Ⅰ.G633.602

中国国家版本馆 CIP 数据核字第 2024E5Q345 号

基于核心素养的初中数学教学设计

JIYU HEXIN SUYANG DE CHUZHONG SHUXUE JIAOXUE SHEJI

周 强 陈 荣 主编

责任编辑:李特军

责任校对:冯 雪

封面设计:墨创文化

责任印制:朱曼丽

出版发行	西南财经大学出版社(四川省成都市光华村街55号)
网　　址	http://cbs.swufe.edu.cn
电子邮件	bookcj@ swufe.edu.cn
邮政编码	610074
电　　话	028-87353785
照　　排	四川胜翔数码印务设计有限公司
印　　刷	郫县犀浦印刷厂
成品尺寸	170 mm×240 mm
印　　张	33.75
字　　数	567 千字
版　　次	2024 年 11 月第 1 版
印　　次	2024 年 11 月第 1 次印刷
书　　号	ISBN 978-7-5504-6408-7
定　　价	98.00 元

前　言

　　为了落实培养担当民族复兴大任时代新人的要求，结合义务教育性质及课程定位，教育部在《义务教育课程方案和课程标准（2022 年版）》中提出：将党的教育方针具体细化为本课程应着力培养的学生核心素养，体现正确价值观、必备品格和关键能力的培养要求. 这也意味着核心素养的培养已被认定为是推动学生全面发展的关键. 本书将会深入讨论如何在初中数学教学中有效融合和强化核心素养理念，在强调核心素养实践化的同时，着重培养学生正确的价值观、必备品格和关键能力. 我们致力于为教师和教育工作者提供新视角，以便在数学教学过程中更好地培养学生的核心素养.

　　自 1994 年《中共中央关于进一步加强和改进学校德育工作的若干意见》提出素质教育理念以来，教育改革不断推进，核心素养的概念应运而生. 核心素养教育不仅是素质教育的深化，也是对传统教育方法的一种挑战和创新. 核心素养着眼于培养全面发展的人，涵盖文化基础、自主发展和社会参与三个方面. 这三个方面进一步分为六大素养，包括人文底蕴、科学精神、学会学习、健康生活、责任担当、实践创新，具体化为国家认同、理性思维等十八个基本要点. 这些内容不仅强调学生掌握知识和技能的重要性，也强调了个人价值、社会责任感和创新精神的培养. 通过课程内容的合理选择和组织，将核心素养转化为学生的真实能力、品格和价值观，这也是我们在本书中强调的重点.

　　波利亚曾言："我们要培养学生有益的思考方式，应有的思维习惯."在数学教育领域，尤其是在初中数学教学和核心素养的培养上，这个问题尤为突出. 本书旨在探讨和解决以下几个关键问题，以帮助教师在教学过程中将理论转化为实践：

　　第一，应试教育带来的教学压力. 在这种压力下，教师可能更倾向于围绕考试范围和提高分数进行教学，容易忽视数学教学的真正价值和对学生核心素养的培养，最终导致学生认为数学就是单纯解题，忽略数学作为一门学科的教育价值与意义.

第二，对核心素养的理解仅限于表面文字. 初中数学核心素养概念于2022年首次正式提出，许多教师对核心素养的认识局限于定义解释，空有丰富的教学经验和一腔教学热情，但无法将理论与自身的教学实践相结合. 这种"巧妇难为无米之炊"的困境，限制了教师在数学教学中全面落实核心素养的要求.

第三，教学时间紧但教学任务重. 教师在每节数学课中需要完成特定的教学目标，跟上教学进度，确保解题数量，达到训练效果. 在这种情况下，教师往往难以在有限的时间内有效地平衡核心素养的培养和课程知识的教授，容易忽略对学生批判性思维、创新能力和实际应用能力等核心素养的培养. 在快速发展和不断变化的社会环境中，这种缺乏弹性和深度的教学方式可能会限制学生未来的发展潜力.

第四，教学方法的局限性. 教学方法单一的传统教学方式，往往很难激发学生的学习兴趣，也难以有效培养学生的数学思维和解决问题的能力. 教师可能过分依赖于直接讲解和机械式练习，忽视探究式学习、合作学习、项目式学习等更为有效的教学方法. 这种教学模式不仅限制了学生创新思维和批判性思维的发展，也未能充分发挥数学教育在培养学生综合素养中的潜力. 此外，传统的数学教学方法容易忽视数学与现实生活的联系，导致学生难以理解数学知识的实际应用价值，认为数学是抽象和脱离现实的，从而对学习数学产生抵触情绪.

这些问题的解决需要创新教学理念、合理的资源配置、时间管理策略以及方法上的开拓. 本书将探讨如何应对这些挑战，通过具体案例和策略，着重展示如何在初中数学教学中有效地融合和强化核心素养的培养，希望为教师提供具体的教学思路，为学生核心素养的发展提供实际路径.

PISA 2022 的数据显示，东亚国家和地区的青少年在数学、阅读能力方面表现突出，但普遍有所下滑. 这一发现也提醒教育工作者，在数学教学中需要更加关注学生核心素养的培养.

我们希望本书可以成为初中数学教师和教育研究者的教学研究资源，帮助他们在理论上和实践中培养学生的核心素养，落实立德树人的根本任务，推进我国社会的现代化和人的现代化进程.

编者

2024 年 6 月

目　录

1 概念界定

1.1 核心素养

1.1.1 何为素养

当下社会，谈教育就避不开的一个词就是素养. 但是素养究竟是什么呢？由于素养、素质这两个词到处被引用，不可避免地就出现了泛用、乱用的现象. 为了后文更好地界定数学核心素养，在这里我们对素养、素质的定义进行规范.

"素养、素质"在英语之中有很多词可以表达差不多的含义，比如说在 trait（如 R. B Cattell 对人格特质的分析）、quality（如素质教育为 quality education）、attainment（如文学素养为 literacy attainment）、accomplishment（如艺术素养为 artistic accomplishment）、literacy（如科学素养为 scientific literacy，数字素养为 digatal litearacy）、competency（如核心素养为 key competency）[①]. 但不管是哪个词汇，其实核心都是指向人的发展和人类的生活与活动. 从现代汉语来说，素养指的是个人修养，表示理论、知识、艺术、思想等方面的一定水平和正确待人处事的态度；素质一开始指的是人先天性的特征，后续演变成个人修养. 可以看出，这两个词是非常接近的[②].

综合考察来看，学界共识认为素养和素质是一个意思，都是指人在学习和发展中，形成的对人的活动状况和质量产生影响的特征，指向的是人

---

① 陈佑清. "核心素养"研究：新意及意义何在？：基于与"素质教育"比较的分析 [J]. 课程·教材·教法, 2016（12）: 6.

② 林崇德. 21 世纪学生发展核心素养研究 [M]. 北京：北京师范大学出版社, 2016: 25-26.

的内在本质①.

其实，纵观素养的发展史，国外在20世纪90年代就已经提出了素养这个概念. 欧洲各国建立了职业素养水平制度，使用素养来评价和估计每一个人的价值. 渐渐地，人才观的兴起伴随着职场竞争的火热，素养这个概念被迁移至教育领域，很多学者针对素养的概念和内涵在教育领域的使用开始进行探讨. 比如说1987年英国将素养定义为"成功表现所需的知识、技能和态度经验的发展"②. 美国的罗恩·理查德则认为素养是一种具有主观能动性的后天行为模式，它包含各类行为而不单一. 在特定情境发展过程中，它们不是严格执行的规定行为而是动态的、特殊的，并且会激励、激发与引导能力的发展③. 此后，素养与情境的联系越发紧密，例如比利时、新西兰、澳大利亚等国都认为素养需在特定的情境中才能显现出来. 2005年，国际经合组织（OECD）指出：素养是在特定情境之中调动一些心理资源比如说技能以满足复杂需要的能力④. 综合来看，我们会发现，国外对于素养的看法一般都是，其是在特定情境中的知识、能力和态度的综合表现.

而在国内，不太一样的是，我国最开始并没有提出素养这个概念，最开始提出的是素质. 在1994年的教育领域，素质教育首次提出，用以针对"应试教育"的改革，使得教育目标不仅要关注"知识与技能"的学习，还要培养受教育者的"素质"⑤. 有学者提出，素质的内涵是事物主要成分或本质性质，而素养的内涵是由训练和实践而获得的技巧和能力；素质的外延包括修养、精神、气质、审美、习惯、思维等，而素养的外延包括数学、文化、科学、信息、阅读、技术素养等⑥. 由此可见，素质其实跟素养关系很紧密，我们将素质进行变化，将其由先天的特性转变为可被训练的后天的技能，素养是素质的深化与发展.

综合国内国外，素养的基本含义可概括为：在特定情境之中，人为获

① 陈羽洁，张义兵，李艺. 素养是什么?：基于皮亚杰发生认识论知识观的演绎 [J]. 电化教育研究，2021，42（1）：35-41.

② FRANCIS T. What is competence? [M]. Taylor & Francis, 2005.

③ 科斯塔，卡利克，滕梅芳译. 什么是素养? [J]. 数字教育，2018，4（3）：8.

④ OECD D S. Definition and selection of key competencie-Executive-summary [J]. 2005.

⑤ 严士健. 面向21世纪的中国数学教育 [M]. 南京：江苏教育出版社，1994.

⑥ 黄书光. 中国基础教育改革的历史反思与前瞻 [M]. 天津：天津教育出版社，2006：185-186.

得（显现）一定的道德、知识技能、态度、行为能力等基本素质所进行的自觉、持续的修习涵养. 本研究所指的素养，更多的是指个体通过学校学习，在文化、科学、人文等方面的表现，包括能力、品质和能力.

1.1.2 何为核心素养

由上文可知，"素养"是指个人在特定的情景之中，进行学习和发展从而获得的应社会之复杂生活情境需求所不可欠缺的"知识能力"与"态度".

但随着社会知识经济的多元化发展，传统的"知识+技能"素养型教育目标，无法与社会发展相匹配，也无法实现教育的目标. 于是，我们会发现，世界上许多国家的课标之中都出现了诸如"关注学生的发展，培养学生的核心素养"这样的字眼，表达出他们对于"核心素养"这种教育改革的追求. 到底为什么要提出核心素养？核心素养的本质是什么？接下来，本节将一一回应.

21 世纪之前，我们一般所说的素养属于基础素养，在教育领域之中，指传统的"读、写、算"的基本能力. 21 世纪以后，信息技术的迅猛发展和广泛应用使得人们的行为习惯发生了深刻的变化，知识的创新、技术的更替变得更为快速，运用新知识、新思想和新技术解决现实挑战成了信息时代的新特点和新需求. 在信息时代新模式的冲击下，个人的自我实现需要及社会参与等有了更高的要求，也对世界教育提出了新的挑战，例如，欧盟的一份研究报告指出，对于成功的成人生活而言，掌握读写算只是"一个必要但不充分的条件"①. 为了应对这些挑战，核心素养概念应运而生. 所以欧盟随之在教育领域大力推进终身学习战略，提出了"核心素养"（Key Competences），并确立了以素养为核心的目标体系，从而引发各成员国的课程变革.

欧盟对于核心素养的定义并不是一下子敲定的，经历了漫长的发展过程：它来源于传统的"读写算"能力，以及后续在里斯本提出的新基础能力，即 IT 技能、外语能力、技术文化、创业精神和社会技能，最后则是工作组的升华与补充——人际关系和公民素养、学会学习、文化常识. 融合了这些要素之后，欧盟的工作组在 2002 年到 2006 年之间，还多次对表述

---

① EURYDICE. Key Competencies: A developing conceptin general compulsory education ［R］. 2002. 12: 13，14，15.

进行修订，直至 2006 年才给出 8 项核心素养最终版本：使用母语交流、使用外语交流、数学素养与基本的科学技术素养、数字素养、学会学习、社会与公民素养、主动意识与创业精神、文化意识与表达. 并且，其在 2002 年就提出了核心素养的基本定义：它是一系列知识、技能和态度的集合，是可迁移的、多功能的，这些素养是每个人发展自我、融入社会及胜任工作所必需的；在完成义务教育时这些素养应得以具备，并为终身学习奠定基础. 这个定义后面几乎没有更改过，已经达成了共识.

除欧盟之外，世界经合组织（OECD）也从 1997 年开始进行二十一世纪核心素养框架的研制工作，并在 2023 年形成最终版，2005 年时公布到网上. 总的来说，这个框架将核心素养分成了三个类别：互动地使用工具（语言、符号、文本、知识信息与技术）、在社会异质群体中互动（与他人的关系建立、团队合作、管理与解决冲突）和自主行动（在复杂环境中行动、个人计划的形成与执行、保护及维护权利），它们关注不同却又互相联系，共同构成核心素养的基础. 后续，OECD 开展了一系列关于核心素养的研究，虽然各个研究的侧重点不相同但是都强调了教育的目的是助力学生发展与社会相适应的素养技能，强调 ICT 对于个人及社会的影响，关注劳动力市场所需的各种能力与素养.

美国于 2002 年启动了 21 世纪核心技能研究项目，提出了 21 世纪学习框架. 该框架由学习与创新技能/素养（Life & Career Skills）、生活与职业技能/素养（Learning & Innovation Skills）、信息媒体与技术技能/素养（Information, Media & Technology Skills）等方面组成. 其中，最广为传播和耳熟能详的是学习与创新技能/素养的 4C 模型，即审辨思维（Critical Thinking）、创新（Creativity）、沟通（Communication）、合作（Collaboration），这四个方面反映了 21 世纪人才标准的发展走向，在国际社会具有较为广泛的影响. 当然，不管哪个方面，本质上都是描述学生在未来工作和生活中必须掌握的技能、知识和专业智能，是内容知识、具体技能、专业智能与素养的融合，每一项核心素养的形成都依赖于基于素养的核心科目与 21 世纪主题的学习.

除了诸多欧美国家之外，日本也在 2009 年着眼于社会对人才的素养和能力诉求，开始研制 21 世纪型能力框架，并于 2016 年正式颁布. 该机构将 21 世纪型能力定位为兼具跨学科和通用性的素养和能力，试图以此引领日本中小学课程改革. 其框架参照了马尔扎诺关于学习维度的框架模型，由下到上分为三个层次，首先是基础力（灵活运用语言、数量、信息的技能）；其次是思考力（个体通过高阶思维，深入思考，以判断、整合自我认知与他人认知，从而创造新知识、发现新问题）；最后是实践力（强调在问题解决的过程中，能够运用基础力和思考力，作出具有价值和意义的决策，以促进自身发展、推动社会进步）．这个 21 世纪型能力框架图明确指向生存能力，与日本学校课程中生存能力培养的教育目标愿景一脉相承．他们没有指代具体的学科知识或技能，而关注人的整体性能力．其既满足了国家课程必需，又体现了职业领域和社会生活对人才提出的基本要求，具有普适性和跨学科性①．

当然，除了上述提及的国家与组织之外，西班牙、英国、新西兰、俄罗斯、韩国等国家也分别从自身的国情出发，颁布了自己的"核心素养"体系．

从以上分析可以看出，世界不同国家、地区、国际组织和专业机构均根据各自需求和传统，厘定信息时代核心素养的内涵和框架．那么人们对于核心素养到底达成了什么共识呢？荷兰一位学者经过探究发现，所有的框架共同倡导的核心素养是四个，即协作，交往，信息通信技术素养，社会和（或）文化技能、公民素养，其中大多数框架倡导的核心素养还有另外四个，即创造性，批判性思维，问题解决能力，开发高质量产品的能力或生产性．这八大素养是人类在信息时代的共同追求，可称为"世界共同核心素养"．其同时关注认知性素养和非认知性素养，体现了知识社会的新要求．我们倘若对它们做进一步提炼，可化约为四大素养，即协作（collaboration），交往（communication），创造性（creativity），批判性思维（critical thinking），由此构成享誉世界的 21 世纪 4C's．其中，前两者属非认知性素养，后两者属认知性素养．这也呼应了前述列维和莫奈提出的"复杂交往"与"专家思维"两大核心素养．

世界共同的核心素养即世界对信息时代人的发展目标的共同追求，体现了世界教育的发展趋势．这些核心素养的选取都反映了社会经济与科技信息发展的最新要求，都兼顾跨学科与学科指向②．

而对于国内而言，我们通过对中华人民共和国成立以来不同发展阶段

---

① 刘玥，沈晓敏. 21 世纪型能力：日本核心素养建构新动向［J］. 比较教育学报，2020（1）：12.

② 张华. 论核心素养的内涵［J］. 全球教育展望，2016（4）：15.

相关教育方针政策的分析发现：虽然我国在过去很长的历史时期内没有明确地提出"核心素养"的概念，但党和国家历来高度重视对学生各方面素质的培养．关于教育应该"培养什么样的人"，在我国不同发展阶段的教育方针以及政府工作报告中均有阐述①．而第一次提出核心素养是教育部"义务教育阶段学生学业质量标准体系研究"项目之中提出的要基于学生核心素养的课程体系构建设想．真正明确提出核心素养的概念是在《关于全面深化课程改革落实立德树人根本任务的意见》之中，它提出立德树人是发展中国特色社会主义教育事业的核心所在，是培养德智体美全面发展的社会主义建设者和接班人的本质要求．要根据学生的成长规律和社会对人才的需求，把对学生德智体美全面发展总体要求和社会主义核心价值观的有关内容具体化、细化，深入回答"培养什么人、怎样培养人"的问题．教育部将组织研究提出各学段学生发展核心素养体系，明确学生应具备的适应终身发展和社会发展需要的必备品格和关键能力，突出强调个人修养、社会关爱、家国情怀，更加注重自主发展、合作参与、创新实践．研究制订中小学各学科学业质量标准和高等学校相关学科专业类教学质量国家标准，根据核心素养体系，明确学生完成不同学段、不同年级、不同学科学习内容后应该达到的程度要求，指导教师准确把握教学的深度和广度，使考试评价更加准确反映人才培养要求．各级各类学校要从实际情况和学生特点出发，把核心素养和学业质量要求落实到各学科教学中．

在 2016 年，中国学生发展核心素养研究成果发布会是公布了中国学生发展核心素养总体框架及基本内涵．中国学生发展核心素养，以"全面发展的人"为核心，分为文化基础、自主发展、社会参与三个方面，综合表现为人文底蕴、科学精神、学会学习、健康生活、责任担当、实践创新六大素养．根据这一总体框架，我们可针对学生年龄特点进一步提出各学段学生的具体表现要求②．具体见表 1-1．

---

① 林崇德. 中国学生核心素养研究 [J]. 心理与行为研究, 2017, 15 (2)：10.
② 核心素养研究课题组. 中国学生发展核心素养 [J]. 中国教育学刊, 2016, 000 (10)：1-3.

表 1-1 中国学生核心素养具体要求

文化基础	人文底蕴	人文沉淀
		人文情怀
		审美情趣
	科学精神	理性思维
		批判质疑
		勇于探究
自主发展	学会学习	乐学善学
		勤于反思
		信息意识
	健康生活	珍爱生命
		健全人格
		自我管理
社会参与	责任担当	社会责任
		国家认同
		国际理解
	实践创新	劳动意识
		问题解决
		技术应用

1.2 数学核心素养

1.2.1 数学核心素养的研究历程

数学作为核心素养的下位概念，数学核心素养的研究一直是数学教育界热烈讨论的问题.

在对数学核心素养的概念和组成进行具体分析之前，我们先对数学素养的研究历程进行分析，从而进行借鉴与参考.

实际上，早在 1956 年，《数学通报》刊登的一篇苏联译稿中就出现了数学素养一词，但此时并未在国内造成较大影响，激起学者讨论；时间推移，到了 20 世纪 80 年代中后期，国家开始提倡"素质教育"，数学素质一词随之产生. 张奠宙教授就认为数学素质主要包含数学意识、问题解决、逻辑推理和信息交流四个部分①. 1992 年，我国首次在官方文件《初级中学数学教学大纲》中提出"数学素养". 21 世纪以来，国外诸如 PISA 和 TIMSS 评估项目开始对数学素养进行量化考核，从而引起大家对数学素养的研究，国内外数学素养的研究大致可以分为以下三个阶段.

（1）初步探索阶段.

2001—2005 年，数学素养研究关注的课题集中在三个方面：其一，数学素养构成要素的初步研究. 例如：数学能力、数学思想方法和数学素养的关系，数学素养构成要素探析等. 其二，基于学生和教师的数学素养研究. 例如：提高中小学生数学素养、中小学教师数学素养的认识等. 其三，数学素养培养途径的研究. 例如：从课程资源、教学方法、数学实验等方面，提高学生数学素养.

这个阶段对数学素养的研究是初步的，研究文献数量少，研究的面比较窄，对问题的探究不够深入，没有形成系统的研究局面.

（2）逐步发展阶段.

2006—2010 年，数学素养问题引起广泛关注，其研究主要表现为以下几个特征：①有关数学素养研究的论文逐渐增多；②进一步关注数学素养的内涵、影响因素及其评价；③特殊地区、学生素养的培养；④注重国际数学素养研究的交流与合作.

（3）深化研究阶段.

2011 年至今，数学素养的研究逐步系统化. 论文中关于数学素养论题的覆盖面有了较大扩展，认识也在不断加深. 概言之，以下问题讨论得较多：数学素养内涵的界定、构成要素研究、层次与行为表现、评价、生成策略等. 这一阶段文献数量剧增，研究水平也在不断提高，呈现出数学素养研究的一个高潮期②.

自 2015 年，《关于全面深化课程改革落实立德树人根本任务的意见》提出核心素养概念之后，学者们的重心就转至数学核心素养，期望在剖析

---

① 张奠宙. 数学教育研究导引［M］. 南京：江苏教育出版社，1994：2.
② 陈蓓. 高中生数学核心素养评价指标研究［J］. 教育研究与评论：中学教育教学，2019
（9）：8.

数学学科本质和价值的基础上，明确哪些数学素养对学生的终身发展是最为关键和必要的，反思学生在数学中应获得的教育教学结果，从而更有效地开展数学教学及学习评价.

目前我们可将数学核心素养的研究，分为以下几个方面：

①数学核心素养概念的研究；②数学核心素养构成要素的研究；③数学核心素养特征的研究；④数学核心素养培养途径的研究；⑤基于数学核心素养的教学研究；⑥基于数学核心素养的学习评价研究；⑦数学核心素养其他方面的研究，如调查学生或者教师对数学核心素养的了解情况研究等①.

1.2.2　数学核心素养的内涵分析

自从我国20世纪90年代提出数学素养的概念之后，学者们提出了不同的关于数学素养的界定. 分析国内对于数学素养的界定，我们可以从一维到多维将其分成三种类型：

（1）一维数学素养观.

该观点把数学素养理解为一种知识或素质（修养），将其作为数学素养的核心内容，较少考虑其他因素.

王子兴认为数学素养是在人生理的先天基础上后天再通过严格的数学学习活动获得的并且融于身心中的一种比较稳定的状态，只有通过数学教育的培养才能赋予人们的一种特殊的心理品质，它是数学科学方面的素质，是数学科学所固有的内蕴特性②.

郑强认为数学素养是学生在数学课程学习过程中，加深对数学知识的理解，内化数学文化的成果，最终在学习者身上体现一种时代价值或自己达到的新水平，同时能够主动将数学理论应用于生产生活实践③.

也有课题组认为：数学素养是以人的先天生理特点为基础，在后天的环境和数学教育影响下形成并发展的心理方面的稳定属性④.

这些观点表明，数学素养核心主要体现在数学知识或数学能力的某个方面.

---

① 谷奇锟，李兰敬. 数学核心素养研究评述 [J]. 科学咨询（科技·管理），2021（8）：4-6.

② 王子兴. 论数学素养 [J]. 数学通报，2002，000（1）：6-9.

③ 郑强. 数学素养与数学教学 [J]. 山东教育学院学报，2006（5）：1-3.

④ 连云港市"MA"课题组. "发展学生数学思想，提高学生数学素养"教学实验研究报告 [J]. 课程·教材·教法，1997（8）：35-39.

（2）二维数学素养观.

该观点把数学素养理解为"能力＋能力"或"知识＋能力"的组合，不考虑情感、态度、价值观等其他因素.

刘俊先认为数学素养是指人们灵活运用数学的理论与方法，观察、分析、解决问题的能力①.

苏洪雨认为数学素养指对数学知识的理解，以及进行数学活动时所展现的数学思想方法和数学能力②.

而束仁武则认为数学素养主要指运算能力，发展逻辑思维能力和空间观念，辨别、猜想能力等③.

这些观点在单维度的基础上内涵有所扩大，但忽略了情感、态度、价值观等因素.

（3）多维数学素养观.

该观念把数学素养理解为知识、能力、情感和其他因素的统一体. 持该观点的学者较多，比如说：

姚丽行认为人的数学素养主要包括：数学基础知识、基本技能、数学能力（运算能力、逻辑思维能力、空间想象能力、分析和解决实际问题的能力）和数学观念④.

朱德江认为数学素养即数学知识、数学技能、数学能力、数学观念和数学思维品质等方面的素质与修养⑤.

张建良认为数学素养，是指在个人的先天素质的基础上，受后天教育与环境的影响，通过个体自身的学习、认识和实践活动等所获得的数学知识、数学能力和数学思想观念等的一种综合修养，也称之为数学品质⑥.

桂德怀认为数学素养是数学情感态度价值观、数学知识、数学能力的综合体现⑦.

康世刚认为数学素养指主体在已有数学经验的基础上，在数学活动中

① 刘俊先. 论数学史对提高数学素养的重要作用 [J]. 教育与职业，2009（24）：175-176.

② 苏洪雨，江雪萍，桂鹏. 基于几何问题情境的高中教师的数学素养研究 [J] 数学教育报，2010，19（1）：81-84.

③ 束仁武. 充分利用"想一想"培养学生的数学素养 [J]. 中学数学，1997（11）：10-12.

④ 姚丽行. 提高学生数学素养的几点思考 [J]. 基础教育研究，1995（1）：20-21.

⑤ 朱德江. 小学生数学素养的构成要素与培养策略 [J]. 学科教育，2004（7）：27-31.

⑥ 张建良，王名扬. "高中数学新课标"对数学教师的数学素养提出了高要求 [J]. 数学教育学报，2005，14（3）：87-89.

⑦ 桂德怀，徐斌艳. 数学素养内涵之探析 [J]. 数学教育学报，2008，17（5）：22-24.

通过对数学的体验、感悟和反思，在真实情境中表现出来的一种综合性特征①.

刘喆认为数学素养是通过数学知识、数学能力和数学情感表现出来的一种整体性思想和行为特征②.

而何勇则认为所谓数学素养是指具备一定的数学知识，了解数学发展过程，懂得用数学的眼光观察问题，用数学的头脑分析问题，能运用数学方法解决问题③.

此类观点的内涵在双维度数学素养观的基础上进一步扩大了，不仅仅关注数学知识和数学能力，而且从多维的角度来研究数学素养的内涵，将数学素养视为数学知识、能力和情感态度价值观等的综合体，它首先是学生的一种隐性思维品质，是为了服务社会和个人发展而必备的一种技能，更是集数学知识、能力、情感态度价值观于一体的综合特征. 其为数学核心素养内涵的界定奠定了重要的研究基础.

而国外数学素养内涵的研究主要有两个层面：一是数学教育研究者的研究，二是相关国家数学教育团体的研究.

从数学知识取向出发，杰西·L. M. 威尔金斯认为数学素养就是对几何和代数知识的全面理解④.

从数学过程取向看，约翰·A. 保洛斯认为数学素养是对于私人的情境中的有关数学知识的更好地理解⑤.

从实际生活应用取向出发，林恩·阿瑟·斯坦和罗斯·特纳等人认为数学素养是每天的生活中有效利用数学知识、理解数学的能力⑥.

而从多维综合取向来看，全美数学教师协会认为数学素养的基本内涵是懂得数学的价值，对自己的数学能力有信心，有解决数学问题的能力，

① 康世刚. 数学素养生成的教学研究［D］. 重庆：西南大学，2009.

② 刘喆. 论师范生数学素养［D］. 广州：华南师范大学，2011.

③ 何勇，曹广福. 数学课堂如何兼顾学生数学素养与应试能力［J］. 数学教育学报，2014，23（2）：60-62.

④ WILKINS J L M. Preparing for the 21st Century：The status of quantitative literacy in the united states ［J］. School Science and Mathematics，2000，100（8）：405-418.

⑤ JABLONKA E. Bishop. Second international mathematics education ［M］. Kluwer Academic Publisher，2003：75-77.

⑥ BLUM W，PETER L，GALBRAITH，etc. Modeling and applications in mathematics education ［R］. The 14th ICMI Study Springer Science and Business Media，LLC，2007：26.

学会数学交流，掌握数学的思想方法①. 而南非教育部认为数学素养为学习者提供了数学在现代世界中扮演角色的认识和理解，数学素养与生活中的应用息息相关. 它可以让学习者发展数字和空间思考能力，学会解释和以批判的观点去分析日常生活，提高解决问题的能力和自信心②. 世界经合组织则认为数学素养是个体能在各种情况下形成、使用和解释数学的能力；它能帮助一个创新、积极和善于反思的公民认识数学在世界中所扮演的角色，并能做出良好的判断和决定③.

从上述观点可以看出，国外对于数学素养的观点更多地集中在数学知识、能力以及情感态度价值观的综合体现尤其强调了数学在实际生活中的应用.

对于数学核心素养，首先它应与一般核心素养的含义一致.

2014 年教育部颁发的《全面深化课程改革落实立德树人根本任务的意见》中明确界定了核心素养的内涵：是指学生应具备的适应终生发展和社会发展需要的必备品格和关键能力. 2018 年颁布的《普通高中课程方案（2017 年版）》又深化指出各学科的核心素养应包含三个要素：正确价值观、必备品格和关键能力. 即将正确价值观从必备品格里剥出来，就是对价值观的强调，在核心素养体系中，它应与必备品格一样重要. 对于数学学科，我们希望学生通过数学知识的学习可以使其关键的数学能力得到发展，并且离开学校之后也会对其学习新知识带来帮助.

并且，数学核心素养应反映数学学科的本质属性④. 对于过往的数学家的观点，我们从宏观上可以概括为两个大的方面，即数学的科学特质和文化特质. 所以数学核心素养应体现数学的科学特质，抽象、逻辑、模型、数据、直观等反映数学思维本质的概念；此外应体现数学的文化特质即通过数学学习，让学生形成的数学文化品格.

除此之外，数学核心素养应反映数学教育的价值. 一般来说，数学教育的价值应当体现在育人性和实用性两个方面. 我们在分析数学教育目标

① ABRANTES P. Mathematical competence for all：Options，implications and obstacles ［J］. Educational Studies in Mathematics，2001（47）：125-143.

② DEPARTMENT OF EDUCATION（DOE）. National curriculum statement grades 10 - 12（general）mathematical literacy ［J］. Pretoria：Department of Education，2003.

③ OECD. PISA 2012 assessment and analytical framework：Mathematics，reading，science，problem solving and financial literacy ［M］. OECD Publishing，2013：38.

④ 喻平. 数学学科核心素养要素析取的实证研究 ［J］. 数学教育学报，2016，25（6）：6.

时应当从数学教育目标的价值性准则和数学教育目标的社会性准则两方面来考虑①. 数学教育目标的价值性准则是指数学教育应充分体现数学的应用价值和思维训练价值；而社会性准则是指数学教育应当充分体现社会的要求，培养社会所需的人才. 在提取数学核心素养成分，拟定数学核心素养内涵时，我们应当考虑掌握数学知识、形成基本数学技能、发展数学能力、训练数学思维、掌握数学工具、领悟数学精神、传承数学文化等数学价值.

最后，数学核心素养应当全面涵盖数学学科特性和数学教育功能的基本要素，不能遗漏一些必备的、重要的要素.

其实对于数学核心素养内涵的界定，不同的学者都有不同的看法：

张奠宙先生认为数学核心素养包含具有数学基本特征的思维品格和关键能力，是数学知识、技能、思想、经验及情感、态度、价值观的综合体现②. 同时，张先生认为，数学的核心素养，有"真、善、美"三个维度.

郑毓信认为是通过数学学会思维，并能逐步学会想得更清晰、更全面、更深、更合理③.

朱立明认为是以教育各阶段相应的数学核心知识为载体，培养学生数学核心能力（外显表现），引导学生形成数学思维与数学态度（内隐特质）并为后续的数学学习提供持续性支持的阶段性动态发展系统④.

喻平认为是学生应具备的适应终身发展和社会发展需要的必备数学品格和数学关键能力⑤.

国外一些研究，提出数学核心素养具有情景性，具体包括数学思维能力、表征能力、符号和形式化能力、交流能力、建模能力、拟题与解题（数学题处理）能力等⑥. 其他国际学者更加重视对具体数学核心素养成分的研究，其中出现频率较高的素养为：数学问题提出、数学问题解决和数学交流.

---

① 郑毓信. 数学教育哲学［M］. 成都：四川教育出版社，1995.

② 洪燕君，周九诗，王尚志，等.《普通高中数学课程标准（修订稿）》的意见征询：访谈张奠宙先生［J］. 数学教育学报，2015，24（3）：35-39.

③ 郑毓信. 数学教育视角下的"核心素养"［J］. 数学教育学报，2016，25（3）：1-5.

④ 朱立明. 基于深化课程改革的数学核心素养体系构建［J］. 中国教育学刊，2016（5）：76-80.

⑤ 喻平. 数学学科素养要素析取的实证研究［J］. 数学教育学报，2016，25（6）：1-6.

⑥ TURNER R. Exploring mathematical competencies［J］. Research Developments, 2011. 24. Articla. 5.

教育部课程标准修订组将其界定为"具有数学基本特征"的适应个人终身发展和社会发展需要的必备品格与关键能力.

透过上述这些具有代表性的观点我们不难发现:

（1）数学核心素养强调数学学科育人的独特性，是数学学科为核心素养的独特贡献，尤其凸显学生经历数学化活动之后形成的数学思维、数学表达.

（2）数学核心素养是在多维度数学素养观基础上的深化，包含发展所需的必备数学能力以及经历数学化活动之后形成的数学品格[1].

（3）数学核心素养可以培养且培养的前提是尊重学生的认知规律和成长规律与尊重数学教育教学规律，注重培养的阶段性和过程性[2].

1.2.3 数学核心素养的构成要素

数学素养和数学核心素养构成要素的研究是明确数学素养和数字核心素养的具体要素构成、构成规律以及要素间联系的研究，是对概念内涵的细化与深化.

首先，国内对于数学素养的构成要素研究主要以"经纬"要素组成以及"模块"要素组成两个方向进行，例如：

刘喆等在对数学师范生数学素养进行研究时曾提出一个数学素养构成要素表（见表1-2)[3].

表1-2　数学素养构成

		数学内容知识
		数学思想方法
数学知识	数学学科知识	数学结构知识
		数学观知识
		数学教学知识

---

①　高原. 初中生数学核心素养提升的行动研究 [D]. 沈阳：辽宁师范大学，2017.
②　陈蓓. 高中生数学核心素养评价研究 [D]. 南京：南京师范大学，2017.
③　刘喆，高凌飚，黄淦. 数学师范生数学素养现状的调查研究 [J]. 数学教育学报，2012，21（5）：7.

表1-2(续)

		运算求解能力
数学能力	数学思维能力	空间想象能力
		演绎推理能力
		抽象概括能力
		数据处理能力
		数学直觉能力
	数学应用能力	数学的提出、分析和解决问题的能力
		数学交流能力
		数学表述能力
		数学建模能力
		数学实验能力
数学情意	数学信念	数学观
	数学价值观	数学美、理性精神、数学的价值

其余类似思路研究的学者就像张亚静认为数学素养包括基本的数学知识，基本的数学技能，数学思想方法，数学应用意识和数学美学价值的欣赏[1]. 他们的的研究我们都可看作是上表的部分或者补充.

而像吴晓红、郑毓信认为学生的数学素养应包括数学的知识素养（问题、方法、语言、理论等）和观念素养，应将它们看作一个综合体，并从辩证的角度理解这些要素[2]. 王子兴认为数学素养应涵盖创新意识、数学思维、数学意识、用数学的意识、理解和欣赏数学的美学价值五个要素. 潘小明则是将数学素养从数学学科、思维模块角度出发来进行研究[3].

国外对数学素养要素的分类主要表现为实际应用的价值取向，与本国数学教育状况和社会经济发展情况密切相关，大致分为以下三种类型.

第一种是基于数学知识、能力和情感态度价值观的分类. NCSM 在《面向 21 世纪的基础数学》的报告中指出，现代数学素养包含数学知识、

---

① 张亚静. 数学素养：学生的一种重要素质：基于数学文化价值的思考 [J]. 中国教育学刊. 2006 (3): 65-67.

② 吴晓红，郑毓信. 新课程背景下学生数学素养问题探析 [J]. 中国教育学刊, 2012 (4): 53.

③ 王子兴. 论数学素养 [J]. 数学通报, 2002 (1): 6-9.

数学思维、数学方法、数学思想、数学技能、数学能力、个性品质七个方面的内容①. OECD则认为现代数学素养包含数学知识、数学思维、数学方法、数学思想、数学技能、数学能力、个性品质七个方面的内容②.

第二种是基于国际数学学习测评体系的分类. PISA（2003）对数学素养构成要素的分类为：思考与推理，论证，交流，建模，问题提出和解决，表征，运用符号的、形式化的和专业的语言和操作，运用辅助手段和工具. 另一种国际评测 TIMSS（2009）则从三个维度对数学素养进行分类，分别是：数学内容、数学认识和数学教学目标.

第三种是基于本国数学课程标准要求的分类. 美国在《州共同核心数学标准》（2010）中提到美国中小学生数学素养包括：有问题意识，并能坚持不懈地解决问题；抽象、量化地思考；构建切实可行的论证，评判他人的推理；建立数学模型，策略地使用适合的工具，关注精确性；在重复推理中，探求并表达规律. 德国的数学教育标准提出的数学素养包括：数学论证，数学地解决问题，数学建模，数学表征的应用，数学符号、公式以及技巧的熟练掌握，数学交流③.

不论国内或者国外，每一个数学素养的构成都是人才培养需求的体现，是对数学本质的认识.

而对于数学核心素养，其构成元素也是这几年研究的热点. 例如：

刘晓萍等基于小学实际，认为数学核心素养应包括数学人文（对数学的持久兴趣与好奇、对数学美有追求、会数学交流）、数学意识（数学运算、空间观念、符号意识、解决问题的策略）、数学思想（抽象、推理、建模)④.

喻平通过实证认为数学素养应包括数学抽象、运算能力、推理能力、建模与数据处理，空间能力、问题解决能力、数学文化品格⑤.

蔡金法认为教学素养应包含数学交流、数学建模、数学智能计算思维

① 潘小明. 关于数学素养及其培养的若干认识 [J]. 数学教育学报，2009，18（5）：23-26.

② JAN DE LANGE. Mathematical Literacy for Living From OECE-PISA Perspective [J]. Tsukuba-Journal of Educational Study in Mathematics，2006：25.

③ 徐斌艳. 关于德国数学教育标准中的数学能力模型 [J]. 课程·教材·教法，2007，27（9）：84-87.

④ 刘晓萍、陈六一. 小学数学核心素养的构成要素分析 [J]. 课程教学研究，2016（4）：42-48.

⑤ 喻平. 数学学科素养要素析取的实证研究 [J]. 数学教育学报，2016，25（6）：1-6.

及数学情感①.

而教育部课程标准修订组提出"六核":数学抽象、逻辑推理、数学建模、运算能力、直观想象、数据分析.

喻平在《发展学生数学核心素养的教学与评价研究》中指出,这六个成分本质上就是六种数学能力,其中逻辑推理和直观想象是其他四种能力生成和发展的基础,起着奠基性作用. 而数学运算本质上是指根据规则进行恒等变化,而依据一定的规则进行推理就是演绎推理,所以,数学运算是逻辑推理的一种形式. 在一些问题的解决中如数形结合问题,直观想象又会对数学运算起着一定的支撑作用. 对于数学抽象而言,当我们从现实背景里抽象出数学概念命题时,我们就需要用数学的眼光去观察和分析事物的本质属性. 挖掘直观想象背后的数学关系和图形关系,需要严格的逻辑推理. 所以,离开逻辑推理和直观想象就谈不上数学抽象. 而数学建模,数据分析本质上都是将一个现实问题抽象成数学问题,用数学语言描述,用数学方法解决,是数学抽象的直接体现. 而且要用数学的方法去解决现实问题和其他学科问题,正说明其他的四个能力是这两个能力的基础.

在本书中,我们沿用的数学核心素养是参考《义务阶段课程标准(2017)》之中的核心概念:数感、量感、符号意识、抽象能力、运算能力、几何直观、空间观念、推理意识、推理能力、数据意识、数据观念、模型意识、模型观念.

---

① 蔡金法,徐斌艳. 也论数学核心素养及其构建 [J]. 全球教育展望,2016(11):10.

2 抽象能力

2.1 抽象能力的内涵分析

2.1.1 抽象能力的内涵

数学抽象是指在同一类实物中抽象出一般规律和结论，用数学符号、术语给予表征；也指以数与数量关系、图形与图形关系为对象，经过逐步抽象，形成数学理论的过程[①].

初中阶段的抽象能力，一方面，是小学阶段数感、量感与符号意识的进一步发展；另一方面，为高中阶段更为严谨、形式化的数学抽象打下基础.《义务教育数学课程标准（2022 年版）》（以下简称《新课标（2022 年版）》）对初中阶段抽象能力的内涵作了如下表述.

"抽象能力主要是指通过对现实世界中数量关系与空间形式的抽象，得到数学的研究对象，形成数学概念、性质、法则和方法的能力. 能够从实际情境或跨学科的问题中抽象出核心变量、变量的规律及变量之间的关系，并能够用数学符号予以表达；能够从具体的问题解决中概括出一般结论，形成数学的方法与策略. 感悟数学抽象对于数学产生与发展的作用，感悟用数学的眼光观察现实世界的意义，形成数学想象力，提高学习数学的兴趣."[②]

数学抽象能力是一种特别的能力，指学习者从一个具体现象到一种抽

---

① 赵欣. 初中人教版教科书"数学抽象"表现形式研究 [D]. 乌鲁木齐：新疆师范大学，2021（5）：3.

② 中华人民共和国教育部. 义务教育数学课程标准（2022 年版）[M]. 北京：北京师范大学出版社，2022：8.

象形式的实际活动及体验实践中学习解决问题的逻辑思维能力，主要目标是让学生学会在一些具有特定情境的场景中认识抽象的数学概念、命题、方法等，培养学生观察思考一些日常生活环境中的一般逻辑问题的习惯、把握一般事物本质特点的逻辑推理能力、简化分析事物特征的逻辑能力、初步运用现代数学抽象思维方式独立思考事物和解决一般问题过程的能力.

2.1.2 抽象能力的特征

关于数学抽象的特征，洛洪才认为数学抽象的特点主要表现为：①层次性. 数学抽象基本是层级抽象的，是在已有知识基础上搭建新的理论结构的过程. ②模式化. 将数学知识看成一个又一个的结构模型. ③理想化. ④符号化. 数学符号是数学抽象的关键步骤，帮助数学研究能够向纯形式化的分析前进①.

根据初中阶段的课程内容，初中阶段的抽象能力的特征主要表现为以下几方面：

（1）进一步发展数感，能根据实际情境或数学问题情境抽象出有理数与实数的感念. 初中阶段，引入负数，将正有理数集扩张到有理数集；引入无理数，将有理数集扩张到实数集. 通过两次数集扩张，让学生达到以下目标. ①理解负数的意义与必要性；②理解互为相反数的两个数的特征与意义；③理解无理数的存在性及其在数学中的意义；④理解运算律的意义，能够将小学中的运算律推广到有理数与实数，并用符号表示；⑤理解数轴的作用与意义，初步感悟数形结合的思想.

（2）进一步发展量感，理解度量在几何研究中的作用与意义，培养初步的几何直觉. 初中阶段，图形与几何的学习，将从小学阶段的测量、实验、归纳方式逐步转变为以尺规作图、类比和演绎为主的方式，研究的核心为图形的性质与变换. 量感的表现形式也将从基于操作经验的感悟逐步转变为基于概念和推理的直觉.

（3）进一步发展符号意识，理解代数是算术的一般化，能用代数方法解决问题. 小学阶段的符号意识大体上处于代数符号思维的启蒙阶段. 从初中开始，学生将更多地运用形式符号，符号意识也将逐步发展为数学抽象能力及基于符号的运算与推理能力.

---

① 赵欣. 初中人教版教科书"数学抽象"表现形式研究 [D]. 乌鲁木齐：新疆师范大学，2021（5）：4.

（4）能够在情境中抽象出数学概念、命题、方法和体系，积累从具体到抽象的活动经验. 数学中的概念、命题、方法与体系都是数学抽象的结果①.

2.1.3 抽象能力的类型

根据所抽象的数学对象自身的特殊性质，数学的抽象处理能力大体可分为概念表征抽象能力、原理抽象能力和建构抽象能力.

表征型抽象能力，即研究对象外在体现的特征，直接观察事物现象的最初抽象能力.

原理型抽象能力，是比表征型抽象更深一层的抽象能力，抽象表现的对象不是具体事物中可供观察了解的现象的一些表面特征，而是对某些事物的内在逻辑因果关系、规律性现象和因果关系结果的直接抽象. 其结果通常也是某种数学定律好定理.

建构型抽象能力，是基于具体性和原则性抽象的数学建构活动，是对概念进行数学定义的活动②.

2.1.4 抽象能力的层次

数学抽象是一个循序渐进的发展过程，对同类事物进行抽象时，抽象出的内容抽象层次不同. 不同的研究者对于数学抽象的层次有不同的划分.

徐利治、张鸿庆在 20 世纪 80 年代首次提出数学抽象度分析法，并用抽象度概念来刻画概念的抽象层次. 他们为了描述一系列抽象过程的难易程度，运用了抽象难度向量.

孔凡哲、张胜利基于史宁中对数学抽象划分的三个阶段（简约阶段、符号阶段、普适阶段）提出数学教学形态遵循数学抽象的一般规律，具有事物抽象、半符号抽象、符号抽象和形式化抽象四种表现形式. 实物抽象是以客观事物为基础进行的实物抽象，与事物有着密切的联系，但超越了实物. 例如在引入数轴知识时，借助马路上的实物的相对位置关系抽象出数学问题. 半符号抽象是以实物抽象为基础的抽象，事物的部分属性已经

---

① 鲍建生. 数学核心素养在初中阶段的主要表现之一：抽象能力 [J]. 中国数学教育，2022（5）：4-6.

② 赵欣. 初中人教版教科书"数学抽象"表现形式研究 [D]. 乌鲁木齐：新疆师范大学，2021，（5）：4.

出现，但依然依托于实物．比如，利用三角形模型研究三角形的性质，三角形模型具有三角形的特征，但与三角形模型相比，数学中的"三角形"没有具体实体，是对客观现实中原型的抽象．符号抽象，已经脱离了实物，用已有的"数学模型"表述简约化了的事物．例如，在勾股定理的教学中引导学生发现并表述直角三角形三边的长度关系时，直角三角形用数学语言表述，并且进一步建构勾股定理，用符号表述勾股定理．形式化抽象，指通过假设和推理建立"数学模式"，并能用得到的结论在一般意义上解释具体事物，例如利用"函数模型"解决实际问题．

实物抽象与表征型抽象相似，即以实物为对象，但未脱离实物；符号抽象（包括半符号抽象）与原理型抽象相似，即从实际情境中抽象出一般概念，已经脱离实物；形式化抽象与建构型抽象相似，即通过实物抽象出来的概念再获得或构建新的概念．数学研究所涉及的基本概念并不一定都是直接从现实的、具体的存在中抽象出来的，也可以借助符号与类比得到更高层次的抽象[①]．

2.2 抽象能力的主要表现及教材分析

2.2.1 实物抽象及其教材分析

实物抽象，立足已有的生活经验和社会现实，进行第一步抽象，即以实物为对象进行抽象，到刚刚超越实物而尚未完全脱离实物即结束．

实物层面的抽象，例如"整式"这一节中，引入了几个实际生活中的例子，比如已知列车的行驶速度、时间、路程三者之间的关系，用字母 t 表示时间，用含有字母的式子表示数量关系，在学生的认知基础上进行实物抽象，能够激发学生的学习兴趣，便于新知识的理解与掌握．在"几何图形"这一节中，首先引入几幅图片，学生通过感受各种不一样的图形，并且通过各种实物模型，对长（正）方体、圆柱等有了全新的认识．例如"平移"这一节中，教科书给出了三种图案，要求观察有什么特点，同时要求学生动手操作，画出一排形状大小相同的图形，通过这一过程，让学

---

① 赵欣．初中人教版教科书"数学抽象"表现形式研究［D］．乌鲁木齐：新疆师范大学，2021，（5）：4-5.

生理解"平移"的本质. 以上都是直接借助实物进行的抽象,都是较为直观的感受,抽象的结果基本未脱离实物,使学生对新知识有初步的认识. 如此形成的抽象能力,是为表征型抽象能力[①].

2.2.2 半符号抽象及其教材分析

半符号抽象,建立在实物抽象的基础上的进一步发展. 有关的属性已经从实物中"提取"出来、抽象出来,但是并没有完全脱离实物.

半符号层面的抽象,例如在"轴对称"这一节,通过生活中常见的对称现象引出对称轴的定义,给出几组实例,要求学生观察这些图形的特征,需要学生对新知识进行理解与运用,此时,轴对称图形的关键属性已经显现出来了,即两个图形关于一条对称轴对称. 例如"算术平方根"中,教科书引入一个问题,需要一个 25 dm^2 正方形画布,则画布的边长该取多少? 通过计算,得到边长应取 5 dm. 当面积为 9 dm^2、16 dm^2 等时,边长应该取多少? 转化为指导一个正数的平方,求这个正数. 此时的"算术平方根"的属性已经体现出来了. 如此形成的抽象能力,是为原理型抽象能力.

2.2.3 符号抽象及其教材分析

符号抽象,已经去掉了具体的内容,利用概念、图形、符号、关系表述的包括已经简约化了的实物在内的一类实物.

符号层面的抽象,"勾股定理"中,首先引导学生观察直角三角形三条边之间的关系,引导学生用语言表述出这种关系,接着将直角三角形的三边用数学符号表示,并用数学符号描述出"勾股定理". 这个过程中,让学生利用概念、图形、符号语言表述一类事物的方式就是符号抽象. 例如"同底数幂的乘法"中,观察三组式子的计算结果,找出其中的规律,通过类比数的运算,总结出同底数幂的乘法法则. 学生探索计算法则和观察计算结果的过程,以及利用数学语言表述所发现的规律时,都是在进行符号层面的抽象. 这样形成的抽象能力,亦是原理型抽象能力.

---

① 赵欣. 初中人教版教科书"数学抽象"表现形式研究 [D]. 乌鲁木齐:新疆师范大学,2021,(5):11.

2.2.4　形式化抽象及其教材分析

形式化抽象，通过假设和推理建立法则、模式或模型，并能在一般的意义上解释具体的实物.

形式化层面的抽象，例如"锐角三角函数"这一节中，学生已经学过了函数模型，利用直角三角形，通过猜想、推理得到直角三角形中边角的关系，随之定义了锐角三角函数，而这一模型在实践中有着非常广泛的应用.学生通过教师的引导，逐步形成利用"锐角三角函数"模型熟练解决实际问题的能力.例如在"实际问题与一元一次方程"中，学生在解决实际问题时，通过观察分析，找出其中的数量关系，通过"一元一次方程"模型的建立，实际问题得以解决，这一过程是典型的形式化抽象.如此形成的抽象能力，是为建构型抽象能力①.

2.3　基于抽象能力的教学设计

2.3.1　抽象能力的教学设计概述

初中数学核心素养中的抽象数学能够体现出数学学科的思想，教师在教育教学中要结合具体教学内容，对学生进行具体抽象思维的培养，让学生体验数学抽象思维的过程，习得抽象思维，内化知识体系.对学生抽象能力进行培养，可以帮助学生更好地理解抽象的知识内容，对抽象概念进行转化，纳入自身的知识体系，提升学习效率.初中数学中的很多知识内容对于学生来说比较抽象，学生只有具备一定的抽象能力才能更好地提升教育教学效果.

初中数学教学通过教学设计来培养学生初中数学核心素养中的抽象能力，具有如下意义：一是，有利于培养核心素养；二是，有利于提高教师的专业教学水平；三是有利于落实核心素养.

立足课堂教学设计，培养核心素养，提升抽象能力，应该重视如下培养策略.借助实物和事例的方式形象化抽象概念；在实践中具体化抽象概

---

① 赵欣.初中人教版教科书"数学抽象"表现形式研究［D］.乌鲁木齐：新疆师范大学，2021（5）：11-12.

念；数形结合提升解题效率；利用信息技术手段进行抽象思维的培养；强化知识点的联系，培养抽象能力. 初中数学教学中的抽象思维能力相对比较薄弱，具体表现为对抽象事物的接受认知能力相对较弱，这就导致学生在学习过程中会存在一定的困难. 为了更好地解决这些问题，让学生更好地理解数学抽象知识，教师可以利用实物和事例为载体开展教育教学，将抽象的概念进行形象化解读，强化学生对抽象数学知识的理解；通过实践的方式让学生更好地理解抽象知识内容，对学生的抽象思维能力进行培养. 实践的过程是以感性思维为基础的，学生在实践中会将抽象的问题简单化. 教师在初中数学教学中可以借助信息技术手段将抽象的知识形象地展示出来，让学生更好地理解其中所包含的内容；还要不断探索相应的措施，以便更好地提升学生的抽象能力，达到改善教育教学效果的目的.

参考国内外，关于数学抽象框架建构的方法，数学抽象能力水平区分为三个层次（如表 2-1 所示）①.

表 2-1　数学抽象能力水平

水平一	水平二	水平三
能从熟悉的情境中抽象出数学问题，获得数学概念和规则，能够了解命题的题设和结论，模仿学过的数学方法解决简单问题	能从关联的情境中抽象出数学概念和规则，能提出数学命题和模型，在新的情境中选择和运用数学方法解决问题，理解其中的数学思想	能够在综合情境中抽象出数学概念和规则，提出数学命题和模型，形成数学方法与思想，认识数学结构和体系

为提升初中学生的抽象能力，《初中生数学抽象能力发展的现状及其对策研究》中提出了"初中生数学抽象能力发展对策研究"：渐进性发展数学抽象能力；拓展性发展数学抽象能力；持续性发展数学抽象能力.

2.3.2　渐进性发展数学抽象能力的教学设计

课堂教学中，教师可以应用"数形结合"的思想方法，渐进性地发展学生的数学抽象能力. 在初中函数解题教学中，教师可以通过数形结合实现直观与抽象之间的灵活转化，以"形"助"数"，理解抽象的函数问题，这也是培养数学素养的重要部分.

---

① 王国芳. 初中生数学抽象能力发展的现状及对策研究 [J]. 中学数学教学参考 [J]. 2022 (5)：66.

例谈函数问题中三角形面积的求法

情形1：三角形三边中有一边在坐标轴上或平行于坐标轴.

例1 如图2-1，直线 $l_1: y_1 = 2x + 3$，直线 $l_2: y_2 = -2x - 1$，l_1 与 y 轴交于点 A，l_2 与 y 轴交于点 B，l_1、l_2 交于点 C，求的面积.

解： 因为 l_1 与 y 轴交点 A 的坐标为 $(0，3)$，l_2 与 y 轴交点 B 的坐标为 $(0，-1)$，

所以 $AB = 3 - (-1) = 4$.

联立 $\begin{cases} y = 2x + 3 \\ y = -2x - 1 \end{cases}$，解得 $\begin{cases} x = -1 \\ y = 1 \end{cases}$. 所以 $C(-1，1)$，

所以 $S_{\triangle ABC} = \dfrac{1}{2} AB \cdot |x_C| = \dfrac{1}{2} \times 4 \times 1 = 2$.

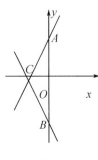

图 2-1

评析： 求解此类问题中的三角形面积时，只需要把三角形中在坐标轴上或平行于坐标轴的一边看成三角形的底边，进而寻找其对应的高，然后根据三角形面积公式求解即可.

情形2：三角形三边都不在坐标轴上或都不平行于坐标轴.

例2 如图2-2，已知一次函数 $y = ax + b$ 的图像与反比例函数 $y = \dfrac{k}{x}$ 的图像相交于点 $A(-2，m)$ 和点 $B(4，-2)$，与 x 轴交于点 C，与 y 轴交于点 D.

（1）求一次函数与反比例函数的解析式；

（2）求的面积.

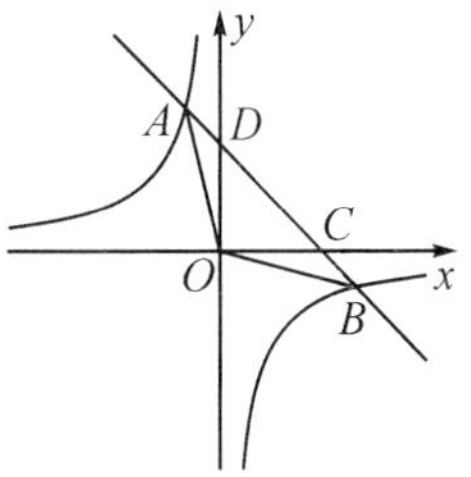

解：（1）将点 $B(4，-2)$ 代入 $y = \dfrac{k}{x}$，

易得 $k = -8$，从

而得出反比例函数解析式为 $y = -\dfrac{8}{x}$. 将 $A(-2，m)$ 代入

$y = -\dfrac{8}{x}$，易得 $m = 4$，从而得出 $A(-2，4)$.

图 2-2

将 $A(-2, 4)$，$B(4, -2)$ 代入 $y = ax + b$，易得一次函数解析式为 $y = -x + 2$.

（2）因为一次函数 $y = -x + 2$ 图像与 y 轴交点 D 的坐标为 $(0, 2)$，所以 $OD = 2$，

所以 $S_{\triangle AOB} = S_{\triangle AOD} + S_{\triangle BOD} = \frac{1}{2}OD \cdot |x_A| + \frac{1}{2}OD \cdot |x_B| = \frac{1}{2} \times 2 \times 2 + \frac{1}{2} \times 2 \times 4 = 6$.

评析：$\triangle AOB$ 的面积也可以看成 $\triangle AOC$ 和 $\triangle BOC$ 的面积之和. $\triangle AOB$ 三边都不在坐标轴上或都不平行于坐标轴，故不能直接用三角形面积公式求解，而需要分割成几个三角形的面积之和，分割后的三角形则需要至少有一边在坐标轴上或平行于坐标轴.

例3 如图 2-3，已知点 $A(1, a)$ 是反比例函数 $y = -\dfrac{3}{x}$ 的图像上一点，直线 $y = -\dfrac{1}{2}x + \dfrac{1}{2}$ 与反比例函数 $y = -\dfrac{3}{x}$ 的图像交于 B，C 两点，其中交点 B 在第四象限，求 $\triangle ABC$ 的面积.

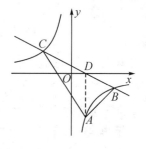

图 2-3

解：过点 A 作 y 轴的平行线 AD 交直线 BC 于点 D，

如图将 $A(1, a)$ 代入 $y = -\dfrac{3}{x}$，易得 $a = -3$，

所以 $A(1, -3)$，故 $x_D = 1$. 将 $x = 1$ 代入 $y = -\dfrac{1}{2}x + \dfrac{1}{2}$，

易得 $y = 0$，所以 $D(1, 0)$，故而 $AD = 0 - (-3) = 3$.

联立 $\begin{cases} y = -\dfrac{3}{x} \\ y = -\dfrac{1}{2}x + \dfrac{1}{2} \end{cases}$，解得 $\begin{cases} x = 3 \\ y = -1 \end{cases}$ 或 $\begin{cases} x = -2 \\ y = \dfrac{3}{2} \end{cases}$，

而点 B 在第四象限，所以 $B(3, -1)$，$C\left(-2, \dfrac{3}{2}\right)$，

所以 $S_{\triangle ABC} = S_{\triangle ADC} + S_{\triangle ADB} = \frac{1}{2} AD \cdot (x_B - x_C) = \frac{1}{2} \times 3 \times (3 + 2) = \frac{15}{2}$.

评析：将 $\triangle ABC$ 分割成 $\triangle ADC$ 和 $\triangle ADB$，其中 AD 平行于 y 轴，边 AD 看成 $\triangle ADC$ 和 $\triangle ADB$ 的底边，进而求面积. 本题也可以通过补形成一个长方形，用长方形面积减去三个三角形面积来求解，读者不妨一试.

例4 如图 2-4，已知抛物线 $y = ax^2 - x + c$ 交 x 轴于 A，B 两点，交 y 轴于点 C，对称轴为直线 $x = 1$，且过点 $\left(2, -\frac{3}{2}\right)$，点 D 为抛物线的顶点，点 $E(0, 1)$，作直线 BE 交抛物线于另一点 F，点 K 为点 D 关于直线 BE 的对称点，连接 KE、KF，求 $\triangle KEF$ 的面积.

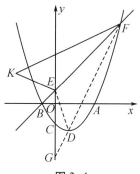

图 2-4

解：连接 DE、FD，并延长 FD 交 y 轴于点 G，如图 4.

由题意得 $\begin{cases} -\dfrac{-1}{2a} = 1 \\ 4a - 2 + c = -\dfrac{3}{2} \end{cases}$，解得 $\begin{cases} a = \dfrac{1}{2} \\ c = -\dfrac{3}{2} \end{cases}$，

所以抛物线的解析式为 $y = \frac{1}{2} x^2 - x - \frac{3}{2}$，

因此 $D(1, -2)$. 因为点 K 为点 D 关于直线 BE 的对称点，

所以 $S_{\triangle KEF} = S_{\triangle DEF}$. 当 $y = 0$ 时，$\frac{1}{2} x^2 - x - \frac{3}{2} = 0$，

解得 $x_1 = -1$，$x_2 = 3$，所以 $A(3, 0)$，$B(-1, 0)$.

由 $B(-1, 0)$，$E(0, 1)$ 易得直线 BE 的解析式为 $y = x + 1$.

联立 $\begin{cases} y = x + 1 \\ y = \dfrac{1}{2} x^2 - x - \dfrac{3}{2} \end{cases}$，解的 $\begin{cases} x_1 = -1 \\ y_1 = 0 \end{cases}$，$\begin{cases} x_2 = 5 \\ y_2 = 6 \end{cases}$，

所以 $F(5, 6)$. 由 $F(5, 6)$，$D(1, -2)$ 易得直线 DF 的解析式为 $y = 2x - 4$，则 $G(0, -4)$，所以 $EG = 1 - (-4) = 5$，所以 $S_{\triangle KEF} =$

$$S_{\triangle DEF} = S_{\triangle EGF} - S_{\triangle EGD} = \frac{1}{2} EG \cdot |x_F - x_D| = \frac{1}{2} \times 5 \times (5-1) = 10.$$

评析：本题中，将 $\triangle DEF$ 的面积转化为了 $\triangle EGF$ 与 $\triangle EGD$ 的面积之差，这两个三角形中，都把边 EG 看成了底边，EG 在 y 轴上，易于求出. 当然我们也可以过 D 作 y 轴的平行线，将 $\triangle DEF$ 分割成两个三角形来求解其面积，读者不妨试一试.

通过"数学结合"的方法，帮助学生总结函数问题中的有关的解题方法，让学生化抽象为形象地理解，有助于培养学生的抽象思维能力. 在函数概念的教学中，教师也可以借助"数形结合"的思想方法.

2.3.3 拓展性发展数学抽象能力的教学设计

课堂教学中，教师可以应用"类比"的思想方法，拓展性发展学生的数学抽象能力. 类比可以将看似没有关联的问题用核心概念的内在联系串联起来. 教学中，教师应指引学生在学习抽象的新知概念或者遇到新的情境时，通过类比旧知的知识结构、学习方法或者探究路径，发现新旧知识间的联系与区别，横向拓宽知识结构，纵向深化知识认知. 这也是发展数学抽象能力的重要过程.

例谈　反比例函数

（一）情景引入

情景 1： 观看"武汉重启灯光秀".

从刚才的灯光秀中，老师截取了部分图片，图片中灯光明亮、闪耀，就在前几天学习的物理知识中我们知道，接在家庭电路中的灯泡，电流越大，灯光越亮，反之电流越小，灯光越暗.

现在假设流过灯泡的电流 I，与灯泡本身的电阻 R、灯泡两端的电压 U 之间满足关系式 $U=IR$. 当 $U=220V$ 时，回答下列问题：

（1）你能用含有 R 的代数式表示 I 吗？

（2）利用写出的关系式完成表 2-2.

表 2-2 关系表

R/Ω	20	40	60	80	100
I/A					

（3）当 R 越来越大时，I 怎样变化？当 R 越来越小呢？

（4）借助前面学习的函数相关知识，思考：变量 I 是 R 的函数吗？

情景 2：面对突如其来的疫情，中国工程院院士钟南山再次临危受命，坐上了从广州到武汉的高铁，奔赴抗疫一线．武广高铁是京广客运专线的南段，位于湖北、湖南和广东境内，全长 1 069 km，列车沿武广高铁从广州开往武汉．

（1）列车全程所需的时间 T（h）与行驶的平均速度 V（km/h）之间具有怎样的关系？

（2）参照情景一中的问题（3），请描述 T 与 V 的变化情况；

（3）变量 T 是 V 的函数吗？为什么？

（二）合作探究

（1）观察以上两个函数关系式，它们有什么共同特点？

（2）类比一次函数（或正比例函数）的定义，你能给上面的函数下定义吗？

事实上，情景引入环节，类比了"变量之间的关系""一次函数"的学习过程，而给反比例函数下定义时，也让学生类比一次函数下定义的过程，从而发展学生的抽象能力．

2.3.4 持续性发展数学抽象能力的教学设计

课堂教学中，教师可以应用"整体教学"的方法，持续性发展学生的数学抽象能力．学生的数学抽象能力的培养不是一蹴而就的，也不是某个学段突然形成的，而是贯穿基础教育阶段整个过程．教材是这个培养过程的载体．对教材的整体把握，有助于教师从学段层面发现和明确每个学段之间数学抽象能力的联系与区别，从而做好学段之间的衔接；从知识层面整体把握教学内容，横向对比不同知识的抽象能力表现形式，纵向感受数学抽象在同一内容主题下的螺旋上升．

有研究者指出，数学教学需要整体把握教材，按照"主线—主题—单元—核心内容"研读教材. 基于这一理念，整体设计初中阶段的教学内容，揭示数学本质，将数学抽象与初中数学内容融为一体，有助于学生在学习过程中理清知识脉络、形成逻辑思维，有的放矢地预习、复习，并建立、完善知识体系.

"因式分解"教学设计说课

单元教学是当下教学研究的热点. 下面我将以"因式分解"为例，从单元教学内容分析、单元课标分析、单元教学重难点分析、学情分析、作业设计分析等方面进行主题单元教学设计说课，同时以"提公因式法（第2课时）"为例，进行课前说课.

一、单元教学内容分析

本单元是义务教育课程标准北师大版教科书八年级（下）第四章《因式分解》的内容，单元教学设计的整体思路如图2-4所示.

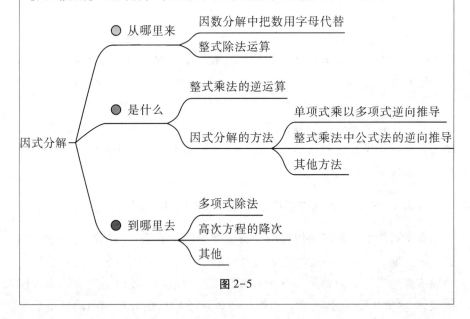

图2-5

本单元以" 99^3-99 能被 100 整除吗？"为问题，驱动我们联想到因数分解，将其变形为几个数的乘积形式，进而用字母代替数，运用"类比思想"类比因数分解，开启单元教学设计整体思路因式分解的学习之旅；而之前的整式除法学习中没有学习多项式除以多项式，正是由于没有因式分解作为运算工具，故而会使学生学习受阻. 在这两方面的背景下，我们可以回答"因式分解"从哪里来的问题.

本单元的学习主要内容正是回答"因式分解"是什么的问题，包含了因式分解的概念（整式乘法的逆向变形）、因式分解的方法（提公因式法、公式法、其他方法如十字相乘法）；那么学习了因式分解，有什么用呢？可以运用到后续的学习当中，如分式化简、解一元二次方程等等，这样，我们也就知道了"因式分解"该到哪里去？

设计意图："因式分解"从哪里来？是什么？到哪里去？这使本单元教学从逻辑上形成了一个完整的整体. 而单元教学重在形成知识体系，使学生感受知识建构的内在逻辑及一般路径，使数学知识的整体性得以凸显.《义务教育数学课程标准（2011 年版）》中指出：数学知识的教学，要注重知识的"生长点"与"延伸点"，把每堂课教学的知识置于整体知识的体系中，注重知识的结构和体系，处理好局部知识与整体知识的关系."因式分解"从哪里来？到哪里去？正好回应了知识的"生长点"与"延伸点"的问题.

二、单元课标分析

《义务教育数学课程标准（2011 年版）》中对因式分解的要求有：

（1）在数与式中要求学生能用提公因式法、公式法（直接利用公式不超过二次）进行因式分解（指数是正整数）；

（2）在方程与不等式中要求学生理解配方法、公式法、因式分解法解数字系数的一元二次方程.

从课标要求可以看出，这一单元的教学要求是：以学生在小学阶段对因数分解内容以及关于数字运算的相关法则的学习为基础，启发其理解并掌握因式分解的概念与意义；使学生通过因式分解方法的学习及其在解一元二次方程等方面的重要应用，进一步培养学生的数学运算这一核心素养.

三、单元教学重难点分析

单元教学重点：理解因式分解的意义；能运用提公式法和公式法进行因式分解；

单元教学难点：理解因式分解的意义；理解整式乘法运算与因式分解之间的互逆关系；能够针对具体的运算问题，选择合理的因式分解方法，设计运算程序，解决运算问题.

为了突出重点突破难点，本单元的教学关键是应用演示、讨论、观察、比较、归纳等多种方法进行教学，呈现知识的形成过程.

四、学情分析

初中学生的认知发展水平处于从"具体运算阶段"向"形式运算阶段"过渡期，这个阶段的学生思维逐渐摆脱了具体事物的束缚，他们可以根据种种可能的假设进行逻辑推理. 基于小学阶段的学习，学生对数学运算有一定的认知基础，包括对因数分解、乘法分配律等的学习，因而学生对因式分解的学习有一定的学习惯性和逻辑关联性. 整式的加减乘除运算已经在直观上为学生进行因式分解的学习提供了必要的基础，教师在教学中应该引导学生通过观察归纳和类比学习，使学生从数的运算到式的运算的算理、运算能力等发生迁移. 而且学生在代数式的其他相关内容的学习过程中已经积累了一些活动经验，具备了初步抽象、归纳、概括、分析问题和解决问题的能力，对本单元教学内容的学习展开有相当充分的知识和能力准备.

但是学生的抽象思维能力与逻辑思维能力有限，如会出现因式分解与整式乘法混淆，分解不彻底，不够灵活地进行分解等问题. 学生需要不断动手操作体验，以避免习惯性思维形成的知识构建.

五、作业设计分析

根据国家"双减"政策的相关要求，以及重庆市南岸区进修学院对作业的设计要求，本单元的作业设计分为课时作业和单元作业. 课时作业包括：典型例题、课堂练习、课后必做作业、课后选做作业；单元作业需要体现：整体单元知识体系、总结单元学习经验、提炼单元学习方法、体会单元数学思想. 基于此，本单元根据课时及课标要求设计包含上述四个维度的课时作业，同时设计单元定时作业以及绘画单元思维导图等单元作业.

六、提公因式法课前说课

1. 教材分析

利用提公因式法进行因式分解，正是本单元"因式分解是什么"中的内容之一，学习的是因式分解的方法，它是本单元落实培养学生数学运算的核心素养的重要载体. 提公因式法（第1课时）主要研究所提公因式是单项式的情形，而提公因式法（第2课时）则是学习所提公因式是多项式的情形.

第2课时是类比第1课时因式分解的方法，继续学习因式分解的方法，提取的公因式由简单到复杂，主要变化有：公因式的底数变成多项式，感受整体思想；多项式的底数变成相反数，需要提出负号进行变形，感受转化思想，并进一步探索多项式底数变为相反数后结果的符号与多项式指数的关系.

2. 学习目标

根据课标要求——能用提公因式法进行因式分解，设置如下课时学习目标：

①通过完成例1，学会提取多项式公因式的基本方法，感受整体思想；

②通过完成例2，学会判断底数相同或相反的方法，并学会转化为相同的形式，感受转化思想；

③通过完成例3，理解多项式底数变为相反数后结果的符号与指数的关系，了解不同的因式分解方法，并学会选择简单方法.

3. 重点难点

教学重点：掌握提取多项式公因式的方法；理解将一个多项式变形为相反的多项式后的符号与指数的关系.

教学难点：理解将一个多项式变形为相反的多项式后的符号与指数的关系.

4. 教学过程设计

任务1 设置问题，回顾方法

把下列各式因式分解：

① $5m + 10n$；　　　　② $am + bm$；　　　　③ $am^2 - a^2m^3$；

④ $3m^2n - 9mn^2$；　　⑤ $-2m^3 + 2m$.

追问 1：找公因式的方法是什么？

追问 2：多项式首项为负号时，怎样因式分解？

追问 3：观察 $am + bm$ 与 $a(x - y) + b(x - y)$ 有什么联系与区别？

设计意图：通过几个简单的因式分解问题，温故因式分解的方法，为本节课的学习做好准备. 通过追问 3，引出学习的课题.

任务 2　解决问题，归纳方法

（1）把下列各式因式分解：

① $a(x + y) + b(y + x)$ ；　　　　② $a(x - y) + a^2 (x - y)^2$.

设计意图：先让学生观察这里的式子与 $a(x - y) + b(x - y)$ 有什么联系和区别，培养学生做题要先观察的好习惯，也让学生解题时有一定的方向，体会公因式的变化，感受整体思想.

（2）把下列各式因式分解：

① $a(x - y) + b(y - x)$ ；　　　　② $a(x + y) + b(-x - y)$.

设计意图：先让学生观察这里的式子与例 1 有什么联系和区别，培养学生做题要先观察的好习惯，也让学生解题时有一定的方向，感受两个多项式互为相反数时，应转化为相同多项式后再提取公因式，感受转化思想.

（3）把下列各式因式分解：

① $6 (x - y)^3 - 12 (y - x)^2$.

设计意图：先让学生观察式子的形式特征，再思考方法，然后解题，通过学生解答，追问 $(y - x)^2 = (x - y)^2$ 的原因，再追问 $(x - y)^3$ 与 $(y - x)^3$ 之间的关系，进一步让学生探索归纳底数为互为相反数的多项式，结果的符号与指数的关系，由学生解答到解决本节课的难点问题，符合学生的思维发展. 再比较两种方法哪种更为简洁，启发学生寻找最优解法.

任务 3　反思总结，自我感悟

问题：（1）公因式的形式有怎样的变化？

　　　（2）对于找公因式，本节课你收获了哪些方法？

　　　（3）因式分解的步骤和上节课相比有变化吗？

　　　（4）你有哪些易错点？请写出来.

设计意图：课堂小结，展示本节课因式分解的问题，让学生观察比较这些式子，总结本节课涉及的主要方法，并通过写出易错点加深印象.

任务4 巩固基础，个性化学习

课堂练习：完成教科书 P98 随堂练习的第（2）（4）（6）问.

课后作业：

（1）本节课的课时作业：教科书 98 页习题 4.3 的第 1 题的（2）（4）（6）（8）问，及习题 4.5；

（2）继续完善本章的单元作业，将本节课所学内容补充到思维导图中.

（3）本课的选做作业：命制 2 道用本节课的提公因式法因式分解的试题并分解出来，完成后由同桌批改.

设计意图：第 1 题的（2）（4）（6）（8）问是巩固本课学习内容，2，3 题是让学生体会本节课所学的提公因式法可以应用到解决化简求值题及生活问题中. 而本章的单元作业，是一个长期作业，每堂课后，不断完善，让学生在完成结构图的过程中，逐渐建构并完善自己的知识体系. 选做的作业，是让学生自己出题，进一步理解本节课所学方法.

七、教学设计理念

1. 基于知识体系整体建构的单元教学设计

2. 基于数学运算能力培养的单元教学设计

钟启泉教授认为单元设计"不可能一蹴而就，也不可能一劳永逸"，是一个动态发展的过程，需要经过实践及科学合理地评价之后，再反思、再修正. 它是一个循环往复的过程.

综上所述，教师要深入了解所教学生的抽象能力水平，重视概念、规则、结论、模型、结构、体系承载的抽象思维，学生才能够在知识中领悟蕴含的数学方法，形成理解和分析问题的学科思维能力.

2.4　基于抽象能力的典型教学案例

2.4.1　教学案例1

一次函数的图象

一、教材的地位与作用

本课是义务教育课程标准北师大版实验教科书八年级（上）第六章《一次函数》第三节的第 2 课时，这一课时在明确了一次函数的图像是一条直线后，进一步结合图象研究一次函数的性质，让学生明了它的研究方式和结果，从而使学生对一次函数有了从"数"到"形"、从"形"到"数"两方面的理解，从此展开了一个"数形结合"的新天地. 本节课的研究还将为学习研究反比例函数性质、二次函数性质打下良好的基础. 因此，本课具有承前启后的作用，意义重大.

二、教学目标

学情分析：八年级学生刚学函数，但有了七年级"字母表示数"和"变量之间的关系"的铺垫，同时，在学习数学的过程中也经历了很多合作过程，具有了一定的学习经验，具备了一定的合作和交流能力. 根据学生现有的知识水平和认知特点以及《课标》要求，本课时的教学目标如下：

学习目标：

（1）经历情景问题的思考，体验数学思考；

（2）经历对一次函数图象的探究及探究所形成结论的运用过程，感受解决一次函数问题的数形结合、分类讨论、正逆向思考以及多角度思考问题的方法和策略；

（3）（在一次函数图像及性质的探究过程中）培养学生勇于探索和勤于思考的精神；

（4）（在合作与交流活动中）发展学生的合作意识和团队精神，获得成功的体验.

三、教学重难点

教学重点：一次函数的性质.

教学难点：如何结合图像研究并分类探讨一次函数的性质

为了突出重点突破难点，本课时的教学关键是在教学过程中通过问题情境的创设，激发学生的学习兴趣，并注意通过有层次的问题串的精心设计，引导学生探讨一次函数的简单性质，逐步加深学生对一次函数及性质的认识. 在师生互动、生生互动的探索实践活动中，促成学生对一次函数知识结构的构建和完善；在巩固练习活动中，提高学生解决问题的能力.

四、教法与学法

（一）教法

（1）直观教学法：利用多媒体展示，制作动画，从视觉上扫清学生的思维障碍，体现直观有效的教学原则.

（2）启发式教学法：坚持学生是探究活动的主体，教师引导点拨，关注学生个体差异，体现因材施教的原则.

（二）学法

建构主义和课程标准都提出：尊重学生已有的知识与经验，使学习过程生成自我建构、自我生成的过程；尊重学生独特的感受和理解，使学习过程成为一个富有个性化的过程. 美国著名的教育心理学家奥苏伯尔曾一语道出了"学生原有的知识和经验是教学活动的起点"这样一个教学理念，所以本节课选用自主探索与合作交流为主要形式的探究式学习方法.

五、教学程序

（1）创设情境，提出问题，激发学生的数学思考；

（2）探究新知，形成结论，渗透数学思想方法；

（3）运用新知，解决问题，渗透思考问题的方法；

（4）共同小结，分享所获，感受知识形成的快乐；

（5）当堂检测，及时反馈矫正，实现课堂高效.

具体流程如下：

第一环节：创设情境，提出问题

内容：展示两幅与实际生活息息相关的图片.

设计意图：伟大的文学家托尔斯泰说过："成功的教学所需要的不是强制，而是唤起学生强烈的求知欲望."爱因斯坦还说："提出一个问题比解决一个问题更重要."因此创设问题情景，提出问题，其一是激发学生兴趣，其二是体验数学思考.

　　（具体教学）提问：看到这两幅图想到了什么？学生可能回答想到了心脏跳动情况和股票的涨跌情况，学生也可能回答制作这些折线需要一次函数的知识等，无论学生如何回答，教师都应给予肯定和引导，最后得出不同的线段是由他们所在的直线确定的，不同的直线有不同的特征和性质，到底具有什么样的特征和性质呢？从而点题，这就是我们今天所要研究的一次函数的图像及性质.（这里边说边板书题目）

　　第二环节：探索新知，形成结论

　　在上面点题的基础之上，教师采用直观教学法在课件上给出线段所在直线的解析式，同时隐去情景，让学生结合解析式来研究图像特征，探究新知.具体操作过程如下.

　　（1）教师出示以下两个问题.

　　问题1：这些直线的区别和联系是什么？

　　问题2：如何从数（解析式）和形（图像）上分类讨论这些直线的区别？

　　（2）让学生带着这个问题先自主学习后合作交流.

　　（3）反馈交流问题1.

　　联系：学生容易从数和形得出它们都是一次函数和直线.

　　区别：估计学生会从过原点过象限等多方面进行回答，回答正确给予肯定，不正确的给予矫正，最后，总体形成从图像上看是倾斜方向和上下位置不同，从数上看是 k 和 b 不同.

　　（4）反馈交流问题2.

　　①从数上对 k 的分类.

　　由于定义中规定 $k \neq 0$，所以学生通过合作交流容易结合解析式 $y = 0.5x + 2.5$ 和 $y = -4x + 6$ 分出 $k > 0$，$k < 0$ 两种情况，不能结合解析式 $y = 4.5$ 和 $x = 2$ 分出 $k = 0$ 和 k 不存在两种情况.此时我会这样引导，若只分出 $k > 0$ 和 $k < 0$，$y = 5$ 和 $x = 3$ 又分到哪去呢？通过 $y = kx + 4.5$ 令 $k = 0$ 即可得 $y = 5$ 的转化过程，让学生感受到 $k = 0$ 的情形，同时通过

$x = 2$ 时 y 的值不确定来说明 k 不存在的情形.

②从形上对 k 的分类.

教师利用课件的动画效果将直线绕着一个点**旋转**，让学生结合 k 的分类检查自己从形上对图像进行分类是否正确并进行订正，对不能订正的在巡视中进行个别辅导. 最后形成以表 2-3:

表 2-3　分类结果

从"数上"看	从"形上"看
$k > 0$	向右倾斜
$k < 0$	向左倾斜
$k = 0$	与 x 轴平行
k 不存在	与 y 轴平行

后两种情况非常特殊，是以后高中阶段要探讨的问题，在这里不做深究，但此时可以教会学生如何表示与坐标轴平行的直线. 同时为初三对二次函数的对称轴学习做了铺垫. 接下来通过图像引导学生认识 k **的几何意义**：当 $k > 0$ 时，k 的值越大，直线与 x 轴的正方向所成的锐角就越大.

提问：x 从 0 开始逐渐增大时，$y = 2x + 6$ 和 $y = 5x$ 哪一个的值先达到 20？这说明了什么？

通过具体函数使学生体会增长的快慢，对于这类性质有的同学也可能用生活中的语言来描述，$|k|$ 越大，直线就越陡，y 随 x 的变化就越快，像这类看法，教师都应给予充分的肯定和赞扬，教师应在教学过程的各个环节时时培养学生的创新意识和发散思维，不完全拘泥于课本.

③从数和形对 b 进行分类.

由于 b 是确定直线的一个要素，学生分类时一般都会联想到对 b 的分类，为了使分类更全面，因此教师增设了对这一问题的讨论，为学生运用知识解决图像问题做了铺垫. 具体教学是借助课件的动画效果将直线上下**平移**，学生容易发现直线在平移的过程中，b 发生了变化，有了前面对 k 的分类加上对平移过程的观察，学生应该能把这些直线从"数上，形上"再次分类（见表 2-4）：

表2-4　再次分类结果

从"数上"看	从"形上"看
$b > 0$	与 y 轴交于正半轴
$b < 0$	与 y 轴交于负半轴
$b = 0$	过原点

提问：平移前后 b 在改变，k 是否改变？平移前后直线的位置关系如何？从而得出**性质**：

同一平面内不重合的两条直线 l_1：$y_1 = k_1 x + b_1$ 与 l_2：$y_2 = k_2 x + b_2$ 当 $k_1 = k_2$ 时，；当 $k_1 \neq k_2$ 时，l_1，l_2 相交．

设计意图是通过图像引导学生认识 b 的几何意义，感受具体图像中平行和相交的位置关系，学生在教师的引导下，逐步加深对一次函数图像及性质的认识．

（5）引导学生在按以上分类对自变量和因变量的变化关系作探讨，形成增减性的结论．具体教学是借助电脑课件演示，当 x 轴上红色的点从左往右运动时所对应 y 轴上蓝色的点由下往上运动，这样就帮助学生更深入地理解了 y 随 x 的增大而增大它的含义是什么，达到化解难点的目的．同时用类似的操作让学生理解当 $k < 0$ 时，y 随 x 的增大而减小．

（以上内容形成的结论分先后顺序给出板书）

第三环节：运用新知，解决问题

例1　下列一次函数中，y 的值随着 x 值的增大而减小的有_____．

（1）$y = 10x - 9$　　（2）$y = (\sqrt{2} - \sqrt{3})x + 5$

例2　在同一直角坐标系内作出下列函数的图像．

$y = \dfrac{1}{3}x - 1$　　（2）$y = \dfrac{1}{3}x + 1$　　（3）$y = \dfrac{1}{x}$

例3　如图已知一次函数 $y_1 = kx + b$ 和 $y_2 = bx + k$ 的图像，在同一坐标系中的大致图像可能是（　　）．

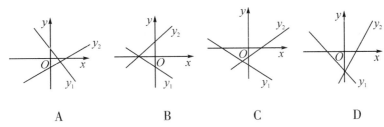

A   B   C   D

例题选用说明： 教师设计了 3 个例题，考虑到例题应具有典型性、层次性，对作业要有示范性，结合教材所给练习进行改编，补充. 这能充分体现教师的作用，体现教师是教材的设计者，创造者，而不是复制者的理念.

例题教学说明： 华罗庚说：数与形本是相倚依，焉能分作两边飞；数无形时少直觉，形少数时难入微；数形结合百般好，隔离分家万事休；切莫忘，几何代数统一体，永远联系切莫分离. 函数问题的研究和解决，是培养学生数形结合的最好时机. 因此，三个例题的教学重点有以下三点. 其一是渗透数形结合解决问题的思想方法，其二是培养学生解决问题时的分类讨论及正逆向思考方法，其三是培养多角度解决问题的思维品质. 具体教学为通过问题串来启发学生积极思维，最后形成最优的解题策略. 问题串为：①读题后你联想到什么？②还有不同意见吗？③谁的想法最好？

第四环节：共同小结，分享所获

设计意图： 教师引导学生回顾所学内容，从问题情境提炼出图像，由图像分类讨论出结果. 然后让学生小结本节的知识与技能是什么？方法是什么？易错点是什么？使知识结构化、方法系统化、态度严谨化，增强学生回顾反思的意识，培养学生的概括总结能力.

第五环节：当堂检测，及时反馈矫正

练习 1 下列一次函数中，y 的值随着 x 值的增大而减小的有_____.

（1）$y = -0.3x + 2$ （2）$y = \sqrt{5}x - 4$

练习 2 函数 $y = kx + |k|(k \neq 0)$ 在直角坐标系中的图像可能是（ ）.

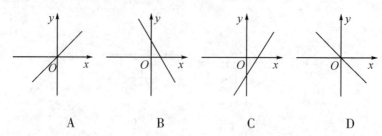

| A | B | C | D |

设计意图：此练习为例题配套练习，其目的是检测教师教，学生学的双边效果，以便及时反馈矫正，达到课堂真正高效.

六、作业设计

1. 在同一直角坐标系内作出下列函数的图像：

(1) $y = 4x - 1$ (2) $y = 4x + 1$ (3) $y = -4x - 1$

2. 函数 $y = 4x - 3$ 中，y 的值随 x 值的增大而_____.

3. 已知一次函数 $y_1 = \alpha x + b$ 和 $y_2 = bx + \alpha$，它们在同一平面直角坐标系中的大致图像是（   ）.

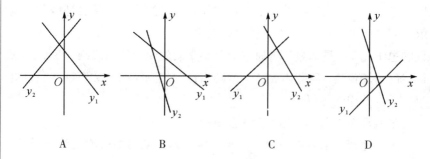

| A | B | C | D |

4. 写出 m 的 3 个值，使相应的一次函数 $y = (2m - 1)x + 2$ 的值都是随着 x 值的增大而减小. 由此你能想到什么?

设计意图：教材安排 4 题，教师也安排 4 题. 1, 2 题选自教材，3 题换为和例 3 配套的练习，考虑到学生接受层次不同，遵循因材施教的原则，把第 4 题作为选做题.

七、板书设计

运用多媒体教学也应该将教学的重要内容条理清晰、重点突出地进行板书，根据教学需求，教师可将黑板分为左中右三块，利于学生观察比较，归纳小结.

八、教学设计理念

本节课的设计理念如下：

（1）尊重学生已有的知识与经验，使学习的过程是自我建构、自我生成的过程；尊重学生独特的感受和理解，使学习过程成为一个富有个性化的过程.

（2）引导学生采用自主，合作，探究的学习方式. 激发学生探究的欲望，提供探究的时间和空间，提高合作学习的有效性.

（3）用问题打开学生智慧之门，培养学生的创新精神和实践能力.

以上就是我对《一次函数的图像》第二课时的教学设计，我认为这样设计层层深入，环环相扣，循序渐进，符合学生建构知识的规律.

2.4.2 教学案例2

目前，重庆市南岸区初中数学正在进行新授课、讲评课、复习课等"三课"模式的教学研究，意在引领规范教师的教学行为，进而形成教学特色. 作为一名一线教师，我们更应该积极行动，努力探索. 文中的"五步直击"教学模式是区初中数学教研员方晓霞老师提炼出的，可操作性很强. 下面是一节复习课的课例设计，以此来谈谈自己在复习课模式探究方面的一点思考.

丰富的图形世界

一、教学目标

1. 知识与技能目标

（1）完成自查题，回顾第一章的基本知识点.

（2）理解几何体展开与折叠的过程，掌握三视图在不同条件下的画法.

2. 过程与方法目标

学生自主探究"练析"环节中的例题，之后组内合作交流形成最终的小组结论，从而逐步发展学生的空间想象能力；通过练习，逐步学会总结学习经验、解题技巧.

3. 情感、态度与价值观目标

初步感受自主探究、合作交流的学习方式，从而逐渐培养学生之间、师生之间的情感交流能力.

二、教学重难点

教学重点：图形展开的应用；根据几何体的三视图，想象出空间实物.

教学难点：由几何体的残缺三视图想象空间实物图.

三、导学过程："五步直击"

1. 自查

（1）圆锥是由 _____ 个面围成，其中 _____ 个平面，_____ 个曲面.

（2）下面图形中，是正方体展开图的是 _____.

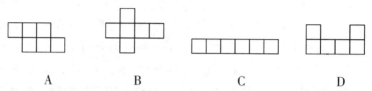

A   B   C   D

（3）圆柱体的截面的形状可能是 _____.（至少写出两个，可以多写，但不要写错）

（4）从一个多边形的某个顶点出发，分别连接这个点和其余各顶点，可以把这个多边形分割成十个三角形，则这个多边形的边数为 _____.

（5）画出图 2-6 几何体的三视图.

图 2-6

设计意图：根据课改的精神及新课程标准理念，学生的学习方式变被动接受式学习为主动参与式学习，通过设置直击不同层次考点的自查题，让学生主动参与到复习活动中，从而达到回顾所学知识的目的.

而非被动接受教师的讲解. 与此同时, 自查习题较简单, 在达到复习知识的同时也增加了学生的自信心.

2. 梳理

（1）知识技能.

（2）思考方法.

（3）思想方法.

设计意图：教师引导学生回顾所学内容，让学生梳理总结本章的知识与技能是什么？思考方法是什么？思想方法有哪些？易错点是什么？使知识结构化、方法系统化、态度严谨化，增强学生回顾反思的意识，培养学生的概括总结能力.

3. 练习

例1 已知平面中连结两点的所有连线中，线段最短. 现有一个正方体（见图2-7），一只蚂蚁从点 A 沿正方体的表面爬到点 B，请你在下图中作出由 A 爬到 B 的最短途径.

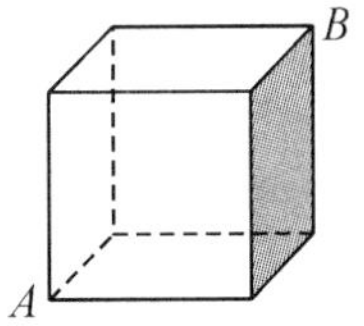

图 2-7

例2 图2-8是有几个小立方块所搭几何体的俯视图，小正方形中的数字表示在该位置小立方块的个数. 请画出相应几何体的主视图和左视图.

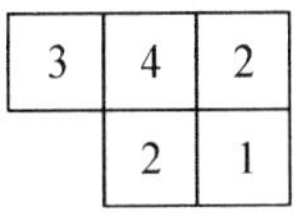

3	4	2
	2	1

图 2-8

例3 用小立方块搭一几何体，使得它的主视图和俯视图如下图2-9所示，这样的几何体最少要 _____ 个立方块，最多要 _____ 个立方块.

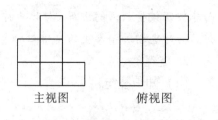

主视图   俯视图

图 2-9

变式 1　题用全等的棱长为 1m 小正方体搭成一个几何体，它的主视图与俯视图如图 2-10 所示，当搭成的几何体所用的小正方体的块数最多时，求该几何体的表面积.

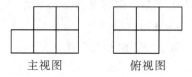

主视图   俯视图

图 2-10

变式 2　用全等的棱长为 1m 小正体搭成一个几何体，它的主视图与俯视图如图 2-11 所示，当搭成的几何体所用的小正方体的块数最少时，求该几何体的表面积.

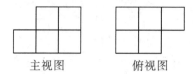

主视图   俯视图

图 2-11

变式 3　桌上摆着一个由若干个相同正方体组成的几何体，其主视图和左视图如图 2-12 所示，这个几何体最多可以由_____个这样的正方体组成.

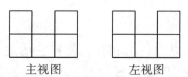

主视图   左视图

图 2-12

设计意图：问题是数学的心脏，同时问题又是一种驱动力，能促使学生产生解决问题的欲望. 在"练析"环节中，设置了比自查题更深入的问题，引导学生进入复习课的重难点. 在设置例3时，考虑了变式题，意在通过层层深入的问题，让学生的思考进入高潮，同时变式2的设计也体现了分类讨论的数学思想.

4. 升华

（1）已知俯视图和俯视图上标的数字，画出主视图和左视图的方法.

主视图：从正面看俯视图，俯视图有几列，主视图就画几列；俯视图上对应的每一列的最大的数字就是主视图上每一列所画的正方形的个数.

俯视图：从左面看俯视图，俯视图有几列，左视图就画几列；俯视图上对应的每一列的最大的数字就是左视图上每一列所画的正方形的个数.

（2）已知主视图和左视图，画俯视图以及在其上面标数字的方法.

主视图决定列数和层数；左视图决定行数和层数.

设计意图：数学解题大师罗增儒教授在《中学数学解题的理论与实践》一书中指出："成功解题最主要的要素是知识结构、思维能力、经验题感、情感态度"，其中最核心的是思维能力. 著名教育家赞可夫也说："教会学生思考，这对学生来说，是一生中最有价值的本钱". 因此这个环节主要是针对以上的"练析"题进行提升总结，引导学生从解决数学问题的思路、技巧上进行反思，教会学生学会思考，从而逐步培养学生的思维能力，形成经验题感.

5. 评价

（1）已知某一几何体的三视图如图 2-13 所示，则这个几何体的名称是_____.

正视图　　　　　左视图　　　　　俯视图

图 2-13

（2）如图 2-14 所示是一个由小立方块搭成的几何体的俯视图，小正方形中的数字表示该位置的小立方块的个数. 请你画出它的主视图与左视图.

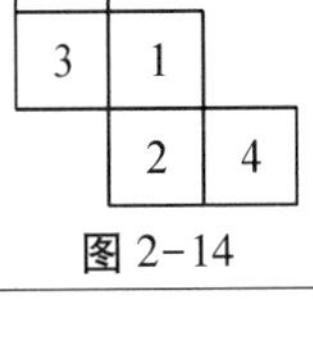

图 2-14

（3）如图 2-15 所示分别是由若干个完全相同的小正方体组成的一个几何体的主视图和俯视图，则组成这个几何体的小正方体的个数是（   ）.

A. 3 个或 4 个　B. 4 个或 5 个
C. 5 个或 6 个　D. 6 个或 7 个

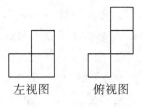

左视图　　　　俯视图

图 2-15

（4）如图 2-16 所示，一个空间几何体的主视图和左视图都是边长为 1 的正三角形，俯视图是一个圆，那么这个几何体的侧面积是_____.

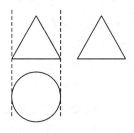

图 2-16

点评：心理学家认为：新知识一旦获得，须及时加以巩固. 复习课复习过的重要知识同样需要及时练习反馈，才能达到复习效果. 教师通过"评价"中习题的练习，可以检测学生听课效果，了解达标合格人数.

四、布置作业

必做："评价"中的 3、4 题.

选作："练析"中的变式 2、变式 3.

五、板书设计（略）

　　　　　梳理　　　　例题分析　　　　升华

六、课后反思

（一）"五击"模式

"五击"模式指有五个环节，每个环节都有一个与之相对应的直击点，具体如下.

①自查——直击不同层次考点;

②梳理——直击知识方法错点;

③练析——直击方案生成优化;

④升华——直击迁移策略总结;

⑤评价——直击达标合格人数.

（二）本课例反思

"自查"环节，主要由学生独立完成，属于基础知识检查，意在让学生回顾已学知识，学生基本上能够完成，因此学生完成后，教师可以展示学生的学案，不必过多讲解，做到"学生会了的不讲".教师对"自查"的处理重在梳理知识技能、思考方法、思想方法等方面."练析"环节主要是平时学生容易出错的考点，通过复习预期达到高效复习的效果.

以上的这堂课的课例在老师的引导下体现了新课程改革的理念：学习方式的转变.现代学习方式强调学生亲身去经历、去感悟，即"做中学".学生动手的过程即是学生对知识的主动建构过程，体现了建构主义教学理论."动手实践，自主探索与交流合作是学生学习数学的重要方式"学生动手操作探索过后，教师组织小组成员进行交流，以解决学生能够解决的问题，达到复习目的，教师在整个过程中尽力做到"三讲"——讲疑点、难点和重要的思想方法.从学生的反映来看，他们想自己动手，想有更多的展示机会，这样所产生的求知欲更强.然而学生的自学能力有限，如何指导学生按照复习学案去动手自主探索才会更有效，值得我们共同去探究.

2.4.3　教学案例3

图形的平移

一、教材分析

本节课是北师大版八年级《数学》下册第三章"图形的平移与旋转"第一节"图形的平移"的第一课时，是第三章的章起始课.它立足于学生小学阶段的学习基础和已有的生活经验，通过分析各种平移现象的共性，直观地认识平移，探索平面图形平移的基本性质，利用平移的基本特征研究简单的平移画图，在此基础上，再进行本章后续的学习．它是章起始课，学生需要初步建构本章的知识框架，梳理学习思路．

二、教学目标

（1）通过观察、列举生活和数学学习中的平移现象，认识平面图形的平移；

（2）通过实验的方法探索平移的基本性质；

（3）会进行简单的平移画图．

三、教学重难点

（1）重点：认识平移，探索平移的基本性质．

（2）难点：如何验证对应线段平行或共线，动手操作画图．

四、教法与学法指导

师生从列举生活和数学学习中的平移现象入手，归纳、抽象出平移的概念；以问题为主线，用观察对比、自主探究与合作交流的方法探索平移的性质．整堂课，以教师为主导，学生为主体．

五、课前准备

教师准备多媒体课件、导学案；学生准备铅笔、黑笔、红笔、直尺．

六、教学过程

（一）引入

用数学的眼光，从运动的角度观看剪纸动画《灰姑娘》．

师：同学们，在刚才老师放的视频里面，你看到了哪些运动方式呢？

生：平移，旋转，翻折．

师：七年级下册，我们已经学习过翻折，即轴对称．通过观察大量的生活中的轴对称现象，抽象、归纳出轴对称的概念．又通过动手操作得到了轴对称图形，同时探索了它的特征，并应用轴对称进行图案的设计．本章将类比轴对称的学习思路继续学习图形的平移与旋转．

设计意图：唤醒学生对小学学习过的三种运动方式：平移、旋转、翻折的记忆；回顾七下与八上轴对称（翻折）的学习内容和研究思路，引出本章的学习框架，起承上启下的作用．

（二）探究新知

1. 认识平移

（1）观察图 2-17，你能根据运动的特点将它们进行分类吗？

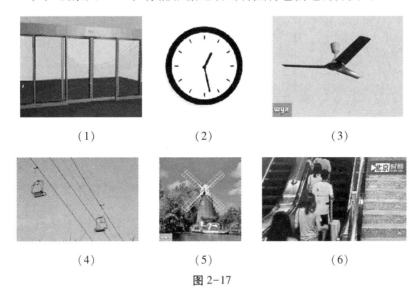

（1）　　　　　　（2）　　　　　　（3）

（4）　　　　　　（5）　　　　　　（6）

图 2-17

（2）你还能举出一些类似的例子吗？

（3）你能试着给出平移的定义吗？

（4）勾画出书上的定义，抓住平移两个要点：平移方向和平移距离.

设计意图：通过比较平移和旋转，抓住平移运动的本质特征；通过让学生列举平移现象，让学生认识这种现象的共性. 小学常见的平移是水平方向和竖直方向上的，挑选几幅平移方向是斜着的，让学生更好地认识平移.

师：刚才，我们列举的都是生活中的平移现象，那么数学学习中，我们需要将物体抽象成数学中的图形，在数学的具体图形中，平移的方向和平移的距离又该怎样来描述呢？

教师展示课件中的图片（如图 2-18）：

（5）将 △ABC 向右平移 4 格得到 △$A_1B_1C_1$，画出 △$A_1B_1C_1$；

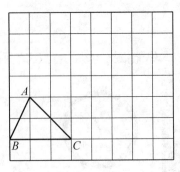

图 2-18

（6）△A₂B₂C₂可以由△A₁B₁C₁平移一次得到吗？指出平移的方向和平移的距离（见图2-19）.

（7）△A₂B₂C₂可以由△ABC平移一次得到吗？指出平移的方向和平移的距离（见图2-19）.

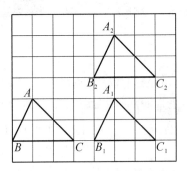

图 2-19

学生在导学案上动手画图，画好后，与课件上展示的参考图片对比，并以举手的方式反馈学生画图的正确情况.

生：还可以这样说，平移方向是点 B 到点 B_1 的方向或者点 C 到点 C_1 的方向，平移距离为线段 BB_1 的长度或者线段 CC_1 的长度.

师生根据问题（5）的解答经验共同完成问题（6）和问题（7）.

设计意图：小学已经学过在方格纸中画出平移方向为上下左右的图形，唤醒记忆，为之后没有方格纸的平移画图做铺垫；从画出的图中认识对应点、对应线段和对应角；让学生会认平移方向和平移距离，并且能准确表达；让学生感知三角形依次沿两个坐标轴方向平移后得到的图形与原来的图形具有平移关系，为下一课时做铺垫；为在平面直角坐标系中图形的平移与坐标变化做铺垫.

2. 探索平移的性质

（1）平移运动中什么在改变？什么没有变？

（2）从对应线段、对应角、对应点的连线段三个方面探索平移的性质（见图2-20）.

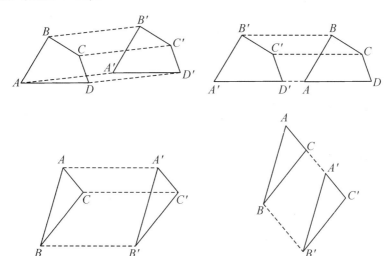

图 2-20

设计意图：引导学生观察运动过程中变与不变的量；给出4组图形的平移让学生探索性质，把学生不容易想到的对应线段共线、对应点的连线共线的图形直接给出，顺利得出平移的性质；培养学生动手操作的能力，养成独立思考、合作交流的学习习惯.

（三）应用

师：同学们能够应用平移的定义、性质解决下面的问题吗？（分别出示如下问题1、问题2）

(1) 题目见图 2-21.

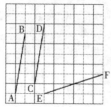

> **随堂练习**
> 如图，点A，B，C，D，E，F都在网格纸的格点上❶，你能平移线段AB，使得AB与CD重合吗？你能平移线段AB，使得AB与EF重合吗？

图 2-21

(2) 如图 2-22 所示，经过平移，△ABC 的顶点 A 移到了点 D.

①指出平移的方向和平移的距离；

②画出平移后的三角形.

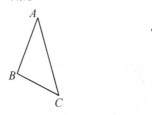

图 2-22

③去掉这个点 D，把条件变为"将 △ABC 向右平移"，你能确定平移后的图形位置吗？

④去掉这个点 D，把条件变为"将 △ABC 平移 5 cm"，你能确定平移后的图形位置吗？

处理方式：学生先独立完成，再小组交流不同的观点、画法，最后全班交流. 教师以追问的方式引导学生回忆所学知识，然后再应用到解决问题当中.

设计意图：应用所学的平移的定义和性质解决问题，并再次巩固定义和性质.

（四）课堂小结

（1）学生谈收获.

（2）梳理本节课的学习知识和方法，并引出本章后面将要学习的内容.

（3）阅读章头页.

设计意图：培养学生梳理、总结的学习习惯；为学生搭建本章的知识框架，梳理学习思路.彰显章起始课的作用.

（五）板书设计（略）

2.4.4 教学案例4

认识分式

一、教学分析

（一）学习内容

北师大版八年级下册第五章"分式与分式方程"第1节"认识分式"（第1课时）.

（二）内容解析

"认识分式"是章起始课的第一课时，主要内容是分式的概念以及分式有意义、无意义、分式值为0的条件和用分式表示数量关系，以及代入求值.分式是继整式之后，对代数式的进一步研究，也是小学所学分数的延伸与拓展.与整式一样，分式也是表示具体问题情境中的数量关系的一种工具，是解决实际问题的常见模型之一.本章内容的学习为今后进一步学习函数的方程等知识起到奠基的作用.而本节是本章学习分式的性质、运算、解分式方程的前提，也是为以后反比例函数的学习作铺垫.

（三）目标

（1）能用分式表示现实情境中的数量关系，体会分式是刻画现实世界中一类量的数学模型，进一步发展符号意识；

（2）了解分式的概念，明确分式与整式的区别；

（3）会求分式的值，了解分式有意义的条件.

（四）重点难点

重点：分式的概念. 难点：学生从概念的内涵和外延两方面形成"用概念"的意识.

二、教学过程

（一）情境创设

（1）西北某县计划 3 个月完成固沙造林任务，平均每月固沙造林 x hm^2，那么这次固沙造林任务是_____ hm^2.

（2）热情似火的重庆以她独特的魅力吸引了大量外地游客，某一时段内的统计结果显示，前 a 天日均游客人数为 35 万，后 b 天日均游客人数为 45 万，这 $(a + b)$ 天游客人数总共为_____万.

（3）南之山库存一批图书，其中一种图书的原价是每册 a 元，现每册降价 x 元销售，现在的售价为每册_____元，降价后这本书售出了 300 册，那么销售额为_____元.

问题 1：在对上面问题的解答中得到了代数式 $3x$，$35a + 45b$，$a - x$，$300(a - x)$，你们熟悉吗？它们属于代数式的哪一类？

【师生行为】教师引导学生回顾代数式、整式、单项式、多项式的含义.

代数式：用运算符号把数和字母连接起来的式子叫做代数式.

单项式：数和字母的乘积叫做单项式.

多项式：几个单项式的和叫做多项式.

整式：单项式和多项式统称为整式.

问题 2：整式可以做加减乘除运算，整式做加减运算的结果还是整式吗？做乘法运算呢？做除法运算呢？

【师生行为】学生回忆整式的加减乘除运算，加法、减法、乘法的运算结果还是整式，整式的除法只学习过多项式除以单项式，课本上出现的运算结果都是整式，但除法运算的结果一定是整式吗？学生开始质疑. 教师马上把之前的三个情境的问题进行改编，让学生列式，再来观察.

（1）西北某县决定在 3 个月内完成固沙造林任务，计划每月固沙造林 x hm^2，那么这次固沙造林任务是 $3x$ hm^2. 若实际每月固沙造林 70 hm^2，则实际完成任务用了_____月，若实际每月固沙造林的面积比原计划多 30 hm^2，那么实际完成任务用了_____月.

（2）现在我们重庆已经成为网红城市，吸引了很多外地游客. 某一时段内的统计结果显示，前 a 天日均游客人数为 35 万，后 b 天日均游客人数为 45 万，这 $(a+b)$ 天游客人数总共为 $(35a+45b)$ 万，这 $(a+b)$ 天日均游客人数为_____万.

（3）南之山库存一批图书，其中一种图书的原价是每册 a 元，现每册降价 x 元销售，现在的售价为每册 $(a-x)$ 元，若销售额为 b 元，那么本次共售出_____册书.

问题 3：在对上面问题的解答中得到了代数式 $\dfrac{3x}{70}$，$\dfrac{3x}{x+30}$，$\dfrac{35a+45b}{a+b}$，$\dfrac{b}{a-x}$，这些式子都是整式与整式相除得到的，那么它们仍是整式吗？

设计意图：设计以上三个变式问题的目的如下：其一，熟悉的情境节省学生读题和审题时间；其二，之前的情境里所列的整式变成了已知条件，列出的式子是通过整式做除法运算得到的结果，让学生初步感知分式和整式的内在联系；其三，$\dfrac{3x}{70}$ 可以作为整式和分式的区分个例.

（二）探究新知

问题 4：你能把 $\dfrac{3x}{70}$，$\dfrac{3x}{x+30}$，$\dfrac{35a+45b}{a+b}$，$\dfrac{b}{a-x}$ 按照是不是整式这个标准分为两类吗？

问题 5：$\dfrac{3x}{x+30}$，$\dfrac{35a+45b}{a+b}$，$\dfrac{b}{a-x}$，从结构上看有哪些共同特征呢？

问题 6：你能给这样的式子命名吗？

问题 7：那今天我们就来学习分式. 现在，你能用自己的语言说说什么是分式吗？

问题 8：你们描述的和书上给的定义一样吗？请同学们翻到课本 108 页，找到分式的概念，勾画出来，并用着重符号标记出关键特征.

【师生行为】教师请一个同学分享勾画的分式概念和关键特征，教师进行板书.

一般地，用 A，B 表示两个整式，$A \div B$ 可以表示成 $\dfrac{A}{B}$ 的形式，如果

B 中含有字母，那么称为分式（faction），其中 A 称为分式的分子，B 称为分式的分母，对于任意一个分式，分母都不能为零.

问题 9：分式概念中提到"对于任意一个分式，分母都不能为零"，你是如何理解的？

【师生行为】教师预设学生可能会类比到小学学过的分数. 对于分式的分母不为零教师从以下两个方面进行说明：其一，类比分数，分式的分母是含有字母的整式，字母表示数，所以分式的分母可以类比分数的分母；其二，从具体问题情境中来看分式的分母不能为 0，如在情境（2）中的分式 $\dfrac{3x}{x+30}$ 中，分母 $x+30$ 表示的是实际每月固沙造林的面积，$\dfrac{3x}{x+30}$ 表示的是实际完成任务的时间，若分母为 0，即实际工作效率为 0，那么工作时间无意义，即此时该分式无意义.

设计意图：*概念来源于生产生活的需要或者数学学习的发展延续，而分式概念两者皆具备，所以在理解分式概念中分母不能为 0 时也可以从数学和生活两个方面作解释.*

问题 10：下列各式中，哪些是整式？哪些是分式？

(1) $\dfrac{b}{2a}$ ，(2) $\dfrac{a+b}{2}$ ，(3) $-\dfrac{x+1}{4-x}$ ，(4) $\dfrac{1}{2}xy+x^2y$

【师生行为】请四个学生依次回答，对于不是分式的说出理由，然后全班总结区分整式和分式的关键在于分母是否含有字母.

问题 11：我们知道，整数和分数统称为有理数，那么整式和分式可以统称为什么呢？

设计意图：*整式和分式统称为有理式这个知识点北师大课本上并未提及，但为了让学生更好地理解分式的概念，应该把新概念纳入相应的概念体系中去，使相关概念融会贯通，并也体现了类比的思想方法.*

（三）应用新知

填表（见表2-5，表2-6）.

表 2-5　求 a 的值

a 的值	代数式		
	分子 $a + 1$	分母 $2a - 1$	分式 $\dfrac{a + 1}{2a - 1}$
2			
0			
-1			
$\dfrac{1}{2}$			

表 2-6　求 x 的值

x 的值	代数式		
	分子 $x - 1$	分母 $x^2 - 9$	分式 $\dfrac{x - 1}{x^2 - 9}$
0			
1			
-3			
3			

问题12：通过代值计算，你发现了什么？

【师生行为】学生先独立思考，然后与小组同学交流，再全班交流，得出以下结论（教师板书）：

（1）无论字母取何值，整式都有意义，但是分式不是.

（2）当分母为 0 时，分式无意义；分母不为 0 时，分式有意义.

（3）当分子为 0 时，分母不为 0 时，分式值为零.

设计意图：在重要的数学概念、技能和方法的发展过程中，动手计算能为学生提供更多的切身体验. 根据以往教学经验，学生对于分式有无意义的条件理解不深刻，容易出错，所以在此设计表格，让学生通过大量计算、观察、思考、交流积累丰富的学习经验，从中获得知识.

问题 13：已知分式的值，你能求出字母的值吗？

（1）已知 $\dfrac{x+3}{x}=0$，求 x 的值.

（2）已知 $\dfrac{x(x+3)}{x}=0$，求 x 的值.

设计意图：两个题是分式值为 0 的条件的应用，（2）是（1）的变式，提醒学生看到分式就要想到分母不为零. 这两个等式就是分式方程，可以转化为 $x+3=0$，转化为一元一次方程求解，为本章解分式方程做铺垫.

（四）课堂小结

环节 1：学生小结本节课所学知识，数学思想方法等.

环节 2：学生畅想本章还要学习什么内容，阅读课本章第一页，进行本章概览.

环节 3：（教师结束语）通过本章概览，我们知道本章主要学习分式的运算. 事实上，我们的代数不就是被运算推动着前进的吗？数与字母进行乘法运算得到了单项式，单项式做加法运算得到了多项式，它们统称为整式，整式又进行四则运算，加减乘运算的结果还是整式，而今天我们用整式除以整式得到了分式. 本章我们要学习分式的四则运算，那分式的四则运算结果是分式吗？还是整式吗？会出现新类型的代数式吗？我们还学过开方运算，整式能开方吗？分式能开方吗？开方运算后会产生新的式子吗？我们的代数式家族还有哪些成员呢？这些都等着你们去发现和探索.

三、几点思考

（一）重视数学概念的获得

概念教学，就是"事实—概念"这一过程，即通过对典型、丰富的具体实例属性的分析，归纳共同属性，抽象本质属性，再概括到同类事物中去形成数学概念. 由心理学研究和教学经验可知，我们主要通过两种方式获得概念：概念形成和概念同化. 两种方式不能孤立使用，而要结合起来. 而本节分式概念的获得主要通过概念形成这种形式.

本节课较好地完成了概念教学的基本环节.

（1）创设问题情境，即提供典型而丰富的具体实例，给出学习任务.

（2）概念的抽象，即通过对具体实例属性的分析、比较、综合，归纳事物的共同属性，抽象本质属性. 在这个环节，教师可先让学生对具体事例进行分类：分类有助于概念的获得；有助于学生更深刻地理解概念之间的联系（整式、分式）；有助于从整体上认识概念；有助于提高概括能力；有助于概念的记忆和运用. 由此可见，分类是概念获得和深化的重要手段.

（3）下定义，即概括出这类事物的本质属性，得到概念的全部内涵，并用准确、精炼的数学语言加以描述，用数学符号进行表示. 教师先让学生用自己的语言进行概括，锻炼学生的概括能力，同时也能加深概念的记忆. 学生能用自己的语言复述概念，解释概念所揭示的关键属性，是学生深刻理解概念的一种标志.

（4）概念的辨析，即以具体实例（正例、反例）为载体分析概念关键词的含义，更准确地把握概念的内涵，本节课设计了一个练习题，辨别四个代数式，既有正例也有反例.

（5）概念的初步应用，即通过解决简单问题，形成用概念做判断的具体步骤. 本节课通过代数求分式的值，得到分式有意义、无意义、分式值为 0 的条件，并进行简单运用.

（6）概念的"精致"，即通过建立与相关概念的联系，形成"概念网络".

问题情境—共性分析与归纳—本质特征的抽象、下定义—关键词辨析—简单应用—联系与综合. 分式的概念形成，既联系了整式，也类比的小学的分数.

（二）把握数学内容的整体性、系统性、完整性

本节课是章起始课，是认识分式的第一课，所以本节课除了要学习分式的概念，还要讲清楚为什么要学习分式，分式是如何产生的.

代数式是用运算符号把数和字母连接起来的式子，也就是用数、字母做运算得到了代数式. 数和字母进行乘法运算得到了单项式，加上加法和减法运算就得到多项式，它们统称为整式. 那么整式又可以进行运算，整式做加减乘运算，它的结果仍然是整式，但是整式做除法运算，得到的式子就不一定是整式，就产生了新的式子，所以分式的产生是必然的. 那分式进行运算又会产生新的不同类型的式子吗？运算除了四则运算，还有开方运算等，那么进行这些运算又会发生什么呢？

上面的内容是教材上没有写的，但是需要教师把代数式这块知识的逻辑体系搭建出来，这样，以后学生自己才知道该如何去学习代数式，事实上，代数式的学习就是用运算符号串联起来的.

只有教师在教学过程中把握好内容的整体性、系统性、完整性，重视知识的产生的发展过程，学生才有可能在有限时间内掌握核心概念，并在学习过程中逐步掌握发现问题、提出问题、分析问题和解决问题的精髓.

（三）认真选择和组织学习材料

蒙台梭利说过，儿童有一种与生俱来的，以自我为中心的探索性学习方式. 但是，学生的学习不可能完全自发的，在有限的时间、空间内，教师教育在学生发展中的作用始终是关键的. 而学习材料是教师教育的载体，教师必须准备充分.

章建跃教授提出感性材料影响概念学习的因素有四点：数量，变式，典型性，反例. 本节课的问题情境设置了 3 个背景，第一组练习题有 4 个空，得到 4 个整式，既有单项式，又有多项式，并且加、减、乘运算均有涉及，具有典型性，数量也适中. 第二组练习题其实是第一组习题的变式，情境背景没有变化，节约了学生读题时间. 第二组练习题新增了除法运算，得到了 1 个整式，3 个新的式子，激发新概念与原有认知结构的矛盾，使学生在一种积极主动的状态下去学习新式子，并且可以类比小学学习的分数给新式子进行命名. 通过变式练习，有助于学生辨别和思考整式和分式的联系与区别. $\frac{3x}{70}$ 这个反例很典型，看似是分式的形式，实际上是整式中的单项式.

2.4.5 教学案例5

一道几何试题的结论与解法探究

在常规数学习题课上，教师常常把一类一类的相关习题布置给学生，请学生先做，然后教师评讲．学生在课堂上常常是分析问题和解决问题，几乎自己不去发现问题，也很少提出问题．对于解决问题，学生常常也是停留在把问题解决了即可，较少去关注还有没有其他解法，哪些解法更好，好的解法是怎样想的．如此一来，学生就偏向于题海，而忽视了思维，缺少了数学本身的味道．基于这样的思考，笔者以"一道几何试题的结论与解法探究"为例，谈谈自己以一道几何试题设计一堂习题课的实践与思考．

一、教学过程

（一）发现问题，提出结论

试题条件：（南岸区八年级下册期末卷第 25 题）如图 2-23 所示，在平行四边形 $ABCD$ 中，$AE \perp BC$，垂足为 E，$AE = CE$，$BF \perp AC$，垂足为 F，分别与 AE，AD 交于点 G，H．

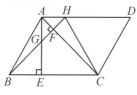

图 2-23

师：请同学们在任务单上进行条件上图．（学生在任务单上进行相应的操作）

师：看过条件上的图过后，请你思考：由条件能推出哪些具有数量关系的线段？并写在任务单上．

生 1：$DH = \sqrt{2} BG$，$BF = CF$．

师：其他同学还有其他的结论吗？

生 2：$BC = AH + \sqrt{2} BG$．

生 3：$AC = BH$．

师：刚才三位同学得出的结论，我们是否能够从条件顺推一步或两步很快推出结论呢？

生：不能，需要思考，然后逐步推理得出．

师：非常好，我们把这样的结论称之为"重构结论"，它是由条件进行多次推理得到的结论，

它们是否正确呢，相信同学们上完这堂课一定能够自行探索．

师：老师现在给出这样一些数量关系：$AD = BC$，$BE = GE$，$AE = EC$，$\sqrt{2}BE = BG$．这些数量关系，同学们从条件出发，觉得比较容易得到的请举手．（同学们纷纷举手）

师：我们把由条件顺推一步或者两步等比较容易得出的结论，姑且称之为"初步结论"．

师：同学们，你能证明：$BH = \sqrt{2}AE$ 吗？

生：由条件易得：$BG = \sqrt{2}GE$，$GH = \sqrt{2}AG$，从而，即 $BH = \sqrt{2}(GE + AG)$，所以 $BH = \sqrt{2}AE$．

师：请同学们思考，上述推理用了哪些方法呢？

生：（经过思考）用了等式的性质，等量代换．

师：同学们同意吗？

生：（齐声）同意．

师：还有补充的同学吗？（稍停一会儿）好，没有了．我来补充，这里出现了 $\sqrt{2}$ 倍，它属于等腰直角三角形中特有的数量关系．于是，我们由初步结论走向重构结论，刚才经历了特殊图形边的数量关系，等式的性质，等量代换等历程．

师：课堂之初，有位同学得到一个很好的结论，老师稍微改动一下，于是得到的结论为：

$AD = AG + \sqrt{2}BG$．你能证明吗？

设计意图：问题是数学的心脏．教师应通过提问和追问的方式，引导学生去发现问题并提出问题，从而培养学生的数学思维．学生提出问题后，教师也设计了一个问题，并引导学生通过具体的方法得到了解决，解决问题的同时也渗透了发现并提出问题的方法，同时做好了课堂示范，为课堂的下一环节做了思维的铺垫．

（二）解决问题，探究结论

老师出示一个结论，你能证明吗？（教师用课件展示完整题目如下）

题目： 如下图 2-24 所示，在平行四边形 $ABCD$ 中，$AE \perp BC$，垂足为 E，$AE = CE$，$BF \perp AC$，垂足为 F，分别与 AE，AD 交于点 G，H。

求证：$AD = AG + \sqrt{2}BG$。

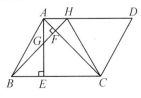

图 2-24

师：任务：

01~08 小组，证明老师给出的结论（辅助线？你是怎样想到的？写思路）。

09~12 小组，条件不变，继续探索新的结论（尽量用完所有条件，结论结构尽量简洁）。

此时，学生接到任务后，按要求进行着。

师：现场小黑板上有 8 幅图，思考成熟的同学，到黑板上来画图，同时写出作图方法，若辅助线相同，但做法不同，则写到同一个图形下方。（学生们画图如下）

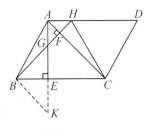

图 2-25

辅助线：延长 AE 至 K，使 $GE = EK$。连接 BK。

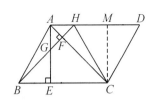

图 2-26

辅助线：过点 C 作 $CM \perp HD$，交 HD 于点 M。

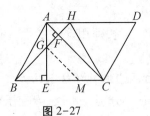

图 2-27

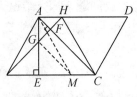

图 2-28

辅助线 1：过点 G 作
$GM \perp BG$，交 BC 于点 M.

辅助线 1：过点 A 作 $AM // CH$，
辅助线 2：在 EC 上截取 $EM = BE$，
连接 GM 交 BC 于点，连接 GM.

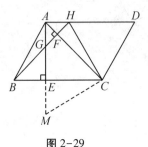

图 2-29

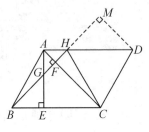

图 2-30

辅助线：延长 GE
到点 M，使 $ME = GE$.

辅助线：过点 D 作 $DM \perp BH$，交 BH
连接 BH 的延长线于点 M.

【**师生行为**】负责证明结论的学生，进行思考，想出解法的学生来到黑板图形前画出辅助线、写明辅助线的画法，尽量做到不重复；不用辅助线也能证明的学生，准备交流时发言；探究新结论的学生，也在积极地思考着，并把想到的结论，给出简要的说明；教师巡查，时而与小组交流，时而点拨黑板上的不规范之处．（有 2 幅图学生没有书写，时长约 8 分钟）

师：黑板上的 6 幅图，给出了 7 种作图方法，现在请所有同学以小组为单位，来解决黑板上给出的方法，你们能不能证明？不能证明的同学请在小组内交流完成，若小组也不能解决的方法，我们待会儿再请给出方法的同学到黑板前来讲解．如果黑板上的字迹看不清楚，小组长可以到黑板前来细看，然后回到座位给其他同学解释说明．

【**师生行为**】小组合作交流解决黑板上出现的所有方法，看不清楚字迹的小组，小组长来到黑板前细看，然后回去与小组成员分享；教师巡查课堂情况，有学生提出问题时，也参与短时间的讨论．（时长约 10 分钟）

师：通过小组合作交流，黑板上的方法，有没有小组没有证明出来的呢？

生：都懂了. 但是，第六幅图的方法我们小组在交流的时候，一致感到不好想，请问是怎么想到这样做辅助线的？

生（给出方法的同学）：要证明 $AD = AG + \sqrt{2}BG$，而 $AH = AG$，故只需证明 $HD = \sqrt{2}BG$，于是想到构造以 HD 为斜边的等腰直角三角形 MHD.

师：讲得很好，同学们也证明得很好，看来集体的力量是伟大的，同学们都能证明了. 刚才有同学提到，不用辅助线也能够证明，现在我们请这位同学来给大家讲解.

生：$AG + \sqrt{2}BG = AG + GE + BE = AE + BE = EC + BE = BC = AD$.

师：同学们，明白了吗？老师也是用这样的方法得到这个结论的，这些方法正和我们之前得到的"重构结论"的方法相同：特殊图形边的数量关系、等式的性质、等量代换等. 这道试题一定不止黑板上的方法，请同学们课后继续思考：还有哪些方法呢？并选择适合你的方法进行解答.

师：好了，该到 09~12 小组的同学上场了，你们得到了新的结论了吗？

生 1：$AH + BC = \sqrt{2}AC$，理由：$\sqrt{2}AC = AE + EC = AG + GE + EC = AH + BE + EC = AH + BC$.

生 2：理由：$DH - BE = BC - AH - BE = BC - BE - AH = EC - AH$
$$= AE - AG$$
$$= GE.$$

师：还有其他的结论吗？（稍停了一会儿）没有了，好，刚才两位同学的结论很不错，都是正确的结论，看来，只要同学们勇于探索，一定会得到收获，相信在条件不变的前提下，一定还会有其他结论，请同学们课后继续研究.

设计意图：通过任务安排，01~08 小组成员独立思考解决教师提出的问题，09~12 小组成员独立探索新的结论，充分调动班级力量来解决提出的问题和探究新的结论，这样既可以一题多解，同时遇到辅助线相同但辅助线作法不同的情况（这种情况是存在的）时，又可以达到多法归一的目的，也可以探究出更多不同的新结论；不同的方法产生了，需要消化，课堂时间有限，小组合作共同消化是必要的，既有效又节省时间，同时培养了合作的精神．无论是解题方法还是探究结论，都可以延续到课后，为学有余力的学生提供挑战的机遇．

（三）回顾整理，反思升华

（1）发现结论的角度．

（2）证明结论的角度．

根据"思考方法"进行解法回顾，然后适当对方法进行归类：

辅助线是怎样想到的？进一步联想到：

①由 $\sqrt{2}BG$ 想到的思路作为一类；

②由"截长补短"想到的思路作为另一类．

（3）基本数学思想：转化．

（4）你还有其他证明方法吗？你还能得到其他结论吗？

（适当时机，可点拨学生：把问题整理所得的收获记录下来，可以形成适合初中生阅读的"数学小作文".）

【师生行为】通过教师提问，学生思考、回答，教师再追问，师生共同补充等形式，教师引导学生从顺推条件得出的"初步结论"到运用特殊图形边的数量关系、等式的性质、等量代换等方法演绎得到了"重构结论"，与学生重温本节课数学结论是如何发现的；接着，教师启发学生从结论的"证明思路"出发，总结了证明方法是怎样想到的，并对思考方法进行了归类整理，最后升华到"转化"的数学思想上来．

设计意图："回顾整理"环节，也是学生收获认知的环节．从"发现结论的角度"整理反思，让学生回顾提出问题的经历，重温得出数学结论的方法，培养学生发现问题、提出问题的能力．从"证明结论的角度"总结反思，让学生总结证明方法，并明白证明方法是如何想到的，培养学生一题多解、多解归一的解题能力，同时也渗透教会学生学会分析问题、解决问题的能力．通过提问，将数学学习延伸到课后．数学课堂，若能激发学生对数学的兴趣，从而提升学生对数学的认知，在教师的指导下，走向书写"数学小作文"的道路，亦是一件可喜的事．

二、教学思考

本节课通过一道期末几何试题的条件引入课题，学生感到不陌生，可以激发学生主动探索的愿望. 在教师提问的引导下，学生通过思考，经历了发现问题、提出问题的历程，同时收获了发现结论的方法，包括特殊图形的数量关系、等式的性质、等量代换等，并在"探究结论"环节中进行推广应用. 遵循了教师为主导，学生为主体的教学原则.

学生经历了发现问题、提出问题后，教师给出了自己发现的一个数学结论，于是将课堂分成"两条线"展开，一部分学生证明老师的结论，另一部分学生继续探索条件不变前提下的新结论. 如此，不仅有利于培养学生分析问题、解决问题的能力，还有利于培养学生发现问题、提出问题的能力，从而得到成功的课堂体验，有助于学生体会学习数学的乐趣，发展学生的学力.

解法探究时，教师以 $AD = AG + \sqrt{2}BG$ 为结论，让学生思考解法. 证明结论并不难，而教学的目的是通过课堂学习，学生能够掌握思考方法，再迁移到其他类似习题的求解中. 这一结论，以 $\sqrt{2}BG$ 为思考的出发点，会联想到构造等腰直角三角形或利用已有的等腰直角三角形，这应用了等腰直角三角形中斜边和直角边的特殊数量关系. 若以结论中的加号作为思考的出发点，则易联想到"截长补短"的作辅助线方法. 两种思考方法，在解答几何试题时，都比较常用. 通过一个几何习题的"结论探究"和"解法探究"，学生的数学思维得到发散，思考能力得到提升.

教师通过本节课的教学，还可以继续思考，进行"变式教学". 师生可以共同改编试题，应用改变条件、改变结论、改变条件和结论、改变图形等方法探究新的相关试题，使学生的自主学习、合作探究等能力不断提升.

3 运算能力

3.1 运算能力的内涵分析

3.1.1 运算能力的概念

"运算能力"是新课标（2022）提出的十一大核心概念之一. 新课标中明确指出：运算能力主要指根据法则和运算律进行正确运算的能力. 其内容包括：能够明晰运算的对象和意义，理解算法与算理之间的关系；能够理解运算的问题，选择合理简洁的运算策略解决问题；能够通过运算促进数学推理能力的发展. 运算能力有助于形成规范化思考问题的品质，养成一丝不苟、严谨求实的科学态度[①].

3.1.2 运算能力的内容

运算能力的内容主要包括以下几个方面：

（1）明晰运算的对象和意义，理解算法与算理之间的关系.

明晰运算的对象和意义，理解算法与算理之间的关系是提升运算能力的基础. 在进行数学运算时，我们需要明确运算的对象和意义，理解运算的规则和原理，从而正确地进行运算.

具体来说，明晰运算的对象包括识别数的种类、理解数的含义、选择合适的数进行运算等. 理解算法与算理之间的关系，即要理解算法是实际运算过程中的步骤和方法，而算理是数学运算的基本原理和规则，是算法

---

① 中华人民共和国教育部. 义务教育数学课程标准（2022 年版）［M］. 北京：人民教育出版社，2022.

的基础和指导. 在运算过程中, 我们需要根据算理推导出算法, 同时也要根据算法来巩固对算理的理解. 例如, 在进行加法运算时, 我们需要明确加法的意义是将两个数合并成一个新的数, 加数和被加数都是数字, 且两个加数的位置可以交换. 根据这个算理, 我们可以推导出加法的算法, 即"相同数位对齐, 从个位加起, 满十进一". 同时, 我们也可以通过不断练习加法算法来加深对加法算理的理解.

因此, 明晰运算的对象和意义, 理解算法与算理之间的关系是提升运算能力的基础, 也有助于我们正确地进行数学运算, 提高运算的准确性和效率.

（2）选择合理简洁的运算策略解决问题.

选择合理简洁的运算策略解决问题是运算能力的重要体现. 在数学运算中, 我们常常会遇到复杂的问题, 我们需要选择合适的运算策略来解决问题.

我们需要根据问题的特点和性质, 选择合适的运算方法, 优化运算过程, 从而提高运算的效率和准确性. 例如, 在解复杂的方程组时, 我们可以选择消元法或代入法等策略, 将问题简化, 方便求解. 在计算较大的数字时, 我们可以选择运用乘法分配律或结合律等, 使计算更加简便和快速.

此外, 选择合理简洁的运算策略解决问题还需要我们具备一定的数学思维和解决问题的能力. 我们需要理解问题的本质和规律, 善于发现问题的关键点和突破口, 从而选择合适的运算策略来解决问题.

因此, 选择合理简洁的运算策略解决问题是运算能力的重要组成部分, 有助于我们提高数学运算的效率和准确性, 同时也能够提高我们的数学思维和解决问题的能力.

（3）通过运算促进数学推理能力的发展.

通过运算促进数学推理能力的发展是运算能力的重要作用之一. 数学运算不仅是数字之间的计算, 还涉及数学概念、定理和公式的运用和推导. 在运算过程中, 我们需要理解运算的对象和意义, 掌握运算的规则和原理, 从而推导出正确的计算方法.

我们需要在运算过程中注重推理和证明, 理解运算的原理和规则, 发现数字和运算之间的规律和联系, 从而促进数学思维和推理能力的发展. 例如, 在学习乘法交换律时, 我们可以通过实例验证发现, 对于任何两个数字, 它们的乘积与它们的顺序无关, 即 $a \times b = b \times a$. 通过这个发现, 我们可以推广到一般情况, 即对于任何两个数字, 它们的乘积是唯一的. 这个发现不仅有助于我们理解乘法的性质，还能够解决更广泛的数学问题.

因此，通过运算促进数学推理能力的发展是运算能力的重要作用之一，有助于我们提高数学思维和解决问题的能力，同时也能够培养我们的创造性和探索精神.

综上所述，运算能力是数学能力的基本组成部分，其内容主要包括明晰运算的对象和意义，理解算法与算理之间的关系，选择合理简洁的运算策略解决问题，以及通过运算促进数学推理能力的发展.

3.2 运算能力的主要表现及教材分析

3.2.1 运算能力的主要表现

3.2.1.1 运算的正确性

运算的正确性是数学运算最基本的要求. 在数学运算过程中，我们稍有疏忽大意就会导致计算错误，从而影响最终的计算结果.

为了确保运算的正确性，我们可以采取以下措施：

（1）明确运算对象和意义，理解算法与算理之间的关系，掌握运算的规则和原理.

（2）仔细审题，看清题意和题目要求，避免疏漏或误解.

（3）按照计算的一般顺序，逐步计算，不要贪图简便而省略步骤.

（4）认真检查计算结果，对于计算过程中的错误及时发现并纠正.

（5）注意书写规范，避免因书写不规范导致的计算错误.

总之，要确保数学运算的正确性，我们必须严谨认真、仔细耐心地进行计算，并采取相应的措施来避免计算错误.

3.2.1.2 运算的合理性

运算的合理性是指在进行数学运算时，我们需要根据实际情况和数学原理来选择合适的运算方法和结果. 具体来说，运算的合理性包括以下几个方面：

（1）选择的运算方法要适合于问题的实际情况，即采用最简单的、最直观的方法进行计算.

（2）运算结果要符合数学原理和逻辑，即结果必须是合乎情理和符合数学原理的.

（3）运算的过程要符合思维的规律，即按照思维的规律进行计算，避免出现不符合逻辑和数学原理的错误.

总之，运算的合理性要求我们在进行数学运算时，不仅要注重计算结果的正确性，还要考虑运算方法的合适性和结果的可解释性，以保障数学运算的准确性和合理性.

3.2.1.3　运算的灵活性

运算的灵活性是指学生在运算中表现出的运算方法多样化程度，即能够灵活运用各种运算方法，从不同的角度和层面进行计算，从而提高计算的速度和准确性.

运算灵活性的表现包括：

（1）能够灵活运用各种运算律、运算法则和运算程序进行计算，如能够熟练运用加法交换律、乘法结合律等.

（2）能够灵活选择适当的计算工具、方法与策略，如选择手算、计算器和电脑等工具，选择简化的计算方法等.

（3）能够灵活运用数学知识和经验解决实际问题，如能够根据实际情况选择合适的计算方式，解决复杂计算的问题等.

总之，运算的灵活性是对每一个学生的要求，需要学生具备多维思维的意识和多角度解决问题的能力，通过不断学习和练习，提高自己的运算能力和思维水平.

3.2.2　运算能力的教材分析

3.2.2.1　数与式

（1）有理数

有理数的教材分析

一、内容概述

《有理数》是北师大版教材七年级上册第二章的内容. 在小学时学生们已经学过整数和分数的概念.《有理数》这一章主要学习有理数的相关概念及其运算. 有理数的概念学习包括负数，有理数以及有理数的分类，认识数轴以及会在数轴上表示有理数，知道相反数并会比较有理数的大小，理解绝对值的概念等知识. 有理数的运算是初中最基础的计算. 后面在关于代数式的化简求值、计算、证明以及解方程时变形中出现的问题，大多数是由学生对有理数运算掌握不牢固或者不细心引起的. 所以学生学好有理数的运算非常有必要，否则会影响后面的学习. 让学生正确、迅速地进行有理数的四则运算及混合运算，应该成为本章教学的重点. 本章的学习，具有承上启下的重要作用. 但是由于学生刚刚接触有理数，特别是对于绝对值的理解比较困难，且又加入了负数，所以学生符号问题错的较多，如混合运算中省略加号的代数和，因此教师在教学中应多注重学生计算中的细节问题.

二、知识结构

《有理数》这一章主要的结构是：在小学的基础上进一步认识负数进而学习有理数的概念→继而探知有理数的运算法则，能熟练运用有理数运算法则进行计算→运用有理数相关知识解决生活中的实际问题. 教师通过引入生活中的实例，让学生了解到数学来源于生活，培养学生对数学的热爱. 本章知识结构如图 3-1 所示：

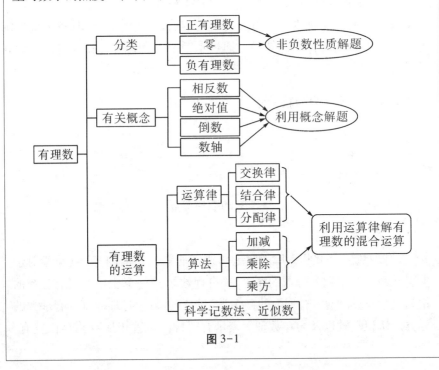

图 3-1

三、课标要求

（1）理解负数的意义，理解有理数的意义，能用数轴上的点表示有理数，能比较有理数的大小.

（2）借助数轴理解相反数和绝对值的意义，掌握求有理数的相反数和绝对值的方法.

（3）理解乘法的意义.

（4）掌握有理数的加、减、乘、除、乘方及简单的混合运算（以三步以内为主）；理解有理数的运算律，能用运算律简化运算.

（5）能运用有理数的运算解决简单问题.

四、重点难点

有理数教学的重点包括以下几个方面：

①正数和负数的概念及性质，包括它们的相反意义和数学运算中的运用.

②有理数的分类，包括正数、负数、零等.

③数轴的概念和使用，包括数轴上的点与实数的关系，以及数轴在比较大小和求解方程中的应用.

④相反数的概念和性质，包括互为相反数的两个数的数学性质和实际应用.

⑤倒数的概念和性质，包括互为倒数的两个数的数学性质和实际应用.

⑥绝对值的概念和性质，包括一个数的绝对值的数学意义和实际应用.

⑦有理数的混合运算，包括加减乘除的混合运算及其顺序.

⑧科学计数法与近似数的概念和应用，包括在科学计算和实际问题中的运用.

有理数教学的难点主要包括以下几个方面：

①概念的理解：有些学生可能难以理解一些有理数的概念，例如负数、正数、小数等.

②运算法则的运用：有理数的运算法则比较复杂，有些学生可能难以在实际问题中正确运用.

③混合运算的顺序：有理数的混合运算顺序对于一些学生来说可能比较困难，他们可能会弄错运算的顺序.

④数的扩展：从正数到负数的扩展，有些学生可能难以理解，需要一定的时间适应.

⑤数轴的理解：数轴是一个抽象的概念，有些学生可能难以理解数轴上的点与实数的关系.

有理数教学的难点在于需要学生有较好的抽象思维能力并掌握运算法则，有较高的在实际问题中的运用能力. 因此，在教学过程中，教师应该注重帮助学生理解概念，掌握运算法则，并逐步培养他们的实际运用能力.

（2）实数.

实数的教材分析

一、内容概述

实数是有理数和无理数的总称，它是一个封闭的数轴，包括有理数和无理数在内的所有数. 有理数是可以表示为有限小数或无限循环小数的数，而无理数则是无限不循环小数，如 π、根号 2 等. 实数轴上的点与实数一一对应. 实数的加减乘除法与有理数的运算规则相同，但需要注意在进行除法运算时，不能出现除数为 0 的情况. 此外，实数还可以进行乘方、开方等运算，如计算 4 的平方、根号 2 的立方等. 在运算过程中，学生需要注意运算法则和顺序. 无理数是指无限不循环小数，它不能表示为两个整数的比值. 无理数具有以下性质：它可以无限不循环地展开；它的相反数、倒数和绝对值都是无理数；它在数轴上没有与之对应的点. 了解无理数的概念和性质对于后续的学习非常重要. 平方根是指一个正数的平方根有两个，它们互为相反数；立方根是指一个数的立方根只有一个，正数的立方根为正数，负数的立方根为负数，0 的立方根为 0. 平方根和立方根在实数范围内都存在且唯一. 实数与方程的应用：方程是数学中重要的解题方法之一，通过解方程可以找到一个未知数的值. 在解方程的过程中，需要注意未知数的取值范围，避免出现不合理的情况. 例如, 在解一元二次方程时, 需要注意判别式的值大于等于 0. 实数在几何中的应用: 实数在几何中有着广泛的应用, 特别是在计算面积和长度时. 例如, 在计算圆的面积时, 需要使用 π (圆周率) 来进行计算; 在计算矩形或正方形的面积时, 需要使用长度和宽度的乘积来进行计算. 此外, 勾股定理也是几何学中常用的工具之一. 实数与代数式的关系: 代数式是数学中重要的概念之一, 它是用字母表示数值关系的一种表达式. 实数可以看作是代数式的一种特殊情况. 通过代数式可以表示出实数之间的关系和运算规则. 例如, $(a+b)$ 表示两个实数的和; ab 表示两个实数的积; a/b 表示两个实数的商; $a\hat{}n$ 表示 a 的 n 次方等. 了解实数与代数式之间的关系对于后续的学习非常重要.

综上所述, 实数是初中数学中重要的概念之一, 它包括有理数和无理数两大类. 通过学习实数的定义与分类、运算规则、无理数的概念与性质、平方根与立方根的定义、实数与方程的应用、实数在几何中的应用以及实数与代数式的关系等知识点, 学生可以更好地理解和掌握实数的概念和应用方法.

二、知识结构

本章先讲无理数的存在, 初步认识实数, 并且把数的范围扩展到实数; 再讲开方丰富对无理数的认识, 然后讲实数的运算. 无理数的引入使得数的范围由有理数扩大到了实数 (见图 3-2). 教师要重视从有理数到实数的发展过程的教学, 要运用实际例子克服这一数的扩展中的抽象性, 使学生体验到平方根、无理数、实数等概念是由于人们生活和生产实践的需要而产生的, 在我们的周围普遍存在着; 可通过实际例子帮助学生了解这些抽象概念的实际意义, 并学会在实际情境中使用它们.

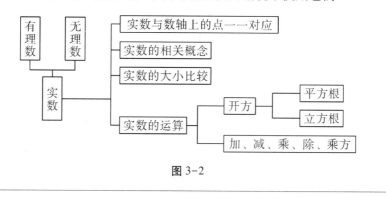

图 3-2

三、课标要求

（1）了解无理数和实数，知道实数由无理数和有理数组成，了解实数与数轴上的点一一对应.

（2）能用数轴上的点表示实数，能比较实数的大小.

（3）能借助数轴理解相反数和绝对值的意义，会求实数的相反数和绝对值.

（4）了解平方根、算术平方根、立方根的概念，会用根号表示数的平方根、算术平方根、立方根.

（5）了解乘法与开方互为逆运算，会用平方运算求百以内完全平方数的平方根，会用立方运算求千以内完全立方数（以及对应的负整数）的立方根，会用计算器计算平方根和立方根.

（6）能用有理数估计一个无理数的大致范围.

（7）了解近似数，在解决实际问题中，能用计算器进行近似计算，会按问题的要求进行简单的近似计算.

（8）了解二次根式、最简二次根式的概念，了解二次根式（根号下仅限于数）加、减、乘、除运算法则，会用它们进行简单的四则运算.

四、重点难点

1. 教学重点

（1）实数的定义与分类：实数是有理数和无理数的总称，其中有理数是可以表示为有限小数或无限循环小数的数，而无理数是无限不循环小数. 实数也可以分为正数、负数和零三种类型，其中正数包括正整数和正分数，负数包括负整数和负分数，零是正负数的分界点.

（2）平方根与立方根：平方根是指一个正数的平方根有两个，它们互为相反数；立方根是指一个数的立方根只有一个，正数的立方根为正数，负数的立方根为负数，0 的立方根为 0. 平方根和立方根在实数范围内都存在且唯一.

（3）无理数的概念与性质：无理数是无限不循环小数，如 π、根号 2 等. 无理数具有以下性质：它可以无限不循环地展开；它的相反数、倒数和绝对值都是无理数；它在数轴上没有与之对应的点. 无理数在数学中有着重要的地位，它涉及许多数学分支，如微积分、概率论等.

（4）实数的四则运算：实数的四则运算是加法、减法、乘法和除法．在进行四则运算时，需要注意运算法则和顺序，如先乘方后乘除，最后加减．同时，需要注意在进行除法时不能出现除数为 0 的情况．

（5）实数的大小比较：实数的大小比较方法有比较法和非比较法．比较法是通过绝对值来进行比较，而非比较法则涉及不等式、绝对值等概念．在进行大小比较时，需要注意不同类型实数的比较方法，如正数大于负数，负数的绝对值大于正数的绝对值等．

（6）实数的平方根与立方根的应用：平方根和立方根在日常生活中的应用非常广泛．例如，在测量和计算长度、面积、体积等时，平方根可以用来计算平均值和标准差等统计指标，立方根可以用来计算体积和容量等．此外，在金融领域中，平方根和立方根也常用来计算投资组合的风险和回报等指标．

（7）实数的混合运算规则与顺序：实数的混合运算是指同时进行加法、减法、乘法和除法等运算．在进行混合运算时，需要注意运算法则和顺序，如先乘方后乘除，最后加减；先括号内运算，再括号外运算等．同时需要注意运算的优先级和结合律等问题．

（8）实数与数轴上的点的对应关系：实数与数轴上的点是一一对应的，即每一个实数都可以在数轴上找到与之对应的点．这个对应关系是实数的基本性质之一．它可以帮助我们更好地理解实数的概念和性质，同时也可以帮助我们解决一些几何问题．

2．教学难点

（1）无理数的概念和判定：无理数是指无法表示为两个整数之比的实数，如 π 和 $\sqrt{2}$ 等．在无理数的教学中，学生往往难以理解无理数的概念和判定方法．无理数的概念与我们的常识有些冲突，它与我们对数字的直观理解不同．因此，教师在教学中应该强调无理数的概念和判定方法，通过实例和练习帮助学生更好地理解无理数的概念和判定方法．

（2）实数的分类和表示：实数可以分为有理数和无理数，其中有理数包括整数和分数，而无理数则是无法表示为两个整数之比的实数．学生往往难以掌握实数的分类和表示方法，特别是无理数的表示方法．在教学中，教师应该通过实例和练习帮助学生理解实数的分类和表示方法，并强调无理数的表示方法．

（3）实数与数轴上的点的关系：实数与数轴上的点存在一一对应关系，这是实数的一个重要性质. 然而，学生往往难以理解这种关系及其应用. 在教学中，教师应该通过实例和练习帮助学生理解实数与数轴上的点的一一对应关系，并强调这种关系在数学中的应用.

（4）平方根和开平方运算：平方根和开平方运算是实数教学的重要内容，也是学生学习中的一个难点. 学生往往难以掌握这些运算的原理和技巧. 在教学中，教师应该通过实例和练习帮助学生理解平方根和开平方运算的原理和技巧，并强调这些运算在数学中的应用.

（3）代数式.

代数式教材分析

一、内容概述

代数式是有数或表示数的字母经有限次加、减、乘、除、乘方和开方等六种代数运算所得的式子. 初中阶段代数式主要有整式、分式. 整式与分式主要涉及的内容有代数式的有关概念、列代数式和求代数式的值、正整数指数幂、整式、因式分解、分式、整数指数幂. 分式蕴含着双重身份：既是除法的表达式又表示除法的结果. 从这个观点出发，《分式》是继整式乘除之后对代数式进一步的研究. 数学里的数与式，其生命力在于运算，只有与运算联系起来，才能深化对数与式的认识，《分式》的基础是分数、整式的四则运算、正整数指数幂的运算、多项式的因式分解、一元一次方程等知识. 同时它是今后进一步学习反比例函数、一元二次方程的基础，分式变形也是在以后学习物理、化学中经常遇到的问题.《整式的加减》内容包括单项式、多项式、整式的概念，合并同类项、去括号以及整式的加减运算等. 是学习"一元一次方程"的直接基础，也是以后学习分式和根式运算、方程以及函数等知识的基础.《整式的乘除》引入同底数幂的乘、除法则，幂的乘方和积的乘方法则，平方差公式以及完全平方公式等实现由整式的加减运算到整式的乘除运算的过渡，使学生思维品质提升到一个更高的层面，实现学生思维活动的一个质的飞跃．同时，它又为以后学习因式分解、分式及解方程等内容做准备．整式部分是初中数学的重要组成部分，由"数"到"式"是代数部分的重要标志，学生掌握好整式运算就扫清了方程的学习障碍，是后续学习的重要基础，在整个初中代数中起着承上启下的作用．

代数式的学习对学生后续学习方程（组）、不等式、函数等有很大的帮助，而方程（组）、不等式、函数是初中阶段学生数学学习的几个主要内容，它们是刻画现实世界中量与量之间关系的几种主要模型，所以代数式内容是初中代数学习中重要的基础知识之一．

二、知识结构

北师大版教材是先讲用字母表示数再到整式的加减，整式的乘除，再到分式以及分式的运算．代数式的知识结构（见图3-3）主要包括以下几个方面：

（1）代数式的定义和基本结构：包括单项式、多项式、系数、次数等．

（2）代数式的化简和因式分解：包括合并同类项、去括号、分解因式等．

（3）代数式的运算：包括加、减、乘、除、乘方、开方等．

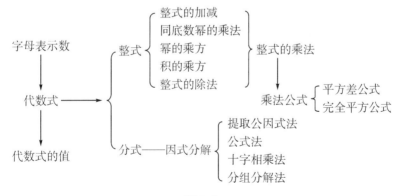

图3-3

三、课标要求

（1）借助现实情境了解代数式，进一步理解用字母表示数的意义．

（2）能分析具体问题中的简单数量关系，并用代数式表示；能根据特定的问题查阅资料，找到所需的公式.

（3）会把具体数代入代数式进行计算.

（4）了解整数指数幂的意义和基本性质；会用科学记数法表示数（包括在计算器上表示）.

（5）理解整式的概念，掌握合并同类项和去括号的法则；能进行简单的整式加减运算，能进行简单的整式乘法运算（多项式乘法仅限于一次式之间和一次式与二次式的乘法）

（6）理解乘法公式 $(a+b)(a-b)=a^2-b^2$. $(a\pm b)^2=a^2\pm 2ab+b^2$，了解公式的几何背景，能利用公式进行简单的计算和推理能用于公因式法，公式法（直接利用公式不超过二次）进行因式分解（指数为正整数）.

（7）了解分式和最简分式的概念，能利用分式的基本性质进行约分和通分；能对简单的分式进行加、减、乘、除运算.

（8）了解代数推理.

四、重点难点

1. 教学重点

①熟练掌握整式和分式的性质；②掌握因式分解的方法；③整式和分式的运算.

2. 教学难点

①分式的四则混合运算；②分式方程；③列分式方程解决实际问题；④整式的运算，平方差公式、完全平方公式的灵活运用.

3.2.2.2　方程与不等式

（1）方程与方程组

一元一次方程教材分析

一、内容概述

一元一次方程是初中数学的重要内容之一，它是一种基础的代数知识，广泛应用于实际问题中. 本章要求学生掌握一元一次方程的基本概念、性质、解法和实际应用，由浅入深，循序渐进. 通过实际问题引出数学问题，引导学生自主探究、合作学习，激发他们的学习兴趣和积极性. 其中，以方程为工具分析问题、解决问题，是全章的重点，同时也是难点. 分析实际问题中的数量关系并用一元一次方程表示其中的相等关系，是始终贯穿于全章的主线；同时，本章还注重培养学生的逻辑思维和数学应用能力，提高学生的综合素质，为后续学习代数知识打下坚实的基础.

二、知识结构

一元一次方程知识结构见图 3-4.

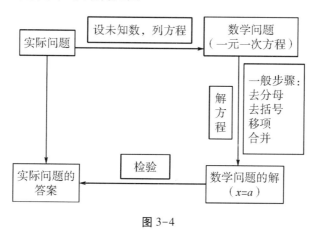

图 3-4

三、课标要求

（1）能根据现实情境理解方程的意义，根据具体问题列出方程；理解方程解的意义.

（2）掌握等式的基本性质；能解一元一次方程和可化为一元一次方程的分式方程.

（3）能根据具体问题的实际意义，检验方程解的合理性.

四、重点难点

1. 教学重点

（1）理解方程的含义和意义：学生需要理解方程的本质是一个等式，左右两边的值相等. 而解方程的过程实际上就是找到使得等式成立的未知数的值. 因此，我们需要通过具体的例子和实际问题来帮助学生理解方程的含义和意义.

（2）掌握解方程的方法和技巧：在解一元一次方程时，学生需要灵活运用逆运算法和等价变形法．他们需要注意每一步的操作，避免出错或遗漏．同时，他们还需要掌握一些常见的解方程技巧，如合并同类项、消去分数等．这些技巧可以帮助他们简化方程，使解题过程更加简单和高效．

（3）理解并运用方程的解法：一元一次方程的解法包括合并同类项、去括号、去分母等步骤．学生需要理解每个步骤的意义和作用，并能够正确运用这些步骤来解决问题．特别是在去分母时，学生需要注意不含有分母项的易漏乘问题．

（4）理解并运用方程的实际应用：学习一元一次方程的最终目的是解决实际问题．学生需要理解如何将实际问题转化为数学问题，并能够正确运用一元一次方程来解决这些问题．例如，在解决行程问题、工程问题、利润问题等实际问题时，学生需要正确运用一元一次方程来建立数学模型并解决问题．

2. 教学难点

能够"找出实际问题中的已知数和未知数，分析它们之间的数量关系，设未知数，列出方程表示问题中的等量关系"，体会建立数学模型的思想．

二元一次方程（组）教材分析

一、内容概述

本章主要围绕二元一次方程组这一核心内容进行展开，包括以下几部分内容：

（1）二元一次方程组的基本概念：首先通过具体问题情境，建立有关方程并归纳出二元一次方程和二元一次方程组的有关概念，介绍什么是二元一次方程组，以及二元一次方程组的各个组成部分，如两个二元一次方程和一组解等．

（2）二元一次方程组的解法：得出二元一次方程组的基本概念后再介绍代入消元法和加减消元法两种基本解法，以及如何使用这些方法求解二元一次方程组．

（3）二元一次方程组的应用：通过具体实例，介绍如何利用二元一次方程组解决实际问题，如行程问题、工程问题、费用问题等．在现实情境中加以应用，切实增强学生的应用意识和能力，体现了建模思想．

二、知识结构

二元一次方程知识结构见图3-5.

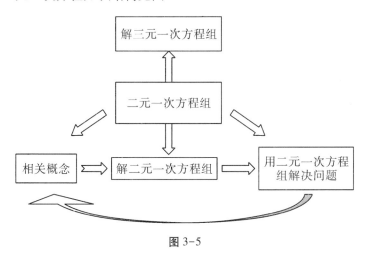

图 3-5

三、课标要求

（1）能根据现实情境理解方程的意义，能针对具体问题列出方程；理解方程解的意义．

（2）掌握消元法，能解二元一次方程组．能解简单的三元一次方程组．

（3）能根据具体问题的实际意义，检验方程解的合理性．

四、重点难点

1. 教学重点

理解二元一次方程（组）的有关概念，并会解简单的二元一次方程组，会用方程组来解决实际数学问题．

2. 教学难点

会解简单的二元一次方程组；体会分析实际问题的题意，找出等量关系；体会方程与函数之间的关系．

一元二次方程教材分析

一、内容概述

初中数学中，一元二次方程是一个重要的考点．本章教学的主要内容：由实际情景列出一元二次方程得到一元二次方程的概念；学习一元二次方程的四种方法并能灵活应用；将一元二次方程应用到实景问题中，体会建模思想．一元二次方程是在学习一元一次方程、二元一次方程组、分式方程等基础之上学习的，学好一元二次方程是学好二次函数不可或缺的，是学好高中数学的基础，起着承上启下的作用．

二、知识结构

一元二次方程知识结构见图 3-6.

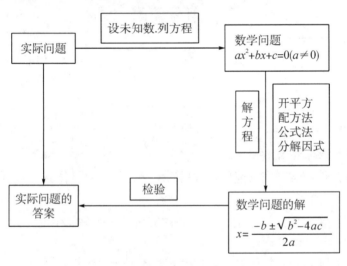

图 3-6

三、课标要求

（1）能根据现实情境理解方程的意义，能针对具体问题列出方程；理解方程解的意义，经历估计方程解的过程．

（2）理解配方法，能用配方法、公式法、因式分解法解数字系数的一元二次方程．

（3）会用一元二次方程根的判别式判别方程是否有实根及两个实根是否相等．

（4）了解一元二次方程的根与系数的关系.

（5）能根据具体问题的实际意义，检验方程解的合理性.

4. 重点难点

（1）教学重点：一元二次方程的解法及应用一元二次方程解决实际问题.

（2）教学难点：

①分析方程的特点并根据方程的特点选择合适的解法；

②实际背景问题的等量分析，设元列一元二次方程解应用题. 即建立一元二次方程模型解决实际问题，尽管学生已经有了运用一次方程（组）解应用问题的经验，但由于实际问题涉及的内容广泛，有的背景学生不熟悉，有的问题数量关系复杂，不易找出等量关系. 同时，学生还要根据实际问题的意义检验求得的结果是否合理.

（2）不等式与不等式组

一元一次不等式与一元一次不等式组教材分析

一、内容概述

一元一次不等式与一元一次不等式组是初中数学的重要内容之一，它是在学习了不等式和一元一次不等式组的基础上进一步学习的内容. 本教材主要包括以下几部分内容：

1. 一元一次不等式的概念与解法

一元一次不等式是指形如 $ax+b>0$ 或 $ax+b<0$ 的不等式，其中 a、b 是常数，$a \neq 0$. 本教材首先介绍了如何利用不等式的性质解一元一次不等式，以及在解不等式时需要注意的一些问题，如不等式的两边都乘以或除以同一个负数时，不等号的方向要改变等.

2. 一元一次不等式组的概念与解法

一元一次不等式组是指由若干个一元一次不等式组成的集合，其中每个不等式都称为不等式组的成员. 本教材介绍了如何解一元一次不等式组，包括利用不等式的性质、不等式的解集以及数轴上的表示方法等，同时还介绍了如何根据实际问题列出不等式组并求解.

3. 一元一次不等式与一元一次不等式组的应用

本教材通过具体实例介绍了如何利用一元一次不等式与一元一次不等式组解决实际问题，包括行程问题、工程问题、费用问题等. 通过这些实例，学生可以更好地理解一元一次不等式与一元一次不等式组的应用价值.

本章的学习由一些具体的实际问题抽象为不等关系模型的过程，让学生体会建立不等关系及学习一元一次不等式和一元一次不等式组的意义，教学中应关注

学生学习习惯的养成与"数学化"能力等方面的发展，渗透函数、方程、不等式思想.

二、知识结构

一元一次不等式（组）知识结构见图 3-7.

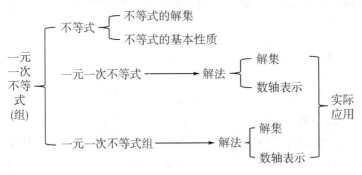

图 3-7

三、课标要求

（1）结合具体问题，了解不等式的意义，探索不等式的基本性质.

（2）能解数字系数的一元一次不等式，并能在数轴上表示出解集；会用数轴确定两个一元一次不等式组成的不等式组的解集.

（3）能根据具体问题中的数量关系，列出一元一你不等式，解决简单的问题.

四、重点难点

（1）教学重点：不等式的性质、一元一次不等式（组）的解法和不等式（组）的应用.

（2）教学难点：不等式的解集、不等式的性质及应用不等式（组）解决实际问题. 特别是实际问题中的不等式（组）求解是本章知识的关键.

3.2.2.3 函数

函数教材分析

一、内容概述

1. 函数的概念

函数是初中数学中重要的概念之一，它描述了两个变量之间的关系，即一个变量的变化会引起另一个变量的变化. 函数定义为一个变量 x 和另一个变量 y 之间的一种关系，即对于每一个给定的 x 值，都有唯一的 y 值与之对应. 在教学中，教师应通过具体情景问题，帮助学生理解函数的概念和性质，并掌握函数的简单应用.

2. 函数的表示方法

函数的表示方法有三种：表达式表示、图像表示和表格表示. 表达式表示是通过函数表达式来表示函数关系，具有准确、简洁的优点. 图像表示是通过在平面直角坐标系中绘制函数图像来直观地表示函数关系，具有形象、直观的优点. 表格表示是通过列出一些自变量和因变量的值来近似地表示函数关系，适用于一些变化趋势不太明显的函数. 七年级下北师大版教材中详细介绍了这三种表示方法，并引导学生掌握它们的使用.

3. 函数的图像和性质

初中数学主要学习三种函数：一次函数、反比例函数、二次函数. 北师大版教材安排的内容和顺序为八下第四章《一次函数》，九上第五章《反比例函数》，九下第二章《二次函数》. 通过画出列表、描点、连线的方法画出一次函数图像，再通过观察函数图像总结出一次函数的相关性质. 有了学习一次函数的学习经验，后面学习反比例函数和二次函数的图像和性质，学生基本能够自主探究学习.

4. 函数的实际应用

函数在实际生活中有着广泛的应用，教材通过具体的问题和分析，帮助学生了解函数在实际中的应用，并掌握如何利用函数来解决实际问题. 例如，在分析销售数据时，学生可以利用函数的单调性来判断销售量的变化趋势；在分析交通流量时，学生可以利用函数的周期性来预测流量高峰时段等.

5. 各个函数的地位

八下第四章《一次函数》是学习函数的入门，也是进一步学习函数的基础. 一次函数与一元一次方程、不等式也有联系. 二次函数是中学函数课程内容的重要组成部分，它承接了初中一次函数、反比例函数等内容，又是在高中阶段继续学习指数函数、对数函数、幂函数等其他基本初等函数的基础. 二次函数也是描述现实世界变量之间关系的重要数学模型. 对二次函数的研究将为学生进一步学习函数，进而体会函数的思想奠定基础、积累经验. 二次函数与一元二次方程也有联系. 反比例函数比较独立.

二、知识结构

函数知识结构见图 3-8.

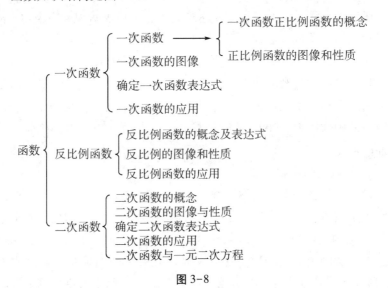

图 3-8

三、课标要求

1. 函数的概念

（1）探索简单实例中的数量关系和变化规律，了解常量、变量的意义；了解函数的概念和表示法，能举出函数的实例.

（2）能结合图像对简单实际问题中的函数关系进行分析.

（3）能确定简单实际问题中函数自变量的取值范围，会求函数值.

（4）能用适当的函数表示法刻画简单实际问题中变量之间的关系，理解函数值的意义．

（5）结合对函数关系的分析，能对变量的变化情况进行初步讨论．

2．一次函数

（1）结合具体情境体会一次函数的意义，能根据已知条件确定一次函数的表达式；会运用待定系数法确定一次函数的表达式．

（2）能画一次函数的图象，根据图像和表达式 $y=kx+b$（$k\neq0$）探索并理解 $k>0$ 和 $k<0$ 时图像的变化情况；理解正比例函数．

（3）体会一次函数与二元一次方程的关系．

（4）能用一次函数解决简单实际问题．

3．二次函数

（1）通过对实际问题的分析，体会二次函数的意义．

（2）能画二次函数的图象，通过图像了解二次函数的性质，知道二次函数系数与图像形状和对称轴的关系．

（3）会求二次函数的最大值或最小值，并能确定相应自变量的值，能解决相应的实际问题．

（4）知道二次函数和一元二次方程之间的关系，会利用二次函数的图象求一元二次方程的近似解．

4．反比例函数

（1）结合具体情境体会反比例函数的意义，能根据已知条件确定反比例函数的表达式．

（2）能画反比例函数的图象，根据图像和表达式 $y=\dfrac{k}{x}$（$k\neq0$）探索并理解 $k>0$ 和 $k<0$ 时图像的变化情况．

（3）能用反比例函数解决简单实际问题．

四、重点难点

（1）教学重点：初步理解函数的概念，能根据列表、描点、连线的方式画出一次函数、反比例函数和二次函数的图像，并能根据图像总结出相应的性质．能通过函数图像解决生活中的简单问题．

（2）教学难点：一次函数、反比例函数和二次函数性质和图像学习的通性通法的归纳，学习研究函数的方法和过程，能够举一反三．

3.2.3 基于运算能力的教学设计

3.2.3.1 教学设计一

二次函数

一、教材分析

1. 内容出处

确定二次函数的表达式是北师大版九年级下册（2013年版）（2课时）的内容.

2. 课标要求

会用待定系数法确定二次函数的表达式.

3. 内容分析

初中阶段数学要学到函数有三种：一次函数、反比例函数和二次函数. 其中二次函数作为初高中衔接内容之一，一直受到中考数学命题老师的青睐. 任何与函数有关的数学问题，都需要先从实际情境中得出函数表达式，归纳出函数的定义，再通过列表、描点、练习得出函数的图象，通过图像分析函数的性质，最后将函数的图像和性质应用于生活. 体现了数学来源于生活并应用于生活. 因此，熟练地求出二次函数的表达式是成功解决与二次函数相关问题的前提.

二、教学目标

（1）通过选择恰当的表达式求二次函数表达式的探究，掌握求表达式的方法，让学生更好地理解二次函数的三种解析式.

（2）能灵活地根据条件恰当地选取选择解析式，体会二次函数解析式之间的转化.

（3）让学生经历观察、比较、归纳、应用以及猜想、验证的学习过程，使学生从学习过程中体会数学知识的价值，从而提高学习数学知识的兴趣.

三、重点难点

（1）教学重点：认识二次函数三种解析式的特点，会根据不同的条件，选择恰当的解析式求二次函数表达式.

（2）教学难点：能灵活地根据条件恰当地选取解析式，能正确地求二次函数的解析式，体会二次函数解析式之间的转化.

四、教学过程

（一）回顾旧知

（1）解二元（或简单的三元）一次方程组的方法有：代入消元法和加减消元法.

（2）二次函数的三种表达式为：一般式：$y = ax^2 + bx + c$

$$顶点式：y = a(x - h)^2 + k$$

$$交点式：y = a(x - x_1)(x - x_2)$$

设计意图：回顾一元二次方程组的解法，为使用一般式求解二次函数解析式打下基础，回顾二次函数的三种表达式，为今天的学习内容打下伏笔.

（二）典例精析

例 1 已知二次函数 $y = ax^2+bx+c$ 的图像经过 A（-1，0），B（5，0），C（0，5）三点，求这个二次函数的解析式.

分析：二次函数图像经过三个点的坐标用一般式求二次函数表达式较为恰当. 将三个点坐标分别代入一般式 $y = ax^2 + bx + c$，然后解方程组即可解决.

解：∵ $y = ax^2 + bx + c$ 的图像 经过 A（-1，0），B（5，0），C（0，5）三点，

$$\therefore \begin{cases} a - b + c = 0 \\ 25a + 5b + c = 0 \\ c = 5 \end{cases},$$

解的：$\begin{cases} a = -1 \\ b = 4 \\ c = 5 \end{cases}$

∴ 这个二次函数的解析式是 $y = -x^2 + 4x + 5$.

用一般式求二次函数表达式的步骤：①把三点坐标分别代入一般式，得到关于 a、b、c 的三元一次方程组；②求出 a、b、c 的值；③写出二次函数的表达式.

例 2 已知某二次函数的图象的顶点为（-4，4），且过点（-1，13），求此二次函数的关系式.

分析：已知顶点或最大（小）值求解析式用顶点式求二次函数表达式较为恰当，将顶点坐标代入顶点式 $y = a(x-h)^2+k$，再代入一个点的坐标求出 a 即可.

解：（1）由顶点 $(-4, 4)$，可设抛物线为：$y = a(x+4)^2+4$，

将点 $(-1, 7)$ 代入上式可得：$(-1+4)^2a+4=13$，

解得 $a=1$，

∴ 二次函数的关系式 $y = (x+4)^2+4 = x^2+8x+20$.

用顶点式求二次函数表达式的步骤：①将顶点坐标 (h, k) 或最大（小）值代入顶点式；②把另一点的坐标代入求出 a；③写出二次函数的表达式.

例3 二次函数 $y = ax^2+bx+c$ 经过点 $A(-1, 0)$，$B(5, 0)$，$C(0, -5)$，求此二次函数解析式.

分析：本题可以有两种解题方法：法1. 已知与 x 轴两交点坐标求解析式用交点式，即 $y = a(x-x_1)(x-x_2)$ 设交点式 $y = a(x+1)(x-5)$，再把 C 点坐标代入求出 a 即可；

本题也可以用另一种方法：二次函数经过三个点也可以用选择设一般式求解二次函数表达式.

解：方法一：设抛物线解析式为 $y = a(x+1)(x-5)$，

把 $C(0, -5)$ 代入的 $-5 = a \times (0+1) \times (0-5)$，

解得 $a=1$，

∴ 抛物线解析式为 $y = (x+1)(x-5)$ 即 $y = x^2-4x-5$；

用交点式求二次函数表达式的步骤：1. 将抛物线与 x 轴两个交点的横坐标 x_1，x_2 代入交点式；2. 将抛物线上另一点的坐标代入求出 a；3. 写出二次函数的表达式.

方法二：∵ $y = ax^2+bx+c$ 的图像经过 $A(-1, 0)$，$B(5, 0)$，$C(0, -5)$ 三点，

∴ $\begin{cases} a-b+c = 0 \\ 25a+5b+c = 0 \\ c = -5 \end{cases}$

解得：$\begin{cases} a = 1 \\ b = -4 \\ c = -5 \end{cases}$

∴ 这个二次函数的解析式是 $y = x^2 - 4x - 5$.

思考 1：比较两种方法，哪种方法计算较为简单．小组讨论．方法一计算较为简单，方法二计算较为复杂

思考 2：谈谈你对选择恰当的解析式求二次函数表达式中"恰当"的理解？小组讨论．

小结：（1）当已知二次函数图像经过三个点时，通常设为一般式 $y = ax^2 + bx + c$ 形式.

（2）当已知抛物线的顶点坐标（或能求出顶点坐标）、对称轴、最值等于抛物线上另一点时，通常设为顶点式 $y = a(x - h)^2 + k$ 形式.（h、k 分别是顶点的横坐标与纵坐标）

（3）当已知抛物线与 x 轴的交点或交点横坐标时，通常用交点式（其中 x_1，x_2 是二次函数图像与 x 轴两交点的横坐标）$y = a(x - x_1)(x - x_2)$

设计意图：由思维最简单的用一般式求二次函数表达式入手，让学生易接受，激发学生的学习兴趣．然后再设计例题 2 和例题 3 分别用顶点式和交点式求二次函数解析式，例题 3 用两种方法解答，再做出比较，让学生体会选择恰当的解析式解二次函数的好处．让学生总结出用一般式、顶点式和交点式求二次函数表达式的方法，培养学生的归纳能力．

（三）巩固练习

练习 1 已知抛物线 $y = ax^2 + bx + c$ 的顶点为（3，-4），且与 x 轴的两个交点之间的距离为 8，求抛物线的关系式.

练习 2 在平面直角坐标系中，二次函数的图像经过点 A（1，3）和点 B（3，3），且函数最小值为 -1，求函数表达式.

设计意图：通过巩固练习环节巩固本节课所学内容，同时检验学生是否掌握本节课的重难点知识．

（四）课堂小结

（1）确定二次函数的表达式的方法是什么？二次函数的三种表达式分别是什么？

（2）如何根据条件选择恰当的表达求二次函数的表达式类型？

（3）在学习中，你还有其他收获和困惑吗？

设计意图：通过课堂小结环节把课堂老师讲授的知识转化为学生的知识和能力；课堂小结不仅仅是知识的总结，还有数学方法、数学思想的小结，并且还能提高学生的归纳能力和语言表达能力.

（五）布置作业

作业1 一抛物线与 x 轴的交点是 A（-4，0），B（2，0），且经过点 C（3，8）.

（1）求该抛物线的解析式；

（2）求该抛物线的顶点坐标.

作业2 已知抛物线 $y = ax^2 + bx + c$ 经过 A，B，C 三点，当 $x \geq 0$ 时，其图像如图3-9所示.

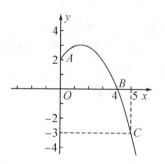

（1）求抛物线的解析式，写出抛物线的顶点坐标；

（2）画出抛物线 $y = ax^2 + bx + c$，当 $x < 0$ 时的图像；

（3）利用抛物线 $y = ax^2 + bx + c$，写出 x 为何值时，$y > 0$.

图 3-9

作业3 抛物线 $y = ax^2 + bx + c$ 上部分点的坐标对应值如表3-1所示：

表 3-1　坐标对应值

x	…	-2	-1	0	1	2	…
y	…	0	4	6	6	4	…

求该抛物线的解析式.

选做：如图3-10所示. 抛物线 $y = x^2 + bx + c$ 过点 B（0，-2）. 它与反比例函数 $y = -\dfrac{8}{x}$ 的图像交于点 A（m，4），求这个二次函数的表达式.

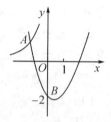

设计意图：分层设计作业提高了学困生的学习积极性，留给学习较为轻松的同学更多提高的机会，更加关注学生的个性发展，达到减负的作业.

图 3-10

3.2.3.2　教学设计二

一元二次方程

一、教材分析

1. 内容出处

解一元二次方程是北师大版九年级上册第二章内容.

2. 课标要求

会用配方法、公式法和因式分解法解一元二次方程.

3. 内容分析

解一元二次方程有四种方法：直接开方法、配方法、公式法、因式分解法；在熟练掌握各种方法的前提下，针对一元二次方程的特点灵活选择恰当的方法或者说是用简单的方法解一元二次方程是本节课的学习目标.

在一元二次方程的四种解法中，八年级学习的平方根的概念为直接开平方法的引入打下了基础，形如 $(ax+b)^2 = c$（a，b，c 常数，$a \neq 0$，$c \geq 0$）结构特点的方程都适合用直接开平方法. 直接开平方法为配方法打下了基础，利用配方法可推导出一元二次方程的求根公式. 配方法和公式法都是解一元二次方程的通法. 公式法较配方法解题思路简单，是解一元二次方程最常用的方法，但计算量往往较大. 二次项系数为 1，一次项系数为偶数的一元二次方程配完全平方没有分数出现，因此用配方法较为简单. 因式分解的方法是独立的一种方法. 它和前三种方法没有任何联系，但蕴含的基本思想和直接开平方法一样，即由高次向低次转化的一种数学思想方法. 方程的左边易因式分解且右边为零的题目，用因式分解法较简单.

二、教学目标

（1）在熟练掌握直接开平方法、配方法、公式法及因式分解法解一元二次方程的基础上，能够根据一元二次方程的结构特点，灵活选择简单的方法解一元二次方程.

（2）通过分析方程特点，灵活地选择恰当的方法解一元二次方程，体会知识之间的相互联系和转化，培养学生分析问题，解决问题的能力，树立转化的数学思想.

三、重点难点

（1）教学重点：熟练掌握用直接开平方法、配方法、公式法及因式分解一元二次方程.

（2）教学难点：能灵活选择恰当的方法解一元二次方程，对"选择恰当的方法解一元二次方程"中"恰当"二字的理解.

四、教学过程

（一）复习引入

（1）解下列一元二次方程：

①$x^2=2x+4$；　　②$2x^2=6x$　　③$(x-4)^2=25$.

（2）上面解一元二次方程的过程中你用了哪些方法？说说这几种方法的联系及其特点.

①直接开平方法：适合于解形如$(ax+b)^2=c$（a、b、c 为常数0）的方程，是配方法的基础.

②配方法：是解一元二次方程的通法，由配方法推导出公式法，没有配方法就没有公式法.

③公式法：是解一元二次方程的通法，较配方法解题思路简单，是解一元二次方程最常用的方法，但往往计算量较大.

④因式分解法：计算量较小，适用范围较小，适用于左边易分解而右边是零的一元二次方程.

设计意图：通过复习引入环节回顾一元二次方程的一般式和四种解法，为后面的教学打下伏笔.

（二）巩固练习

练习1 用直接开平方法解方程.

（1）$x^2=6$；　　（2）$2x^2+3=11$；　　（3）$(x-5)^2=49$.

解：（1）$\because x^2=6$　　（2）$\because 2x^2+3=11$　　（3）$\because (x-5)^2=49$

$\therefore x_1=\sqrt{6}$，$x_2=-\sqrt{6}$　　$\therefore 2x^2=8$　　$\therefore (x-5)^2=7^2$

$\therefore x^2=4$　　$\therefore x-5=\pm 7$

$\therefore x_1=2$，$x_2=-2$　　$\therefore x_1=12$，$x_2=-2$

练习2 用配方法解方程.

（1）$x^2+8x=33$；　　（2）$x^2+2x-15=0$.

解：（1）配方，得 $x^2+8x+4^2=33+4^2$（两边同时加上一次项系数一半的平方），

即 $(x+4)^2=49$，开平方，得 $x+4=\pm 7$，

即 $x+4=7$ 或 $x+4=-7$，

∴ $x_1=3$，$x_2=-11$.

（2）移项，得 $x^2+2x=15$，

配方，的 $x^2+2x+1^2=15+1^2$，

即 $(x+1)^2=16$，开平方，得 $x+1=\pm 4$，

即 $x+1=4$ 或 $x+1=-4$，

∴ $x_1=3$，$x_2=-5$.

配方法是解一元二次方程的通法，由配方法推导出公式法，没有配方法就没有公式法. 此练习的第 2 题应注意以下两点：

（1）求解过程的严密性和严谨性.

（2）需分 $b^2-4ac\geq 0$ 及 $b^2-4ac<0$ 两种情况进行讨论.

练习3 用公式法解一元二次方程

（1）$x^2-7x-18=0$；　（2）$4x^2+1=4x$.

解析：要求一元二次方程的解，需先将一元二次方程化为一般式，从而确定 a，b，c 的值，注意 a，b，c 带有符号. 第（2）小题要先将方程化成一般形式，再用求根公式求解.

解：（1）这里 $a=1$，$b=-7$，$c=-18$.

∵ $b^2-4ac=(-7)^2-4\times 1\times(-18)=121>0$，

∴ $x=\dfrac{7\pm\sqrt{121}}{2\times 1}=\dfrac{7\pm 11}{2}$，

即 $x_1=9$，$x_2=-2$.

（2）原方程化为一般形式，得 $4x^2-4x+1=0$，

这里 $a=4$，$b=-4$，$c=1$.

∵ $b^2-4ac=(-4)^2-4\times 4\times 1=0$，

∴ $x=\dfrac{-(-4)\pm 0}{2\times 4}=\dfrac{1}{2}$，

即 $x_1=x_2=\dfrac{1}{2}$.

公式法解一元二次方程的一般步骤：

（1）把方程化为一般形式，进而确定 a，b，c 的值（注意符号）；

（2）求出 b^2-4ac 的值（先判断方程是否有根）；

（3）在 $b^2-4ac \geq 0$ 的前提下，把 a，b，c 的值代入求根公式，求出 $\dfrac{-b \pm \sqrt{b^2-4ac}}{2a}$ 的值，最后写出方程的根.

练习 4 用因式分解法解一元二次方程.

（1）$x^2-4=0$；　（2）$(x+1)^2-25=0$.

解析：第（1）小题方程的右边是 0，左边 x^2-4 可分解因式，即 $x^2-4=(x-2)(x+2)$，这样，方程 $x^2-4=0$ 就可以用分解因式法来解. 第（2）小题方程的右边是 0，左边是 $(x+1)^2-25$，可以把 $x+1$ 看作一个整体，这样左边就是一个平方差，利用平方差公式即可分解因式，从而求出方程的解.

解：（1）原方程可化为 $(x+2)(x-2)=0$，

∴ $x+2=0$ 或 $x-2=0$，

∴ $x_1=-2$，$x_2=2$.

（2）原方程可化为 $[(x+1)+5][(x+1)-5]=0$，

∴ $(x+1)+5=0$ 或 $(x+1)-5=0$，

∴ $x_1=-6$，$x_2=4$.

知识小结：一元二次方程四种基本解法的比较如表 3-2 所示：

表 3-2　一元二次方程四种基本解法的比较

方法	适合方程类型	注意事项
直接开平方法	$(x+a)^2=b$	$b \geq 0$ 时有解，$b<0$ 时无解
配方法	$x^2+px+q=0$	二次项系数若不为 1，必须先把系数化为 1，再进行配方
公式法	$ax^2+bx+c=0$（$a \neq 0$）	$b^2-4ac \geq 0$ 时，方程有解；$b^2-4ac<0$ 时，方程无解. 先化为一般形式，再用公式法求解
因式分解法	方程的一边为 0，另一边可分解成两个一次因式的积	方程的一边必须是 0，另一边可用任何方法分解因式

练习5 选择恰当的方法解下列方程.

(1) $2(x+2)^2-8=0$；　　　　(2) $x(x-3)=x$；

(3) $\sqrt{3}x^2=6x-\sqrt{3}$；　　　　(4) $(x+3)^2+3(x+3)-4=0$.

解：(1) 整理的 $(x+2)^2=4$，即 $x+2=\pm 2$，

∴ $x_1=0$，$x_2=-4$.

(2) 整理的 $x(x-3)-x=0$，即 $x(x-3-1)=0$，$x(x-4)=0$，

∴ $x_1=0$，$x_2=4$.

(3) 整理的 $\sqrt{3}x^2-6x+\sqrt{3}=0$，即 $x^2-2\sqrt{3}x+1=0$，

∴ $x_1=\sqrt{3}+\sqrt{2}$，$x_2=\sqrt{3}-\sqrt{2}$.

(4) 设 $x+3=y$，则原方程可变为 $y^2+3y-4=0$，解得 $y_1=-4$，$y_2=1$，当 $y=-4$，即 $x+3=-4$ 时，$x=-7$，当 $y=1$，即 $x+3=1$ 时，$x=-2$.

∴ $x_1=-7$，$x_2=-2$.

思考：选择恰当的方法解一元二次方程的"恰当"怎么理解？小组谈论.

通过学生讨论并结合教师作业批改情况，我们将"恰当"二字做如下小结：

(1) 方程直接呈现一元二次方程一般式分为三步：第一步，试用十字相乘法进行因式分解；第二步，十字相乘法不适用，就观察二次项系数和一次项系数，二次项系数为1且一次项系数为偶数的选择用配方法；第三步，十字相乘法和配方法都不适用就选用公式法求解. 因为公式法计算量大，学生计算易出错，所以作为最后选择.

(2) 方程没有直接呈现一般式的就需要仔细观察，可以直接开方的就直接开方，具有因式分解的特征就因式分解，都不具有就选择将一元二次方程化为一般式，再按照前面的方法选择解决方法.

设计意图：先通过前面4个规定解法且适合的练习题回顾一元二次方程四种解法，再通过练习5让学生体会选择恰当的解法解一元二次方程能够提高计算的准确性. 通过小组讨论总结出对恰当二字的理解，学生更能理解和记忆.

(三) 课堂小结

谈谈本节课你收获了哪些知识和数学思想方法？你还有哪些困惑？

设计意图：通过课堂小结环节把课堂老师讲授的知识转化为学生的知识和能力；课堂小结不仅仅是知识的总结，还有数学方法、数学思想的小结，并且还能提高学生的归纳能力和语言表达能力.）

（四）布置作业

（1）必做.

①一元二次方程 $x^2-2x=0$ 的根是（   ）.

A. $x_1=0$，$x_2=-2$ B. $x_1=1$，$x_2=2$

C. $x_1=1$，$x_2=-2$ D. $x_1=0$，$x_2=2$

②用配方法解方程 $x^2-2x-5=0$ 时，原方程应变形为（   ）.

A. $(x+1)^2=6$ B. $(x-1)^2=6$

C. $(x+2)^2=9$ D. $(x-2)^2=9$

③方程 $2x^2+5x-3=0$ 的解是_____.

④方程 $(x-1)(x+2)=2(x+2)$ 的根是_____.

⑤解下列方程：

a. $8x^2-4=0$；   b. $2(x-1)^2=3(x-1)$；

c. $3x^2-7x+2=0$；   d. $x^2+4x-5=0$.

（2）选做.

解方程：$13（1+a\%）×40（1+5a\%）+26（1+5a\%）×10（1+8a\%）=780（1+10a\%）$.

设计意图：分层设计作业提高了学困生的学习积极性，留给学习较为轻松的同学更多提高的机会，更加关注学生的个性发展，达到减负的作用.

3.2.3.3 教学设计三

混合运算

一、教材分析

1. 内容出处

有理数的混合运算是北师大版七年级上册第二章内容.

2. 课标要求

能够熟练地按有理数运算顺序进行混合运算.

3. 内容分析

有理数的混合运算是加、减、乘、除、乘方的综合应用，既复习旧知识，又为今后的学习打下基础．学生对这一单元的知识一定要学好、用活，并切实掌握运算法则、运算律、运算顺序．

有理数的混合运算的关键是运算的顺序，为此，学生必须进一步加强对加、减、乘、除、乘方的运算法则和性质的理解，熟练掌握，始终遵循以下四个方面：一是运算法则，二是运算律，三是运算顺序，四是近似计算．为了提高运算速度，学生要灵活运用运算律，还要能创造条件利用运算律，如凑整、拆数、移动小数点等；对于复杂的有理数运算，要善于观察、分析、类比与联想，从中找出规律，再运用运算律进行计算．如此，学生便可在有理数的混合运算中稳操胜券．

二、教学目标

（1）熟练掌握有理数的运算法则、运算顺序和运算律．

（2）在熟练掌握有理数的运算法则、运算顺序和运算律的前提下，灵活运用运算律解决有理数的混合运算．

（3）培养学生的分析能力和运算能力．

三、重点难点

教学重点：熟练掌握有理数的运算法则、运算顺序和运算律．

教学难点：熟练地掌握有理数的运算顺序和运算中的符号问题，灵活运用运算律解决有理数的混合运算．

四、教学过程

（一）回顾旧知

1. 有理数的运算法则

加法法则：同号两数相加，取相同的符号，并把绝对值相加；异号两数相加，取绝对值较大的数的符号，并用较大的绝对值减去较小的绝对值；互为相反数的两数相加得0，一个数同0相加，仍得这个数．

减法法则：减去一个数，等于加上这个数的相反数．

乘法法则：两数相乘，同号得正，异号得负，并把绝对值相乘．0乘任何数都得0．

除法法则：除以一个数等于乘上这个数的倒数．0不能作除数．

有理数的乘方运算：正数的任何次幂都是正数；奇次幂是负数，偶次幂是正数.

2. 运算律

加法交换律：$a+b=b+a$　　　　加法结合律：$(a+b)+c=a+(b+c)$

乘法交换律：$ab=ba$　　　　　　乘法结合律：$(ab)c=a(bc)$

乘法对加法的分配律：$a(b+c)=ab+ac$

设计意图：回顾有理数的运算法则和运算律为本节课学习内容打下基础.

(二) 合作探究

例1 计算：

(1) $\left(-\dfrac{3}{5}\right)+\dfrac{1}{5}-\dfrac{4}{5}$；

(2) $(-5)-\left(-\dfrac{1}{2}\right)+7-\dfrac{7}{3}$.

解：(1) $\left(-\dfrac{3}{5}\right)+\dfrac{1}{5}-\dfrac{4}{5}=\left(-\dfrac{2}{5}\right)-\dfrac{4}{5}=\left(-\dfrac{2}{5}\right)+\left(-\dfrac{4}{5}\right)=-\dfrac{6}{5}$

(2) $(-5)-\left(-\dfrac{1}{2}\right)+7-\dfrac{7}{3}=(-5)+\dfrac{1}{2}+7-\dfrac{7}{3}=\left(-\dfrac{9}{2}\right)+7-$

$\dfrac{7}{3}=\dfrac{5}{2}-\dfrac{7}{3}=\dfrac{1}{6}$

归纳：有理数加减混合运算，从左到右依次计算，并且有理数的减法没有运算律.

例2 计算：

(1) $\left(-\dfrac{1}{3}\right)-15+\left(-\dfrac{2}{3}\right)$；

(2) $(-12)-\left(-\dfrac{6}{5}\right)+(-8)-\dfrac{7}{10}$.

解：(1) $\left(-\dfrac{1}{3}\right)-15+\left(-\dfrac{2}{3}\right)$

$=\left(-\dfrac{1}{3}\right)+(-15)+\left(-\dfrac{2}{3}\right)$

$$= \left(-\frac{1}{3}\right) + \left(-\frac{2}{3}\right) + (-15)$$

$$= -1 + (-15)$$

$$= -16$$

(2) $(-12) - \left(-\frac{6}{5}\right) + (-8) - \frac{7}{10}$

$$= -12 + \frac{6}{5} - 8 - \frac{7}{10}$$

$$= -12 - 8 + \frac{6}{5} - \frac{7}{10}$$

$$= -20 + \frac{1}{2}$$

$$= -\frac{39}{2}$$

归纳：（1）加减混合运算可以统一为加法运算，这样一来，我们就可以使用加法的运算律简化运算.

（2）掌握"省略加号的代数和"形式.

（3）灵活运用运算律简化运算：凑整、同分母、同号、互相抵消等可以"凑一起".

例 3 计算：

(1) $(-18.25) - 4\frac{2}{5} + \left(+18\frac{1}{4}\right) + 4.4$；

(2) $\left(-4\frac{1}{2}\right) - \left\{3\frac{2}{5} - [(-0.13) - (-0.33)]\right\}$.

解：(1) $(-18.25) - 4\frac{2}{5} + \left(+18\frac{1}{4}\right) + 4.4$

$$= -18.25 - 4.4 + 18.25 + 4.4$$

$$= -18.25 + 18.25 + 4.4 - 4.4$$

$$= 0$$

(2) $\left(-4\frac{1}{2}\right) - \left\{3\frac{2}{5} - [(-0.13) - (-0.33)]\right\}$

$$= -4\frac{1}{2} - \left[3\frac{2}{5} - (-0.13) - (-0.33)\right]$$

$$= -4\frac{1}{2} - 3\frac{2}{5} + (-0.13) - (-0.33)$$

$$= -4\frac{1}{2} - 3\frac{2}{5} - 0.13 + 0.33$$

$$= (-4.5 - 3.4) + (-0.13 + 0.33) = -7.7$$

归纳：

（1）有理数加减混合运算一般先把减法转化为加法，再使用运算律简化运算.

（2）含有多重括号的运算，可以从小括号开始一步一步地计算，切记不可跳步骤.

例4 计算：(1) $6 \div (-2) \div \left(-\frac{1}{3}\right)$

解：原则 $= 6 \times \left(-\frac{1}{2}\right) \times \left(-\frac{1}{3}\right)$

$\qquad\qquad = 1$

例5 计算：$3 + 50 \div 5^2 \times \left(-\frac{1}{2}\right) - 1$

问题1：算式 $3 + 50 \div 5^2 \times \left(-\frac{1}{2}\right) - 1$ 里含有哪几种运算？

问题2：哪些运算是同一级运算？分别是几级运算？

加法和减法属于一级运算，乘法和除法属于二级运算，指数和根号运算属于三级运算.

解：原式 $= 3 + 50 \div 5^2 \times \left(-\frac{1}{2}\right) - 1$

$\qquad\qquad = 3 + 50 \div 25 \times \left(-\frac{1}{2}\right) - 1$

$\qquad\qquad = 3 + 2 \times \left(-\frac{1}{2}\right) - 1$

$\qquad\qquad = 3 + (-1) - 1$

$\qquad\qquad = 1$

归纳：先算乘方，再算乘除，最后算加减；如果有括号，先算括号里面的.

设计意图：通过例题 1、例题 2 和例题 3 让学生回顾有理数加减混合运算的运算顺序和技巧，例题 4 回顾乘除法混合运算的顺序，例题 5 回顾加减乘除乘法的混合运算，并通过归纳环节让学生自己总结出解题技巧.

（三）巩固练习

练习 1 计算：

（1）$-11.5-(-4.5)-3$；

（2）$-\dfrac{1}{7}+(-\dfrac{2}{35})-(-\dfrac{2}{5})$.

练习 2 计算：

（1）$(-7)-(+10)+(-4)-(-5)+6$；

（2）$\dfrac{2}{3}-(+\dfrac{1}{8})-(-\dfrac{1}{3})+(-\dfrac{3}{8})$；

练习 3 计算：

（1）$(-0.5)-(-3\dfrac{1}{4})+2.75-(+7\dfrac{1}{2})$；

（2）$-\left|-3\dfrac{1}{4}\right|-[(-4.4)-8.5]+\left|3\dfrac{1}{4}-4.6\right|$.

练习 4 计算：

（1）$-3-[-5+(1-0.2\times5)\div(-2)]$；

（2）$\dfrac{11}{5}\times(\dfrac{1}{3}-\dfrac{1}{2})\times\dfrac{3}{11}\div\dfrac{5}{4}$；

（3）$3^2\times\dfrac{2^2}{9}\div\dfrac{1}{2}-2^3$；

（4）$-3^4+(5-8)^2-2\times(-1)^3$.

思考：灵活解决有理数的混合运算有哪些方法？小组讨论.

总结如下：

（1）统一计算：乘除混合运算应用除法法则统一化乘，统一为乘法方便进行约分计算；加减混合运算按正负数分类，分别统一计算；把带分数的整数、分数拆开，分别统一计算；把分数化为小数或把小数化为分数，统一计算.

（2）口算：在每一步的计算中，都尽量运用口算，口算是提高运算率的重要方法之一，习惯于口算，有助于提升学生的反应能力和计算能力.

（3）分段计算：对一个复杂的算式，我们一般可以将它分成若干小段，同时分别进行运算. 分段技巧主要有：①按级分段法. 有理数的基本运算有五种：加、减、乘、除和乘方，其中加减为第一级运算，乘除为第二级运算，乘方为第三级运算. 在运算中，低级运算把高级运算分成若干段. 一般以加号、减号把整个算式分成若干段，然后把每一段中的乘方、乘除的结果先计算出来，最后再算出这几个加数. 把算式进行分段，关键是在计算前要认真审题，分清运算符号，确定整个式子中有几个加号、减号，再以加减号为界进行分段，这是进行有理数混合运算的行之有效的方法. ②括号分段法. 有括号的应先算括号里面的，在实施时可同时分别对括号内外的算式进行运算. ③绝对值符号分段法. 绝对值行号除了本身的作用外，还具有括号的作用.

（4）活用运算技巧：计算时活用运算技巧使计算简单，能够一步计算出来的就同时算出来；运算中先观察再动手.

设计意图：通过巩固练习环节进一步熟练掌握有理数混合运算的运算法则和技巧，再次引导学生进一步归纳出更多的解题心得与体会.

（四）课堂小结

1. 本课知识

运算法则：同级运算，从左至右；异级运算，由高到低；
　　　　　若有括号，先算内部；简便方法，优先采用.

（2）本课数学思想

转化思想.

设计意图：通过课堂小结环节把课堂老师讲授的知识转化为学生的知识和能力、课堂小结不仅仅是知识的总结，还有数学方法、数学思想的小结，并且能提高学生的归纳能力和语言表达能力.

（五）布置作业

必做　计算：

（1）$-17 + (+65) + (-18)$；

（2）$(-3\frac{2}{3}) - (-2\frac{3}{4}) - (1\frac{2}{3}) - (+1.75)$；

(3) $3 \div (-4) - 2 \times (-\frac{1}{2})$;

(4) $(-2)^2 - (-2^2)$;

(5) $16 \div (-2)^3 - (-\frac{1}{8}) \times (-4)$.

选做　计算：(1) $|\frac{1}{3} - \frac{1}{2}| + |\frac{1}{4} - \frac{1}{3}| + |\frac{1}{5} - \frac{1}{4}| + \cdots + |\frac{1}{100} - \frac{1}{99}|$；

(2) $19 + 299 + 3\,999 + 49\,999$；

(3) $17.48 \times 37 + 174.8 \times 1.9 + 8.74 \times 88$；

(4) $2\,005 \times \frac{2\,003}{2\,004} - 1\,001 \times \frac{1\,001}{1\,002}$.

设计意图：分层设计作业提高了学困生的学习积极性，留给学习较为轻松的同学更多提高的机会，更加关注学生的个性发展，达到减负的作用.

3.2.3.4　教学设计四

有理数乘方

一、教材分析

（1）内容出处

有理数的乘方是北师大版七年级上册第二章第 10 节，共 2 课时，本课是第 1 课时.

（2）课标要求

理解有理数乘方的意义，能进行有理数的乘方运算.

（3）内容分析

学生在小学已经认识了简单的有理数乘方运算，在表示正方形的面积和体积中知道 $a \times a$ 记作 a^2，读作 a 的平方或 a 的二次方，$a \times a \times a$ 记作 a^3，读作 a 的立方或 a 的三次方. 前几节课，学生已掌握了有理数的乘法法则，具备了进一步学习有理数的乘法运算的基础知识技能. 本课的学习按以下流程进行：乘方的定义—乘方的运算—简单地应用.

二、教学目标

（1）通过实际情景感受有理数乘方产生的必要性，理解有理数乘方的意义；

（2）掌握有理数乘方的概念，能进行有理数的乘方运算；

（3）经历有理数乘方的符号法则的探究过程，领悟乘方运算符号的确定法则．在解决问题的过程中注意与他人的合作，增强团体意识．

三、重点难点

（1）教学重点：掌握有理数乘方的概念，学会有理数乘方的运算．

（2）教学难点：与所学知识进行衔接，认识底数，乘方运算符号的确定法则．

四、教学过程

（一）结合实例，引出乘方的概念

思考1：观察教科书给出的图片（见图3-11），阅读理解教科书提出的问题，弄清题意，计算每一次分裂后细胞的个数，五小时经过十次分裂后细胞的个数．

思考2：小组讨论归纳多个相同因数相乘的符号表示法，定义乘方运算的概念．

乘方的定义：求 n 个相同因数 a 的积的运算，乘方的结果叫作幂（见图3-12）．

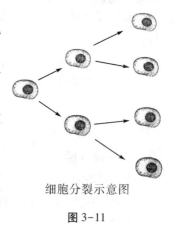

细胞分裂示意图

图3-11

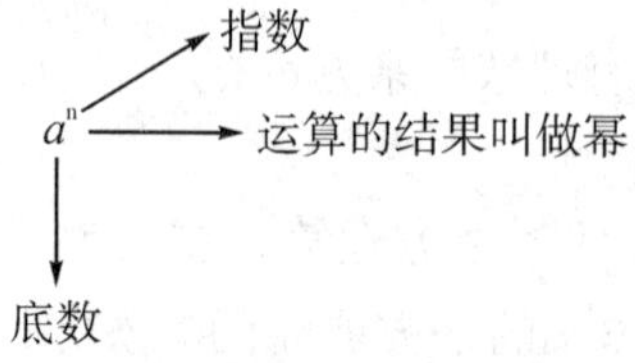

a^n —— 指数

—— 运算的结果叫做幂

底数

图3-12

设计意图：通过实际情景引入新课，激发学生的学习兴趣．通过学生讨论、归纳得出的知识比教师直接讲授要记得牢，同时也培养学生归纳和概括的能力，让学生在活动中感受数学符号的简洁美．

（二）合作探究

练习1 填空：

(1) $(-2)^{10}$ 的底数是_____，指数是_____，读作_____；

(2) $(-3)^{12}$ 表示_____个_____相乘，读作_____；

(3) $(\dfrac{1}{3})^8$ 的指数是_____，底数是_____读作_____；

(4) $(3.6)^5$ 的指数是_____，底数是_____，读作_____；

(5) x^m 表示_____个_____相乘，指数是_____，底数是_____，读作_____.

练习2 把下列各式写成乘方的形式：

(1) $6\times6\times6=$

(2) $2.1\times2.1=$

(3) $(-3)\times(-3)\times(-3)\times(-3)=$

(4) $\dfrac{1}{2}\times\dfrac{1}{2}\times\dfrac{1}{2}\times\dfrac{1}{2}\times\dfrac{1}{2}=$

特别提示：底数是负数或分数时，必须加上括号.（谁离指数近，谁就是底数，括号离指数近，括号内就是底数）

设计意图：通过合作探究环节，巩固有理数乘方的意义和运算，明确分数和负数的乘法书写规范，即要打括号，为后面探索乘方的符号法则打下基础.

（三）尝试练习

活动内容：分别计算教科书例1，例2.

例1. ① 5^3；② $(-3)^4$；③ $(-\dfrac{1}{2})^3$.

例2. ① $-(-2)^3$；② -2^4；③ $-\dfrac{3^2}{4}$.

练习3 计算：P59 随堂练习第2题

小结：正数的任何次方都是____正____数，负数的偶数次的幂是____正____数，负数的奇数次的幂是____负____数.

设计意图：通过学生自己做练习、总结规律，总结出乘方运算的符号法则；教师放手学生自主探索，把课堂还给学生，教师加以指导，体现学生的主体地位.

（四）拓展学习

练习 4　（1）一个数的平方为 16，这个数可能是几？一个数的平方可能是 0 吗？

（2）有没有一个数的立方是 8？有没有一个数的立方是 -8？（逆向思维）

练习 5　（1）P60 习题 2.13 第 5 题

（2）已知：$|a-1|+(b+2)^2=0$，求 $(a+b)^{2019}$ 的值.

（五）课堂小结

（1）本课知识：用提问的方式由学生完成课堂小结.

如：①本节课同学们学到了哪些知识？

②有理数乘方运算的符号法则是怎样叙述的？

③在有理数乘方运算中，你感觉需要注意哪些问题？

（2）本课数学思想：转化思想

设计意图：通过课堂小结环节把课堂老师讲授的知识转化为学生的知识和能力. 课堂小结不仅仅是知识的总结，还有数学方法、数学思想的小结，并且还能提高学生的归纳能力和语言表达能力.

（六）课堂检测（限时 3 分钟）

（1）在 $(-6)^8$ 中，底数是_____，指数是_____.

（2）计算：①$(-3)^3$　　②$(-1.5)^2$　　③$(-\dfrac{1}{7})^2$

④$-(-3)^2$　　⑤$-(-2)^3$

设计意图：通过课堂检测环节检测本节课学生的学习效率，让学生获得学习的成功感，同时老师能更好地了解学生的听课情况及时做出补充或者调整.

（七）作业设计

必做作业　教材 58 页习题

选做作业

（1）在一次数学活动中，小颖为了求 $\dfrac{1}{2}+\dfrac{1}{2^2}+\dfrac{1}{2^3}+\dfrac{1}{2^4}\cdots+\dfrac{1}{2^n}$ 的值（结果用 n 表示），设计如图 3-12 所示的几何图形. 请你利用下图的几何图形求 $\dfrac{1}{2}+\dfrac{1}{2^2}+\dfrac{1}{2^3}+\dfrac{1}{2^4}\cdots+\dfrac{1}{2^n}$ 的值.

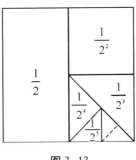

图 3-13

（2）我们通常用的是十进制，如 $1\,967 = 1\times10^3 + 9\times10^2 + 6\times10^2 + 7$，表示十进制的数要用 10 个数码：0，1，2，3，4，5，6，7，8，9. 在计算机中用的是二进制，只有两个数码：0，1，如二进制中 $111 = 1\times2^2 + 1\times2^1 + 1$ 相当于十进制中的 7，$11\,011 = 1\times2^4 + 1\times2^3 + 0\times2^2 + 1\times2^1 + 1$ 相当于十进制中的 27. 请你计算：

①二进制中的 $1\,011$ 相当于十进制中的多少？

②二进制中的什么数相当于十进制中的 8？

设计意图： 分层设计作业提高了学困生的学习积极性，留给学习较为轻松的同学更多提高的机会，更加关注学生的个性发展，达到减负的作用.

3.3 基于运算能力的典型教学案例

3.3.1 教学案例 1

同底数幂的乘法

一、教材分析

1. 内容出处

同底数幂的乘法是北师大版七年级数学下册第一章（2013 年版）的内容.

2. 课标要求

能进行简单的整式乘法运算.

3. 内容分析

同底数幂的乘法是数学运算中的基本概念，是初等代数中的重要内容之一. 学生在此之前已经学习过整数乘法、单项式乘单项式等基础运算，本节课将在此基础上进一步学习同底数幂的乘法运算法则. 本节课的学习，有助于培养学生的逻辑思维能力，提高学生数学运算的能力. 同底数幂的乘法这门课要求学生推导出同底数幂的乘法的运算性质，理解和掌握性质的特点，熟练运用运算性质解决问题. 在教学中改变以往单纯地模仿与记忆的模式，体现以学生为主体，引导学生动手实践，自主探索与合作交流的教学理念.

同底数幂的乘法在初中是在学习了有理数的乘方和整式的加减之后，为了学习整式的乘除法而学习的关于幂的一个基本性质. 同底数幂的乘法学好后，学生能更好地学习整式乘法和整式除法.

二、教学目标

（1）通过合作探究了解同底数幂的乘法运算性质，并会进行计算.

（2）能进一步体会幂运算的意义及类比、归纳等方法，并解决一些实际问题.

（3）发展运算能力和有条理地表达能力.

三、重点难点

（1）教学重点：理解同底数幂的乘法的法则，并能应用法则解决问题.

（2）教学难点：熟练应用同底数幂的乘法法则.

四、教学过程

（一）回顾旧知

1. 填空

（1）2^5 的底数是_____，指数为_____，它表示有____个_____相乘；

（2）a^m 的底数是_____，指数为_____，它表示有_____个_____相乘；

(3) a 的底数是_____，指数为_____.

师生活动：复习 a^n 的意义.

a^n 表示 n 个 a 相乘，我们把这种运算叫做乘方. 乘方的结果叫幂；a 叫做底数，n 叫做指数.（问学生，快答）

2. 计算

(1) $2^3 =$ _____，$2^4 =$ _____，$(2^3) \cdot (2^4) =$ _____ ；

(2) $(-3)^2 =$ _____，$(-3)^3 =$ _____，$(-3)^2 \cdot (-3)^3 =$ _____ .

学生活动：1，2 两题采取由学生抽问的方式回答.

教师活动：通过 1，2 两题引导学生复习乘方的相关知识，为学习新知识作铺垫.

设计意图：通过对幂知识的复习，唤醒学生对乘方的记忆，为接下来得到同底幂的乘法法则提供依据.

3. 计算

一种电子计算机每秒可进行 10^5 次运算，它工作 10^3 秒可进行多少次运算？

生：运算次数＝运算速度×工作时间，所以计算机工作 10^3 秒可进行的运算次数为：$10^5 \times 10^3$.

师：$10^5 \times 10^3$ 怎么计算？

生：根据乘方的意义可知：

$10^5 \times 10^3 = (10 \times 10 \times 10 \times 10 \times 10) \times (10 \times 10 \times 10) = 10 \times 10 \times 10 \times 10 \times 10 \times 10 \times 10 \times 10 = 10^8$.

师：通过观察可以发现 10^5、10^3 这两个幂的底数相同，像这样底数相同的幂，我们称它们为**同底数幂**，所以我们把像 $10^5 \times 10^3$ 的运算叫做**同底数幂的乘法**. 根据实际需要，我们有必要研究和学习这样的运算——同底数幂的乘法.

设计意图：通过问题，唤起学生对已学乘方的记忆，为新知识学习奠定基础. 教师通过问题驱动，让学生初步了解同底数幂以及本节课所要的同底数幂的乘法.

（二）学习新知

探究一

1. 填空

算式	运算过程	结果
$2^2 \times 2^3$	$(2 \times 2) \times (2 \times 2 \times 2)$	2^5
$10^3 \times 10^4$		
$a^2 \cdot a^3$		
$a^4 \cdot a^5$		

师：根据乘方的意义，同学们可以独立解决上述问题.

生：根据乘方的意义可以得到，$2^3 \times 2^2 = (2 \times 2 \times 2) \times (2 \times 2) = 2^5 = 2^{3+2}$. 用同样的方法我们可以得到另外三个式子的结果分别为 10^7，a^5，a^9.

师：回答得很好，观察上表，你发现了什么？以上四个算式的共同特点是同底数幂相乘，计算结果的底数、指数，与已知算式中的底数、指数之间的关系是_____.

（引导学生自主探索，发现规律，让学生用自己的语言进行表述）.

生：我们可以发现下列规律：①这四个式子都是底数相同的幂在作乘法.

②结果中幂的底数与原来幂的底数相同，结果幂中的指数是原来两个幂的指数的和.

师：根据以上发现，你能直接写出以下各算式的答案吗？

$10^{12} \cdot 10^8 = $_____； $\left(\dfrac{1}{3}\right)^{10} \times \left(\dfrac{1}{3}\right)^7 = $_____；

$a^5 \cdot a^{12} = $_____； $\left(-\dfrac{1}{5}\right)^m \cdot \left(-\dfrac{1}{5}\right)^n = $_____.

师：你能将刚发现的规律用一个式子表示出来吗？

生：$a^m \cdot a^n = a^{m+n}$.

设计意图：教师通过上表以及问题的交流分享，引导学生观察计算前后底数和指数的关系，并鼓励其运用自己的语言加以描述. 使学生能够自主发现同底数幂乘法的法则，并能用自己的语言表达出来，从而提高他们的语言表达能力和组织能力. 在计算教学中，教师要善于启发诱导学生，而不是让他们死记硬背，学生只有自己经历推导出公式法则的过程，才能提高运算能力，而不是靠死记硬背. 学生只有真正理解算理，才能熟练掌握运算能力. 在学生观察式子发现规律后，教师给出了 4 个小题，这些题目分别体现了底数从数到字母，指数从数字到字母的变化，为学生进一步观察归纳同底数的幂的运算法则做了有效的铺垫.

师：提出更高挑战：要求学生从幂的意义这个角度加以解释、说明，验证它的正确性.

生：学生自主完成，一名学生上台板演过程.

师：在学生讲解完毕后，教师在板书得出结论：一般地，如果字母 m、n 都是正整数，那么：

$$a^m \cdot a^n = \underbrace{(aaa\cdots a)}_{\_\_\_个a} \cdot \underbrace{(a \cdot a \cdot a\cdots a)}_{\_\_\_个a} \quad (\underline{\qquad\qquad}的意义)$$

$$= \underbrace{a \cdot a \cdot a\cdots a}_{\_\_\_个a} \quad (乘法的\underline{\qquad\qquad}) = a^{m+n} \quad (乘方的意义)$$

幂的运算法则 $a^m \cdot a^n = \underline{\qquad\qquad}$ （m、n 是正整数）

师：你能用语言描述这个性质吗？

生：请学生起来用自己的语言表述同底数幂的乘法法则.

师：教师在学生表达的基础上完整地说出同底数幂的乘法法则：同底数幂相乘，底数不变，指数相加.

师：请同学们用自己的语言解释"同底数幂相乘，底数不变，指数相加"的道理.

设计意图：熟悉法则是解题的基础. 只追求学生算得对又快而缺少对运算意义的了解，是对运算能力的曲解. 教师应该和学生一起理解幂的运算法则，经历法则产生的过程，明确实施运算的依据. 只有这样，学生才能理解法则的本质[①].

---

① 刘长玉. 培养运算能力实现减负增效：以"同底数幂乘法"教学设计为例 [J]. 江苏教育研究，2018（32）：54-56.

生：a^m 表示 m 个 a 相乘，a^n 表示 n 个 a 相乘，$a^m \cdot a^n$ 表示 m 个 a 相乘再乘以 n 个 a 相乘，也就是说有（$m+n$）个 a 相乘，根据乘方的意义可得 $a^m \cdot a^n = a^{m+n}$.

师：升华：也就是说同底数幂相乘，底数不变，指数要降一级运算，变为相加.

设计意图：通过刚刚发现的规律，学生能够自己推导出法则，能够理解和掌握同底数幂的乘法法则，学生体会到知识的形成过程，能深刻认识到同底数幂的乘法运算是在幂的意义和乘法运算的基础上产生的. 学生不仅明白了如何进行计算，还感悟了相应的算理. 这样就发展了学生数学抽象和数学运算的核心素养①.

探究二 m、n、p 是正整数，你会计算 $a^m \cdot a^n \cdot a^p$ 吗？

师：对于 $a^m \cdot a^n \cdot a^p$ 是否依然适用？

生：是.

师：请同学们合作完成，进行推导.

设计意图：通过推导同底数幂的乘法法则，学生能够进行拓展到三个乃至多个同底数幂相乘的法则，发展迁移推理能力，提升运算能力.

（三）尝试练习

例 1 计算：

(1) $(-2)^2 \times (-2)^3$；

(2) $\dfrac{1}{2} \times \left(\dfrac{1}{2}\right)^2 \times \left(\dfrac{1}{2}\right)^3$；

(3) $2 \times 10^3 \times 3 \times 10^7$；

(4) $a^{n+1} \cdot a^n$；

(5) $-y \cdot y^2 \cdot y^3$；

(6) $(a+b)^3 \cdot (a+b)$.

师生活动：例 1 由学生独立完成，同时派两名学生上去板演解答过程，教师巡视课堂，当堂批阅学生练习，并指导学生在小组内交流，由板演的两名学生分别进行例题的讲解，最后引导学生总结归纳.

---

① 洪飞. 让计算教学更有效："同底数幂的乘法"教学片段赏析 [J]. 江西教育，2017（29）：61–62.

设计意图：①让学生进一步理解"同底数幂的乘法法则"中指数一定要相同，但可以是相同的单项式，如"x"等单项式，也可以是多项式，如"$(a+b)$"，还需注意像（2）中底数为分数的应加括号. ②通过交流，让学生关注公式运用过程中的一些细节，如（5）中底数为y，不是$(-y)$；（6）中的底数为$a+b$，指数相加不要漏了最后一个因式的指数1，这是学生经常忽略的地方.

练习 1. 判断下列各式是否正确，不正确的加以改正

（1）$x^2 \cdot x^4 = x^8$ （   ）   （2）$x^2 + x^2 = x^4$ （   ）

（3）$m^5 \cdot m^6 = m^{30}$ （   ）   （4）$m^5 + m^6 = m^{11}$ （   ）

（5）$a \cdot a^2 \cdot a^4 = a^6$ （   ）   （6）$a^5 \cdot b^6 = (ab)^{11}$ （   ）

（7）$3x^3 + x^3 = 4x^3$ （   ）   （8）$x^3 \cdot x^3 \cdot x^3 = 3x^3$ （   ）

师生活动：先请个别学生完成前 4 题，并说出错误的原因，再由学生独立完成后 4 题，教师巡视课堂，并当堂批阅学生练习.

师生总结：注意：①底数可以是数、字母、整式，如果底数为分数或者负数，底数必须加括号；

②指数可以是数字也可以是字母.

设计意图：通过判断一组简单的同底幂的乘法运算，让学生再一次学理解"同底数幂相乘，底数不变，指数相加"这一运算法则，并加深印象. 知道："同底数幂的乘法法则的两个要素是：①幂底数相同，②幂相乘. 结论是：①底数不变，②指数相加". 此时重要的不再是计算的熟练程度和技巧，而是对运算意义的理解.

例 2　（书本第 3 页例题 2）光在真空中的速度大约是 3×10^8 m/s. 太阳光照射到地球上大约需要 5×102 s，地球距离太阳大约有多远[①]？

学生活动：先由学生独立完成，后请学生进行讲解.

教师活动：对于学生的讲解给予相应的点评.

设计意图：通过上述问题的解答，使学生进一步掌握同底数幂的乘法法则，并会用它解决新问题，提高解题能力，发展数学运算的素养.

---

① 中华人民共和国教育部. 义务教育数学教科书七年级下册（2011 年版）［M］. 北京：北京师范大学出版社，2012：8.

（四）拓展学习

例3 计算 （1）$(a-b)^2 \cdot (b-a)$； （2）$(x+y)^4 (x+y)^3$.

学生活动：学生独立完成，并上台展示.

教师活动：教师巡视课堂，引导学生归纳底数互为相反数的如何变为同底数.

设计意图：题中底数不同，但底数互为相反数，底数互为相反数是可以进行转化的. 让学生明确只有同底数幂相乘，才能进行指数相加；底数不同，必须转化为同底数幂相乘.

练习2 计算

（1）$8 \times 2^3 \times 32 \times (-2)^8$； （2）$(x+y)^3 (x+y)$；

（3）$(x-y)^3 (x-y)^2 (x-y)^5$.

学生活动：小组合作完成，并派一名代表进行讲解.

教师活动：提问运用同底数幂的乘法法则时需要注意什么？当底数不同时，如何进行同底数幂的乘法运算？

设计意图：题底数不同，但它们底数分别为 8，2，32，-2，它们底数都可以化为. 因此教师需要引导学生认真观察底数、指数. 其实大多数学生在计算中犯的错，并不是掌握得不好而是做题时疏忽了细节，例如符号、括号等. 为了避免学生犯错. 老师在教学时要提醒学生关注解题细节，积累观察经验，提高解题运算能力.

（五）课堂小结

（1）通过本节课的学习，让学生来交流总结本节课上应该掌握的同底数幂的乘法的特征，谈一谈学习感受.

（2）在学习同底数幂的乘法法则中，蕴含了哪些数学思想方法？需要注意哪些问题？

（六）板书设计（略）

五、教学反思

在教学同底数幂的乘法时，我反思了一下，可以从以下几个方面进行改进和提升：

（1）重视知识的生成过程．在教学中，要重视知识的生成过程，引导学生逐步理解同底数幂的乘法的原理和规则，而不是直接给出公式让学生死记硬背．我们可以通过一些实例和问题的引入，让学生自己探索、发现和总结规律，从而更好地掌握知识．

（2）加强直观教学．同底数幂的乘法规则比较抽象，不容易被学生理解．我们可以通过图示、表格等方式加强直观教学，让学生更直观地理解同底数幂的乘法规则．

（3）注重练习和实例．同底数幂的乘法规则比较抽象，需要通过大量的练习来巩固和提高．在教学过程中，我们可以举一些实际的例子，让学生通过解决实际问题来加深对同底数幂的乘法规则的理解和掌握．

（4）重视思维训练．同底数幂的乘法是数学运算中的基本技能之一，需要培养学生的数学思维能力和运算技能．我们可以通过一些有趣的问题和练习，培养学生的思维能力和创新能力．

同底数幂的乘法是初中数学中的重要知识点，需要注重生成过程、直观教学、练习和思维训练等方面的教学．我们通过不断改进和提升教学方法，可以更好地提高学生的数学运算技能和思维水平．

3.3.2　教学案例2

分式的加减法运算

一、教材分析

1. 内容出处

认识分式是北师大版八年级下册第五章（2013版）中的内容．

2. 课标要求

了解分式和最简分式的概念，能进行简单的分式加减运算．

3. 内容分析

分式的加减是北师大版新教材八年级下册第五章第三节，本节内容分三课时完成．我设计的是第二课时的教学，主要内容是让学生经历异分母分式的加减运算，在此基础上归纳出异分母分式加减法的法则．分式是继整式之后对代数式的进一步研究．在数学中，分式加减法是一个重要的运算技巧，它涉及通分、通分子、异分母分式相加减、分式的乘除运算以及分式的混合运算等多个方面．

二、教学目标

（1）通过回顾异分母分数的加减法，体会通分的必要性并掌握异分母分式通分的方法；

（2）通过类比异分母分数的加减法，理解并掌握异分母分式加减法的法则；

（3）经历异分母分式的加减运算和通分的探讨过程，训练分式运算能力．

三、教学重难点

（1）教学重点：①掌握异分母分式的加减运算；②掌握异分母通分的方法．

（2）教学难点：①化异分母分式为同分母分式的过程；②如何确定最简公分母．

四、教学过程

（一）回顾旧知

（1）同分母分式是怎样进行加减运算的？

生：异分母 $\xrightarrow{\text{转化}}$ 同分母

（2）计算：$\dfrac{1}{2} + \dfrac{1}{3} =$ ＿＿＿＿＿＿； $\dfrac{2}{5} - \dfrac{1}{3} =$ ＿＿＿＿＿＿．

师生活动：学生独立完成计算，教师巡视发现问题并解决问题．

设计意图："同化和顺应"是著名教育心理学家皮亚杰从生物学移植到心理学和认识论中的概念．他认为：新知识的学习无非是经历同化顺应过程[1]．个体接触到新的知识，首先是以旧的认知结构对其进行解

---

[1] 徐小会."同化顺应"理论在概率论教学中的作用［J］．辽宁师范大学学报（自然科版），2005（3）：378-379.

释与吸收（同化），将新问题纳入原有的认知结构之中. 学生对小学异分数的加减运算非常熟悉，从异分母分数加减运算过渡到异分母分式加减运算，以类比的方式让学生获得异分母分式加减运算法则，会更容易让学生掌握. 这也能让学生感受将未知的问题转化为已知的问题来解决的转化和化归思想，潜移默化地培养学生转化和化归思想.

（二）学习新知

探究 1 异分母分式相加减法则

例 1 计算 $a - 1 + \dfrac{1}{a+1}$ ＿＿＿＿＿＿.

师：上述两题是同分母的分式加减？还是异分母分式加减？

生：异分母的分式加减.

师：如何将上述两题中的异分母转化为同分母？关键是要找出各自分母的什么？分别是谁？

生：通分；最简公分母.

问题 1：异分母分式相加减法则是什么？

学生活动：以小组为单位交流并得出结论，小组派一名进行代表发言.

教师活动：类比异分数加减法则引导学生归纳总结异分母加减法则.

通分：

根据＿＿＿＿＿，＿＿＿＿＿的分式可以化为＿＿＿＿＿的分式，这一过程叫做通分.

异分母加减法法则：

异分母分式相加减，先＿＿＿＿＿化为＿＿＿＿＿，然后再按＿＿＿＿＿进行计算.

设计意图：学生在小学已经有了同分母分式相加减法则的经验，类比分数加减法则，关于异分母分式相加减的法则就比较容易理解. 先通分，转化为同分母分式的加减，再用分式加减法法则进行运算. 教师引导学生一步步获得异分母加减法则，激发学生的求知欲.

问题 2：小明有不同的做法，他认为只要把异分母的分式化成同分母的分式，异分母的分式的加减问题就变成了同分母的分式的加减问题. 小亮也同意小明的这种看法，但他俩的具体做法不同：

小明：$\dfrac{a}{a-2b} - \dfrac{b}{2b-a} - \dfrac{3b}{a-2b}$

小亮：$\dfrac{1}{2axy} + \dfrac{2}{3bx^2} - \dfrac{3}{4xy^2}$

看完两种做法之后你有何看法？与同桌交流.

教师活动：教师引导如何确定分母，分析比较两种方法的优劣，并引出最简公分母的概念.

设计意图：同样是通分，一个简洁，一个复杂，让学生体会通分后分母更简洁、运算更简单，明白化异分母为同分母的关键在于找到最简公分母，从而提高运算能力.

探究 2：如何确定最简公分母

例 2　(1) $\dfrac{1}{a}$ 与 $\dfrac{1}{b}$ 的最简公分母是_____；

$\dfrac{1}{ab}$ 与 $\dfrac{1}{bc}$ 的最简公分母是_____；

$\dfrac{1}{a^2}$ 与 $\dfrac{1}{a}$ 的最简公分母是_____；

$\dfrac{2}{3a^2bc}$ 与 $\dfrac{1}{2ab^2}$ 的最简公分母是_____.

师：对于分母是单项式的分式，怎样确定它的最简公分母？

学生活动：请一组学生进行回答，并说明他们是如何确定的.

(2) $\dfrac{1}{x-3}$ 与 $\dfrac{1}{x+3}$ 的最简公分母是_____；

$\dfrac{1}{(a-2)^2}$ 与 $\dfrac{1}{a-2}$ 的最简公分母是_____；

$\dfrac{1}{a^2-4}$ 与 $\dfrac{1}{a-2}$ 的最简公分母是_____.

师：对于分母是单项式的分式加减法，同学们掌握了其解法. 这三个分式的加减运算与前面所学的分式加减运算有何区别？

生：主要区别是分母不同，且为多项式.

师：若要解答这两道题，那该如何求它们的最简公分母呢？

师引：寻找最简公分母时，要取各分母中所有因式的最高次幂. 那么在什么情况下才有因数或因式这一提法呢？

预设生答：将一个数或一个式子分解因数或因式. （这是本节的关键点）

生：应将原分式中的每一个因式进行因式分解.

师：对不能分解因式的多项式，如何处理呢？请同学们想一想.

引导学生得出：将其视为一个整体，不同的因式视为不同的"字母".

教师活动：根据学生所说，教师进行归纳总结并确定最简公分母的方法.

如何确定最简公分母：＿＿＿＿＿．

设计意图： 这 7 组分式的分母设置从易到难，主要是让学生一步步地感受确定最简公分母的方法，前三个分式通分时只考虑字母，第 4 个系数和字母及次数都要考虑，最后几个分母和所有字母及次数都要考虑，还需要注意多项式需要进行因式分解，一步步加深，让学生自主感受如何确定最简公分母，然后师生共同归纳确定最简公分母的方法.

（三）尝试练习

练习 1 计算

$(1) \dfrac{3}{a} + \dfrac{a-15}{5a};$　　$(2) \dfrac{1}{x-3} - \dfrac{1}{x+3};$　　$(3) \dfrac{2a}{a^2-4} + \dfrac{1}{a-2}.$

学生活动：学生独立尝试，请 2 名学生上台板演.

教师活动：通过巡视找出学生的典型错误并展示出来，让学生自己找错误原因，以此避免错误.

师生小结：（1）对于分母是多项式的分式加减，应先将分母的多项式分解因式，再将每一个不能分解的多项式因式分别视为不同的"字母".

（2）运算中应注意，减多项式时应将多项式括起来.

（3）关于分式运算的最终结果，应注意检查结果是否为最简分式.

师：通过刚刚的练习你能总结异分母加减的方法吗？具体见图 3-14.

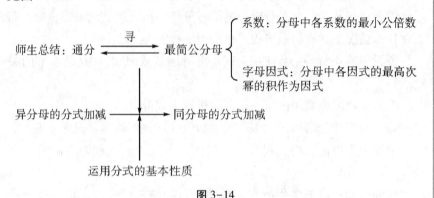

图 3-14

设计意图：以上三组分式的特征是分母都是多项式，不再像前面都是单项式，学生需要用到数学中常用的"整体思想"，将一个多项式看成一个整体，也就是一个字母既可以代表单项式又可以代表多项式. 这样就可以用前面的方法来确定最简公分母了. 但是对于（2）（3）分式来说按照这种方法确定的分母却不是最简的，需要运用因式分解先将分母分解，再来确定最简公分母. 本题旨在让学生简单应用法则进行分式加减，规范运算步骤：先对分式特征进行观察确认后进行通分，然后运算，明确运算方法. 让学生在师生总结活动中提升运算能力.

练习2 计算

（1）$\dfrac{1}{2x^2y} - \dfrac{2}{3xy}$；　　（2）$\dfrac{1}{x-y} - \dfrac{1}{(y-x)^2}$；

（3）$\dfrac{2+x}{x^2-4} - \dfrac{x}{4-2x}$.

设计意图：通过不同难度的三道题的练习，让学生灵活运用异分母的分式加减法则，在计算过程中规范学生的运算步骤，加深学生对法则的理解，提升学生的运算能力.

（四）拓展练习

练习3 用两种方法计算：$\left(\dfrac{3x}{x-2} - \dfrac{x}{x+2}\right) \cdot \dfrac{x^2-4}{x}$

方法 1：　　　　　　　方法 2：

师生活动：学生独立完成，关键是让学生分析题目，理解题意，将新学的知识与乘法分配律联系起来.

设计意图：通过类比学习我们掌握了异分母分式加减法法则，此题涉及混合运算，教师提出两种方法，学生通过计算知道运用乘法分配律会使计算更简单. 另外，此题也可进一步考查学生的分式运算能力，让学生关注算法选择，感悟一题多解.

练习 4　计算

（1）$\dfrac{1}{a-b}+\dfrac{b}{a(b-a)}$　　　　（2）$\dfrac{x^2+9x}{x^2+3x}+\dfrac{x^2-9}{x^2+6x+9}$

学生活动：学生独立尝试，请 2 名学生上台板演.

教师活动：通过巡视找出学生的典型错误并展示出来，让学生自己找错误原因，以此避免错误.

设计意图：进一步巩固所学知识，加深对学生法则的理解，通过练习提高学生的运算能力.

（五）课堂小结

1. 根据_____，_____的分式可以化为_____的分式，这一过程叫做通分.

2. 异分母分式通分时，通常取_____作为它们的共同分母.

3. 异分母分式相加减，先_____化为_____，然后再按_____进行计算.

（六）板书设计

（略）

五、教学反思

在教学分式的加减法时，我反思了一下，可以从以下几个方面进行改进和提升：

（1）重视知识的生成过程. 在教学中，我们要重视知识的生成过程，引导学生逐步理解分式的加减法的原理和规则，而不是直接给出公式让学生死记硬背. 我们可以通过一些实例和问题的引入，让学生自己探索、发现和总结规律，从而更好地掌握知识.

（2）加强直观教学. 分式的加减规则比较抽象，不容易被学生理解. 我们可以通过图示、表格等方式加强直观教学，让学生更直观地理解分式的加减规则.

（3）注重练习和实例. 分式的加减法规则比较抽象，需要通过大量练习来巩固和提高. 在教学过程中，我们可以举一些实际的例子，让学生通过解决实际问题来加深对分式的加减法规则的理解和掌握.

（4）重视思维训练. 分式的加减法是数学运算中的基本技能之一，需要培养学生的数学思维能力和运算技能. 我们可以通过一些有趣的问题和练习，培养学生的思维能力和创新能力.

3.3.3　教学案例 3

整式乘法

一、教材分析

1. 内容出处

整式乘法是北师大版七年级下册第一章（2013 年版）的内容.

2. 课标要求

能够熟练运用多项式乘多项式法则进行乘法运算.

3. 内容分析

在七年级上册的学习中，学生已经学习了数的运算、字母表示数、合并同类项、去括号等内容，具备了由数的运算转化为式的运算的知识基础. 类比有理数运算学习整式的运算是本章的重点，是代数知识学习的重点内容. 其可以帮助学生认识到代数与现实世界、学生生活、相关学科联系十分密切，为数学本身和其他学科的研究提供了语言、方法和手段. 本单元提前安排了同底数幂的乘法、幂的乘方、积的乘方等知识，然后通过实例引入了整式的乘法，使学生通过对乘法分配律等法则的运用探索整式乘法的运算法则以及一些重要的公式. 所以，本节知识既是对前面所学知识的综合应用，也为后面学习乘法公式、整式除法以及八年级学习因式分解打好基础.

二、教学目标

（1）能够熟练地进行多项式与多项式的乘法计算，发展运算能力.

（2）经历探索多项式乘多项式的运算法则的过程，通过数形结合.

三、重点难点

（1）教学重点：熟练掌握多项式乘以多项式的运算法则.

（2）教学难点：能够熟练地进行多项式与多项式的乘法计算.

四、教学过程

（一）复习旧知

1. 计算

（1）$3a^2b \cdot 2ab^3$；　（2）$7xy^2z \cdot (2xyz)^2$.

师：说一说单项式乘单项式是如何进行运算的?

生1：单项式乘以单项式法则：单项式与单项式相乘，把它们的系数、同底数幂分别相乘，其余字母连同它的指数不变，作为积的一个因式.

2. 计算

$c^2 \cdot (m+n-p)$

师：说一说单项式乘多项式是如何进行运算的?

生2：单项式乘以多项式法则：单项式与多项式相乘，就是根据分配律用单项式去乘多项式的每一项，再把所得的积相加.

师：我们学了单乘单、单乘多，同学们那我们接下来应该学习什么?

生：多乘多.

师：那我们今天就开启多乘多的学习.

设计意图：通过提问让学生回顾已学知识单乘单、单乘多，为本节课多乘多的学习进行铺垫.

（二）学习新知

师：图 3-15 是一个长和宽分别为 m，n 的长方形纸片，如果它的长和宽分别增加 a，b，所得长方形（图 3-16）的面积可以怎样表示？

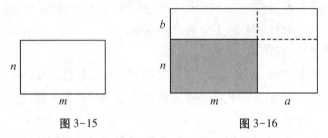

图 3-15　　　　　　　　图 3-16

生 1：长方形的长为 $(m+a)$，宽为 $(n+b)$，所以面积可以表示为 $(m+a)(n+b)$ 如图 3-17 所示.

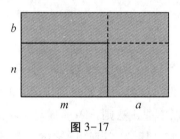

图 3-17

生 2：长方形可以看作是由四个小长方形拼成的，四个小长方形的面积分别为 mn，mb，an，ab，所以长方形的面积可以表示为 $mn + mb + an + ab$. 如图 3-18 所示.

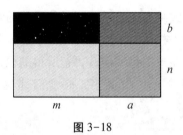

图 3-18

生 3：长方形可以看作是由上下两个长方形组成的，上面的长方形面积为 $b(m+a)$，下面的长方形面积为 $n(m+a)$，这样长方形的面积就可以表示为 $n(m+a) + b(m+a)$. 根据上节课单项式乘多项式的法则，结果等于 $nm + na + bm + ba$. 如图 3-19 所示.

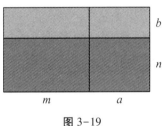

图 3-19

生 4：长方形可以看作是由左右两个长方形组成的，左边的长方形面积为 $m(b+n)$，右边的长方形面积为 $a(b+n)$，这样长方形的面积就可以表示为 $m(b+n) + a(b+n)$，根据上节课单项式乘多项式的法则，结果等于 $mb + mn + ab + an$. 如图 3-20 所示.

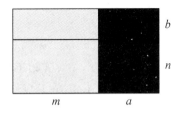

图 3-20

师：（1）你能说出 $(m+a)(n+b) = n(m+a) + b(m+a)$ 这一步运算的道理吗？

（2）结合这个算式 $(m+a)(n+b) = mn + mb + an + ab$，你能说说如何进行多项式与多项式相乘的运算？

（3）归纳总结多项式与多项式相乘的运算法则.

师：通过直接计算图形的面积也就是从"形"我们得到了长方形的面积. 我们再从"数"的角度进行计算推导，只需将其中的 $(n+b)$ 看成一个整体，两次运用乘法分配律即可得

$$(m+a)(n+b) = m(n+b) + a(n+b) = mn+mb+an+ab$$

师：总结并板书，由于求的是同一个长方形的面积，于是我们得到：

$$(m+a)(n+b) = n(m+a) + b(m+a) = m(b+n) + a(b+n) = mn + mb + an + ab.$$

引导学生观察理解这个等式，式子的最左边是两个多项式相乘，最右边是相乘的结果.

多项式与多项式乘法法则：

多项式与多项式相乘，先用一个多项式的每一项乘另一个多项式的每一项，再把所得的积相加.

用式子表述为：

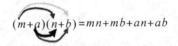

$$(m+a)(n+b)=mn+mb+an+ab$$

设计意图：引导学生通过观察、实验、类比、归纳获得数学猜想. 通过面积探索，引出新课的学习. 在这个过程中重视算理教学，让学生知道运算需要"步步有据"，然后再引导归纳概括出多项式乘以多项式的法则，让学生在这个过程中内化新知. 学生经历了运算法则的生成过程，能加深理解.

（三）尝试练习

例1　（1）$(1-x)(0.6-x)$；　　　（2）$(2x+y)(x-y)$.

解：（1）$(1-x)(0.6-x)=1\times0.6-1\times x-x\times0.6+x\times x=0.6-x$
$-0.6x+x^2=0.6-1.6x+x^2$；

（2）$(2x+y)(x-y)=2x\cdot x-2x\cdot y+y\cdot x-y\cdot y=2x^2-$
$2xy+xy-y^2$

$=2x^2-xy-y^2$；

例2　计算以下各题

（1）$(a-b)(a+b)$；　　　　（2）$(a-b)(a^2+ab+b^2)$.

解：（1）$(a-b)(a+b)$　　　（2）$(a-b)(a^2+ab+b^2)$

$=a^2+ab-ab-b^2$　　　　　$=a^3+a^2b+ab^2-a^2b-ab^2-b^3$

$=a^2-b^2$　$=a^3-b^3$

师生活动：例1第（1）题学生一起回答，教师以板演的方式进行；第（2）题点名一个学生回答，教师板演；例2请两名学生上台板演，学生讲解.

师：通过刚才的计算，我相信大家对于多项式乘多项式的法则已经有一定的掌握和理解了. 那老师想要请教一下大家，结合刚才的运算需要注意什么？哪里容易出错？应该怎么避免？你们可以教教老师吗？

生1：不要漏乘.

生2：应先确定符号，以免漏掉符号．

生3：能合并的要合并．

师：你们说得很好，老师听懂了，在以后的运算中一定会注意的．那也请同学们完善下面的注意点．

注意点：

（1）相乘时，按一定的顺序进行，必须做到不重不漏；

（2）多项式与多项式相乘，仍得多项式，在合并同类项之前，积的项数应等于原多项式的项数之积；

（3）相乘后，若有同类项应该合并．

设计意图：通过2个例题，让学生进一步熟悉用多项式乘多项式的运算法则，要求学生明确每一步计算的道理，加强学生的运算能力和应用意识．多项式乘以多项式的具体应用，通过教师演示向学生提供严格的书写过程，提醒学生在计算过程中注意符号、字母、系数等易出错的地方，鼓励学生总结注意点，加深对法则的理解，提高运算能力．

师：带着你们说的注意点，我们再来看几个题目，看看你们是不是都掌握好了．

练习1 计算

（1）$(m+2n+3)(m-2n-2)$；　　（2）$(2n+5)(n-3+4)$；

（3）$(x+2y)^2$；　　（4）$(2x+b+6)(3x+d)$．

师生活动：请4位同学上台进行展示，其余同学自己独立完成．完成之后，教师跟学生一起就黑板上的计算进行纠错．

师：我们刚做的都是两项乘两项的，大家想一下拓展到两项乘三项，三项乘三项等是否还适用法则？请大家独立完成上面这几道题．

生：多项式的法则就是项式与多项式相乘，先用一个多项式的每一项乘以另一个多项式的每一项，再把所得的积相加．

师：很好，看来大家对于运算法则理解得比较透彻．

设计意图：学生在计算过程中逐步探究，知道法则不局限于两项相乘，可以进行拓展，在探索过程真正理解运算的原理，从而提高运算能力．

（四）拓展学习

练习2 有若干张如图3-21所示的正方形和长方形卡片，如果要拼成一个长为（$2a+b$），宽为（$a+b$）的大长方形，则需要 A 类卡片________张，B 类卡片________张，C 类卡片________张，请你在右下角的大长方形中画出一种拼法.

a
A
a
b
B
b
b
C
a
a+b
2a+b

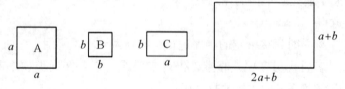

图 3-21

设计意图：大多数学生很多都是先画图去分析，耗费的时间相对长，本节课学习了多乘多的法则，可以引导学生从数的角度去分析，从而快速画出.

（五）课堂小结

课堂小结见图 3-22.

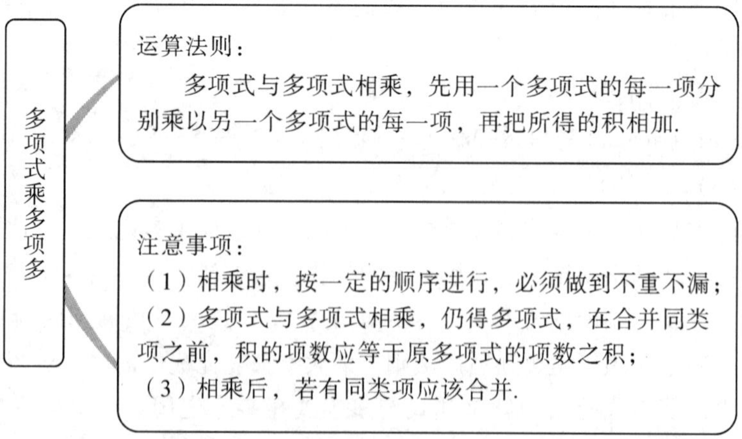

多项式乘多项多
运算法则：
多项式与多项式相乘，先用一个多项式的每一项分别乘以另一个多项式的每一项，再把所得的积相加.
注意事项：
（1）相乘时，按一定的顺序进行，必须做到不重不漏；
（2）多项式与多项式相乘，仍得多项式，在合并同类项之前，积的项数应等于原多项式的项数之积；
（3）相乘后，若有同类项应该合并.

图 3-22　课堂小结

设计意图：通过小结总结回顾本节课学习内容，帮助学生巩固所学知识.

（六）板书设计（略）

五、教学反思

在教学多乘多时，我反思了一下，可以从以下几个方面进行改进和提升：

1. 重视思维训练

多乘多是数学运算中的基本技能之一，我们需要培养学生的数学思维能力和运算技能. 我们可以通过一些有趣的问题和练习，培养学生的思维能力和创新能力.

2. 重视知识的生成过程

在教学中，我们要重视知识的生成过程，引导学生逐步理解多乘多的原理和规则，而不是直接给出公式让学生死记硬背. 我们可以通过一些实例和问题的引入，让学生自己探索、发现和总结规律，从而更好地掌握知识.

3. 教师的提问要对学生的思维具有启发性

数学活动的最终目的是培养学生的思维，教师提问对学生的思维起到了启发、引导的作用，所以教师在提问时要注意提问的时机、提问的方式等，这样才能收到好的效果.

4. 教师的板书规范性对学生有着重要的影响

教师的板书对学生起着规范、榜样的作用，所以教师要注意书写的规范性，这样学生才能做到有样学样，不会去随便发挥，防止学生因书写导致考试失分的现象.

5. 学生板演对于教师和学生都是很重要的

教师从学生的板演中可以发现学生对知识的理解情况、对书写的规范程度. 对于学生思考问题的角度、灵活应用知识的能力以及学生对于解题步骤的优化等教师都可以从中发现，从而调整教学策略. 学生通过板演，不但可以发现自己的问题，还可以发现其他同学的问题，从而提高自己解题的正确性.

3.3.4 教学案例4

应用二元一次方程组：鸡兔同笼

一、教材分析

1. 内容出处

应用二元一次方程组：鸡兔同笼是北师大版八年级上册第二章（2014年版）的内容.

2. 课标要求

能根据现实情境理解方程的意义，能针对具体问题列出方程；理解方程解的意义，经历估计方程解的过程.

3. 内容分析

"鸡兔同笼"这一中国古代名题，让学生经历列二元一次方程组解决实际问题的过程，对学生进行根据实际问题情境列二元一次方程组的训练，强化方程的模型思想，培养了学生列方程（组）解决实际问题的意识和应用能力，同时将解方程组的技能训练与实际问题的解决融为一体，为后面学习"增收节支""里程碑上的数"打好基础，也为后面学习分式方程、一元二次方程的应用奠定坚实的基础，所以本节课的学习无论在知识方面还是能力方面都具有承上启下的作用.

二、教学目标

（1）通过"鸡兔同笼"，把同学们带入古代的数学问题，体会鸡兔同笼的不同解法，会列二元一次方程求解.

（2）能在具体问题的解决过程中提高学生解二元一次方程组的技能；使学生掌握运用方程组解决实际问题的一般步骤，让学生亲自经历和体验运用方程（组）解决实际问题的过程.

（3）进一步强调课堂与生活的联系，突出显示数学教学的实际价值，培养学生的人文精神；通过对祖国文明史的了解，培养学生的爱国主义精神，让学生树立为中华崛起而学习的信心.

三、重点难点

（1）教学重点：正确分析题意，列出一元一次方程或二元一次方程组解决问题.

（2）教学难点：读懂古算题；根据题意找出等量关系，列出方程.

四、教学过程

（一）追溯历史

师：介绍中国古代的科学文明，激发学生的爱国热情和求知欲望（见图 3-23）

图 3-23

师：介绍《孙子算经》其书的历史和成就（见图 3-24），引出"鸡兔同笼"问题，让学生了解本节课主要内容的历史背景.

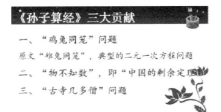

图 3-24

设计意图：简单介绍中国古代科技的辉煌灿烂，突出数学在人类文明发展中的重要性，介绍《孙子算经》这本书，引出"鸡兔同笼"问题；充分调动学生的积极性，培养其爱国感情；创设情境，通过简介古代著作，让学生产生好奇以及期待.

（二）学习新知

师：上节课同学们探索了二元一次方程组的解法. 今天，我们一起来探索《孙子算经》中的一些有趣的问题.

探究 1 今有雉（兔）同笼，上有三十五头，下有九十四足，问雉兔各几何？

师："上有三十五头"的意思是什么？"下有九十四足"呢？

生 1："上有三十五头"指的是鸡和兔共有三十五个头，"下有九十四足"指的是鸡和兔共有九十四只脚.

师：你能用多种方法解决这个有趣的问题吗？与同伴交流.

生 2：（1）画图法（见图 3-25）.

◆用〇表示头，先画35个头

◆将所有头都看作鸡的，用 ‖ 表示腿，画出了70只腿

◆还剩24只腿，在每个头上再加两只腿，共12个头加了两只腿

◆四条腿的是兔子（12只），两条腿的是鸡（23只）

图 3-25

生 3：（2）算术法：小学学过"假设法".假设鸡和兔都是 2 条腿，则一共有 70 条腿.而兔子有 4 条腿，每只兔子多出 2 条腿，由多出的 24 条腿可知兔子有 12 只，进而得鸡有 23 只.

兔：（94-35×2）÷2＝12   鸡：35-12＝23

或鸡：（35×4-94）÷2＝23   兔：35-23＝12

生 4：（3）一元一次方程法：

鸡头+兔头＝35，鸡脚+兔脚＝94.

设鸡有 x 只，则兔有（35-x）只，据题意得：

$2x+4（35-x）＝94$

师：上面哪种方法更好理解？

生：一元一次方程比算术法容易理解.

师：想一想，我们能不能用更简单的方法来解决这些问题呢？上节课学习过的二元一次方程，能不能解决这一问题？

生 5：（4）二元一次方程法：设鸡有 x 只，兔有 y 只，那么鸡兔共有 <u>($x+y$)</u> 只；鸡足有<u>2x</u> 只；兔足有<u>4y</u> 只.

师生：解：设笼中有鸡 x 只，有兔 y 只，由题意可得：

$$\begin{cases} x+y=35 & ① \\ 2x+4y=94 & ② \end{cases}$$

$$①×2，得 2x+2y=70 \quad ③$$

$$②-③，的 2y=24$$

$$解的 y=12$$

$$把 y=12 代入①，得 x=23$$

答：鸡有 23 只，兔有 12 只.

师：比较以上几种方法，你更喜欢哪种方法？说明你的理由.

师生小结：算术方法比较简单，但有些同学理解有困难，一元一次方程和二元一次方程相对而言好理解.

设计意图：从著名的鸡兔同笼引出一元一次方程. 在小学，学生们已经接触过算术方法. 教师通过比较算术、列一元一次方程、列二元一次方程组三种方法，让学生感受学习方程的必要性和优越性，领会列二元一次方程组的思维方式的简洁性，以及在表示一些较为复杂的问题中的等量关系时的优越性.

师：中国是一个拥有 5 千年历史文化的大国，像鸡兔同笼这样彰显我国人民智慧结晶的问题还有很多，比如"以绳测井".

探究2：以绳测井，若将绳三折测之，绳多五尺；若将绳四折测之，绳多一尺. 绳长、井深各几何？

师：接下来老师看一下，哪位同学的古文水平高，哪位同学能自告奋勇地解释一下，这段古文的意思？

学生活动：学生拿出准备的绳子以小组为单位，动手演示"绳三折，绳四折"，要求组员间互相纠错. 最后找学生总结."将绳三折测之，绳多五尺"是指将一条绳子分成相等的三份，还剩五尺；"将绳四折测之，绳多一尺"是指将一条绳子分成相等的四份，还剩一尺.

生：用绳子测量水井的深度，如果将绳子折成三等分，一份绳子长比井深多 5 尺；如果将绳折成四等份，一份绳子比井深多 1 尺，绳子、井深各是多少尺？

师：题中有哪些等量关系？怎样建立方程.（学生演示，教师板书）

生1：等量关系：

$$绳长的三分之一 —— 井深 = 5$$

$$绳长的四分之一 —— 井深 = 1$$

解：设绳长 x 尺，井深 y 尺，则

由题意得 $\begin{cases} \dfrac{x}{3} - y = 5 & ① \\[2mm] \dfrac{x}{4} - y = 1 & ② \end{cases}$

①-②，得 $\dfrac{x}{3} - \dfrac{x}{4} = 4$

$$\dfrac{x}{12} = 4$$

$$x = 48$$

将 $x = 48$ 代入①，得 $y = 11$

答：绳长 48 尺，井深 11 尺．

师：想一想，找出一种更简单的创新解法？（引导学生逐步得出更简单的方法）

生：等量关系：

$$（井深+5）× 3 = 绳长$$

$$（井深+1）× 4 = 绳长$$

解：设绳长 x 尺，井深 y 尺，则由题意得

$$\begin{cases} 3（y+5）= x \\ 4（y+1）= x \end{cases}$$

所以 $\begin{cases} x = 48 \\ y = 11 \end{cases}$

所以绳长 48 尺，井深 11 尺．

设计意图：此题通过两种方法求解．学生通过寻求最优的解法，减少运算，提高解题效率，这样对现有的习题进行拓展训练，既能培养学生的逻辑思维，又能最大限度调度学生的学习积极性．

师：通过刚才两道题，同学们能总结出列二元一次方程组解决实际问题的一般步骤吗？请与同学们交流．

师生归纳总结：列二元一次方程解决实际问题的一般步骤：

①审：审清题目中的等量关系.

②设：设未知数.

③列：根据等量关系，列出方程组.

④解：解方程组，求出未知数.

⑤答：检验所求出未知数是否符合题意，写出答案.

师：列二元一次方程组解决实际问题的关键是？

生：找出等量关系列方程.

列二元一次方程组解决实际问题的关键是：_____.

设计意图：掌握列二元一次方程组解应用题的方法和步骤.

（三）尝试练习

练习1 古有一捕快，一天晚上他在野外的一个茅屋里，听到外边来了一群人，在分赃，在吵闹，他隐隐约约地听到几个声音，下面有这一古诗为证：

隔壁听到人分银，不知人数不知银.

只知每人五两多六两，每人六两少五两，问你多少人数多少银？

练习2 列方程解古算题："今有牛五、羊二，值金十两；有牛二、羊五，值金八两. 牛、羊各值金几何？"

师生活动：先请个别学生完成这两道练习题，教师巡视课堂，并当堂批阅学生练习.

设计意图：通过动手演示，让学生理解并找出题中的等量关系；巩固学生运用二元一次方程组解决实际问题的思想以及掌握列方程组解决实际问题的方法和步骤；让学生通过练习巩固列二元一次方程组解应用题的技能；让学生能用方程的思想简化思维过程，解决同类估算题.

（四）拓展学习

练习3 《九章算术》方程问题："五只雀、六只燕，共重1斤（等于16两），雀重燕轻. 互换其中一只，恰好一样重. 问：每只雀、燕的重量各为多少？"

练习4 有一群鸽子，其中一部分在树上欢歌，另一部分在地上觅食. 树上的一只鸽子对地上觅食的鸽子说："若从你们中飞上来一只，则树下的鸽子是整个鸽群的三分之一；若从树上飞下去一只，则树上、树下鸽子就一样多了."你知道树上、树下各有多少只鸽子吗？

设计意图：此环节分小组，以比赛的形式开展本节练习，使学生变被动为主动，由学生选择难度系数来解决，顾及全体学生，提升了学生的主体意识，同时感受中国古代丰富的数学问题，合作交流，解决问题，丰富解题经验，进一步提升解题能力，并借此鼓励学生大胆探索，巩固知识，掌握学法，加深理解. 在列方程组的建模过程中，强化方程的模型思想和算术方法. 培养学生列方程（组）解决实际问题的意识和应用能力. 在解决实际问题的过程中，提高学生解方程组的技能. 对于提前完成练习的、学有余力的学生，布置拓展提升问题，实现分层次教学的需要.

（五）课堂小结

（1）通过前面几道题，你对列方程组解决实际问题的方法和步骤掌握得怎样？

（2）这里面应该注意的是什么？关键是什么？

（3）通过今天的学习，你能不能解决求两个量的问题？可以用二元一次方程组解决的.

（4）列二元一次方程组解决实际问题的主要步骤是什么？

（六）板书设计（略）

五、教学反思

鸡兔同笼问题是一个经典的问题，对于初中生来说，其可以通过假设、列方程和求解方程来解决这个问题. 下面是应用二元一次方程解决鸡兔同笼问题的教学反思：

（1）学生需要先掌握二元一次方程的概念和基本的解题方法，才能解决鸡兔同笼问题. 因此，在教学时，我们需要先回顾二元一次方程的概念和基本的解题方法，让学生有一个清晰的认识.

（2）在解决鸡兔同笼问题时，我们需要先让学生理解问题的背景和意义，明确问题的目的和要求. 然后，我们可以引导学生假设鸡和兔的数量，列出方程并求解.

（3）在教学过程中，我们需要注重培养学生的数学思维能力和解决问题的能力. 我们可以通过多个问题的变化，让学生理解问题的本质，掌握解决这类问题的方法.

（4）在教学时，我们需要注意学生的个体差异和困难，及时给予帮助和指导. 对于学习困难的学生，我们可以提供更多的例子和练习，帮助他们掌握知识.

（5）在教学过程中，我们需要注重培养学生的数学表达能力和合作精神. 我们可以通过小组讨论、交流和分享，让学生互相学习和帮助，提高学习效果和数学素养.

应用二元一次方程解决鸡兔同笼问题，学生要先掌握二元一次方程的概念和基本解题方法，理解问题的背景和意义. 同时，教师需要注意学生的个体差异和困难，及时给予帮助和指导，注重培养学生的数学思维能力和解决问题的能力.

4 几何直观

4.1 几何直观的内涵分析

4.1.1 几何直观的研究述评

国外有关几何直观的研究话题主要围绕着数学直观、直观化、视觉化等内容展开. 国际数学教育心理学大会多次将数学直观化作为重要议题展开讨论, 其中主要包括对表征与数学直观化问题、意象思维表征、在数学问题解决中运用直观化、三维立体几何中的直观化问题以及直观化能力的发展等方面的探讨[①].

许多国家课程设置重视算数和代数, 几何的意义和价值近二十年才日益受到关注. 综合国外文献, 国外几何直观理论一般来自数学教育理论和基于认知科学和心理学的理论. 数学教育理论, 比较典型的是范希尔的几何思维理论和近十年来发展起来的斯法德语义分析理论. 从认知科学和心理学的理论角度, Roth 发现在低年级的几何推理的过程中, 手和眼睛起到关键作用, 而手势和图解可以交流几何思维. Farmer 发现空间推理和数学成绩强相关, 空间推理能力表现好的人, 数学成绩也表现良好.

我国关于中小学阶段几何直观培养的研究, 主要从知识理解、知识迁移、知识创新三个维度进行, 具体可以分为下列三种情况:

第一种情况: 以课本为依托进行概念、定理、法则等具体知识点的教学设计研究. 郭小霞从几何图形性质教学入手, 应用几何直观设计图形变

---

① 杨开凤. 初中生几何直观能力培养研究 [D]. 福州: 福建师范大学, 2019.

式，设计人教版八年级上册"垂直平分线"这一节课，发展了学生直观想象能力①. 李红专在北师版"因式分解""用配方法解决一元二次方程""二次函数的应用——求最大值问题"教学案例中，以形助数，直观展现数学新旧知识点的联系，培养学生知识迁移能力，提升几何直观应用空间②.

第二种情况：根据数学问题特征进行解题教学研究. 刘亚毅在中考二次函数解题教学中，利用图形简化、转化问题，锻炼学生读取图形信息、识别图形、构造图形的能力，为学生几何直观的发展奠定了基础③. 冀庆超在数学新定义问题解决中，借助几何直观，形象表征问题，启发学生展开想象和逻辑推理，解决学生找不到此类问题突破口的难题④. 黄江权在探究 2019 年广西贵港市中考数学几何综合题中，依托几何直观，突出基本几何模型和几何变换，从动静结合和数形结合的角度探索命题来源和解决路径⑤.

第三种情况：多元化角度探索培养研究. 傅赢芳从数学教育心理学的视角，探讨数学直观培养策略，提出言语与直观相结合的教学方式，并通过思维路线图直观展现程序化的知识⑥. 沈金兴从数学史与数学教育的角度，借鉴古今数学家思想，通过"图形一体"等方式，提高学生利用几何图形进行推理论证的能力⑦. 李红婷从几何推理的角度，提出形象识别——实验验证——直观感知的程序组织教学，进行学生几何直观推理层级的教学⑧. 宋晓燕结合多种直观的相关理论，从初中代数教学的实际情况出发，提出了培养学生几何直观的主要措施⑨.

综上所述，当前的文献思辨分析较多，实证分析较少，宏观叙述较多，微观角度不多.

① 郭小霞. 重视图形性质，聚焦基本图形，培养直观想象：以人教版八年级上"垂直平分线的性质"的教学为例［J］. 福建中学数学，2019（3）.

② 李红专. 基于几何直观的初中代数教学设计研究［D］. 重庆：重庆师范大学，2016.

③ 教育部. 义务教育数学课程标准（2022 年版）［M］. 北京：北京师范大学出版社，2022.

④ 冀庆超. 几何直观对解决新定义问题的积极作用［J］. 中小学数学－初中教师版，2020（6）.

⑤ 黄江权. 注重几何直观，突出几何变换，体现几何模型：2019 年广西贵港市中考数学几何综合题赏析及其教学启示［J］. 中学教学参考，2020（9）.

⑥ 傅赢芳. 数学直观的认知分析及对教学的启示［D］. 南京：南京师范大学，2009.

⑦ 沈金兴. 培养直观想象素养的 HPM 视角［J］. 中学数学杂志，2017（8）.

⑧ 李红婷. 7-9 年级学生几何推理发展及教学研究［D］. 重庆：西南大学，2017.

⑨ 宋晓燕. 初中代数教学中培养学生几何直观的实践研究［D］. 重庆：重庆师范大学，2013.

4.1.2　几何直观的内涵解析

《义务教育数学课程标准（2022 年版）》［简称标准（2022 版）］指出，直观想象是指借助几何直观和空间想象感知事物的形态与变化，利用空间形式特别是图形，理解和解决数学问题的素养. 其外延包括：借助空间形式认识事物的位置关系、形态变化与运动规律；利用图形描述、分析数学问题；建立形与数的联系，构建数学问题的直观模型；探索解决问题的思路.

标准（2022 版）进一步指出，直观想象主要表现为：建立形与数的联系，利用几何图形描述问题，借助几何直观理解问题，运用空间想象认识事物. 通过这个定义我们可以得到：直观想象包括两个部分，几何直观与空间想象；前者指利用图形分析、理解和解决问题，后者指认识事物的形态与运动规律等. 显然，其中的空间想象属于传统的三大能力，而几何直观的提出则晚一些.

在《义务教育数学课程标准（2022 年版）》中，这两个部分作为两种能力被分开表述. 空间想象一词在这里换成了空间观念. 空间观念主要是指根据物理特征抽象出几何图形，根据几何图形想象出所描述的实际物体；想象出物体的方位和相互之间的位置关系；描述图形的运动和变化；依据语言的描述画出图形等. 几何直观主要是指利用图形描述和分析问题. 两种能力的表述与《义务教育数学课程标准（2017 年版）》的表述基本上是对应一致的.

从课程标准中的表述出发，一些概念有必要进一步明确. 对于空间想象，我们需要明确其与"空间观念"间的关系；对于几何直观，我们首先要理解"直观"，其次需要阐明几何直观与几个相近概念，即数形结合、视觉表象间的关系. 通过这些相关概念间的比较，我们可以更准确把握"空间想象"与"几何直观"的含义.

徐利治认为"借助见到的或想到的几何图形的形象关系产生对数量关系的直接感知，即可称之为几何直观①". 我们新课程标准认为几何直观不仅包含直接感知问题的能力，还应有借助图形描述和分析问题的能力. 在

---

① 徐利治. 谈谈我的一些数学治学经验［J］. 数学通报，2000（5）.

新课程标准的基础上，其他学者对数学研究对象做了更为细致的规定.

孔凡哲教授指出，几何直观是指借助于见到的（或者想象出来的）几何图形的形象关系，对数学的研究对象（即空间形式和数量关系）进行直接感知、整体把握的能力[①]. 综合来看，几何直观是利用数学的眼光观察几何图形，进一步对图形蕴含的空间形式和数量关系进行观察、描述、推理和表达的能力. 几何直观具体表现为，借助图形发现和提出问题，分析并解决问题.

4.1.3　几何直观能力的发展

直观想象的发展研究主要体现为对空间想象的研究，这一方面是由于数学教育乃至心理学领域中对该能力一直以来的重视，另一方面也是因为空间想象本身具有一般性，并不依赖于知识，为不同年龄之间的比较提供了可能.

相比而言，几何直观的类似研究则非常少见，喻平教授对不同年级的学生的数学问题表征差异的研究提供了一个较好的范例. 他选取学生对问题采取的空间表征的维度作为研究内容，研究对象涉及初一至高三六个年级的学生. 结果发现，随着年级增加，将问题表征为一维空间的人数越来越少，表征为二维空间的逐渐增加，在高二年级达到最大，到高三时少数样本开始采取三维的表征. 喻平教授在此基础上指出，这种现象一方面受学生心理发展规律的制约，另一方面受个体知识数量和经验积蓄的影响[②].

接下来介绍空间想象发展的研究. 林崇德提出了一个针对中学生（初中及高中）空间想象能力的三水平框架，涉及如下内容：对空间中图形方向、方位、形状等特征的理解，对图形运动、变换的想象等. 不同水平间差异主要体现为：水平越高，对应的图形复杂程度越高. 各级水平描述如下：

第一级水平：由形状简单的实物想象出几何图形，由几何图形想象出实物的形状，通过整体形状来认识二维或三维的几何图形，能分析出简单几何图形的特征，如认识三角形、正方形、圆等；能分析出"矩形的对角

---

① 孔凡哲，史宁中. 关于几何直观的含义与表现形式：对《义务教育课程标准（2011 年版）》的一点认识 [J]. 课程教材教法，2012（2）.

② 喻平. 不同年级中学生对数学问题表征的差异性研究 [J]. 应用心理学，2005（5）.

线相等""菱形的边都相等".

第二级水平：能够由较复杂的图形分解出简单的、基本的图形，在基本的图形中找出基本元素及其关系，并能够将图形及其特征联系起来，根据条件作出或画出图形.

第三级水平：能够由基本图形组合成较复杂的图形，能想象几何图形的运动和变化，能形象地揭示问题的本质[①].

邵光华[②]同样把空间想象能力划分为三个不同层次：

空间观念：在大脑中建立三维映象，将二维平面图形三维视觉化；实物的几何化.

建构几何表象的能力：在语言文字刺激、指导下构想（在大脑中想象）几何形状的能力.

几何表象的操作能力：对大脑中建立的表象进行加工或操作以便建构新表象的能力.

在这里，空间想象主要针对三维空间而言，水平的划分考虑到了在解决空间几何问题时的心理操作，因此这里的空间想象体现了数学的特征. 各水平之间在逻辑上有比较紧密的联系，每一个层次是下一个层次的前提. 不过这里并未与学生的年龄对应.

应该说，这几种水平划分的理论除了针对的对象有所区别外，划分的标准也各不相同，实际上反映了各自所侧重的角度上的差异. 林崇德在各水平上的描述比较具体，且侧重于对图形本身的认识与操作；[③] 邵光华与刘晓玫的框架更加突出数学的特点，其中，前者是对处理空间图形信息时的几个阶段的描绘，后者关注空间想象与分析、推理相结合的程度.

为了探索直观想象能力的发展特征，许多学者围绕年龄变量开展了实证研究，这里仅介绍对象中包括初中学生的研究. 林崇德通过对中学生空间想象能力的研究发现：首先，中学生空间想象能力的发展具有由低水平向高水平顺次发展的特征，这种发展次序是不可改变的，低级水平是高级

① 林崇德. 学习与发展：中小学生心理能力发展与培养 [M]. 北京：北京师范大学出版社，2003.

② 邵光华. 论空间想象能力及几何教学 [J]. 课程. 教材. 教法，1996（1）.

③ 刘晓玫. 构建促进学生空间观念发展的几何课程：基于小学生空间观念发展水平的研究 [J]. 课程教材教法，2008（6）.

水平的基础和前提，高级水平是低级水平发展的方向和必然结果．其次，每一级水平的空间想象能力都是随着学生学习年级的升高而呈上升发展的趋势，其中初中二年级是空间想象能力迅速发展的关键期．最后，对同一年级的学生而言，随着能力水平层次的升高，进入到高一级水平的学生人数在不断下降，即随着能力水平的提高，达到相应水平层次的学生人数越来越少①．

孙敦甲以初一至高二学生为对象，研究发现学生数学空间想象能力的发展是从对基本几何形的初步想象，到对平面几何形的深入想象，再到对立体几何形的深入想象．这种发展具有阶段性，从初二开始，空间想象能力进入快速发展阶段．周珍等研究了初一至高二学生空间图形认知能力的发展情况，使用的任务类型包括图形识别、旋转、折叠、展开等．总体而言，中学生图形认知能力始终处于发展的过程中，具体到每一种任务类型，在心理旋转任务上，初二与初三的学生有非常显著的差异；在心理折叠、展开任务上，初一至初二的学生得分显著增加；在图形识别任务上，不同年级间差异比较一致和明显②．

杨李娜以 6~17 岁的学生为对象，研究中小学生空间想象能力的发展，结果发现③：

学生该能力的发展顺序遵循从线段的旋转表征到平面图形的旋转表征、到立体图形的旋转表征、再到复杂立体图形的旋转表征．儿童对几何形体运动的判断能力的发展与空间旋转表征的发展是紧密联系在一起的，这种空间特征判断能力大体经历从一个维度到两个维度，从二维空间到三维空间，从孤立的判断到几个图形联系进行判断的过程．儿童解题的策略随年龄发展，从单调、呆板到丰富多样．

杨孟萍、石德澄的研究发现，中学生的空间认知能力在发展趋势上，初一与初三无显著差异，而到了高二则有明显的增强，空间能力在初三阶段可能出现了停滞现象④．

---

① 林崇德．学习与发展：中小学生心理能力发展与培养［M］．北京：北京师范大学出版社，2003.

② 孙敦甲 中学生数学能力发展的研究［J］．心理发展与教育，2002（9）．

③ 杨李娜．中小学生空间想象能力发展的实验研究—关于几何图形的旋转［J］．新疆师范大学学报：哲学社会科学版，2003（11）．

④ 杨孟萍，石德澄．空间认知能力的测验研究［J］．心理发展与教育，1990（10）．

李文馥研究了8～13岁儿童空间表象的发展，实验材料为皮亚杰三山实验及其变式，结果发现，儿童在8～9岁以及12～13岁这两个阶段快速发展，而9～12岁则是一个缓慢发展的过渡阶段①.

Ben-chaim 等为了研究空间想象的教学能否提升5～8年级学生的空间想象能力，编制了一套测量学生空间想象技能测验. 在前测中发现，6～7年级、7～8年级间的得分差异都达到了显著水平.

总体而言，由于所用材料不同，各项研究的结果呈现出一定的区别，但也有一些共同点，例如，学生空间想象能力的发展在某一个年龄阶段（多数研究都认为是初中的某一时期）会有较快的发展，而在其他时期则会保持相对稳定；空间想象能力的发展一般遵循一定的层级水平，不会出现水平间的逆转或跳跃. 与此同时，研究也存在一些普遍的问题，包括对于发展规律的解释不足，对于儿童在不同类型测验题上的发展差异缺乏研究，对于年龄特征与其他影响因素间的交互作用涉及较少.

4.1.4　几何直观与数形结合

国内外与几何直观相近的概念主要有两个：一是数形结合，二是视觉表征. 前者植根于我国数学教育传统，后者来源于心理学研究.

标准（2022 版）② 对直观想象的表述中，提到"建立形与数的联系""通过高中数学课程的学习，学生能提升数形结合的能力". 在对水平划分的描述中，标准（2022 版）也提到"体会数形结合"（水平一）、"形成数形结合的思想"（水平二）等. 这直接表明了数形结合属于几何直观. 数形结合是指对问题既进行几何直观的呈现，又进行代数抽象的解释，两者相辅相成，而不是简单的代数问题用几何方法或几何问题用代数方法. 这似乎又表明几何直观构成了数形结合的一部分. 如何认识这一矛盾？

核心素养既然采用了"几何直观"的表述，那么强调的自然就是数形结合中"数"转化为"形"这一部分. 与此同时，良好的几何直观能力应该是对问题与作为几何直观结果的图形间关系比较深刻的理解，这种理解无疑是双向的：既能够找到合适的图形用于揭示问题的本质，又能够在给

---

① 李文馥. 8-13岁儿童空间表象发展的研究［J］. 心理学报，1987（10）.

② 中华人民共和国教育部. 普通高中数学课程标准（2022年版）［M］. 北京：人民教育出版社，2022.

定图形时将其与某个问题中的数量关系联系起来. 如果一个学生仅仅能够做到前者, 则这种转化是单向的, 还没有形成问题的不同表征间良好的转换. 因此, 虽然几何直观本身侧重点是将问题信息转化为直观图形, 但也必然包含了从图形中发掘问题信息这一层内涵.

上述分析表明, 从范围上看, 数形结合与几何直观的区别并不大. 实际上, 二者的差异可以从层次上进行考虑. 如果说, 数形结合作为一种能力 (思想方法), 涉及的范围局限于问题解决过程, 几何直观则超越了问题解决本身, 上升到了数学学科思维形成的层面. 实际上, 标准 (2022版) 对水平的划分本身就表现出了这一倾向. "数形结合"仅出现在直观想象的水平一级水平二中. 在直观想象的水平三中, 几何直观方面的表述包括 "理解数学各分支之间的关系""建立数学与其他学科的联系""探讨问题的本质"等, 这体现了一种整体性的思想, 不是单纯数形结合能够涵盖的. 因而, 数形结合可以看作几何直观发展过程中的一种形态, 在解题中对数形结合的使用可以看作是生成高水平几何直观的途径.

如果仅仅从概念用词本身的角度出发进行审视, 则我们可以从另一个角度揭示二者的区别. "数形结合"一词并不含有任何主观的用语, 只是对思想方法乃至解题技巧本身的简称, 是纯粹客观的描述; 而"几何直观"中的"直观"无疑是一种主体的行为, "几何直观"也就引入了学习者的因素, 有了主观性. 从而, 如果不仅仅局限于能力这一概念本身, 或者对能力做一广义上的理解, 那么几何直观实际上包含了一种非认知方面的因素.

标准 (2022版)[①] 指出, "增强运用几何直观思考问题的意识," 即这并不仅仅是一个"会不会"的问题, 也是一个意愿与思维习惯的问题, 这一点是数形结合所未涵盖的. 类似的, 在标准 (2022版) 的水平框架中, 提到了"能够借助图形提出数学问题" (水平二、水平三), 这一要求不仅涉及了较高水平的数形结合能力, 也依赖于一种依据所给图形, 主动想象其所反映的数量关系的意识. 国内一些学者也指出了几何直观中存在着"意识"的部分, 例如, "'用形象思维洞察'的意识、能力, 就是几何直观"、"几何直观是种意识, 也是种技能与能力, 更是种思维方式". 因此, 相比数形结合, 几何直观不仅具有更高层次的内涵, 也涉及了学习者主体

① 中华人民共和国教育部. 普通高中数学课程标准 (2022年版) [M]. 北京: 人民教育出版社, 2022.

的倾向性.

　　除了数形结合，如果从心理学的角度来认识几何直观，那么后者即是对数学对象采用一种视觉或空间的表征，一些学者也围绕学生的这一种表征方式展开了研究，这类研究通常采用"视觉表象"或"视觉表征"概念．Presmeg 作为该领域较有影响力的研究者之一，将视觉表象定义为"描绘视觉或空间信息的心理图式"，并指出这是一个范围足够广的定义，包括描绘形状、模式或公式的各种不同的表象，并不局限于"头脑中的图片"，虽然其也包括了后者；此外，其也包括言语、数字或符号的空间排列．Presmeg 进一步将视觉表象区分为五种类型，其中"模式表象"指由视空间图式描绘的纯粹关系，而这被认为对问题解决有较大帮助．因而，与几何直观相比，视觉表象是一个更加宽泛的概念，其中和直观想象、数形结合重合的部分是"模式表象"．需要说明的是，表象一词指"基于知觉在头脑内形成的感性形象"；与知觉是对应的，而 Presmeg 所指的视觉表象显然不是视觉知觉的对应物，而是经过视觉化处理得到的一种新的表征，虽然他对为何不使用表征一词进行了解释，但使用"表象"一词同样会产生歧义．另一些研究者对相似概念使用的是"表征"，国内相关研究也多用"表征"．最后，人们对视觉表象（表征）的有关研究也仅仅停留于问题解决的范畴内，甚至主要局限于数学应用题，而并没有上升到学科思想的高度，这一点亦是其与几何直观的区别．而它们的一个共同点在于，人们对视觉表象的研究关注了学习者的倾向问题．

　　对空间想象与几何直观内涵进行分析之后，两者之间的关系也就比较清楚：既然几何直观是利用图形对数学问题的本质的直接把握，而空间想象指向了对图形本身的认识（位置关系、运动与变化），那么后者也就构成了前者的一个基础.

4.2　几何直观的主要表现及教材分析

4.2.1　几何直观的主要表现

4.2.1.1　直观表征

直观表征，即借助图形表达数学对象，侧重于对数学对象"形"的表达．对于教科书中数学对象的直观表征，一般包括两种情况，一是数学对象引入时借助图形直观地呈现促进对象形成的素材，二是数学对象引入后借助图形对其进行直观表征①.

很多数学概念是现实模型的直接反映，兼具"数"和"形"两方面的特征，因此，我们在引入这些数学概念时可以首先寻找贴近生活的直观素材，让学生基于视觉的观察初步感知数学对象，如小学阶段借助小棒等实物帮助学生认识数的组成、理解计数单位，初中阶段借助温度计引入数轴，借助数轴上点到原点的距离引入绝对值的概念等. 在小学阶段，实物直观相对较多，中学阶段则是符号直观、图形直观为多.

引入数学对象后，教师如能从图形的角度加以直观表征，可以更好地帮助学生理解数学对象.

案例一②：

如一次函数，其代数形式为 $y=kx+b$（k，b 是常数，$k \neq 0$），这仅是一个抽象的数学表达式，需要关注的是：作为一个函数，它有什么特殊的特征？如对于具体的一次函数 $y=-2x+5$，借助表格（见图 4-1）可以直观地呈现规律：y 随着 x 增长时，增幅是固定的. 这种均匀的变化规律反映到图像上，显示为一条直线，同时也可以看到借助图形表征，函数才变得"生动"起来，从这个角度来说，图形的表达更易于反映一次函数的本质.

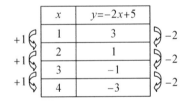

图 4-1

① 章飞，凌晓牧. 几何直观的内涵、功能与培养途径 [J]. 中学数学教学参考，2013（9）：18-20.

② 蒋文蔚. 几何直观思维在科学研究及数学教学中的作用 [J]. 数学教育学报，1997，6（4）：67.

案例二：

如二元一次方程组的解反映到图像上就是两个一次函数图象的交点，设计这样的问题：已知一次函数 $y = 3x - 1$ 与 $y = 2x$ 图象的交点是 $(1, 2)$，求方程组 $\begin{cases} 3x - 1 = y \\ y = 2x \end{cases}$ 的解，设计此类问题的重心自然不是方程组的图像解法，而是方程组和函数之间的联系。面对这样的问题如果学生机械地运用代入消元求解，显然反映出学生没有理解方程组的解的直观表达。反过来，能否对数学对象进行图形表征，也是检验学生对数学对象认识或理解的一种方式。

4.2.1.2 直观分析

直观分析，即借助图形分析数学问题，侧重于利用图形寻求解决问题的思路。有些问题中数量较多、数量关系比较复杂、问题的表述也可能增加了无用或干扰信息等，为此，我们需要用适当的方式将有关的数量及其关系更好地表示出来，便于我们基于数量关系建立相应的模型解决问题。此时，图、表等可直观、形象地呈现数量关系，将复杂的语言文字转化成图形语言，帮助分析问题。如案例三，基于题目的信息，画出相应的线段图，数量关系明显可见，方程呼之欲出（见图 4-2）。

案例三①：

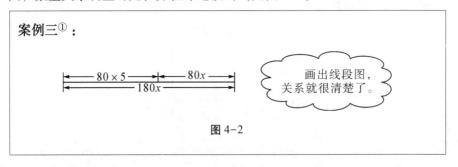

图 4-2

相关实验研究也表明了几何直观在问题解决中的优越性，如同一数学问题，分别采用直观图示的方式呈现和文字语言的方式呈现，小学生解题

---

① 马复. 义务教育数学课程标准教科书七上 [M]. 北京：北京师范大学出版社，2013：150.

正确率在前者方式下明显高于后者方式下①，"直观表征"缩短了解题路径，优化了解题方案，它展现的是一种知识之间的"灵活"联系，言语与直观之间的灵活联系②.

另外，对于有挑战性问题的解决，我们首先要确定研究思路，利用图形结构展现思维脉络，帮助理清思路. 如初中阶段无理数的定义，一般教科书通过面积为 2 的正方形的边长探索发现它不是有理数，最终给它命名无理数，并给出定义：无限不循环小数叫做无理数. 但为什么它不是有理数就是无限不循环小数呢？怎么说明它一定就是无限不循环小数呢？实质上其中蕴含比较复杂的代数推理：面积为 2 的正方形边长 a 是无理数，a 是什么样的小数？这难以直接回答. 转而说明熟悉的有理数和小数是什么样的关系. 发现有理数等价于有限小数或无限循环小数，从而推导出 a 不是有理数，因此 a 不是有限小数或无限循环小数，即为无限不循环小数. 要说清楚这件事，用直观图形（图 4-3）更能够清晰展现研究问题的思路，反映对问题的整体思考和对逻辑关系的清晰表达.

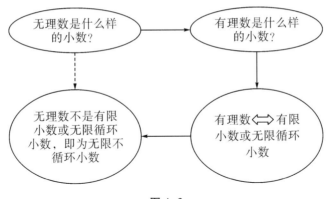

图 4-3

4.2.1.3 直观解释

直观解释，即借助图形对数学结论或问题的结果进行描述，侧重于对已获得的结果赋予"形"的解释，从而丰富对数学对象的理解. 数学公式可以通过代数运算得到，这是代数思维的体现，但我们如能借助图形对代

---

① 夏光杰. "画"里有"话"：以画线段图解决问题为例谈"几何直观" [J]. 小学教学研究，2016（3）：31-33.

② 傅嬴芳. 数学直观的认知分析及对教学的启示 [D]. 南京：南京师范大学，2009：38，37，62.

数公式进行直观解释，就可让代数公式变得形象直观，从而便于学生记忆与理解，同时也可促进学生思维的发展，促进不同领域知识内容的融合.

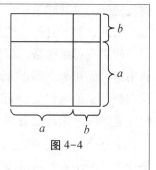

案例四[①]:

$(a+b)^2 = a^2 + 2ab + b^2$，你能用旁边的图形（见图4-4）解释这个公式吗？

教科书在基于代数运算得到完全平方公式 $(a+b)^2 = a^2 + 2ab + b^2$ 之后，引导学生借助图形进行几何解释，这样的解释形象直观，而且可能引发学生对于 $(a+b)^2$ 的意义的猜测，甚至可以引发优秀学生猜想 $(a+b)^2$ 的几何解释和代数表达.

图4-4

再如，代数运算法则即"算法"本质上是人们发明的一种规则. 规则与规律不同，规则反映的不是事物之间内在的必然联系，它不是客观存在的. 要理解这种人为创造出来的规则并能够灵活加以运用，首先就要理解规则，了解规则是什么以及为什么，即算理. 通过直观模型为算理提供直观的解释，是帮助学生理解算理的常见做法. 下面是教科书中有理数加法法则直观解释的一个案例——等值相消，运算过程直观可见（见图4-5）.

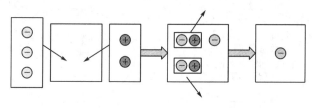

图4-5

无论是从事数学教学或研究，我是喜欢直观的. 学习一条数学定理及其证明，只有当我能把定理的直观含义和证法的直观思路弄明白了，我才认为真正懂了[②]. 代数中的几何直观更值得关注，英国数学家阿蒂亚指出，在几何中视觉思维占主导地位，而代数中有序思维占主导地位. 所以几何中首先用到的是最直接的形象思维，用形象思维洞察，然后用逻辑思维严

① 马复. 义务教育数学课程标准教科书七下 [M]. 北京：北京师范大学出版社，2013：23.
② 徐利治. 谈谈我的一些数学治学经验 [J]. 数学通报，2000，39（5）：1.

格化. 在教育中过分强调一种方式而损害另一种方式是错误的①. 张奠宙先生也表达了相同的观点，中学代数与几何课程的主要差别在于代数（包括概念和法则）抽象、繁琐，而几何直观、形象. 他因此总结出，从心理接受能力的角度来说，在代数教学中引入适当的几何直观、注重利用贴近生活的形象思维便是代数教学中的一项重要任务. 所谓"理解"实际上基本等同于"建立直观形象"，因为纯粹抽象的事物是难以理解的②.

4.2.1.4 直观发现

直观发现，即借助图形准确、整体地把握研究对象，发现数学结论. 其一般有两种情况：一种是根据要求解或证明的结论构建数学问题的直观模型，直接获得问题的解答；另一种是反向的思维过程，即根据直观图形发现数学结论.

案例五③：将一个边长为 1 的正方形纸片分别割成 7 个部分（见图 4-6），部分②是部分①面积的一半，部分③是部分②面积的一半，依此类推.

求：（1）阴影部分的面积是多少？

（2）受此启发，你能求出 $\dfrac{1}{2} + \dfrac{1}{4} + \dfrac{1}{8} + \cdots \dfrac{1}{2^6}$ 的值吗？

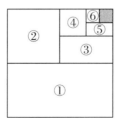

图 4-6

---

① 王鹏远. 谈计算机和几何教学的现代化 [J]. 中学数学教学参考，1998 (7)：23.

② 张奠宙，张广祥. 中学代数研究 [M]. 北京：高等教育出版社，2006：2-3.

③ 马复. 义务教育数学课程标准教科书七上 [M]. 北京：北京师范大学出版社，2013：150.

我们根据问题的特点赋予直观背景，使问题的解决简明、直观化. 要计算 $\dfrac{1}{2}+\dfrac{1}{4}+\dfrac{1}{8}+\cdots\dfrac{1}{2^6}$，只需要这幅正方形图（见图 4-6），从图 4-6 中我们就可看出这个算式就是要求图形①②③④⑤⑥的面积和，显然它等于 $1-\dfrac{1}{2^6}$ [①].

案例六：给出点阵图（见图 4-7），你能发现什么数学结论？观察可得：图形直观表达了数学结论 $1+3+5+7+9=5^2$. 我们很自然地可以猜想一般结论：

$$1+3+5+7+9+(2n-1)^2=n^2$$

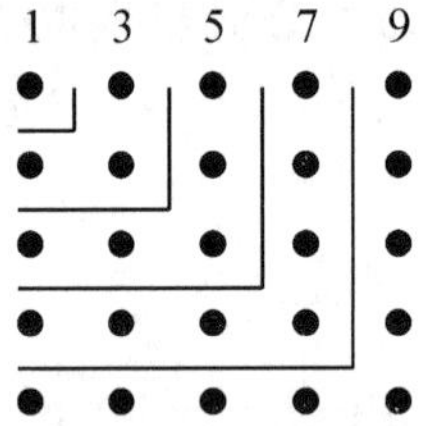

图 4-7

直观发现，往往在获得问题解答的基础上可以导致更进一步的发现，对发展学生的直觉思维、培养学生的创新能力提供了空间. 如案例五中从代数问题想到如何构造图形，上述问题中依次"面积的一半"是构造图形的关键点，只要能画出满足此条件的图形即可，因此可以出现另外的构造图形，如构造线段、三角形、长方形、圆等. 案例五中改变"直角形"的构造，又能得到其他熟悉结论吗？

一个数学对象的几何直观对这个对象来说，是种直观，但对第一次接触这个直观方式的学生来说，便可能就是一种抽象 [②]. 因此，直观发现需要积累一定的基本图形的直觉经验.

---

① 马复. 义务教育数学课程标准教科书七上 [M]. 北京：北京师范大学出版社，2013：150.

② 蔡宏圣. 几何直观：小学数学教学的视角 [J]. 课程·教材·教法，2013，33（5）：109-115.

另要说明的是，直观表征、直观分析、直观解释和直观发现并不完全独立，直观分析、直观解释和直观发现都建立在直观表征的基础之上，同一个数学问题呈现方式或提出要求不一样，对直观类型的侧重可能会不一样，如对平方差公式，如果将直观图形作为公式探索的素材，那么图形的作用主要体现为直观表征，但如果在获得公式后要求学生寻求直观图形的解释，那么显然图形的作用主要体现为直观解释.

4.2.2　几何直观的教材分析

4.2.2.1　新课标中的几何直观

"几何直观"是《义务教育数学课程标准（2011 年版）》提出的在数学课程中应当注重的十个核心概念之一，《高中数学课程标准（2017 年版）》也将"直观想象"列为 6 个学科核心素养之一，"直观想象素养整合了空间想象、几何直观和空间观念"①，是在"几何直观"基础上更进一步的要求. 当前对"几何直观"或"直观想象"的相关研究并不少，但从研究内容来看，更多涉及学生学习或教师教学，对教科书中几何直观的呈现或设计研究很少. 教科书作为学生学习内容的主要载体，自然应提供为学生发展几何直观素养的学习材料，为学生的学习和教师的教学做好价值引领，因此教科书中"几何直观"的设计显得尤为重要.

4.2.2.2　教材中几何直观的重难点分析

我们将根据人教版七年级教材中"几何直观"的表现情况，列举出书上的典型示例，进行整理分析，深入探讨教科书中对"几何直观"的体现及其教学意义与价值，从而找到教材中几何直观的分布情况和编写的逻辑起点，为之后更好地进行教学提供帮助.

典型示例

一、数与代数

教材呈现：人教版七年级上册第 7 页

问题：在一条东西向的马路上，有一个汽车站牌，汽车站牌东 3 m

---

① 史宁中，王尚志. 普通高中数学课程标准（2017 年版）解读 [M]. 北京：高等教育出版社，2018：114.

和 7.5 m 处分别有一棵柳树和一棵杨树，汽车站牌西 3 m 和 4.8 m 处分别有一棵槐树和一根电线杆（见图 4-8）. 试画图表示这一情境①.

E
D
O
A
B
C
3
3
4.8
7.5

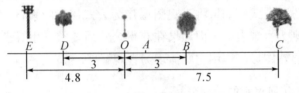

图 4-8

分析：在学生学习完正负数以及有理数的概念之后，将引入数轴的概念、画法的学习，主要是用数轴表示数. 教材根据一个生活实例，利用图像直观形象的特点进行引入：规定了原点、方向和单位长度. 之后通过思考的环节，让学生用数简明地表示这些物体之间的位置关系，并标注了注意方向和距离的表示（见图 4-9）.

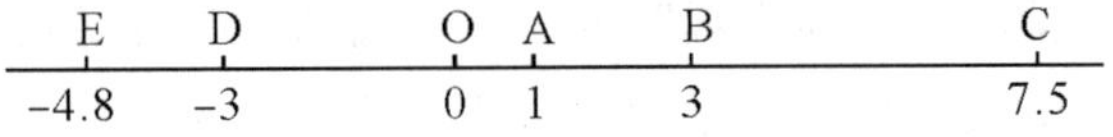

E D O A B C
-4.8 -3 0 1 3 7.5

图 4-9

之后，给出温度计的表示方式，让学生对比归纳出温度计和本题表示正负数的方式有什么相同点和不同点，通过类比得出数轴的概念和三要素. 同时告诉学生：任何有理数都可以在数轴上表示.

例 1 画出数轴并表示下列有理数.

1.5，-2.2，$\frac{9}{2}$，$-\frac{3}{4}$，0.

分析（见图 4-10）：

-2.2 -3/4 0 1.5 9/2
-4 -3 -2 -1 0 1 2 3 4 5 6

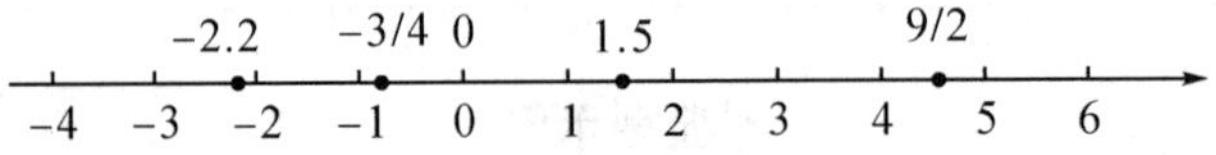

图 4-10

二、图形与几何

教材呈现：人教版七年级上册第 120 页几何图形是由点、线、面构成的，其中线与线相交的地方是点；面与面相交成线；包围着体的是面；面运动成体.

① 马复. 义务教育数学课程标准教科书七下［M］. 北京：北京师范大学出版社，2013：23.

例2 如图4-11所示，下面的平面图形绕轴旋转一周，可以得出下面的立体图形，把有对应关系的平面图形与立体图形连接起来.

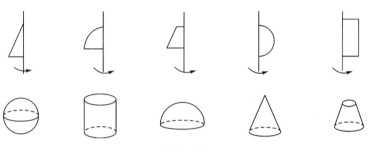

图 4-11

分析：例1是人教版七年级上册"几何图形初步"中第二小节，新课标对该部分的要求是希望学生能够通过实物和具体模型，了解从物体抽象出来的几何体、平面、直线和点. 本题先对平面图形进行旋转，让学生猜想平面图形旋转一周后得到的立体图形，并与之对应，能够使学生认识到点线面的静态关系和动态关系，对点线面之间关系的学习，也为后面圆锥的母线、圆的周长等部分的学习奠定了基础，便于之后的知识获取①.

三、统计与概率

例3 教材呈现：人教版七年级下册158~159页.

1. 某校学生来自甲、乙、两三个地区，其人数比为 $2:7:3$，用如图4-12所示的扇形图表示上述分布情况.

（1）如果来自甲地区的为180人，求这个学校学生的总数；

图 4-12

（2）求各个扇形的圆心角的度数.

2. 下面是某年参加国际教育评估的 15 个国家学生的数学平均成绩（x）的统计图（见图4-13）.

（1）哪一个图能更好地说明一半以上国家的学生成绩在 $60 \leqslant x < 70$ 之间？

① 马复. 义务教育数学课程标准教科书七下 [M]. 北京：北京师范大学出版社，2013：23.

（2）哪一个图能更好地说明学生成绩在 $70 \leqslant x < 80$ 的国家多于在 $50 \leqslant x < 60$ 的国家？

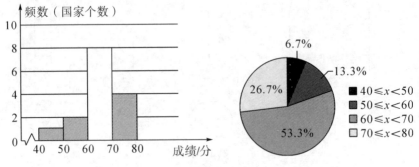

图 4-13

分析：七年级中有关几何直观培养的内容主要集中在七年级下册的最后一个章节"数据的收集、整理与描述"中. 学生要理解统计图表各自的特点，能合理利用统计图表直观地展示数据，获得有用的信息，并用自己的语言表达想法和结论. 图 4-14 中的四种统计图表的表示方法，分别具有各自的优点，共同的特点就是直观清晰展示数据的内容，相比以往通过表格的形式进行计算，统计图表的形式能够使学生更好地理解数据所表达的信息，发展数感能力，培养学生几何直观的素养，让学生体会数据在生活中的作用.

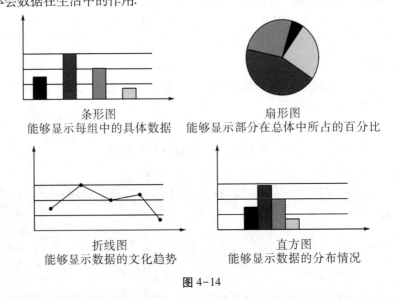

图 4-14

四、综合与实践

教材呈现：人教版七年级上册第 142 页几何直观能力培养方法

例 4 课题学习：设计制作长方体形状的包装纸盒.

分析：新课标要求学生结合实际生活中的问题情景，思考问题解决的方案并加以实施，从中让学生体会数学建模的思想. 因此，教材中数学活动的设计按照"观察、讨论—设计、制作—交流、比较—评价、小结—巩固、提高"的过程展开学习，让学生通过探索，进一步了解直线与直线的几种位置关系. 设计这个教学活动能够培养学生观察、实验、分析、归纳概括等能力，向学生渗透空间几何图形和平面几何图形之间的相互联系，对培养学生空间想象力和审美能力都有所帮助，从而体会相互转化的数学思想.

新课程标准中提出在初中数学几何部分的教学中，应重视对学生几何直观能力的培养，使学生数学思维更加完善，以帮助学生更好地解决几何问题. 而几何直观能力是分析图形、总结问题、认识事物等方面能力的集合，是个体创造性思维以及敏锐洞察能力在解决数学问题中的表现. 利用几何直观解决几何问题，能够快速获取图形中有用的信息进而对图形产生更为直观的理解，提高学生解题效率与准确率，也有助于激发学生的创新意识. 但目前初中数学教学中，几何直观能力的培养存在明显误区与问题，本书根据初中数学教学中对学生几何直观能力的培养状况，制定科学培养方案，以提高学生几何直观能力培养质量与效果.

4.2.2.3 初中数学教学中几何直观能力的培养现状

初中数学教学中对学生几何直观能力的培养的主要目的在于强化学生几何思维及空间几何能力，使学生形成严谨的几何逻辑，进而在解决问题的过程中能够快速找到突破口，减少不重要信息的干扰，帮助学生树立自信. 但在目前的教学实践中，能力培养误区以及缺陷十分明显. 具体如下：教师常陷入为直观而直观的误区当中，过分地强调直观剖析几何图形，阻碍学生逻辑思维形成过程中对抽象真理的思考. 直观的图形虽能够帮助学生更轻松地理解与获取解题信息，但滥用手段创造直观观察条件或不科学的直观分析方法，将对学生正确、理性、严谨的数学思维的形成产生重大干扰. 同时，由于初中生理论知识与实践经验有限，在直观理解图形的过程中，他们容易出现误差. 这种误差的长期存在是对数学问题科学性以及严谨性的破坏，会导致学生难以获得正确的结果. 而教师在教学中未能有意识地引导学生理解误差、克服误差，忽视了直观能力背后理性思维的形成，导致学生难以由直观的猜想上升到科学的推理，从而使学生的能力发展始终停留在浅层阶段. 此外，从总结教学实践经验来看，目前影响初中生几何直观能力培养的问题较多，如教材因素. 教材作为传播知识的媒介，是学生能力发展的基础工具之一，但初中数学教材中几何部分的设置存在不合理之处. 数学本身具有图形直观以及代数的双重特征，但教材难以引导学生了解几何背景，对于图形的直观演示过少，与学生的思维不符，因而很多学生根据意象理解教材中的知识点，无法借助直观的几何信息对问题进行分析与思考. 因此，这也是导致学生几何直观能力普遍偏低的因素之一. 事实上，在图形整体结构以及空间形式上，我国初中学生的想象力以及理解力水平同样较低，亟待提升.

4.2.2.4　几何直观能力培养方案分析

学生掌握知识的基本历程为：感性认识—理性认识，特殊认识——般认识. 因此，在教学过程中，利用直观的图形能够使学生对知识形成具象化的认识，并帮助学生去感知和记忆理论与抽象知识，从而促进能力的发展. 按照这一规律，本研究得出了关于初中数学几何直观能力培养方案①. 具体内容在后文中详述.

4.2.3　几何直观能力的培养方法

4.2.3.1　重视图形探究

解决几何问题的过程中，若想合理地利用几何直观，我们需要将所要解决的问题，即题目的作答对象转化成图形，再通过对问题与图形信息之间关系的分析，从直观到抽象进行升华，形成对作答对象的准确理解，最终结合直观图形以及抽象的数学解题思维解决问题.

---

① 张迪，罗佳 "几何直观" 素养在教材中的体现与思考：以人教版七年级为例 [J]. 教材研究，2021（6）.

案例一：

如图 4-15 所示，在平面直角坐标系中，已知 △ABC 的顶点坐标分别为 A（3，5），B（1，2），C（4，3）.

（1）若将 y 轴作为对称轴，请在图 4-15 中画出 △ABC 的对称图形，并记作 △A′B′C′；

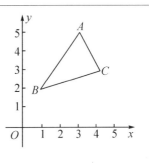

图 4-15

（2）写出 △A′B′C′ 三个顶点的坐标；

（3）分析两个三角形顶点之间的关系①.

题中给出了直观的图形，要求学生通过动手操作在直角坐标系中获得新的三角形，这种问题的设置主要目的是强化学生对对称变化、轴对称概念以及其具体特征的理解，使学生能够在实践操作中逐步摸索出三角形在直角坐标系中顶点的变化规律以及图形变化规律，并且使这种变化关系更加直观. 这种思维的形成便于学生理解与分析图形中隐藏的方向上的变化，直观地获取整个变化过程，使问题更加简单，提高解题效率与准确性.

4.2.3.2　重视图形积累

通过对几何图形的分析可以发现，任何一个图形的组成均具有基础的图形元素. 当看到复杂的几何图形时，我们应保持理性、客观的态度，观察图形、分析图形、拆解图形，将图形分解成若干个子图形，总结其中蕴含的基础图形元素，逐一分析每个基础图形的特征. 这对高效解决问题有着重要帮助，同时也是培养学生几何直观能力的方法之一. 教师在教学过程中遇到几何图形时，需要有目的地引导学生进行观察与总结.

案例二：

如图 4-16 所示，在平行四边形 ABCD 中，点 E，F 分别为 AD，CD 边上一点，连接 AF 与 BE 相交于点 G，并延长 BE 与边 CD，使其相交于点 H. 试找出图中相似三角形.

---

① 马复. 义务教育数学课程标准教科书七下［M］. 北京：北京师范大学出版社，2013：23.

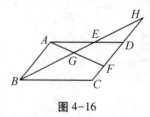

图 4-16

分析：该题目是完成相似三角形知识学习后的常见题型，意在强化学生对相似三角形判定等知识的掌握. 此类题目基础、简单，为快速解题，通常需要利用几何直观进行准确判断. 快速解题的关键是将三角形基本图形印刻在脑海中. 在日常学习中，教师可与学生总结常见的相似三角形的基本图形，如图 4-17 所示.

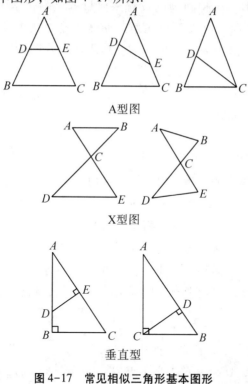

图 4-17　常见相似三角形基本图形

4.2.3.3　鼓励合理猜想

在几何知识的学习过程中，准确理解几何图形的结构特征以及角、边、线之间的关系是解题时做出准确判断的基础，对激发学生解题欲望也有着重要作用. 而几何直观能力则是不断通过对直观图形的分析, 以及对图形本质的认识, 形成几何思维. 在这个过程中, 学生不免会出现猜想或直觉思维, 教师应予以保护, 并引导与帮助学生形成系统的思维.

案例三:

如图 4-18, 在△ABC 中, ∠BAC 的平分线与∠ABC 的平分线相交于点 E, 延长 AE 与△ABC 外接圆相交于点 D, 依此连接 CE, CD, BD, 现已知 ∠$BDC = 120°$, ∠$BDA = 60°$. 试判断四边形 $BDCE$ 的形状.

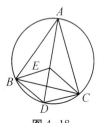

图 4-18

学生在分析题目后凭借直觉判断四边形 $BDCE$ 为菱形. 沿着学生猜想的思路根据菱形定义进行验证, 则可做出准确判断. 因此, 学生仅需证明图形有一组邻边相等或四边相等即可. 这种直观的猜想能够帮助学生快速找到解题思路, 简化了分析与解题过程①.

4.2.3.4　引导数形结合

初中数学中几何题目更加复杂, 往往融合不等式等知识点, 该类型题目通常可直接代入解题, 但实践证明直接代入会产生复杂计算, 从而使很多学生因计算错误而导致结果错误. 基于数学中的数形结合思想, 利用图形辅助解题, 通常可获得事半功倍的效果.

案例四:

已知 $x > 0$, 求 $y = \sqrt{x^2+4} + \sqrt{(2-x)^2+1}$ 的最小值.

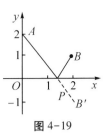

图 4-19

解析: 将 $y = \sqrt{(x^2+4)} + \sqrt{(2-x)^2+1}$ 等价变形转化为 $y = \sqrt{(x-0)^2 + (0-2)^2} + \sqrt{(x-2)^2 + (0-1)^2}$. 设 P (x, 0), A (0, 2), B (2, 1), 则 $y = PA + PB$. 如图 4-19 所示, 作点 B 关于 x 轴的对称点 B' (2, −1), 因此求得 $y_{min} = AB' = \sqrt{3^2 + 2^2} = \sqrt{13}$.

---

① 马复. 义务教育数学课程标准教科书七下 [M]. 北京: 北京师范大学出版社, 2013: 23.

学生基于所学公式在坐标系中画出式子所对应的函数示意图后，可以快速找到解题突破口，这种方式将抽象的数学理论知识通过图像进行直观化表现，是对学生几何直观能力实践操作的重大考验. 学生几何学习能力的培养并非一蹴而就的，且几何能力具有综合性特征，只有做好每项能力的培养才能实现整体能力的进步. 几何直观能力是数学几何能力的重要组成部分，是学生理解图形、分析图形的基础①.

4.3　基于几何直观的教学设计

4.3.1　基于几何直观的初中数学教学设计的基本要求

近年来，教育部门在初中教学中，将培养学生的几何直观能力作为主要任务之一. 然而，在教学过程中，一些教师对几何直观能力的认识并不深刻，导致在实际教学中难以有效地培养学生的几何直观能力. 几何直观具有神奇的功能，它能够将复杂抽象的问题变得简单、具体，让人眼前一亮. 然而，很多教师及学生并未充分认识到几何直观能力的重要性，这无疑是一个需要关注和解决的问题.

4.3.1.1　明确"几何直观"的内涵

几何直观主要是指运用图形思考和想象数学问题的意识和习惯. 它能够借助图形来感知和分析问题的特征和性质，通过构建直观模型，将复杂问题简化为简单易懂的图形，从而更好地理解问题的本质.

几何直观依托于图形，但并不仅仅局限于图形. 它是一种思维方式，通过将抽象的数学概念和问题与图形相结合，可以帮助我们更好地理解问题，提高想象能力和创新能力.

几何直观不仅在数学学习中有着广泛的应用，而且在日常生活和工作中也具有实际意义. 例如，在解决物理问题、工程问题、经济问题等实际问题时，几何直观也是非常重要的工具.

总之，几何直观是一种通过图形思考和想象来分析和理解问题的思维方式，它能够帮助我们更好地理解抽象的数学概念和问题，提高想象能力

---

① 黄玉华. 基于初中数学核心素养的教学实践与思考：以苏科版七年级下"12.2 证明（1）"为例 [J]. 中学数学杂志（初中版），2016（8）.

和创新能力. 同时, 它也是解决实际问题的有力工具. 几何直观在数学教育中有非常重要的地位. 它是培养学生数学素养和思维能力的重要途径之一. 通过几何直观, 学生可以更好地理解数学概念、公式和定理, 掌握解题方法和思路, 提高分析问题和解决问题的能力.

4.3.1.2 培养学生几何直观能力的教育价值

(1) 增强理解和解决问题的能力: 几何直观能力能够帮助学生将抽象的数学问题转化为具体的几何图形, 从而更容易理解问题的本质和解决方法. 通过几何直观, 学生可以更好地理解数学概念、定理和公式, 提高解题的速度和准确性.

(2) 促进数学思维的发展: 几何直观能力的培养有助于学生数学思维的发展. 通过观察和分析几何图形, 学生可以培养自己的空间想象能力和逻辑思维能力. 几何直观还可以引导学生从不同角度思考问题, 培养学生的创新思维能力和解决问题的能力.

(3) 提高学习效果: 几何直观能力能够帮助学生更好地理解和记忆数学知识. 通过将抽象的概念和问题转化为几何图形, 学生可以加深对数学知识的理解和记忆. 同时, 几何直观还可以提高学生的学习兴趣和积极性, 让学生更加主动地参与到数学学习中来.

(4) 培养空间观念和想象力: 几何直观能力的培养有助于学生空间观念和想象力的培养. 通过观察和分析几何图形, 学生能建立空间观念和想象力, 从而更好地理解和解决空间问题. 这对于学生未来的学习和职业发展都具有重要的意义.

(5) 促进学科融合: 几何直观能力不仅仅适用于数学学科, 也适用于其他学科. 例如, 物理、化学、生物等学科中涉及的图形和空间问题, 都可以通过几何直观能力来解决. 因此, 培养学生几何直观能力也有助于促进学科之间的融合, 提高学生的综合素质.

综上所述, 培养学生几何直观能力的教育价值非常显著, 有助于学生更好地理解和解决数学问题, 促进学生数学思维的发展, 提高学习效果, 培养学生的空间观念和想象力, 以及促进学科融合. 因此, 教育工作者应该注重培养学生的几何直观能力.

4.3.1.3 基于几何直观的初中数学教学设计的基本要求

(1) 强化几何直观的意识和能力.

在数学教学过程中, 我们应该注重培养学生的几何直观意识, 让他们明白几何直观在数学学习和现实生活中的应用价值. 我们可以通过具体的例子让学生了解到, 几何直观可以帮助他们更好地理解数学概念、解决数学问题以及认识现实世界的形状、大小和位置关系. 同时, 我们也可以通过一些趣味性的几何直观案例, 激发学生的学习兴趣和好奇心.

(2) 掌握几何直观的基本方法.

我们应该教授学生几何直观的基本方法, 包括画图、标识、测量和推理等. 这些方法需要学生在实际操作中不断实践和掌握. 我们可以通过课堂演示、案例分析和小组讨论等方式, 引导学生逐步掌握这些基本方法, 并能够灵活运用到学习和生活中.

(3) 培养几何直观的思考习惯.

在教学过程中, 我们应该鼓励学生利用几何直观来思考和解决数学问题. 例如, 在解决一些代数问题时, 我们可以引导学生通过画图或建立模型来理解问题; 在解决一些几何问题时, 我们可以鼓励学生通过观察图形、测量长度、推导角度等来解决问题. 我们应通过不断地引导和训练, 帮助学生逐渐养成利用几何直观思考问题的习惯.

(4) 结合其他教学方法.

几何直观并不是独立存在的教学方法, 而是应该与其他教学方法相结合. 例如, 我们可以将几何直观与代数教学相结合, 通过几何直观的方式帮助学生理解代数方程的解; 我们可以将几何直观与函数教学相结合, 通过几何直观的方式帮助学生理解函数的性质和变化规律.

(5) 注重实践和应用.

我们应该通过实际问题和情境, 让学生体验几何直观在解决实际问题中的应用价值. 例如, 我们可以设计一些实际生活中的问题, 如计算物体的面积、体积等, 引导学生通过画图、测量和计算等方式解决问题. 这样不仅可以帮助学生掌握几何直观的基本方法, 还可以提高他们的实践和应用能力.

(6) 考虑学生的差异和能力.

在教学过程中, 我们应该考虑到学生的差异和能力水平. 对于一些基础较差的学生, 我们可以设计一些相对简单的问题和活动, 帮助他们逐步掌握几何直观的基本方法; 对于一些能力较强的学生, 我们可以设计一些相对复杂的问题和活动, 鼓励他们进行更深入的学习和实践. 这样可以确保每个学生都能从几何直观教学中受益.

（7）合理使用技术辅助工具.

现代技术辅助工具如几何画板、图形计算器等可以提高几何直观教学的效果和效率. 我们应该合理使用这些工具，充分发挥它们在帮助学生理解几何概念、解决几何问题等方面的作用. 同时，我们也应该注意不要过度依赖技术辅助工具，而忽视了基本方法的掌握和实践能力的培养.

（8）及时反馈和评价.

在教学过程中，我们应该及时给予学生反馈和评价. 我们应通过检察学生的表现和作业情况，了解他们在几何直观方面的掌握程度和实践能力. 对于一些表现优秀的学生，我们应该给予肯定和鼓励；对于一些需要改进的地方，我们应该给予指导和建议. 这样可以帮助学生更好地认识自己的学习状况并不断提高自己的能力水平.

4.3.2　基于几何直观的初中数学教学设计

4.3.2.1　数轴

【教材分析】北师大版数学教材七年级上第二章第二节 2.2

【教学目标】

（1）知道数轴的三要素，会画数轴；知道有理数与数轴上点的对应关系，能将有理数用数轴上的点表示.

（2）进一步理解数形结合的思想，能够利用数轴比较有理数的大小.

【教学重点】

（1）数轴的画法.

（2）会用数轴上的点表示有理数，能说出数轴上已知点所表示的数.

（3）利用数轴比较有理数的大小.

【教学难点】

（1）会用数轴上的点表示有理数，能说出数轴上已知点所表示的数.

（2）两个负数的大小比较.

【复习引入】

（1）回顾正数与负数、有理数的定义、有理数的分类.

（2）课题引入：教材第 27 页 温度计.

图中温度计显示的温度各是多少？

温度计上的刻度有什么特点？

数轴的定义：规定了原点、正方向和单位长度的直线叫数轴.

数轴的三要素：原点、正方向、单位长度.

数轴的画法：一画、二取、三定、四统一、五标数.

注意：

（1）画数轴，三要素缺一不可，数轴可向两端无限延伸；

（2）数轴上单位长度可随意规定，但在同一数轴上单位长度不能变.

【例题】

例1 判断下列数轴画的是否正确.

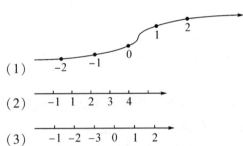

（1）

（2）

（3）

（4）

（5）

（6）

【画一画】让学生画单位长度为 1 cm 的数轴，思考以下问题：

（1）原点表示什么数？

（2）原点右方表示什么数？原点左方表示什么数？

（3）表示 $\frac{1}{4}$ 的点在什么位置？表示 -1.5 的点在什么位置？

总结：一般地，设 a 是一个正数，则数轴上表示数 a 的点在原点的右边，与原点的距离是 a 个单位长度；表示数 $-a$ 的点在原点的左边，与原点的距离是 a 个单位长度.

例2 指出数轴上的点 A、B、C、D、E 分别表示什么数.

A 表示：_____ B 表示：_____ C 表示：_____
D 表示：_____ E 表示：_____

任何一个有理数都可以用数轴上的一个点来表示，但数轴上的点表示的数并不一定都是有理数.

练习1

（1）画出数轴，并用数轴上的点表示下列各数.

$$-4, \frac{3}{2}, -3.5, 0, 3, -\frac{3}{2}$$

注意：①点要标在直线上，数要标在点在正上方.

②数轴上，用来表示任何一个有理数的点只有一个；数轴上，没有一个点能同时表示两个有理数.

（2）画出数轴，并用数轴上的点表示下列各数.

$100, -500, 0, +300, -200$

（3）画出数轴，并用数轴上的点表示下列各数.

$$-\frac{3}{100}, \frac{1}{100}, 0, \frac{1}{50}$$

练习2 填空

（1）数轴上表示-5的点在原点的_____侧，它与原点的距离是_____个单位长度.

（2）数轴上，在原点左边且离原点3个单位长度的点表示的数是_____.

（3）数轴上，距离原点4个单位长度的点表示的数是_____.

（4）数轴上与表示-1的点的距离是2个单位长度的点是_____.

（5）数轴上表示-2的点在表示-5的点的_____侧，它们的距离是_____个单位长度.

（6）一只蚂蚱在数轴上跳动，先从 A 点向左跳一个单位到 B 点，然后由 B 点向右跳两个单位到 C 点., 如果 C 点表示的数是-3，则 A 点表示的数是_____.

例3 比较下列每组数的大小.

（1）-2 和 $+6$　　（2）0 和 -1.8　　（3）$-\dfrac{3}{2}$ 和 -4

（4）-1.6 和 $-1\dfrac{2}{3}$　　（5）-5，3，-2.7

课堂练习：（教材第 29 页 随堂练习）画出数轴，用数轴上的点表示下列各数，并用"$>$"将它们连接起来.

3，-2，1.5，$-\dfrac{3}{4}$，0，-0.5

4.3.2.2　三角形的内角和

一、教学目标

（1）了解三角形及其相关概念，学习这些概念的文字表述、符号语言表述、图形表述，理解三角形的边、顶点、内角、外角的概念.

（2）掌握三角形的内角和定理及推论，了解辅助线. 会按角的大小关系对三角形分类.

二、教学设计

（一）课前准备

铅笔、直尺、三角板、三角形纸片.

（二）引入

院子的栅门栏，为什么钉上一根木条就结实、稳定了呢？在没有任何测量工具的条件下，一个战士测得了隔河相望的敌军碉堡与我军阵地的距离，这个战士又是怎样测量的呢？

带着这些问题，从今天开始我们将进一步研究"三角形"的相关性质及判定方法，并利用这些结果解决一些实际问题. 这堂课我们一起来认识三角形.

（三）新课

1. 三角形的有关概念及其表示法

（1）三角形：由不在同一直线上的三条线段首尾顺次相接所组成的图形叫做三角形. 记作：△ABC（读作"三角形ABC"），见图4-20.

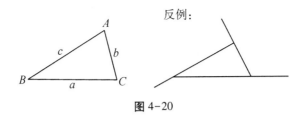

图4-20

（2）三角形的边：组成三角形的线段. 记作：AB（c）、BC（a）、CA（b）.

（3）三角形的顶点：相邻两边的公共端点. 记作：A、B、C.

（4）三角形的内角（角）：相邻两边组成的角. 记作：∠A、∠B、∠C.

（5）三角形的外角：三角形的角的一边与另一边的延长线组成的角. 记作：∠ACD（见图4-21）.

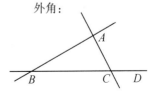

图4-21

我们也可用表格来表示刚才总结的内容（见表4-1）.

表4-1　三角形的相关知识

名称	定义	表示法	个数
三角形	由不在同一直线上的三条线段首尾顺次相接所组成的图形叫做三角形	△ABC	—
三角形的边	组成三角形的线段	AB（c）、BC（a）、CA（b）	3
三角形的顶点	相邻两边的公共端点	A、B、C	3

表 4-1（续）

名称	定义	表示法	个数
三角形的角	相邻两边组成地角	$\angle A$、$\angle B$、$\angle C$	3
三角形的外角	三角形的角的一边与另一边的延长线组成的角	$\angle ACD$	6

注：①"三条线段""不在同一条直线上""首尾顺次相接"这三要素缺一不可.

②三角形是封闭图形.

③$\angle A$、$\angle B$、$\angle C$ 的对边是 a（BC）、b（CA）、c（AB）.

我们研究了三角形的概念，又探讨了它们的表示法，还了解了三角形的内角、外角，那么，**三角形的内角和为多少？**

我们在小学曾用撕角、拼图的方法或用量角器直接测量后计算它们的和，也曾通过折叠把一个三角形的三个内角拼在一起，得出"三角形的内角和为 $180°$"的结论，但不管是拼图还是测量，都不是很准确，都存在一定误差，而数学是一门讲究严密的科学，这节课我们将用已有的几何知识来证明"三角形的内角和为 $180°$".

2. 三角形的内角和定理及其推论

（1）三角形的内角和定理：三角形三个内角的和等于 $180°$.

已知：$\triangle ABC$（见图 4-22）

求证：$\angle A + \angle B + \angle C = 180°$

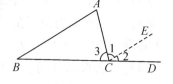

图 4-22

分析：如何将三角形的三个内角拼在一起，组成一个平角呢？这需要我们构造出与另外两个角相等的角. 而如何构造等角呢？这就要用到我们上学期学习的平行线的知识.

证明：作 BC 的延长线 CD，过 C 作 $CE /\!/ AB$

$\therefore \angle 1 = \angle A$，

$\angle 2 = \angle B$，

$\therefore B$、C、D 三点共线，

$\therefore \angle 1 + \angle 2 + \angle 3 = 180°$，

$\therefore \angle A + \angle B + \angle ACB = 180°$.

注：证明方法还有很多，可略作介绍.

其他辅助线添法：（提出思考，课堂上不展开，见图4-23，图4-24）

①过 A 作 $AD \parallel BC$：

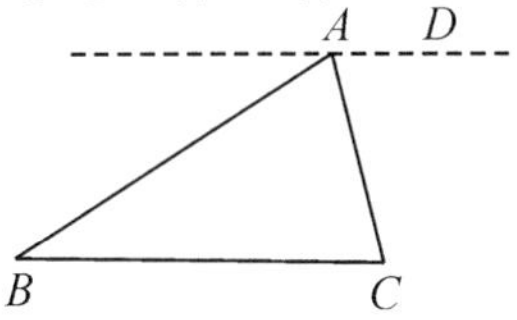

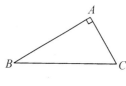

图4-23

②过 C 作 $CD \parallel AB$.（或在△ABC 外部以 CA 为一边作∠$ACD = \angle A$)

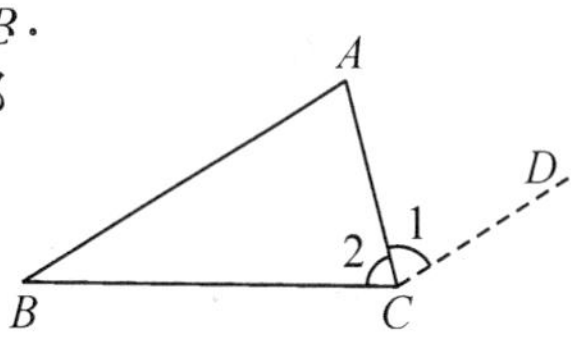

图4-24

注：由此定理，在三角形中已知两角可求第三角，或已知各角之间关系求各角.

例1 在 △ABC 中

（1）∠$A = 80°$，∠$B = 52°$，则∠$C = \underline{48}°$.

（2）∠$A = 70°$，∠$B - \angle C = 40°$，则∠$C = \underline{35}°$.

（3）∠$A + \angle B = 100°$，∠$C = 2\angle A$，则∠$A = \underline{40}°$；∠$B = \underline{60}°$；∠$C = \underline{80}°$.

（4）∠$A : \angle B : \angle C = 1 : 3 : 5$，则∠$A = \underline{20}°$，∠$B = \underline{60}°$，∠$C = \underline{100}°$.

注：利用三角形内角和定理建立方程求角度是常用方法.

3. 三角形的内角和定理的推论

（1）推论1：直角三角形的两个锐角互余.

已知：Rt△ABC，∠$A = 90°$（见图4-25）

求证：∠$B + \angle C = 90°$

证明：在△ABC 中，

∵ ∠$A + \angle B + \angle C = 180°$，

∠$A = 90°$，

∴ $90° + \angle B + \angle C = 180°$，

∴ ∠$B + \angle C = 90°$.

图4-25

（2）推论2：三角形的一个外角等于和它不相邻的两个内角的和.

已知：△ABC，∠ACD 为一外角（见图4-26）.

求证：∠$ACD = \angle A + \angle B$

证明：作 BC 的延长线 CD，过 C 作 CE // AB

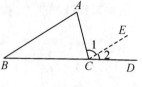

图 4-26

∴ ∠1=∠A，

∠2=∠B，

∴ ∠1+∠2=∠A+∠B，

即∠ACD=∠A+∠B.

（3）推论 3：三角形的一个外角大于任何一个和它不相邻的内角.

证明：∵ ∠ACD=∠A+∠B，

故∠ACD>∠A，同理，∠ACD>∠B.

如图 4-27，∠A＝50°，∠B＝26°，∠C＝24°，则 ∠BDC＝<u>100</u>°.

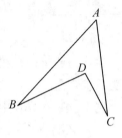

图 4-27

4. 三角形的分类

（1）三角形按角分类.

$$三角形\begin{cases}直角三角形（有一个角为直角的三角形）\\斜三角形\begin{cases}锐角三角形（三个角都是锐角的三角形）\\钝角三角形（有一个角为钝角的三角形）\end{cases}\end{cases}$$

$$三角形\begin{cases}锐角三角形\\直角三角形\begin{cases}两直角边不等的直角三角形\\等腰直角三角形\end{cases}\\钝角三角形\end{cases}$$

注：①直角三角形 ABC 记作 $Rt\triangle ABC$.

②夹直角的两边叫做<u>直角边</u>，直角的对边叫做<u>斜边</u>.

③两条直角边相等的直角三角形叫做<u>等腰直角</u>三角形.

④三角形中，锐角最多<u>三</u>个，最少<u>两</u>个；钝角最多<u>一</u>个；直角最多<u>一</u>个.

练习 1 （教材第 83~84 页随堂练习、第 84 页习题 4.1）若无时间，则酌情处理.

练习 2 （1）如图 4-28，∠A + ∠B + ∠C + ∠D + ∠E =<u>180</u>度.

（2）如图 4-29，∠A + ∠B + ∠C + ∠D + ∠E =<u>180</u>度.

（3）如图 4-30，∠A + ∠B + ∠C + ∠D + ∠E + ∠F =<u>360</u>度.

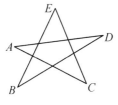

图 4-28

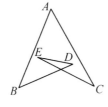

图 4-29

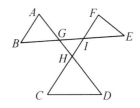

图 4-30

（四）课堂小结

（1）三角形的有关概念及其表示法.

（2）三角形的内角和定理.

（3）三角形的内角和定理的推论.

（4）三角形按角分类.

1.3.2.3 探索勾股定理（一）

一、教学目标

（1）掌握勾股定理的内容及其应用；

（2）了解利用拼图法验证勾股定理.

二、教学重点

勾股定理的内容及其应用；利用拼图法验证勾股定理.

三、教学难点

利用拼图法验证勾股定理.

四、教学过程

问题一：一个直角三角形，若 2 条直角边长是确定的，那它的"形状"和"大小"确定吗？

答：由"边角边"全等判定定理可知，这样的直角三角形可以互相完全重合. 它的"形状"和"大小"确定，斜边长也应该是确定的.

问题二：一个直角三角形，若 1 条直角边长和斜边长是确定的，那它的"形状"和"大小"确定吗？

答：由"HL"全等判定定理可知，这样的直角三角形可以互相完全重合. 它的"形状"和"大小"确定，另一直角边长也应该是确定的.

引入：这意味着直角三角形的三边存在某种"知二求一"的数量关系，除了"定性"的研究，我们还需要"定量"地探究这是一种怎样的数量关系. 数学研究往往会经历"猜想—抽象—证明"的过程，我们先寻找一些特例来猜想和抽象这种关系.

1. 探究活动一

内容：投影显示如下地板砖示意图（见图4-31），引导学生从面积角度观察图形：

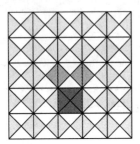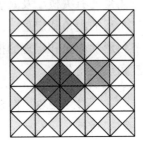

图 4-31

问：你能发现各图中三个正方形的面积之间的关系吗？

结论一 以等腰直角三角形两直角边为边长的小正方形的面积的和，等于以斜边为边长的正方形的面积.

2. 探究活动二

内容：由结论1我们自然产生联想：一般的直角三角形是否也具有该性质呢？

（1）观察下面两幅图（见图4-32）：

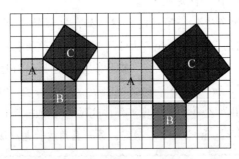

图 4-32

（2）填表 4-2：

表 4-2　面积表

	A 地面积 （单位面积）	B 地面积 （单位面积）	地面积 （单位面积）
左图			
右图			

（3）你是怎样得到正方形 C 的面积的？与同伴交流．（**学生可能会做出多种方法，教师应给予充分肯定．**）（见图 4-33）

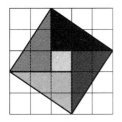 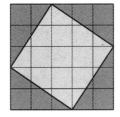 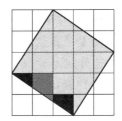

图 4-33

结论二　以直角三角形两直角边为边长的小正方形的面积的和，等于以斜边为边长的正方形的面积．

3. 议一议

内容：（1）你能用直角三角形的边长 a，b，c 来表示图 4-33 中正方形的面积吗？

（2）你能发现直角三角形三边长度之间存在的关系吗？

（3）分别以 5 厘米、12 厘米为直角边作出一个直角三角形，并测量斜边的长度．上文发现的规律对这个三角形仍然成立吗？

勾股定理：直角三角形两直角边的平方和等于斜边的平方．如果用 a，b，c 分别表示直角三角形的两直角边和斜边，那么 $a^2 + b^2 = c^2$．

图 4-34

数学小史：勾股定理是我国最早发现的，中国古代把直角三角形中较短的直角边称为勾，较长的直角边

称为股，斜边称为弦（图4-34），"勾股定理"因此而得名.（在西方文献中又称为毕达哥拉斯定理）

勾股定理反映了直角三角形三边之间的数量关系，是直角三角形的重要性质之一.

定　理：$a^2 + b^2 = c^2$

推论一：$a^2 = c^2 - b^2$

推论二：$b^2 = c^2 - a^2$

推论三：$c = \sqrt{a^2 + b^2}$

推论四：$a = \sqrt{c^2 - b^2}$

推论五：$b = \sqrt{c^2 - a^2}$

例1　填空，在 $\triangle ABC$ 中，$\angle A$，$\angle B$，$\angle C$ 所对边分别为 a，b，c，且 $\angle C = 90°$.

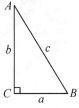

图4-35

（1）若 $a = 3$，$b = 4$，则 $c = $ _____；

（2）若 $a = 6$，$c = 10$，则 $b = $ _____；

（3）若 $a = 5$，$b = 12$，则 $c = $ _____；

（4）若 $a = 5$，$\angle A = 30°$，则 $c = $ _____，$b = $ _____.

练习1　在 $\triangle ABC$ 中，$\angle A$，$\angle B$，$\angle C$ 所对边分别为 a，b，c，且 $\angle C = 90°$.

（1）若 $a = 5$，$b = 12$，则 $c = $ _____；

（2）若 $c = 17$，$b = 15$，则 $a = $ _____；

（3）若 $a = 9$，$c = 15$，则斜边 c 上地高为 _____.

注：快问快答.

练习2　在 $\triangle ABC$ 中，$AB = 30$，$AC = 25$，高 $AD = 24$，则 BC 的长是 _____.

例2　如图4-36所示，已知长方形 $ABCD$ 中 $AB = 8$ cm，$BC = 10$ cm，在边 CD 上取一点 E，将 $\triangle ADE$ 沿 AE 折叠，使点 D 恰好落在 BC 边上的点 F 处，求 CE 的长.

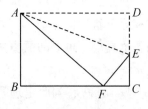

图4-36

注：①方程思想在折叠问题中是重要的方法之一.

②学生应该从总体上认识到在线段**长度计算**问题中，勾股定理是一个重要的思考方向.

1.3.2.4 确定位置

一、教学目标

（1）理解用一对数表示物体在平面内所在的位置，灵活运用不同的方式确定物体地位置；

（2）经历在现实生活中确定物体位置的过程，感受确定物体位置的多种方法.

二、教学重点

理解在平面内确定一个物体的位置一般需要两个数据.

三、活动引入

通过现实生活中的一些场景引入，说明确定位置需求的广泛性. 同时这些场景也为后边讨论如何确定位置（确定位置需要几组数据）提供素材.

（1）请问上海迪士尼的地址在哪里？

上海市浦东新区川沙新镇唐黄路 180 号

（2）那附近有没有可以住宿的酒店呢？

迪士尼乐园酒店：上海市浦东新区申迪西路 1009 号

玩具总动员酒店：上海市浦东新区申迪西路 360 号

（3）请问我们学校的地址在哪里呢？

（4）请问你身份证上的地址在哪里呢？

活动一：在数轴（一维空间）上，确定一个点的位置需要几组数据呢？

例如，若 A 点表示 -2，B 点表示 3，则由 -2 和 3 就可以在数轴上找到 A 点和 B 点的位置. 某一个点 P 对应的数是 a，则由 a 这一个数据就可以将点 P 的位置确定下来.

结论一 在直线上，确定一个点的位置一般需要一个数据.

活动二：在平面（二维空间）内，我们该如何确定位置呢？

（教材 P54 引例）+材图

（1）在电影院内如何找到电影票（见图4-37）上指定的位置？

（2）在电影票上"6排3座"与"3排6座"中的"6"的含义有什么不同？

（3）如果将"6排3座"简记作（6，3），那么"3排6座"如何表示？（5，6）表示什么含义？

图4-37

（4）在只有一层的电影院内，确定一个座位一般需要几个数据？你还能找到生活中类似的例子吗？

【教室里确定某个同学的座位（家长来帮忙收书），飞机上找座位，……】

结论二 生活中，我们常用"排数"和"号数"（行数或列数）来表示位置.（行列定位法）

活动三：图4-38是某次海战中敌我双方舰艇对峙示意图（图中1厘米表示20海里）.对我方舰艇来说：（1）北偏东40°的方向上有哪些目标？要想确定敌舰B的位置，还需要什么数据？

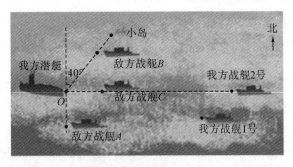

图4-38

（2）距我方潜艇 20 海里处的敌舰有哪几艘？

（3）要确定每艘敌舰的位置，各需要几组数据？

（4）如何表示敌舰 A，B，C 的位置？

结论三　生活中常常用"方位角"和"距离"来确定位置.

（极坐标定位法＝方向＋距离）

活动四：（教材 P55 做一做）借助地球仪简单了解经度和纬度.

结论四　生活中常常用"经度"和"纬度"来确定位置（经纬定位法）

总结：在平面内，确定一个物体的位置一般需要两组数据.

简单拓展：三维空间需要三维数据，比如到大剧院找座位，先找楼层，再找第几列第几排

例 1：行列定位法（可以用本班的座位图）

如果影剧院的座位 10 排 2 号用（10，2）表示，那么（8，3）表示（　　）

A. 3 排 8 号　　　　　　　　　　B. 8 排 3 号

C. 3 排 8 号或 8 排 3 号　　　　　D. 以上都不是

例 2：极坐标定位法＝方向＋距离

如图 4-39 所示，一艘船在 A 处遇险后向相距 50 海里位于 B 处的救生船报警. 用方向和距离描述遇险船相对于救生船的位置（　　）

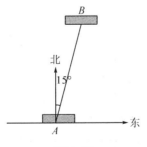

图 4-39

A. 南偏西 75°，50 海里　　　　B. 南偏西 15°，50 海里

C. 北偏东 15°，50 海里　　　　D. 北偏东 75°，50 海里

例3：确定初始位置

由两个已知点确定其他点的位置，由表格数出来

"健步走"越来越受到人们的喜爱，一个健步走小组将自己的活动场地定在奥林匹克公园（路线：森林公园—玲珑塔—国家体育场—水立方），如图4-40所示，假设在奥林匹克公园设计图上规定玲珑塔的坐标为（-1，0），森林公园的坐标为（-2，2），则终点水立方的坐标为（   ）

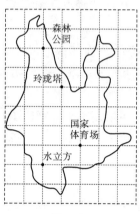

图4-40

A.（-2，-4）   B.（2，-4）   C.（-2，-3）   D.（-2，3）

图4-41是小唯关于诗歌《望洞庭》的书法展示，若"湖"的位置用有序数对（2，3）表示，那么"螺"的位置可以表示为（   ）

	1	2	3	4	5	6	7	8	9	10
1					望	洞	庭			
2		湖	光	秋	月	两	相	和		
3		潭	面	无	风	镜	未	磨		
4		遥	望	洞	庭	山	水	翠		
5		白	银	盘	里	一	青	螺		
6										

图4-41

A.（5，8）   B.（5，9）   C.（8，5）   D.（9，5）

1.3.2.5　二元一次方程与一次函数

一、教学目标

（1）通过数形结合思想，领悟二元一次方程与一次函数的关系；

（2）了解二元一次方程组和对应的两条直线之间的关系；

（3）能根据一次函数的图像求二元一次方程组的解；

（4）能根据二元一次方程组的解求相应一次函数交点的坐标.

二、教学过程

【探究活动1】二元一次方程与一次函数的关系（教材第123页）

（1）方程 $x + y = 5$ 的解有多少个？写出其中的几个.

（2）在直角坐标系中描出以这些解为坐标的点，它们在一次函数 $y = 5 - x$ 上吗？

（3）在一次函数 $y = 5 - x$ 的图像上任取一点，它的坐标适合方程 $x + y = 5$ 吗？

（4）以方程 $x + y = 5$ 的解为坐标的所有点组成的图像与一次函数 $y = 5 - x$ 的图像相同吗？

解：（1）方程 $y = 5 - x$ 的解有无数个.

（2）以方程 $x + y = 5$ 的解为坐标的点都在对应函数 $y = 5 - x$ 的图像上.

（3）函数 $y = 5 - x$ 图像上点的坐标都适合对应二元一次方程 $x + y = 5$.

（4）从"数"的角度看，二元一次方程 $x + y = 5$ 与一次函数 $y = 5 - x$ 描述的是**同样的关系**；从"形"的角度看，以方程 $x + y = 5$ 的解为坐标的点组成的图像与一次函数 $y = 5 - x$ 的图像相同，是**同一直线**.

总结：一般地，以一个二元一次方程的解为坐标的点组成的图像与相应的一次函数的图像相同，是一条直线.

例1　下面四条直线，其中直线上的每一个点的坐标都是二元一次方程 $2x - 3y = 6$ 的解的是（　　　）.

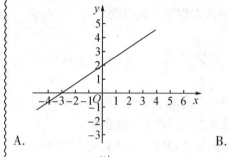

A.

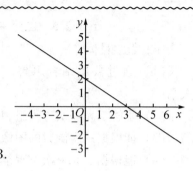

B.

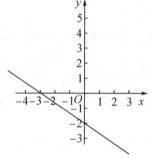

C.

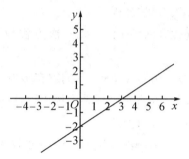

D.

【探究活动 2】二元一次方程组的解与相应一次函数交点坐标的关系

（一）两直线有交点

在同一直角坐标系中，分别画出 $y = 5 - x$ 和 $y = 2x - 1$ 的图像，这两个图像有交点吗？交点的坐标与方程组 $\begin{cases} x + y = 5 \\ 2x - y = 1 \end{cases}$ 的解有什么关系？

通过操作：有交点，交点为 $A(2, 3)$，如图 4-42 所示，而 $\begin{cases} x = 2 \\ y = 3 \end{cases}$，

就是方程组 $\begin{cases} x + y = 5 \\ 2x - y = 1 \end{cases}$ 的解.

图 4-42

发现：二元一次方程组的解与相应一次函数交点坐标之间的对应关系

总结：①求两条直线交点的坐标等于求相应二元一次方程组的解；

②解一个二元一次方程组相当于求相应两条直线交点的坐标.

（注：联系前面的知识，k 不同必相交）

例 2　如图 4-43 所示，在平面直角坐标系中，直线 $y = 2x + b$ 与直线 $y = -3x + 6$ 相交于点 A，则关于 x、y 的二元一阶方程 $\begin{cases} y = 2x + b \\ y = -3x + 6 \end{cases}$ 的解是（　　　）.

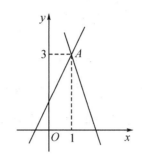

图 4-43

A. $\begin{cases} x = 2 \\ y = 0 \end{cases}$　　　B. $\begin{cases} x = 1 \\ y = 3 \end{cases}$　　　C. $\begin{cases} x = -1 \\ y = 9 \end{cases}$　　　D. $\begin{cases} x = 3 \\ y = 3 \end{cases}$

例 3　如图 4-44 所示，直线 $l_1: y = 2x - 2$ 与直线 $l_2: y = ax + b$ 的交点的横坐标是 2，则方程组 $\begin{cases} 2x - y = 2 \\ y = ax + b \end{cases}$ 的解是 _____.

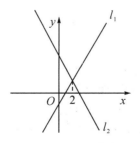

图 4-44

例4 如图4-45所示，在平面直角坐标系中，直线 l_1：$y = x + 4$ 与直线 l_2：$y = mx + n$ 交于点（-1，3），则关于 x，y 的方程组 $\begin{cases} y = x + 4 \\ y = mx + n \end{cases}$ 的解为 _____.

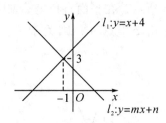

图 4-45

例5 如图4-46所示，在平面直角坐标系中，函数 $y = mx + n$ 与 $y = kx + b$ 的图像交于点 P（-2，1），则方程组 $\begin{cases} y - mx = n \\ y - kx - b = 0 \end{cases}$ 的解为 _____.

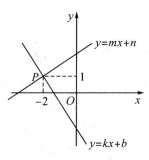

图 4-46

（二）两直线无交点

在同一直角坐标系中，一次函数 $y = x + 1$ 与 $y = x - 2$ 的图像有怎样的位置关系？方程组 $\begin{cases} x - y = -1 \\ x - y = 2 \end{cases}$ 的解的情况如何？你发现了什么？

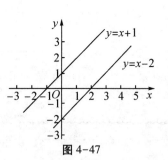

图 4-47

发现：两直线平行则对应方程组无解（见图4-47），反之成立.

进一步体会方程组的解与函数图象交点的关系.

练1 有一组数同时适合方程 $x+y=2$ 和 $x+y=5$ 吗？直线 y 主 $=2-x$ 与 $y=5-x$ 之间有什么关系？

（三）两直线重合

例6 方程组 $\begin{cases} -2x+y=3 \\ 4x-2y=-6 \end{cases}$ 的解是什么？两个方程对应的两个一次函数的图象有怎样的位置关系？你能从中悟出些什么？

发现：方程组无数解，则函数图像重合，反之成立.

方程组 $\begin{cases} y=k_1x+b_1 \\ y=k_2x+b_2 \end{cases}$ （k_1，k_2，b_1，$b_2 \neq 0$）的解与函数 $y=k_1x+b_1$ 和 $y=k_2x+b_2$ 图像的关系如下：

方程组唯一解 $\Leftrightarrow$ 一个交点 $\Leftrightarrow$ $k_1 \neq k_2$.

方程组无解 $\Leftrightarrow$ 平行 $\Leftrightarrow$ $k_1=k_2$ 且 $b_1 \neq b_2$.

方程组无数多组解 $\Leftrightarrow$ 重合 $\Leftrightarrow$ $k_1=k_2$ 且 $b_1=b_2$.

4.4 基于几何直观的典型教学案例

4.4.1 教学案例1

图形的全等

一、教学目标

（1）知识技能：

①通过实例理解图形全等的概念及特征，并能识别图形的全等.

②理解全等三角形的概念，掌握全等三角形的性质.

（2）数学思考：通过观察、操作等活动，进一步发展学生的空间观念、几何直观，积累数学活动经验，培养学生由一般到特殊，由具体到抽象以及对应的数学思想.

（3）问题解决：通过"看""说""做""议""练"等活动，培养学生观察操作、合作交流以及解决问题的能力.

（4）情感态度：通过让学生积极参与图形全等的探究过程，从中体味合作与成功的快乐，建立学好数学的自信心，体会数学与现实生活的密切联系.

二、重点难点

重点：全等图形及全等三角形的性质.

难点：全等三角形对应元素的确定.

三、教学方法

引导探究教学法

四、课前准备

教师：多媒体课件、教具

学生：三个等边三角形纸片，两个形状、大小相同的三角形纸板

五、教学过程

第一环节：创设情境，引入课题

同学们，前不久我们学校组织了以"中国梦·我的梦"为主题的艺术作品创作大赛，你们都参加了吗？（生：参加了），有没有认真欣赏别的同学的作品呢？老师和大家一样，也认真欣赏了每位同学的作品，并且还从中发现了这四幅作品，同学们一块来欣赏一下（课件展示）.这四部作品虽然都很简单，但表达出作者美好的梦想.同时，老师还发现，这四幅作品中的图形都有一个共同的特征，请同学们认真观察一下，看能不能找出它们的共同特征.

教师引导学生找出它们的共同特征：形状、大小都相同继而让学生思考，如何验证这些图形的形状、大小都相同呢？学生很容易想到将它们叠在一起看是否会完全重合.此时我以其中两幅作品为例，通过动画演示验证同学们的结论，并在此基础上引出图形全等的概念——能够完全重合的两个图形称为全等图形（板书）.今天，老师就带领大家一起走进这个特殊的图形世界.（板书课题——图形的全等）

设计意图：这样引课，既能让学生对图形等有一个感性的认识，又能激发起学生的学习兴趣，同时也让学生感受到数学来于生活，数学知识无处不在.

第二环节：观察实践，探索新知

活动一：说一说

你能说出一些生活中全等图形的例子吗？

设计意图：通过这个活动，让学生体会到生活中存在着大量的全等图形，加深学生对图形全等的理解.

活动二：找一找

找朋友——在下面一组图形（见图4-48）中找出上面一组图形的全等图形，用线连接：

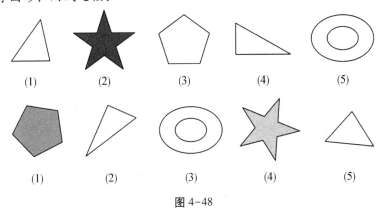

(1)   (2)   (3)   (4)   (5)

(1)   (2)   (3)   (4)   (5)

图4-48

设计意图：通过这个活动，让学生的视野由生活中的实物图形转移到抽象的几何图形，进一步丰富了学生对全等图形的感性认识，同时也渗透了由具体到抽象的数学思想.

活动三：议一议

下面两组图形（见图4-49）是全等图形吗？为什么？

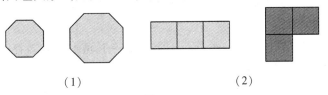

（1）   （2）

图4-49

设计意图：通过这个活动，让学生明白：只满足一个条件，形状相同或大小相等不能说明两个图形全等，并在此基础上结合图形全等的概念总结出全等图形的特征——全等图形的形状和大小都相同（板书）.

紧接着我又让学生大胆猜想：生活中有这么多的全等图形，接下来我们先研究哪类全等图形呢？因为这一章正在学三角形，并且三角形也很简单，所以学生很容易想到接下来要研究全等的三角形．这样让学生自主地寻找问题、解决问题、建构知识系统，做到了真正意义上的自主学习．

活动四：看一看

动画演示两个三角形重合的过程，让学生观察到这两个三角形是全等的．引导学生类比全等图形的概念总结出全等三角形的概念——能够完全重合的两个三角形叫做全等三角形．

设计意图：这样做不仅培养了学生类比、归纳的能力，同时也渗透了由一般到特殊的数学思想．

接下来通过动画演示，介绍全等三角形中能够重合的顶点是对应顶点，能够重合的边是对应边，能够重合的角是对应角，并鼓励学生找出图中其他的对应顶点、对应边和对应角．接着引导学生思考：全等三角形对应边之间、对应角之间有什么关系？学生结合动画演示过程及定义很容易总结出全等三角形的性质：全等三角形的对应边相等、对应角相等（板书）．接下来我又向学生介绍三角形全等的符号及注意事项：记两个三角形全等时，通常将表示对应顶点的字母写在对应的位置上．这样有利于增强学生的对应意识，有利于后面全等三角形的学习和应用．

设计意图：整个活动通过多媒体演示，让学习内容变得生动、直观，易于学生理解和掌握，让学生在轻松、愉快的氛围中初步学会识别全等三角形的对应元素，理解全等三角形的性质．

活动五：做一做

请同学们拿出自己的学具——两个全等三角形，和自己小组的成员一块儿按以下要求做一做．

（1）摆一摆——摆出两个全等三角形可能的位置关系，看谁摆得多，每个成员至少摆出两种．

（2）找一找——小组成员间互相找出对方所摆图形中两个全等三角形的对应元素．

（3）画一画——各小组派代表在黑板上展示自己小组摆放的其中一种图形，并将其画出来，找出其中的对应边和对应角.

设计意图：这个活动培养了学生的观察操作、合作交流及解决问题的能力，发展了学生的几何直观，为准确地找出全等三角形的对应元素积累了活动经验，突破了本节课的教学难点.

第三环节：解决问题、应用新知

1. 如图 4-50，$\triangle ABC \cong \triangle EFC$，若 $CF = 3$ cm，$AC = 6$ cm，$\angle EFC = 64°$，

则 $BC =$ _____ cm，$EC =$ _____ cm，$\angle B =$ _____.

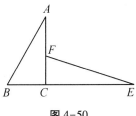

图 4-50

2. 我校要进行第十届广播操比赛，为了脱颖而出，七四班班主任想出了这样的方案，出场时队伍呈等边三角形，行进过程中，学生通过举花环将等边三角形依次分割成两个全等的三角形、三个全等的三角形、四个全等的三角形，并把具体的实施工作交给了体育委员小明，小明接到任务后犯了难，如何将一个等边三角形分成两个、三个、四个全等的三角形呢？

同学们，你们能帮小明解决困难吗？让我们来试一试！

设计意图：问题 1 要求学生能根据图形位置的变换准确地找到全等三角形的对应元素，并能充分地理解和应用全等三角形的性质来解决问题. 问题 2 是我将教材"做一做"中单纯枯燥的数学问题进行改编，从学生身边的事情出发，创设情境、引出问题，让学生带着兴趣、带着问题积极地投入到动手实践、解决问题中，在观察、尝试的过程中找到解决问题的方法，感受成功的喜悦，坚定学好数学的信心；同时也让学生在活动中进一步理解全等三角形的有关概念，发展空间观念.

第四环节：归纳总结、深化新知

这一环节，我引导学生畅所欲言，从知识、能力、情感三个方面来谈谈自己的收获．

设计意图：这样做不仅有利于培养学生的自信心，提升学生的语言表达、归纳概括，以及自我评价的能力，也为教师全面了解学生的学习状况、改进教学、实施因材施教提供了重要依据．

第五环节：课后拓展、巩固新知

基础演练：习题3.5　第2、3小题　课本75页议一议

能力拓展：沿着图中的虚线，分别把下面的图形（见图4-51）划分为两个全等图形（至少找出两种方法），并与同伴进行交流．

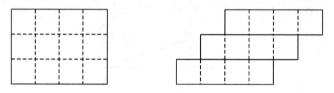

图4-51

设计意图：体现了分层教学，让不同的学生在数学上得到不同发展的教学理念．

第六环节：欣赏图片、教师寄语

让学生在音乐声中欣赏往届学生利用全等图形创作的作品，在欣赏中去感受作者对全等的解读，对数学的热爱，对真、善、美的追求．最后让画面定格在一群游动的小鱼（用全等三角形绘制的）上，通过教师寄语，鼓励学生像这群鱼儿一样畅游在知识的海洋中，汲取知识的力量，努力学习，去实现自己的人生梦想！也使整堂课首尾呼应．

注：本案例板书设计见附录．

4.4.2　教学案例 2

一次函数的图像与性质

一、教学目标

教学重点：了解并掌握一次函数的图像与性质.

教学难点：能灵活运用一次函数的图像与性质解答有关问题.

二、教学过程

第一环节：创设情境

内容：展示一些与实际生活息息相关的图片. 说明在我们生活中，有许许多多这样的图案（见图4-52），这些图像当中蕴含着某些规律，人们利用这些规律，能更合理地做出决策或预测.

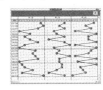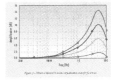

图 4-52

目的：通过富有现实意义的图片展示，引入生活中熟悉的图片，使学生感受到图像里蕴含的某些规律可以使人们作出合理、科学的决策，激发学生的求知欲望，感受图像的实用价值.

说明：通过欣赏这些生活中的图像，学生感受到图像中所蕴含的规律，激发了学生的好奇心和求知欲.

第二环节：复习引入

内容：在前面，我们已经学会了绘制正比例函数图象，明确了正比例函数图像的有关性质，那么一次函数图像中又蕴含着什么规律呢？这堂课我们就来研究一次函数图象的性质. 首先，我们来复习一下上节课所学习的知识.

复习提问：（1）作函数图象有几个主要步骤？

（2）上节课中我们探究得到正比例函数图像有什么特征？

设计意图：学生回顾上节课学习的内容，为进一步研究一次函数的图像和性质做好铺垫. 在上节课的探究中我们得到正比例函数图像是过原点的一条直线. 本节课主要内容是对一次函数中常数、b 对图像的影响进行探究.

本节课也可从第二环节复习引入开始，直接进入本课题的学习.

说明：学生通过知识回顾，再次明确正比例函数图像的一些特征，为学习本节课在知识上做好准备.

第三环节：活动探究

1. 合作探究，发现规律

内容：观察在同一直角坐标系内的下列一次函数的图象.

（1）$y=2x+6$，$y=5x$，$y=x-2$；

（2）$y=-x+6$，$y=-2x$，$y=\dfrac{1}{2}x-3$.

得出结论：一次函数图像是一条直线. 因此作一次函数图像时，只要确定两个点，再过这两个点作直线就可以了. 一次函数 $y=kx+b$ 的图像也称为直线 $y=kx+b$.

议一议：

（1）观察图像，它们分别分布在哪些象限.

（2）观察每组三个函数的图象，随着 x 值的变化，y 的值在怎样变化？

（3）从以上观察中，你发现了什么规律？

归纳出一次函数图象的特点：

在一次函数 $y=kx+b$ 中，

当 k _____ 时，y 随 x 的增大而增大；当 b _____ 时，直线必过一、二、三象限.

当 b _____ 0时，直线必过一、三、四象限.

当 k _____ 时，y 随 x 的增大而减小；当 b _____ 时，直线必过一、二、四象限；

当 b _____ 时，直线必过二、三、四象限.

设计意图：归纳出一次函数图像中系数 k，b 对函数图象的影响.

说明：

本节课主要是结合一次函数的图象，探究一次函数的简单性质，教学内容较多，为更好地突出教学重点，提高课堂教学效率，建议在上一节课的家庭作业中，要求学生在作业本上绘制上述两组函数图像.

本节课首先请学生展示作出的函数图象，师生、生生互评，再让学生结合自己绘制的函数图象来探究一次函数的性质. 教师通过对问题的精心设计，引导学生对 k，b 两个常数进行分类讨论，探索出 k，b 值的变化对图像的影响和变化规律. 在此过程中渗透分类讨论的思想方法，培养学生数形结合的意识.

学生拿出课前已经做好的函数图象. 通过师生互动、生生互动进行批改、互评，让学生再次巩固了已学知识，调动了学生学习的自主意识. 在此基础上学生进行观察并分小组对一次函数中 k，b 的几何意义作了初步的探索. 本环节通过独立思考和小组讨论，培养学生的识图能力、探究能力和合作能力. 学生初步感受到了一次函数的图像及函数的性质由常数 k、b 决定.

2. 观察思考，深入探究

内容1：

图 4-53 是某次 110 米栏比赛中两名选手所跑的路程 s（米）和所用时间 t（秒）的函数图象. 观察图像，你能看出谁跑得更快吗？

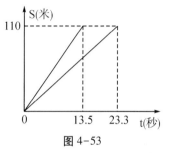

图 4-53

设计意图：学生通过对熟悉的实际问题的讨论，体会不同函数图象的倾斜程度不同，函数值的增减速度也不同，为下面进一步探究一次函数图象的性质作了铺垫.

说明：通过具体的实例，学生在观察讨论中发现可以从图像的倾斜程度看出谁跑得更快，那么一次函数图象的倾斜程度又由什么决定呢？再次激发学生的求知欲望，为课堂注入新的活力.

内容2：

（1）作出一次函数 $y = \dfrac{1}{2}x$，$y = 2x$ 和 $y = 5x$ 的图像，观察图像，x 从 0 开始逐渐增大，哪个函数的值先到达 6？直线 $y = \dfrac{1}{2}x$，$y = 2x$ 和 $y = 5x$ 哪个与 x 轴正方向所成的锐角最大？从中你能发现与 x 轴正方向所成的锐角的大小是由什么决定的？

（2）直线 $y=-x-2$ 与 $y=-x+6$ 的位置关系如何？

（3）直线 $y=2x+6$ 与 $y=-x-2$ 的位置关系如何？

引导学生结合函数图像，回答以上的问题.

结合上面几个例子，你认为平面内不重合的两条直线的位置关系由什么决定？请和同桌交流，看看对你有没有启发.

引导学生总结出一次函数图像的特点：

当时，k 的值越大，直线与 x 轴的正方向所成的锐角越大.

同一平面内，不重合的两条直线：$y_1=k_1x+b_1$ 与 $y_2=k_2x+b_2$

当 $k_1=k_2$ 时，y_1 与 y_2 评行.

当 $k_1 \neq k_2$ 时，y_1 与 y_2 相交.

设计意图： 问题（1）在教材中是放在一次函数图象的第一节课，根据教学安排，我们把这个内容调整到了本节课. 通过自主探究、合作交流，力图让学生对两直线的位置关系及 k，b 的几何意义作进一步的探讨，感受在具体图像中平行、相交等位置关系以及函数图像中函数值的增减速度与 k 值之间的联系.

说明： 学生通过讨论，得出所观察到的图像的规律，在教师的引导下，逐步加深对一次函数图像及性质的认识.

内容 3：

比一比，看谁画得快.

一次函数 $y=x$ 的图像如图 4-54 所示，你能画出函数 $y=x+4$ 和 $y=x-5$ 的图像吗？

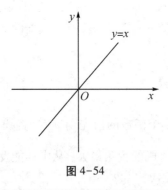

图 4-54

设计意图：学生作图（学生可能按常规过两点作直线，也可能利用两直线的位置关系，过直线外一点作已知直线的平行线）.利用所学的知识反过来解决作图问题，再次强调了数形结合的思想.

说明：通过探究，学生已经了解了一次函数图象的特点.根据一次函数图象的特点，学生能较容易地完成此题.

3. 归纳总结，认识规律

内容：归纳总结一次函数图象的特点：

（1）在一次函数 $y=kx+b$ 中，当 $k>0$ 时，y 随 x 的增大而增大，当 $b>0$ 时，直线必过一、二、三象限；当 $b<0$ 时，直线必过一、三、四象限；当 $k<0$ 时，y 随 x 的增大而减小，当 $b>0$ 时，直线必过一、二、四象限；当 $b<0$ 时，直线必过二、三、四象限.

（2）当 $k>0$ 时，k 的值越大，直线与 x 轴的正方向所成的锐角越大.

（3）同一平面内，不重合的两条直线：$y_1=k_1x+b_1$ 与 $y_2=k_2x+b_2$.

当 $k_1=k_2$ 时，y_1 与 y_2 平等.

当 $k_1 \neq k_2$ 时，y_1 与 y_2 相交.

设计意图：通过师生、生生互动，共同总结，使学生再次明确一次函数图像的特点，为下个环节的知识运用做好准备.

说明：通过教师的引导，学生之间的相互补充，完善，学生很容易归纳出一次函数图像的特点.

第四环节：反馈练习

练习1.内容：你能找出下列四个一次函数对应的图像（见图4-55）吗？请说出你的理由：

a. $y=-2x+1$；　　　　　　　b. $y=\sqrt{3}x-1$；

c. $y=x$；　　　　　　　　　　d. $y=-\dfrac{2}{3}x$.

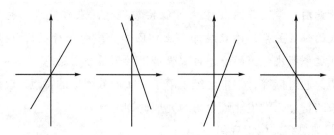

图 4-55

练习 2. （1）判断下列各组直线的位置关系.

（A）$y=x$ 与 $y=x-1$.

（B）$y=3x-\dfrac{1}{2}$ 与 $y=-x-\dfrac{1}{2}$.

（2）已知直线 $y=\dfrac{2}{3}x+5$ 与一条经过原点的直线平行，则这条直线的函数关系式为_____.

练习 3. （1）一次函数 $y=x-1$ 的图像经过的象限是（   ）.

A. 第一，二、三象限   B. 第一，二、四象限

C. 第二、三、四象限   D. 第一，三、四象限

（2）一次函数的图像如图 4-56 所示，则 m、n 的取值范围是（   ）

A. m>0，   B. m>0，

C. m<0，   D. m<0，

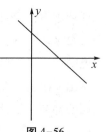

图 4-56

练习 4. 小明骑车从家到学校，假设途中他始终保持相同的速度前进，那么小明离家的距离与他骑行时间的图像是下图中的（   ）；小明离学校的距离与他骑行时间的图像是下图中的（   ）.

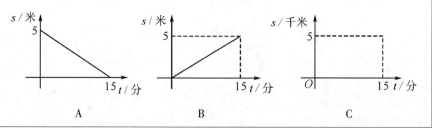

基于核心素养的初中数学教学设计

答案：

1. 四个图像对应的函数关系式分别为：（3）（1）（2）（4）．

2. （1）平行，相交；

（2）$y = \dfrac{2}{3}x$.

3. （1）D；（2）D

4. B，A．

设计意图：四组练习，旨在检测学生对一次函数的图像和性质的掌握情况．可根据学生情况和上课情况适当调整．若学生在回答第1题时有困难，可先引导学生完成分层教学中的基础训练1、2题，若学生完成上述练习比较顺利，可根据上课时间适当选择分层教学中的提高训练或知识拓展完成．

说明：四组练习注意了问题的梯度，由浅入深，一步步加深学生对一次函数图像及性质的认识．对同学的回答，教师给予点评，对回答问题暂时有困难的同学，教师应帮助他们树立信心．

第五环节：课时小结

内容：本节课我们结合一次函数的图象对一次函数的一些简单性质进行了探讨，通过这堂课，我们学习了以下内容：

（1）一次函数 $y = kx + b$ 中，

当 $k > 0$ 时，y 的值随 x 的增大而增大，图像经过一、三象限；

当 $k < 0$ 时，y 的值随 x 的增大而减小，图像经过二、四象限．

（2）同一平面内，不重合的两条直线：$y_1 = k_1x + b_1$ 与：$y_2 = k_2x + b_2$

当 $k_1 = k_2$ 时，y_1 与 y_2 平行；当 $k_1 \neq k_2$ 时，y_1 与 y_2 相交．

用到了以下的数学思想和基本方法：

①数学思想：数形结合、分类讨论．

②基本方法：通过观察、操作、猜想、推理、类比、归纳等过程获取数学知识．

设计意图：引导学生自己小结本节课的知识要点及数学思想、方法，教师再补充完善，使知识系统化．

说明：学生畅所欲言，相互进行补充，能用自己的话进行归纳总结．

第六环节：作业布置

（1）习题 4.4

（2）课外探究

（3）当 $x>0$ 时，y 与 x 的关系式 $y=5x$；当 $x\leqslant 0$ 时，$y=-5x$，则它们在同一直角坐标系中大致图像是（　　）．

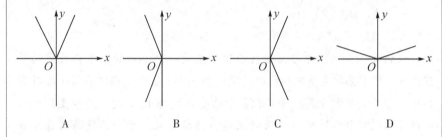

A　　　　　　　B　　　　　　　C　　　　　　　D

第七环节：教学设计反思

（1）突出重点、突破难点的策略

本节课是学生首次接触利用数形结合的思想研究一次函数图像和性质，对他们而言，观察对象、探索思路、研究方法都是陌生的，因而在教学过程中教师应通过问题情境的创设，激发学生的学习兴趣，并注意通过有层次的问题串的精心设计，引导学生观察一次函数的图象，探讨一次函数的简单性质，逐步加深学生对一次函数及性质的认识．在师生互动、生生互动的探索实践活动中，促成学生对一次函数知识结构的构建和完善；在巩固忆练活动中，提高学生解决问题的能力．另外，针对本节内容较多的情况，我们建议可以将归纳一次函数图像是一条直线的教学过程放到第 1 课时完成．

（2）评价方式

根据新课标的评价理念，教师在课堂教学中应尊重学生的个体差异，满足学生多样化的学习需要，鼓励探索方式、表述方式和解题方法的多样化．在教学活动中教师应关注学生的参与程度和表现出来的思维水平，应关注学生对图像的理解水平和解决过程中的表述水平，应关注学生对基本知识技能的掌握情况和应用一次函数解决问题的意识的提高状况．教师在教学中可通过学生对"议一议""想一想"的探究情况和学生对 4 组反馈练习的完成情况分析学生的认识状况和应用一次函数图象、性质解决问题的意识和能力水平．对于学生的回答，教师应给予恰当的评价和鼓励，帮助学生认识自我，建立自信，发挥评价的教育功能．

4.4.3 教学案例3

平方差公式

一、教学目标

（1）经历探索发现平方差公式的过程，发展数形结合的思想.

（2）会推导平方差公式并能正确运用公式进行计算.

（3）会用面积法推导平方差公式，并能运用公式解决生活中的实际问题.

（4）培养学生观察、归纳、概括等能力.

二、重点难点

重点：平方差公式的推导和应用.

难点：理解平方差公式的结构特征，灵活应用平方差公式.

三、教法与学法指导：

教法：引导、探讨、归纳、应用、变通.

学法：提前预习，小组合作，探讨交流，归纳总结.

四、课前准备：

教师准备：多媒体课件、纸板教具、彩色粉笔.

学生准备：预习纸板

五、教学过程：

第一环节：创设情境，导入新课

【美丽的校园】

师：上学期，我们作为初一新生，来到漂亮的中学校园，一学期过去了，大家对于我们美丽的校园还满意吗？

生：满意！

师：现在，学校要规划一块新草坪，规划的方案有两种，一种是建成10米乘以10米的正方形，另一种方案是把这块正方形的草坪的一边缩减3米，相邻边增加3米，把草坪改成长方形. 校长说，改成长方形草坪后，不光美观，还能节约购买草皮的成本呢！你知道这是为什么吗？

生（集体）：猜测讨论.

师：通过本节课的学习，你将能轻松地解决这个问题，大家说，这门课要不要认真学习啊？

学生（充满好奇）：要！

设计意图：利用发生在校园内真实存在的事例，既能调动学生的研究兴趣，又能为说明平方差公式的几何意义做好铺垫.

第二环节：百花齐放，探索新知

1. 数形结合，探究公式

师：解决校园草坪建设方案的问题之前，老师先提两个简单的问题来考一考大家，看看大家上节课的内容学习得怎么样了？有没有能力解决今天的新问题.

计算：(1) $(x+1)(x-1)$ (2) $(m+2)(m-2)$

生（集体）：算出来了……算出来了……

师：好，老师请两位同学说一说计算的结果.

生1：第一题的结果是：x^2-1

生2：第二题的结果是：m^2-4

师：正确的同学请举手（全体同学基本上都正确），看来大家学得真不错哦！

师：下面大家继续观察上面两个算式，看看它们的结果，你有没有什么新发现？

生3：我发现它们的结果是这两个数的平方的差.

师：好，那么我们请这位同学把你看到的现象用粉笔描述出来.

$(x+1)(x-1)=x^2-1^2$

$(m+2)(m-2)=m^2-2^2$

师：哪位同学能再举个例子来验证一下？

生4：$(a+3)(a-3)=a^2-3a+3a-9=a^2-9$

$(a+3)(a-3)=a^2-3^2=a^2-9$

师：结果一样吗？

生（齐）：一样！

师：那好，以后符合这个规律的习题，我们就可以直接进行计算，不要再用多项式的乘法这么麻烦了，还有谁再举例应用一下？

生5（抢）：$(5+x)(5-x)=5^2-x^2=25-x^2$

生6（抢）：$(y+6)(y-6) = y^2-6^2 = y^2-36$

师：谁用语言来描述一下这个规律？

生7：等式的左边是两个两项式的乘积，这两个两项式中，其中一个因式是两数的和，另一个因式是这两个数的差，等式的右边等于这两个数的平方的差.

师：那么我们能不能把这个规律用符号表示出来呢？

师生合作：$(a+b)(a-b) = a^2 - b^2$

文字描述：两个数的和与这两个数的差的积，等于这两个数的平方差.

*提示：这里 a、b 表示任意数，也可以表示任意的单项式、多项式.

师：同学们真不简单，现在大家给我们总结的规律起一个名字吧.

生（齐）：平方差公式！

设计意图：通过观察，让学生自然、直观地接触到平方差的概念，再通过习题简单地应用，便于学生总结出公式，理解和掌握公式.

师：看来大家预习得非常棒！接下来，我们通过拼图游戏，再从几何图形的角度来验证一下这个公式的正确性，下面大家拿出我们课下准备好的纸板，按要求计算阴影部分的面积（见图4-57）.

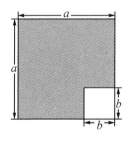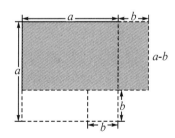

图 4-57

生8：第一个图形的面积：a^2-b^2

生9：第二个图形的面积：$(a+b)(a-b)$

师：这两种方法算出来的阴影部分的面积相等吗？

生（齐）：相等.

师：由此我们得到$(a+b)(a-b)=a^2-b^2$，从而再次验证了平方差公式的正确性，大家对这两种证明平方差公式的方法都理解了吗？

生（齐）：理解了！

设计意图：利用求图形的面积，进一步理解和验证平方差公式，培养学生数形结合的思想和一题多解的观念.

2. 简单应用，掌握公式

师：那么接下来我们就来应用一下吧，请看例题.

例1 利用平方差公式计算：

（1）$(5+6x)(5-6x)$；（2）$(x-2y)(x+2y)$；

（3）$(ab+8)(ab-8)$.

我们请3位同学到黑板上来演示，其他同学在练习本上计算，愿意来展示自己的同学请主动上台表演吧！

生10：解：$(5+6x)(5-6x)$　　　生11：解：$(x-2y)(x+2y)$

　　　　$=5^2-(6x)^2$　　　　　　　　　$=x^2-(2y)^2$

　　　　$=25-36x^2$　　　　　　　　　　$=x^2-4y^2$

生12：解：$(ab+8)(ab-8)$

　　　　$=(ab)^2-8^2$

　　　　$=a^2b^2-64$

师：大家看看这3位同学的表现得怎么样？

生（齐）：非常好！

师：下面做正确的同学请举手（90%以上），不错哦！

大家感觉对于今天学习的内容掌握得怎么样了？

生：都掌握了，没问题了

师：**注意**：对于平方差的结果，要化成最简，得数中不能保留像$(2y)^2$、8^2、$(ab)^2$这样的没有运算完全的算式.

设计意图：利用简单的问题加深学生对平方差概念的理解，鼓舞学生的士气，为后面更深入地学习和理解公式奠定基础.

3. 乘胜追击，深入公式

师：既然大家都觉得练得不错了，那么老师对习题再升升级，检验一下大家的思考能力：

例 2 利用平方差公式计算:

(1) $(-m+n)(-m-n)$; (2) $\left(-\dfrac{1}{4}x - y\right)\left(-\dfrac{1}{4}x + y\right)$.

师:这两道题好做吗?在这里老师先提个小建议,请大家找出算式里面的"a"和"b",然后再用公式计算.

(2分钟后)谁找到了,主动站起来回答一下.

生 13:第一个算式里面的"a"是"$-m$","b"是"n"

生 14:第二个算式里面的"a"是"$-\dfrac{1}{4}x$","b"是"y"

师:这两位同学做得对不对?

生:对.

师:好,下面请这两位同学到黑板上来把这两道题计算完整.

生 15:$(-m+n)(-m-n) = (-m)^2 - (n)^2 = m^2 - n^2$

生 16:$\left(-\dfrac{1}{4}x - y\right)\left(-\dfrac{1}{4}x + y\right) = \left(-\dfrac{1}{4}x\right)^2 - y^2 = \dfrac{1}{16}x^2 - y^2$

生**(徐明)**:老师,我有一个发现,我发现我们找的"a"是相同的数,"b"是相反的数.

师:噢!我们班的数学大王有了新发现,大家发现这个规律了吗?

生:真的,还真有这样的特点啊,徐明就是聪明.

师:大家为徐明同学鼓掌!老师有个提议,我们把徐明同学的这个新发现命名为**"徐明定律"**好不好?

生(集体鼓掌):好!

师:有了"徐明定律"的发现,我们做题就变得轻松多了.以后我们大家在碰到两项式乘两项式的时候,如果这两项中有一组相同的项和另一组相反的项,我们就可以应用平方差公式进行计算了.

但是老师还有一个问题需要大家进一步地明确:找出了相同的项和相反的项,最后的结果是用谁的平方减去谁的平方呢?

生(齐):**相同的项的平方减去相反的项的平方.**

师:下面请大家观察图片,通过图片,更直观地理解平方差公式(见图 4-58),看明白了吗?

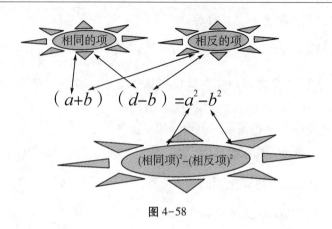

图 4-58

生（齐）：明白了.

设计意图：通过增加例题的难度引导学生深入地探究公式，从而总结出更加简便有效地应用平方差公式的方法.

第三环节：综合应用，延伸拓展

师：考验你们的时候到了，下面老师出一道难度等级为 5 星的题，大家有没有信心做出来？

生（集体）：（摩拳擦掌，跃跃欲试）能，出吧.

师：小组合作探究：计算 $(-a-b)(a-b)$

（2 分钟后）谁来回答这个问题？

生：老师，我代表我们小组来回答这个问题，在这道题中，为了便于观察，我们小组采取的方法是，交换了括号内两项的位置，交换后 $(-a-b)(a-b)=(-b-a)(-b+a)$（学生到黑板板书），这样我们就可以很轻松地找出相同的项是"$-b$"，相反的项是"a"，根据"徐明定律"，用相同的项的平方减去相反的项的平方，最后的结果是：$(-a-b)(a-b)=(-b-a)(-b+a)=(-b)^2-a^2=b^2-a^2$

师：同学们，这位同学讲解得好不好？

生（集体鼓掌）：好！

师：大家说"徐明定律"的作用体现在什么地方呢？

生（争先恐后）：应用"徐明定律"，可以很方便地辨别能否用平方差公式进行多乘多的运算.

师：好！那我们通过练习来应用一下这个新方法吧.

下列式子可以用平方差公式计算吗？为什么？如果能够，怎样计算？

（1）$(a+b)(a-b)$ （能）（2）$(a-b)(b-a)$ （不能）

（3）$(a+2b)(2b+a)$ （不能）（4）$(a-b)(a+b)$ （能）

（5）$(2x+y)(y-2x)$ （能）

师：你是怎么辨别出来的？

生（齐）：通过找相同项和相反项.

师：你们太有才了！

生（集体）：笑.

师：下面大家在练习本上把上面的5道题计算出来，看谁算得又对又快.

（让同学们把答案落实到本子上，避免出现"笔下误"，同时老师通过巡视，发现并指出学生出现的错误）

设计意图：通过例题，巩固刚才学习的新规律，再通过相关练习的训练，达到巩固和强化平方差公式应用的目的.

第四环节：感悟课堂，直抒胸臆

师：同学们，通过今天的学习，你掌握了哪些知识，谁来总结一下？

生17：我们通过多种方法学习了平方差公式.

生18：我印象最深的是通过找相同项和相反项来应用平方差公式.

生19：我感觉平方差公式简化了多乘多的运算，是人类智慧的体现.

生20：我觉得这节课过得轻松愉快.

生21：我认为还有很多的困难在等待着我们去克服.

设计意图：及时完美的总结是一堂课精华的体现，让学生从他们的视角去总结一堂课的所得所感，更能发现学生对知识接受和理解的程度. 好的老师，要善于倾听，适时点拨，让学生在轻松愉快中实现对知识的掌握.

第五环节：实战演练，各尽其能

1. 下列各式的计算是否正确？如不正确，应怎样改正？

（1）$(x+4)(x-4)=x^2-4$ （   ）

（2）$(a+2b)(a-2b)=a^2-4b$ （   ）

（3）$(-2y+3)(2y+3)=4y^2-9$ （   ）

（通过纠错，发现问题，避免自己在做题中出现类似的错误）

2. 计算下列习题，看谁做得又快又准确，并注意观察习题的结构特点.

（1）$(x+2y)(x-2y)$；（2）$(2a-b)(b+2a)$；

（3）$(4a+3b)(4a-3b)$；（4）$(-3m+2n)(3m+2n)$

（5）$(a+b)(-b+a)$；（6）$(-a-b)(a-b)$.

（应用公式，巩固本节课的劳动成果，老师通过巡视找出同学们的易错点）

3. 运用平方差公式计算：（平方差公式的灵活应用）

（1）$(a+2b+2c)(a+2b-2c)$；（2）$(a-b)(a+b)(a^2+b^2)$.

（有点难度哦，小组之间讨论讨论吧，集体的智慧是无穷的）

4. 同学们，下面我们回过头来解决上课前我们提出的建设草坪的问题.

问题回顾：

一块边长为 10 米的正方形的草坪. 把这块草坪的一边减少 3 米，相邻的另一边增加 3 米（见图 4-59），整改前后地草坪地面积变化了吗？

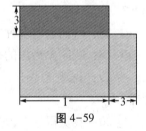

图 4-59

分析：原方案（正方形草坪）

$10×10=100$（m²）

整改后（长方形草坪）

$(10+3)×(10-3)=10^2-3^2=91$（m²）

改成长方形后，草坪的面积变小了，当然能节约购买草皮的成本了.

设计意图：由浅入深，由简到繁，逐步深入，各个击破，通过不同层次的习题设置，让更多的同学学到更深入的知识，提升他们的信心和勇气.

第六环节：分层作业，各显所长

必做题：习题 1.9　第 1 题.

选做题：习题 1.9　第 2 题.

设计意图：必做题是本节课的基础题，要求全体学生掌握；选做题为综合性题，题量很小，但要求的能力较强，喜欢的同学可以选做，上交后让老师对其解题思路提出合理化建议. 分层作业的主要目的是因材施教，让不同层次的学生实现他们同样的梦想.

教学反思：

这门课尝试用三种方法逐层深入地给同学们讲解和应用平方差公式，第一种是让孩子们直接感受公式，直接应用公式进行计算，初步了解平方差公式的用法；接着通过例题增加一点习题的难度，进而引导学生找出两个相乘的二项式中的"a"和"b"，更进一步地理解平方差公式的应用；最关键的是第三步，通过老师的引导，让学生观察到"a"和"b"的特点，即"a"是两项式中的相同项，"b"是两项式中的相反项，进而得出平方差公式是用相同项的平方减去相反项的平方，最终让学生彻底地理解和掌握了平方差公式. 总体来讲，当学生们在老师的带领下，一步一步笑到最后的时候，我本人感到非常欣慰，因为这门课没有让学生感到枯燥和乏味，反而是在欢声笑语中度过的，因而我也感到了备好一堂课对学生包括对我自己的重要性.

5　空间观念

5.1　空间观念的内涵分析

空间是物质存在的一种客观形式，也是物质存在的一种表现. 空间观念是由长度、宽度、高度表现出来的客观事物在人脑里留下的概括的形象.《义务教育数学课程标准（2022 年版）》（以下简称《数学课程标准》）将空间观念的内涵描述为"对空间物体或图形的形状、大小及位置关系的认识"，其主要表现为"能够根据物体特征抽象出几何图形，根据几何图形想象出所描述的实际物体""想象并表达物体的空间方位和相互之间的位置关系""感知并描述图形的运动和变化规律"，其意义为"空间观念有助于理解现实生活中空间物体的形态与结构，是形成空间想象力的经验基础"[①]. 空间观念是创新精神的基本要素，许多发明创造都是以实物的形态呈现的，都是设计者先根据想象画出设计图，然后再做出模型，最后完善成型. 在这过程中，空间观念起着非常重要的作用，没有空间观念就谈不上发明创造，所以明确空间观念的意义，认识空间观念的特点，发展学生的空间观念非常重要.

5.1.1　国内外的空间观念研究现状

丁尔升在《中学数学课程导论》中提出了空间观念在四个方面的表现：一是能够由形状简单的实物想象出几何图形，由几何图形想象出实物的形状；二是将较复杂的平面图形分解成简单的基本图形；三是在基本的

---

① 中华人民共和国教育部制定. 义务教育数学课程标准（2022 年版）［M］. 北京：北京师范大学出版社，2023.

图形中找出基本元素及其关系；四是能够根据条件做出或画出图形①.

孙晓天等认为空间观念主要表现为学生主动、自觉或自动化地"模糊"二维和三维空间之间界限的一种本领，这是一种可以把握的能力. 能够发展学生空间观念的学习内容主要包括视图与构造、直观与推理、观察与投影②.

王林全在谈到空间观念的基本成分时指出，学生的空间观念是与学习者对图形及其相互关系的感知、识别、判断、操作、表述、建构、想象、变换及其运用紧密联系在一起的，在中小学的数学学习中有如下基本成分：一是对图形的识别与理解能力；二是对图形的分解与组合能力；三是对图形的建构与探索能力；四是对图形的运动与变换的思考；五是利用几何直观解决问题的能力③.

黄翔提出空间观念是指对物体及其几何图形的形状、大小、位置关系及其变化建立起来的一种感知和认识，空间想象是建立空间观念的重要途径. 结合《数学课程标准》提出的空间观念的四点要求，他认为空间观念的培养与一、二学段"图形的认识""图形的运动""图形与位置"以及三学段的"图形的性质""图形与变化""图形与坐标"等具体内容的学习是紧密关联的④.

5.1.2 空间观念的内涵解析

空间观念是空间想象力的基础，国内学者对此研究得相对较晚. 中学数学中的空间是指一维、二维、三维的空间，即直线、平面、立体图形所反映的现实空间. 中学数学中的空间想象力是指对物体形状、结构、大小、位置关系的想象能力. 空间想象力有三个不同的成分：空间观念、建构几何表象的能力、几何表象的操作能力. 其中，空间观念是基础，只有培养好了空间观念，才能培养学生的空间想象能力.

其他文献中对空间观念的解释有以下几种：

（1）空间观念是指在空间感知的基础上形成的，关于物体的形状、大

---

① 丁尔升，唐复苏. 中学数学课程导论［M］. 上海：上海教育出版社，1994.

② 孙晓天，孔凡哲，刘晓玫. 空间观念的内容及意义与培养［J］. 数学教育学报，2002，11（2）：50-53.

③ 王林全. 空间观念的基本构成与培养-兼谈美国如何发展学生的空间观念［J］. 数学通报，2007，46（10）：24-27.

④ 黄翔. 数学课程标准中的十个核心概念［J］. 数学教育学报，2012，21（4）：16-19.

小和相互位置关系的表象，它是通过几何初步知识的教学逐步形成的.

（2）空间观念是指物体的大小、形状、各部分之间的位置关系、数量关系等特征在人们头脑中留下的表象. 表象就是一个初步感知，即一提到某个几何图形，学生就能在头脑中现出该几何图形的形象，并能了解其某些基本特征.

（3）空间观念是指对物体和几何图形的形状、大小、位置关系及其变化的直觉，它是人们认识和描述生活空间并进行交流的重要工具. 培养学生的空间观念能使他们更好地认识、理解生活空间，更好地生存与发展.

究竟什么是空间观念，至今都没有明确的界定，但是通过上面的综述可以用三方面内容来概括：①能够描述出几何体的基本特征；②能够根据条件进行几何体的三视图或展开图之间的转化；③能根据图形进行直观思考.

5.1.3　空间观念的研究目的及意义

《数学课程标准解读》中明确提出，空间观念是创新精神所需的基本要素，没有空间观念就谈不上任何的发明创造，发展学生的空间观念对培养学生的创新精神和实践能力都是十分重要的.

侯正海认为空间观念的教学价值至少涵盖两个方面，即实际生活中的价值和数学思维中的价值. 在实际生活中，空间观念的培养有助于学生更好地认识周围的世界；在数学思维中可以有助于培养学生的空间想象能力和推理能力. 学生的思维特点是以形象为主，再逐步实现由形象向抽象思维的过渡. 空间观念以物体、图形等为观察、思考对象，有助于提升学生直觉思维的能力，不断促进学生数学思维的发展[1].

李玉龙等认为，培养学生的空间观念有助于学生进行知识经验的教学；有助于学生进行实物模型的教学；有助于提高学生识图、读图、画图的能力；有助于培养学生初步的空间想象能力[2].

---

①　侯正海. 空间观念的教学价值和教学建议 [J]. 新课程·小学，2007（4）：40-42.

②　李玉龙，朱维宗. 小学初步空间观念及其培养 [J]. 现代中小学教育，2008（10）：47-49.

5.2 空间观念的主要表现及教材分析

5.2.1 空间观念的主要表现

根据对空间观念的界定，笔者把空间观念在中学数学课程中的体现分为四部分内容：视图、投影、图形的折叠与展开、图形的旋转. 这些知识点在数学课程标准的具体目标如下：

（1）会画基本的图形（直棱柱、圆柱、圆锥、球）的三视图（主视图、左视图、俯视图），会判断简单物体的三视图，能根据三视图描述基本几何体或实物原型.

（2）了解直棱柱、圆锥的侧面展开图，能根据展开图判断和制作立体模型.

（3）了解基本几何体与其三视图、展开图（球除外）之间的关系；通过典型实例，知道这种关系在现实生活中的应用（如物体的包装）.

（4）观察与现实生活有关的图片（如照片、简单的模型图、平面图、地图等），了解并欣赏一些有趣的图形（如雪花曲线、莫比乌斯带）.

（5）通过背景丰富的实例，知道物体的阴影是如何形成的，并能根据光线的方向辨别事物的阴影（如在阳光或者灯光下，观察手的阴影或者人的身影）.

（6）通过具体实例认识旋转，探索它的基本性质，理解对应点到旋转中心的距离相等、对应点与旋转中心连线所成的角彼此相等的性质.

（7）能够按照要求做出简单平面图形旋转后的图形.

由以上七个数学课程标准中的具体目标我们可知：空间观念主要涉及学生对图形的认识、理解以及探索的能力. 初中数学空间观念内容的设置，要求学生在基本图形认识的基础上进行想象、描述、分析、推理等活动；要求学生更全面地感知和体验周围的事物，能够理解空间、把握空间，将直观和抽象进一步相互融合，并逐步产生演绎和论证的需要.

中学生应该具有对图形阅读、探究与理解的能力. 包括能够读懂和画出草图，读懂尺规，并能用尺规方法以及动态软件画出图形，具体包括平面图、简单立体图形的三视图、透视图、截面图、表面展开图.

5.2.2 空间观念的教材分析

5.2.2.1 观念理解

中学数学教材对于空间观念有以下理解：

（1）根据物体特征抽象出几何图形，根据几何图形想象出所描述的实际物体.

实际物体与几何图形之间的互换涉及学生的空间观念与空间想象能力.同时，这也是三维图形与二维图形的互相转换的过程，在这个过程中需要用到学生的观察、想象、比较、推理等心理活动，这就需要学生能够同时将现实情形与理想情形结合起来进行理解.而反过来，让学生去观察一个几何图形，并根据这个图形构建出一个实际事物的视图，则是上述心理过程的逆运用.这个过程能使几何基于直观的表象、联想和特征得到实实在在的表示，使空间观念从感知发展上升为一种可以把握的能力.

（2）想象出物体方位和相互之间的位置关系.

方位与现实生活是密切相关的，这是个体对空间能力把握的一个重要体现.因此，空间观念的第二个内容就是在几何要求下对实际物体位置的构建能力，这种能力既是学生对空间把握能力的体现，也是初中几何教学的重要内容.

（3）描述图形的运动和变化.

图形的运动既有形式上的（平移、旋转、翻折、放大、缩小等），也有运动方向上的.图形形式上的运动是几何学习的重要组成部分.学生在小学的学习中对图形的平移和旋转有了一定的认知基础，在初中几何的学习中，就要求学生能够运用具体语言描述图形的运动与变化，这是在小学学习的基础上提出了更高的要求.

（4）依据语言描述画出图形.

将语言描述转换为图形是学生根据语言描述画出具体图形的一种能力，这是初中几何学习的基本要求，也是空间观念的一个重要组成部分.想象的空间是开放的，可以是具体的图形，也可以是具有某种大小或位置关系的一组图形等.文字语言、图形语言、符号语言之间的转换是初中几何学习最基本的能力，而这种转换能力的培养往往需要通过提供一个具体形象的数学情境来进行.

5.2.2.2 观念体现

结合《数学课程标准》与北师大版初中数学教材可以发现，中初各年级均对空间观念的培养有所体现在以下章节.

我们生活在一个三维世界中, 周围存在大量的空间图形, 因此学好图形与几何将使学生更好地适应生活空间. 同时, 图形直观是人们理解自然界和社会对象的绝妙工具, 它在图形与几何的学习中将给学生带来无穷无尽的直觉源泉, 这种直觉将有效地增进学生对空间的理解. 发展学生的空间观念是学习图形与几何的核心目标, 而"能由实物的形状想象出几何图形, 由几何图形想象出实物的形状, 进行几何体与其观察到的平面图形、展开图之间的转化"是空间观念的基本内容. 在平面图形和几何体相互转换等活动中, 发展空间观念, 见表 5-1.

表 5-1 几何图形与空间物体

章节分布	章节内容	内容分析及教学目标	体现的空间观念
七年级上册第一章《丰富的图形世界》	第一节生活中的立体图形	①经历从现实世界中抽象出图形的过程, 感受图形世界的丰富多彩 ②在具体情境中认识圆柱、圆锥、正方体、长方体、棱柱、球, 并能用自己的语言描述它们的某些特征 ③通过丰富的实例, 进一步认识点、线、面, 初步感受点、线、面之间的关系 ④在对图形进行观察、操作等活动中, 积累处理图形的经验, 发展空间观念	从现实世界中"发现"图形, 是一个抽象的过程, 也是空间观念的表现之一. 学生生活在一个丰富的图形世界里, 让学生从生活中寻找并识别各种几何体是进行图形认识的很好途径. 空间观念的发展依赖于多种数学活动, 如图形的抽象, 体现在能否根据物体特征抽象出几何图形, 能否根据几何图形想象出相应的几何体
	第二节展开与折叠	①通过展开与折叠、模型制作等活动, 发展空间观念, 积累数学活动经验 ②在操作活动中, 进一步丰富对棱柱、圆锥、圆柱的认识 ③了解棱柱、圆柱、圆锥的侧面展开图, 能根据展开图判断和制作简单的立体模型	通过研究立体图形的展开与折叠, 进一步积累有关数学活动经验, 丰富对常见几何体的认识. 空间观念的发展与图形的展开与折叠有着密切关系, 具体表现为能否由立体图形想象出相应的平面展开图或由平面图形想象出相应的几何体
	第三节截一个几何体	①通过切截几何体的活动过程, 体会几何体在切截过程中的变化, 在面与体的转换中丰富几何直觉和数学活动经验, 发展学生的空间观念 ②通过截一个几何体的活动, 认识圆柱、圆锥、正方体、长方体、棱柱等几何体截面的一些特性	空间观念的发展也离不开图形的横截, 关注学生能否实现从物体具体操作到对图形抽象思考的学习方式的过渡

表5-1(续)

章节分布	章节内容	内容分析及教学目标	体现的空间观念
七年级上册第一章《丰富的图形世界》	第四节从三个方向看物体的形状	①通过从不同方向观察物体的活动,体会从不同方向观察同一物体可能看到不同的图形,发展空间观念 ②能辨认从不同方向看到的物体的形状图,会画立方体及其简单组合体从三个方向看到的形状图 ③能在与他人交流的过程中,合理清晰地表达自己的思维过程	操作性活动是发展学生空间观念的初始环节,在操作性活动中要关注他们的操作过程是否准确、有效,还要考察他们在操作性活动中表现出来的数学思维水平,以及能否用数学语言与他人有效交流
七年级上册综合与实践	制作一个尽可能大的无盖长方体形盒子	①通过"从实际问题抽象出数学问题—建立数学模型—综合运用已有的知识解决问题"的过程,体验建立模型、解决问题的方法,并在此过程中,尝试发现和提出问题 ②在解决问题的过程中进一步发展空间与符号意识;通过借助已有的信息去推断事物变化趋势的活动,发展合情推理能力 ③能反思参与活动的全过程,将研究的过程和结果形成报告或小论文,并能进行交流,进一步获得数学活动经验 ④通过对有关问题的探讨,了解所学数学知识之间的关联,进一步理解有关知识,发展应用意识和能力 ⑤通过获得成功的体验和克服困难的经历,增进应用数学的自信心	该综合与实践活动的内容重心是运用图形的展开与折叠完成图形的制作,教师通过设计一系列活动,带领学生在解决问题的过程中,了解怎样得到尽可能大的无盖长方体形盒子,从而猜想问题的结论.通过对这个课题的研究,可以进一步发展学生的空间观念

对中学生的要求在空间观念部分还包括空间方位与图形位置关系,这一部分在小学涉及得较多,例如东南西北、上下左右,在初中部分主要是平面直角坐标系,根据坐标描出点的位置,根据点的位置写出该点的坐标(见表5-2).

表 5-2 空间方位与图形位置关系

章节分布	章节内容	内容分析及教学目标	体现的空间观念
八年级上册第一章《勾股定理》	第三节勾股定理的应用	应用勾股定理及其逆定理解决简单的实际问题，进一步发展应用意识	蚂蚁爬行路径最短的问题是一个曲面上的最短路径问题，是立体的、三维的，需要一定的空间想象能力．学生先前学习过圆柱的侧面展开图，而展开后就转化为平面上确定两点之间的直线段长度的问题，可以运用勾股定理解决
八年级上册第三章《位置与坐标》	第一节确定位置	在现实情境中感受确定物体位置的多种方式方法，并能比较灵活地运用不同的方式确定物体的位置，进一步发展空间观念和数形结合的意识	在现实生活中，确定位置的方式很多，既有点定位，也有区域定位；既有直角坐标定位，也有极坐标定位，因此，用大量生活中的情境，让学生充分感受不同的确定位置的方式方法，发展空间观念
	第二节平面直角坐标系	①通过建立平面直角坐标系的过程，进一步认识平面上的点与坐标之间的关系，发展数形结合意识②认识并能画出平面直角坐标系；在给定的直角坐标系中，会根据坐标描出点的位置、由点的位置写出它的坐标③能建立适当的平面直角坐标系，描述物体的位置	"图形与坐标"是"图形与几何"领域的重要组成部分，它是发展学生空间观念的重要载体，利用平面直角坐标系确定图形的位置，是表达变量之间关系的重要工具
	第三节坐标与轴对称	①通过轴对称变化与点的坐标的变化之间关系的探索过程，发展数形结合意识，初步建立几何直观②在直角坐标系中，以坐标轴为对称轴，能写出一个已知顶点坐标的多边形的对称图形的顶点坐标，并知道对应顶点坐标之间的关系	从坐标的角度描述学习过的轴对称，进一步认识轴对称，体会图形变化与坐标的变化之间的关系，发展空间观念

表5-2(续)

章节分布	章节内容	内容分析及教学目标	体现的空间观念
九年级上册第三章《图形的相似》	第六节利用相似三角形测高	①通过测量旗杆的高度,综合运用三角形相似的判定定理和相似三角形的定义解决问题,发展应用意识,加深对相似三角形的理解和认识②在分组合作活动及全班交流的过程中,进一步积累数学活动经验,增强数学学习的自信心	在研究与图形相似有关的问题中,经历观察、操作、类比、归纳、交流等过程,进一步发展几何直观、空间观念和推理能力,发展发现问题、提出问题、解决问题的能力,积累数学活动经验.在丰富的现实情境中,发展学生的空间观念

空间观念中的图形的运动和变化规律对应的是八年级下册中的第三章图形的平移和旋转,该章主要包括以下四节:图形的平移、图形的旋转、中心对称、简单的图案设计;以及九年级上册中的第四章投影与视图,该章主要包括两节:投影、视图.中学生应该掌握推理和证明的基本方法,能够根据图形的某些已知的性质探索推导它的其他性质.良好的图形建构与探索能力,是学生空间观念发展的标志.

使学生具备良好的空间观念是义务教育阶段数学教育的一个重要目标,培养学生的空间观念必须使学生经历、体验图形运动变化的过程,本章所研究的平移、旋转及中心对称是反映空间观念的重要内容.为此,教科书设计了一系列的实验、探索活动,如"探索平移基本性质的实验活动""探索旋转基本性质的实验活动""探索中心对称基本性质的实验活动"及"图形平移与坐标变化的关系的探索活动""简单的图案设计活动"等,在这些活动中,学生将会想象物体与物体之间的位置关系,描述图形的运动和变化,依据语言的描述画出图形等,所有这些都是空间观念的重要表现.因此,教师应想方设法鼓励学生积极参与这些活动,通过观察、操作、归纳、猜想、交流等获得结论,并运用自己的语言描述探索过程和所得到的结论,发展空间观念,具体见表5-3.

表 5-3　图形的运动和变化规律

章节分布	章节内容	内容分析及教学目标	体现的空间观念
七年级下册第五章《生活中的轴对称》	第一节轴对称现象	①经历观察生活中的轴对称现象、探索轴对称现象共同特征的过程，进一步积累数学活动经验和发展空间观念 ②理解轴对称图形和成轴对称的图形的意义，能够识别这些图形并能指出它们的对称轴 ③欣赏现实生活中的轴对称图形，体会轴对称在现实生活中的广泛应用和丰富的文化价值	从观察生活中的轴对称现象开始，逐步给出轴对称图形、成轴对称的图形以及对称轴的概念．以学生的观察、操作、交流性活动为主，学生在形成对轴对称图形基本认识的同时，发展空间观念和积累数学活动经验
	第二节探索轴对称的性质	①经历探索轴对称性质的过程，积累数学活动经验，发展空间观念 ②理解轴对称的性质：成轴对称的两个图形中，对应点的连线被对称轴垂直平分，对应线段相等，对应角相等	探究并得出轴对称的性质，并利用轴对称的性质画出简单平面图形经过轴对称后的图形，以学生的观察、操作、交流性活动为主，学生在活动中进一步发展空间观念和积累数学活动经验
	第三节简单的轴对称图形	①经历探索简单图形的轴对称性的过程，进一步理解轴对称的性质，积累数学活动经验，发展空间观念 ②探索并了解等腰三角形、线段、角的轴对称性及其相关性质	从认识简单的轴对称图形起进一步去探索、理解轴对称的性质，发展空间观念
	第四节利用轴对称进行设计	①经历利用轴对称进行图案设计的过程，进一步理解轴对称及其性质，积累数学活动经验，发展空间观念 ②体会轴对称在现实生活中的广泛应用和丰富的文化价值	用一些中国民间剪纸艺术中的轴对称图案，激发学生学习兴趣，体会轴对称在现实生活中的广泛应用，发展空间观念

表5-3(续)

章节 分布	章节 内容	内容分析及教学目标	体现的空间观念
八年级 下册 第三章 《图形 的平移 与旋转》	第一节 图形的 平移	①通过具体实例认识平面图形的平移，探索它的基本性质，会进行简单的平移画图 ②在直角坐标系中，能写出一个已知顶点坐标的多边形沿坐标轴方向平移后图形的顶点坐标，并知道对应顶点坐标之间的关系 ③在直角坐标系中，探索并了解将一个多边形依次沿两个坐标轴方向平移后所得到的图形与原来的图形具有平移关系，体会图形顶点坐标的变化 ④认识并欣赏平移在自然界和现实生活中的应用 ⑤经历有关平移的观察、操作、分析及抽象、概括等过程，进一步积累数学活动经验，增强动手实践能力，发展空间观念	使学生具备良好的空间观念是义务教育阶段数学教育的一个重要目标，本节所研究的平移是反映空间观念的重要内容，在此活动中，学生会想象物体与物体之间的位置关系，描述图形的运动和变化，依据语言的描述画出图形等，所有这些都是空间观念的重要表现
	第二节 图形的 旋转	①通过具体实例认识平面图形的旋转，探索它的基本性质，会进行简单的旋转画图 ②认识并欣赏旋转在自然界和现实生活中的应用 ③经历有关旋转的观察、操作、分析及抽象、概括等过程，进一步积累数学活动经验，增强动手实践能力，发展空间观念	培养空间观念是一种个人体验，需要大量的实践活动.立足于学生小学阶段的学习基础和已有生活经验，通过分析各种旋转现象的共性，直观地认识旋转，探索平面图形旋转的基本性质，通过具体情境认识图形之间的变换关系
	第三节 中心 对称	①了解中心对称、中心对称图形的概念，探索它的基本性质 ②认识并欣赏自然界和现实生活中的中心对称图形 ③经历有关中心对称的观察、操作、欣赏和设计的过程，进一步积累数学活动经验，增强动手实践能力，发展空间观念	以图形的旋转为基础，通过活动认识中心对称于中心对称图形，探索成中心对称的基本性质，利用中心对称的基本特征研究中心对称的画图，认识并欣赏自然界和现实生活中的中心对称图形，发展空间观念
	第四节 简单地 图案 设计	①经历对生活中的典型图案进行观察、分析、欣赏等过程，进一步发展空间观念，增强审美意识 ②认识并欣赏平移、旋转在现实生活中的应用，能够灵活运用平移、旋转与轴对称的组合进行一定的图案设计	通过对典型图案的分析、欣赏，使学生逐步能够进行图案设计，发展空间观念

表5-3(续)

章节分布	章节内容	内容分析及教学目标	体现的空间观念
八年级下册综合与实践	平面图形的镶嵌	①经历平面图形镶嵌的探索过程，进一步发展探究意识，积累探究经验 ②认识多边形镶嵌平面的条件，并能运用其中的一种或几种图形进行平面图形镶嵌，了解构造基本镶嵌图案的一些方法 ③经历小组合作与交流的过程，进一步积累合作与交流的活动经验，增强合作意识，发展合作能力 ④通过图案设计活动，发展空间观念，以及综合运用数学知识解决问题的能力	由一些常见的多边形形成的镶嵌图案，在现实生活中随处可见，因此本综合与实践活动具有一定的现实性，可以激发学生的学习兴趣，形成良好的空间观念
九年级上册第四章图形的相似	第八节图形的位似	①了解位似多边形的有关概念；能利用位似将一个图形放大或缩小 ②在直角坐标系中，探索并了解将一个多边形的顶点坐标（有一个顶点为原点、有一条边在横坐标轴上）分别扩大或缩小相同倍数时所对应的图形与原图形是位似的	利用位似图形将一个图形放大或缩小，在观察、动手操作等实践活动中培养学生的空间观念
九年级上册第五章投影与视图	第一节投影	①通过背景丰富的实例了解投影、中心投影、平行投影和正投影的概念 ②在具体操作活动中，初步感受在点光源下物体影子的变化情况；在具体情境中了解在点光源下影响物体影子长度的一些因素；会进行5中心投影有关的画图 ③在具体操作活动中，初步感受在太阳光下物体影子的变化情况；认识在太阳光下物体影子的长短与方向的变化规律；能运用平行投影的基本规律解决一些简单问题（如画图、计算等） ④在具体情境中认识中心投影与平行投影的区别 ⑤经历有关投影的观察、操作、分析、抽象、概括、想象、推理、交流等过程，进一步积累数学活动经验，增加动手实践能力，发展空间观念	"投影与视图"是反映空间观念的一个重要内容．其主要研究立体图形与平面图形的相互转化问题，即三维图形与二维图形之间的转化问题，而掌握立体图形和相应平面图形的联系是实现上述转化的关键．要掌握这种联系，不仅需要认识从立体图形到平面图形的转化过程，还需要认识从平面图形到立体图形的转化过程，即需要从两方面双向地认识这种联系．在这种认识过程中，学生需要不断地经历"根据物体的特征想象它的投影，根据物体的投影想象所反映的实际物体"或"根据立体图形的特征想象它的三种视图，根据几何体的三种视图想象所描述的几何体"这种经历越多、越灵活自如，空间观念就越能得到发展；而空间观念的增强可以促进这种双向认识的深化，二者相辅相成

表5-3(续)

章节分布	章节内容	内容分析及教学目标	体现的空间观念
九年级上册第五章投影与视图	第二节视图	①了解视图及主视图、左视图、俯视图的概念 ②会画圆柱、圆锥、球、直棱柱及其简单组合体的三种视图，能判断简单物体的视图，并会根据视图描述简单的几何体 ③经历有关视图的观察、操作、分析、抽象、概括、想象、推理、交流等过程，进一步积累数学活动经验，增强动手实践能力，发展空间观念	学生通过几何体与其视图之间的转化，进一步发展空间观念

5.3 基于空间观念的教学设计

5.3.1 基于空间观念的教学要求

在大量的文献报告和调查研究中发现，学生的空间观念不强常常是受以下三个因素的影响.

（1）体现空间观念知识本身的原因.

空间观念是六大数学学习内容的核心概念之一，分布于义务教育阶段各个学段之中，是中小学学习的重要内容，也是培养空间想象力和创新精神的最基本要素之一. 空间观念的知识体现比较零散，包括视图、投影、旋转、图形的折叠与展开等内容，知识间的本质联系比较少，不利于学生形成系统的知识网络，而每一个知识点都可以作为单独的内容出现，并且容易与学生的日常生活经验相联系，这就导致了两种矛盾的出现，即学生思维发展的水平与体现空间观念知识层次上的矛盾，学生的日常生活经验的匮乏与空间观念知识要求的矛盾.

（2）学生思维发展水平与思维方式的原因.

初中学生的思维水平经历着从具体形象思维逐步过渡到形式逻辑思维水平的过程. 在这个过程中，学生逐渐脱离对感性经验的依赖，由经验型抽象思维逐步上升到理论抽象思维. 初中学生以形式逻辑思维水平为主，因此中学生的辩证思维基本上还处于形成和发展的早期阶段. 因此，学生辩证思维的发展还处于很不成熟的时期，思维水平只能部分地、静止地、分割地认识所学的内容. 培养学生的空间观念，主要是通过空间观念知识培养学生的想象与思维，学生的思维水平很大一部分决定了空间观念培养的困难程度. 空间观念的第二和第三层次问题对学生的思维水平要求相对较高，在设置连环思考问题时，学生尤其显得应付不过来，所以学生思维水平的限制无疑成为培养学生空间观念的瓶颈.

（3）学生学习习惯的原因.

良好的学习习惯有利于学生的学习. 学习数学，不仅要培养学生形成客观、严谨的科学态度，而且要培养基本的数学素养，学数学用数学的数学意识. 对于初中生，对数学的学习有了初步认识，在数学学习习惯上有很强的可塑性，但是不好的学习习惯也在很大程度上制约着学生空间观念的培养. 例如，可能会出现学生对题目解读不够仔细，存在一定的思维定式；在要求学生画三视图时，许多学生虽然知道作图的规则，但是并不用尺规等作图工具，做出来的图虽然"样式"正确，但是体现不了数学的严谨性与美观；以及学生在标注名称时发生错误等问题.

因此在空间观念的教学中，建议教师达到以下五点要求：

第一，课堂中多呈现反映空间观念知识的素材，培养空间观念意识空间观念知识. 例如，在数学课程的设置中，应尽可能使视图与构造、直观与推理、观察与投影等内容成为培养学生空间观念的重要学习资源. 空间观念在学生入学的那一刻便伴随着学生的成长，因此学生的经验是培养学生空间观念的基础，培养空间观念的素材只靠课本中的例子是不够的，应将视野扩展到生活的空间，重视学生生活中有关空间与图形相关问题. 以人们的生活空间为主要背景，创设情境，让学生在其中进行观察、想象. 人们生活、工作、学习都是在三维空间中进行的，所以，学生最熟悉和了解它，我们应尽可能地将有关内容和问题设置在学生熟悉的三维空间中，如：居室、教师教室、商店及大自然当中，这样的情景，贴近学生，贴近生活，易于感受. 在课堂中呈现反映空间观念的素材，不仅能够扩展学生的知识面，而且能培养学生的空间意识. 例如，考查学生一天不同时刻电线杆的影子的变化情况，教师应首先向学生扩充有关方位的问题，呈现在平面上的方位情况，这是解决此类问题的关键，同时可以加强学生对方位的理解与空间意识的培养.

教师在教学过程中应注意空间观念素材的呈现方式，以便学生高效率地接受. 在教师的调查问卷、访谈以及平时的课堂观察中，教师可多采用多媒体的形式呈现教学内容，因为多媒体呈现的方式具有情境性，更加贴近学生的生活，更能生动想象地表述出一些教师难以表述的情境. 例如，在呈现某物体的三视图时，教师可以通过多媒体从不同角度帮助学生更好地观察物体，从而验证自己的想象，达到强化学生空间观念的目的. 充分运用多媒体技术，利用生动、有趣、感人的画面极易培养学生的空间观念，也能充分调动学生的非智力因素和智力因素，使学生在学习时间内学得快些、多些、深些、活些，从而提高学习的质量和效率.

第二，重视对概念的教学，强化概念间的本质联系. 概念是思维的基本形式，具有确定研究对象和任务的作用，数学概念是客观事物中数与形的本质属性的反映，是构建数学理论大厦的基石，是导出数学定理和数学法则的逻辑基础，是提高解题能力的前提，更是数学学科的灵魂与精髓. 概念形成的过程实际上是抽象出一类对象或事物的共同本质特征的过程. 在了解空间观念某一知识点的概念时，不仅要知道概念本身所表示的意思，更要知道概念的形成过程及其概念之间的内在联系，要把一个概念的内涵和外延都要理解清楚，尤其是对于空间观念这一知识点，涉及想象的部分较多，要联系具体模型和抽象概念之间的联系，找到具体和抽象之间的契合点，具体模型不仅能够帮助学生解决实际的问题，还可以帮助学生理解概念. 之后，是学生在解决问题中，再一次地回顾概念，使学生在应用中掌握概念的能力不断地加强和提高.

第三，强调作图的操作程序，规范学生的解题步骤. 通过观察立体图形画出三视图，或者在平面图形上进行一些直观的操作，都是考查学生的作图能力，是学生直观思维的最好体现. 从直观到抽象，这种三维和二维之间的转化，是培养学生空间观念的一个步骤，也是培养学生动手动脑能力的体现. 学生的作图能力实际上考查的是学生动手操作能力. 动手操作是学生积极参与探索知识的活动的体现，最终所表示的是学生对知识的理解和运用. 现代教学论的观点认为，数学教学过程既是学生在教师指导下对数形及其结构的认知过程，也是学生主动学习，能力得以培养和提高的过程. 由此可见，学生的作图能力是学生空间观念的体现.

第四，正确引导学生的解题策略，渗透数学思想方法. 数学解题策略是衡量一个学生数学思维的重要体现，当前中学数学题目逐渐与现实生活相联系，对学生的创新能力和灵活变通能力要求较高.

第五，提高教师知识素养，重视学生空间观念的培养. 学生是空间观念的培养的结点，而教师是空间观念培养的出发点，学生解题策略的把握，方法的理解以及思维的方式，大多通过教师的引导来获得的.

5.3.2 基于空间观念的教学设计

李希芳等人[9]对初中生空间观念的培养进行了论述，文中指出，培养学生的空间观念，应该辅助感知空间观念. 对于动手操作能力的要求，在教学时应充分注重引导学生动手操作，"解剖"正方体等一些简单而又常见的几何体，借此明辨平面图形与立体图形的相互转换的基本规律. 王林全[5]认为学生的空间观念应该建立在他们对图形丰富的感性认识的基础上，让学生从低年级开始通过多种途径感知与认识周围的实物. 教师应该多通过多媒体进行演示，辅助学生形成空间观念. 马芳分析了全国近几年中考发展空间观念的几个试题，着重研究了在初中几何教学中如何培养和发展学生的空间观念的问题，并指出，提高画图能力是基础和前提；提高识图能力是基本条件. 视图、展开图和投影可以更好地帮助学生在感知几何图形的基础上，在头脑中或心里形成表象，实现二维与三维空间的转换，提高视图能力是学生空间观念形成的基本条件；图形分解与组合是学生空间观念发展的基本保障，整个分解与组合图形的过程，能够综合考察学生视图、想象图形和处理图形的基本能力，更好地培养学生对于空间观念发展的观察、想象、分析和操作能力. 马芳还进一步指出发展空间观念的必要途径是图形的变换与操作，在图形变换作图的过程中，有利于学生从中体会和欣赏平移、旋转、对称变换等概念和性质并广泛应用，试题的设计具有一定的开放性，有利于充分发挥学生的空间想象能力，发展学生的空间观念. 同时，马芳进一步论述了空间观念形成的标志是图形的分析与建构；空间观念成熟的标志是几何直观能力. 孙晓天等人在探讨空间观念的内容后，对空间观念的培养做出了论述，他们认为，使空间观念从理念转化为数学课程的实践，需要在教学过程中加入新的元素，首先是反映空间观念的课程内容，空间观念不仅仅是观念，还是数学课程里新的内容、题材和呈现方式. 其次要体现空间观念的呈现方式，体现空间观念的内容一定要辅以恰当的题材和呈现方式，使学生通过模拟归纳与位置有关的演绎，甚至是实际操作等一系列的方法去做尝试，通过具体的情景让学生探索和发现，在不断提出问题和解决问题的氛围中，引导学生得出正确的结论，发展空间观念.

从空间观念的培养策略看，大多学者从心理学角度出发，考查学生的空间观念，为我们的研究提供了宝贵的建议，但是也可以看到研究者很少从课程的角度出发来了解学生空间观念产生的困难，具有一定的局限性.本研究主要从课程的角度出发，来寻求学生空间观念培养的困难，从而提供更为详实的资料.

（1）用多种方式呈现反映空间观念知识的素材.

依据第一点要求，课堂中应多呈现反映空间观念知识的素材，培养学生的空间观念意识空间观念知识.因此，教师可以联系现实生活，用多种方式来呈现素材，例如，利用实物模型、多媒体课件等，给学生以直观的感受，更利于空间观念的建立.下面给出一些实例.

①多利用模型实物，培养学生的直观认识，从而提高其空间观念.

案例1：生活中的立体图形

从知识结构上看，"生活中的立体图形"一课属于数学"图形与几何"领域中"图形的认识"的教学内容，是学生正式学习几何知识的首课.通过学习这一课，学生将学会根据生活中一些实物的形状特征抽象出立体图形，形成初步的空间观念，为之后学习平面图形打下良好的基础.由于这一课的内容与学生生活中接触到的实物息息相关，所以教师大多会在课前准备大量的立体实物，课中创设丰富的操作活动，以加强学生对各种立体图形的直观认知.

（幻灯片呈现一组图片，见图5-1）请你从中找出你熟悉的几何图形.

图 5-1

学生 1：圆柱、圆锥、三角形.

学生 2：圆、长方形.

教师：你能把你找出的几何图形逐个画出来吗?

（尝试画出图形，教师展示了部分学生的"作品"）

教师：同学们说到的这些几何图形中有些是在一个平面上的，称为平面图形；有些不在一个平面上，称为立体图形（几何体）.数学研究的只是现实物体的形状、大小.（教师在黑板上画了学生提及的几组图形，给学生做示范）

练习：下列现实生活中的物体（见图 5-2）你能从中抽象得到什么样的几何体呢? 试着将实物与对应的几何图形联结起来，并说说它的名称.

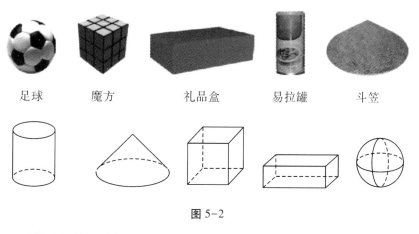

| 足球 | 魔方 | 礼品盒 | 易拉罐 | 斗笠 |

图 5-2

（学生解答：略）

教师：观察下图所示的建筑物图片（见图 5-3），你能抽象出什么样的几何体? 试着动手把它们画出来.（引导学生关注上、下两个部分.学生画图之后，教师在黑板上画图示范）

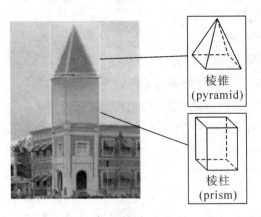

图 5-3

教学说明："丰富的图形世界"源于"丰富的现实世界"，从现实世界到图形世界的过程就是抽象. 因此，研究几何图形首先要让学生体会到数学抽象的基本特征，感悟抽象的基本方法（舍弃材质、颜色、明暗等非数学属性）. 虽然学生在小学阶段初步认识了几种几何体（球、圆柱、圆锥、长方体等），但是学生在抽象的时候还是习惯于用平面图形，这是由学生对几何图形的认知能力与认知顺序决定的. 从平面图形到立体图形的认识转变，其实正是学生空间感发展的过程.

案例 2：棱柱棱锥（3D 模型）

如今的中小学课堂上，随着信息化的深入，教师正在尝试把各种教育信息化设备作为辅助教学的手段，希望通过新技术的使用提高教学效率. 在传统的初中立体几何课堂教学中，教师往往以图片或实物展示的方式进行立体几何教学，如果借助 3D 建模与打印进行初中立体几何教学，学生会更感兴趣，学习体验会更真切，学习效果会更好，更有利于发展学生的空间观念. 但是借助 3D 建模与打印也有明显的缺点，那就是大部分地区达不到这样的硬件教学措施，教师和学生也不会使用 3D 软件.

教师活动：让学生打开棱柱和棱锥的 3D 模型，教师在 3D 软件中直接拖拽出棱柱和棱锥，向学生初步介绍棱柱和棱锥的相关知识.

教师介绍：棱柱和棱锥的底面和侧面（在 3D 软件中给棱柱和棱锥的不同面设置不同的颜色帮助学生观察和区别棱柱的底面和侧面，见图 5-4）.

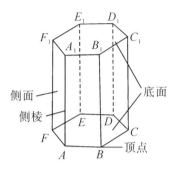 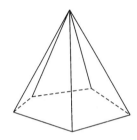

图 5-4

学生活动：观察从 3D 模型中看到的棱柱和棱锥，回答下列问题：

1. 棱柱相邻两个面相交得到的是（　　　）.

A. 点　B. 线　C. 面

2. 棱柱底面各条边相交得到的是（　　　）.

A. 点　B. 线　C. 面

教师总结：（1）面与面相交得到线，线与线相交得到点；

（2）几何图形由点、线、面组成.

教师活动：介绍棱柱和棱锥的特征.

（1）棱：在棱柱和棱锥中，任何相邻两个面的交线叫做棱；

（2）侧棱：相邻两个侧面的交线叫做侧棱；

（3）棱柱的顶点：棱柱的棱与棱的交点叫作棱柱的顶点；

（4）棱锥的顶点：棱锥的各侧棱的公共点叫做棱锥的顶点.

学生活动：（1）在 3D 软件中测量棱柱的侧棱的长度是否一样长？

（2）观察棱柱的上、下底面的多边形是否相同？

（3）观察棱锥的侧面都是什么图形？

教师总结：（1）棱柱的侧棱长相等；

（2）棱柱的上、下底面是相同的多边形；

（3）棱锥的侧面都是三角形.

学生活动：观察棱柱和圆柱的侧面、棱锥和圆锥的侧面，说说它们的区别.

教师总结：曲面和平面的区别：棱柱和棱锥的侧面都是平面，而圆柱和圆锥的侧面都是曲面.

案例 3：三视图（VR）

对于立体几何课程来说，探究式互动教学比较难开展，主要原因是初中学生对三维空间认识不够充分，面对一些理论化和抽象化立体几何问题，虽然很困惑但很难描述和提出具体的问题. 相当多时候，学生对所提的问题不知所云，难以开展以问题为导向的探究式教学. 利用交互式的三维虚拟仿真教学系统，在触摸大屏、VR 设备和平板电脑等设备支撑下，开展虚拟仿真和互动教学研究. 基于自主研发的立体几何三维虚拟仿真系统，教师可向学生三维演示和讲述相关的知识点，学生则以人机互动的方式自由探索和挖掘问题，通过生生互动和师生互动过程解决问题，让学生全面掌握知识要点.

（一）制作立体几何的 VR 课件

教师应根据教学要求，利用 VR 设备、触屏和鼠标等人机交互方式，以拖拉拽方式，从几何体三维菜单中选择相应的几何体模型，或者制作特定的虚拟几何体组合；利用交互系统，快速设置几何体三维模型的大小、角度、观察位置等参数，预设投影方式，反复观看仿真演示的效果，修正教学方案，系统自动记录、存蓄教学内容和参数设置，最后形成完整的 VR 课件，供课堂教学快速调用.

（二）三维仿真演示投影和三视图的基本概念，使学生快速准确辨析数学定义

目前，教科书对于投影和三视图的概念都有图文介绍，但学生对这些定义的认知还是很模糊，总感觉似是而非. 对此，教师可通过三维可视化仿真演示讲解这些基本概念，以提高学生对基本概念的认知准确率. 教师在触摸大屏显示器上调用预制的 VR 课件，利用系统提供的交互工具，以触屏交互的操作方式，演示以下投影和视图的基本概念.

（1）投影线照射不同的几何体模型，形成相应的阴影，说明投影形成的原理和过程，让学生感性认识投影的定义；

（2）演示光线从不同角度照射几何体形成的阴影效果，重点演示光线与投影面垂直的情况，让学生直观地认识在三维空间中直线与平面垂直是怎样的相互关系，理性地区分正投影和斜投影；

（3）平行光线和点光源照射几何体，形成不同的阴影效果，生动地展现平行投影和中心投影的概念；

（4）动态展现各类型几何体的不同侧面正投影仿真效果，重点介绍主视图、左视图和俯视图的产生过程，从而介绍三视图的概念.

（三）开展探究式互动教学，使学生准确理解几何体与三视图的关系，快速掌握三视图的画法

教学大纲要求学生理解几何体与三视图的关系、掌握三视图的画法，但很多学生对几何体与三视图对应关系理解不透，遇到相关的题目时经常出错. 为此，笔者以例题的问题为课堂教学的切入点，通过仿真演示和自主探究学习的互动教学，使学生准确理解几何体与三视图关系，快速掌握三视图的画法.

例题：比较几个选项中的组合立体图（见图5-5），找出给出的三视图对应的物体.

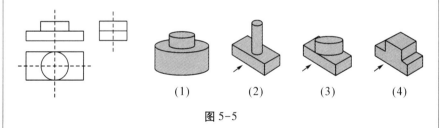

（1）　　　（2）　　　（3）　　　（4）

图 5-5

1. 三维仿真互动教学演示

教师调用教学 VR 课件，利用触摸大屏显示器，同屏展示长方体、立方体和圆柱体等三维模型及其三视图，通过触屏交互方式，调整这些模型的腿的位置、大小和角度，多角度演示几何体参数变化，导致三视图形状变化的过程，让学生从观察中认知几何体结构与三视图的对应关系（见图5-6），理解"长对正、高平齐、宽相等"画图原则.

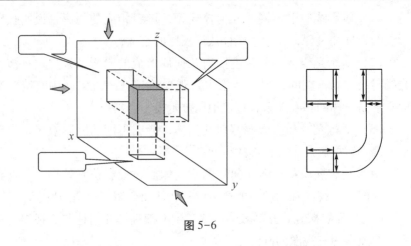

图 5-6

2. 自主操作互动学习

学生在平板电脑上，自己动手以拖拉的方式从几何体三维菜单中选择相应的长方体、正方体和圆柱体模型，通过特定触屏手势，调整模型的位置、大小和角度，快速构建上图中的几个几何体组合，从三视图仿真系统可获得相应的三视图，从而能够轻易判断例题的答案.

3. 自由探索发现问题

学生根据自己的想法，随意改变模型的大小、位置和角度，自由地组合成不同形状的模型，多角度观看几何体组合的三维结构，自主观察三视图的图形，在探索过程中，学生会不断地产生各种各样的问题和猜想.

4. 分组讨论解决问题

教师收集和整理学生的问题，形成讨论题目；将学生分成若干学习小组，共同讨论解决问题的办法，操作仿真系统验证各种想法的准确性；小组代表上讲台说明解决问题办法；教师最后讲评和总结在三维虚拟仿真教学系统的辅助下，大部分学生通过一至二节的互动课堂的教学和训练，能准确理解几何体形状与三视图的对应关系，熟练掌握几何体与三视图的相互转换技巧.

②利用多媒体课件，展示图形动态的变化过程，从而提高学生的感知能力，达到培养空间观念的目的.

函数图象的轴对称变换是函数图像变换中常见的一种变换，比如做某

函数关于 x 轴、y 轴、某直线对称函数的图像是我们常见的教学内容，我们怎样能直观形象地向学生展示变换过程，使学生加深对相关知识的理解是教师应思考的问题. 此时，"几何画板"是一个较好的展示平台.

③教师现场操作演示，利用活动进行空间观念的培养.

案例 4：构造几何体

数学实验一　构造几何体

实验器材：一个大塑料盆里装了较多的浅蓝色水（自来水中滴几滴蓝墨水或者加入少许高锰酸钾）、数个带密封盖的透明塑料盒（家用食品保鲜盒）.

实验方法：将一定量的水装入透明塑料盒，盖好盖子后调整盒子的角度，使得盒子里的水在重力的作用下自然呈现几何体形状，见图5-7.

图 5-7

实验要求：学生先思考可能呈现的几何体，然后实验验证.

教师：你认为，利用这个塑料盒能构造出什么样的几何体？

学生：四棱柱.（到讲台上实验，将塑料盒装满水）

学生：三棱锥.（到讲台上实验）

教师：同学们，通过以上实验，你有没有发现本实验获得的几何体具有什么共同特征？

学生：因为这个盒子各个面都是平面，水面也是平的，所以构造出的几何体都是由平面构成的.

教师：如果我们把一个全部由平面构成的几何体称为"多面体"（比如"四面体""五面体"）的话，那么通过这个实验装置，我们可以得到几种"多面体"？请先思考，后验证.

教学说明：这个实验应当是思维验证性实验. 实验本身简单易操作，但是在这个实验之前构建的思维情境则具有思维挑战性. 如果不对操作程序作出要求，学生会直接进行操作探究，活动的思维调动作用就会明显弱化. 鉴于此，这里明确要求"先思考，后验证". 这个"先思考"的过程是几何直观能力与空间想象能力的综合运用，难度较大. 但是，思考的结果可以通过实验来检验，就等于让学生的内在思维与外在操作互相促进，从而获得更好的思维训练效果.

（2）强调学生体验操作，注意操作程序.

数学教学要关注学生的亲身体验，倡导"做数学"理念，而不仅仅是听数学、记数学. 在培养学生空间观念过程中，我们可以充分发挥学生的动手操作优势，让学生从体验中增进数学认知，发展数学几何直观意识. 例如，可通过画画、折叠、剪纸、摆放等动手学习活动，去感受图形的形状，建立空间观念. 当然，在动手操作时，教师要把握时机，当学生面对所学内容感到似懂非懂时，正是动手体验的良好时机，也是激发学生探究实践的关键时刻. 我们可以创设问题情境，引领学生关注数学知识点，发散学生的数学思维.

案例 5：正方体的展开与折叠

（一）展开正方体活动

1. 做前先想

师：除了老师剪出来的这幅图，正方体的展开图还会是怎样的？（出示正方体模型）不着急，先在脑子里静静地想一想.

2. 边做边想

出示活动及相关要求：

（1）想一想：正方体的展开图还会是怎样的？在方格纸上用斜线画阴影的方式表示出来（如果有困难可以用磁力片帮助想象）

（2）摆一摆：用磁力片折叠你想象的正方体展开图，看看否能折叠成正方体？

（3）说一说：你是怎样得到正方体的表面展开图形的？

师：下面按照活动要求，同桌两人一组，逐步开展探究活动.

学生同桌合作探究，教师巡视，收集典型错例.

3. 做后再想

师：黑板上的展开图有重复的吗？你是怎么看出来的？

4. 小结过渡

师：刚才我们通过想象、探究、比较，发现了多少种正方体的展开图？（出示学生未发现的展开图类型和错例）老师刚才也收集了几种，一起来看看吧！这几种展开图和我们已经发现的一样吗？都能折叠成正方体吗？

思考：按照"做前先想—边做边想—做后再想"的想象路径引导学生展开正方形，在动手实践中形成思维表象，初步了解展开图与正方体的联系. 同时，允许有困难的学生用磁力片帮助想象，照顾不同层次学生在二维与三维空间之间切换的需求，体验成功的喜悦，积累想象经验逐步发展空间观念.

（二）折叠正方体活动

1. 做前先想

师：想象一下，这样三种展开图（图5-8）能折叠成正方体吗？

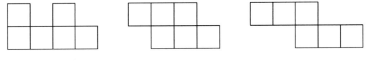

图5-8

2. 边做边想

出示活动及相关要求：

（1）折一折：任选其中一幅展开图，想象能否折叠成正方体，再用手边的工具折一折验证.

（2）说一说：尽量用最简单的话让同学听明白你的想法.

（3）想一想：确定一个面，想象折叠后相对的面是哪个面.

师：下面按照活动要求，先想象，再交流逐步开展操作活动.

3. 做后再想

师：这幅图（图5-9）能折叠成正方体吗？

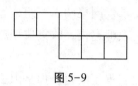

图 5-9

说说你的想法.

师：说得真不错，就是听起来有点累，有没有办法让大家一听就明白？

引导学生标上序号或其他符号，再按照符号说明.

师：（出示图 5-10）1 号面，相对地面在哪里？2 号面呢？4 号面呢？

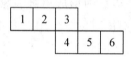

图 5-10

师：（指着图 5-11）这幅图能折叠成正方体吗？

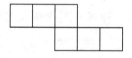

图 5-11

谁能用磁力片边折边说理由.

师：（指着图 5-12）这幅图能折叠成正方体吗？

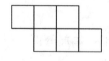

图 5-12

你是怎么判断的？

师：总之，折起来有的面重复了，有的面找不到相对面了.

4. 变式拓展

师：（指图 5-13）你能只移动其中的一块使它可以折成正方体吗？

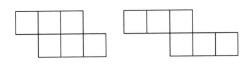

图 5-13

师：你怎么找得这么快？有什么好办法？

师：还可以怎样变？能用一句话说说吗？

师：如果想折成一个无盖的正方体，可以去掉哪个面呢？

思考：同样按照"做前先想—边做边想—做后再想"的想象路径，引领学生经历"立—破—立"的过程，丰富他们的想象经验，加深对正方体的认识；进而以"问题串"逐层推进，交互展开与折叠，驱动学生进一步想象，并通过符号化的描述表达，抽象出正方体与展开图之间的对应面和相对面的位置关系，理解展开与折叠的交互关系，进一步发展空间观念.

案例 6：探究平移坐标之间的关系

例：将图 5-14 中的 △AOB 沿 x 轴向右平移 3 个单位后得到 △CDE，三个顶点的坐标有什么变化呢？

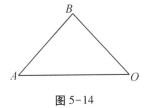

图 5-14

请回答：（1）平移后 △CDE 顶点标为多少？

（2）比较顶点标你发现了什么？（沿 x 轴向右平移之后，三个顶点纵坐标都没有改变，而横坐标增加一样数）

问：（1）沿任意方向平移三角形顶点坐标会发生什么变化？

（2）图形作轴对称、旋转、放大或缩小，对应点坐标会如何变化？

设计意图：使学生明确本节是研究图形变化对应点坐标如何变化，从平移入手，懂得研究的方法；老师的提问为学生指明方向，但得让学生明确平移方向不是唯一的.

（1）请学生观察△AOB，画出以 x 轴，y 轴为对称轴的对称图形，写出了对应点的坐标. 四人小组讨论对应点的变化情况，并小结：关于 x 轴对称，横坐标不变，纵坐标变为相反数；关于 y 轴对称，纵坐标不变，横坐标变为相反数；图形关于原点对称，横纵坐标皆变为相反数.

（2）请学生继续观察△AOB，画出绕 O 旋转 180° 的图形写出了对应点坐标，四人小组讨论对应点坐标变化情况，并作回答. 若再旋转任意角度呢？对应点的坐标又如何变化？

（3）三角形放大（或缩小）时顶点坐标变化的情况.

问：①△AOB 和它缩小后得到△COD 三角形顶点坐标是什么？

②你能求出它们的相似比吗？

③对应点的坐标有什么关系？（放大或缩小，横坐标都扩大或缩小相同的倍数）

（4）让学生建立直角坐标系，并任意画出自己所熟悉或喜欢的图形，画出以 x 轴、y 轴对称的对称图形，并做出它经过平移、旋转、轴对称、放大或缩小的图形以及对应点的坐标.

案例 7：旋转作图

例 1　在方格中旋转作图（见图 5-15）

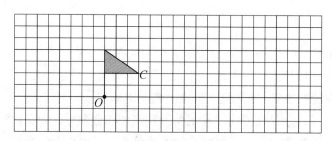

图 5-15

【问题一】在方格纸上作出"小旗子"绕 O 点按顺时针方向旋转 $90°$ 后的图案.

分析：（1）确定旋转中心、方向、角度；

（2）该图由几个关键点构成，连接关键点和旋转中心，分别找到关键点的对应点，再连接对应点.

（3）难点在找点 C 的对应点.

方法一：OC 是 $3×2$ 方格的对角线，旋转 $90°$ 后，找 $2×3$ 的对角线.

方法二：连接 OC，用直角板在 OC 的垂线上找对应点.

【问题二】在方格纸上（见图 5-16）作出"小旗子"绕 P 点按顺时针方向旋转 $90°$ 后的图案.

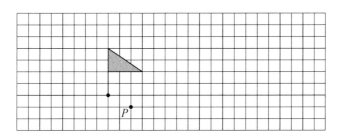

图 5-16

思考：在没有方格纸或旋转角不是特殊角的情况下，能否也画出简单平面图形旋转后的图形呢？

例 2 去掉方格纸，在白纸上旋转作图.

【问题一】画出线段 AB 绕 A 点（见图 5-17）顺时针旋转 $60°$ 后所得的线段.

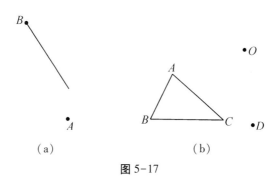

（a） （b）

图 5-17

【问题二】△ABC 绕点 O 按逆时针方向旋转后，顶点 A 旋转到了点 D（见图 5-17）．

（1）指出这一旋转的旋转角．

（2）画出旋转后的三角形．

议一议：

确定一个图形旋转后的位置，需要哪些条件？

答：确定一个图形旋转后的位置，需要旋转中心，旋转方向，旋转角三个条件．

总结旋转作图步骤：

（1）确定旋转_____，旋转_____；旋转_____；

（2）找出图形的关键点；

（3）作出关键点经旋转后的_____点；

（4）按图形的顺序连接_____点，得到旋转后的图形．

【问题三】（根据旋转前后图形找旋转中心）

如图 5-18 所示，△$A_1B_1C_1$ 由△ABC 绕某点旋转而成，请你用尺规作图，找出旋转中心 O，并用量角器度量出旋转角的大小．

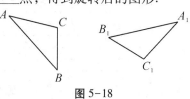

图 5-18

分析：抓住"每对对应点到旋转中心的距离相等"，说明旋转中心在对应点所连线段的中垂线上，画出两条中垂线，则它们的交点就是旋转中心

小结：

（1）确定一个三角形旋转后的位置的条件为：旋转中心、旋转方向、旋转角，这三个条件缺一不可；

（2）过程用虚线，结果用实线；

（3）用量角器画旋转角，不用尺规作图．

（3）重视概念的教学，强化概念间的本质联系

案例 8：用实例体会旋转

平移与旋转的教学主要是经历对生活中与平移、旋转有关的图形进行观察、分析欣赏和动手操作，画图等过程，掌握有关画图的操作技能，发展初步的审美能力，增强对图形欣赏的意识.

例 1 如果把钟表的指针看作是四边形 *AOBC*（见图 5-19），它绕 0 点按顺时针方向旋转得到四边形 *DOEF*. 在这个旋转过程中：

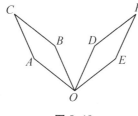

图 5-19

（1）旋转中心是什么？旋转角是什么？

（2）经过旋转，点 *A*、*B* 分别移动到什么位置？

（3）*A*0 与 *OD* 的长有什么关系？*BO* 与 *EO* 的呢？

（4）∠*AOD* 与∠*BOE* 有什么大小关系？

解：（1）旋转中心是点 *O*，∠*AOD*，∠*BOE* 是旋转角.

（2）经过旋转，点 *A*、*B* 分别移动到点 *D* 和 *E* 的位置.

（3）线段 *AO* 与 *DO*，*BO* 与 *EO* 分别相等.

（4）∠*AOD* = ∠*BOE*.

例 2：钟表（图 5-20）的分针匀速旋转一周需要 60 分.

图 5-20

（1）指出它的旋转中心；

（2）经过 20 分，分针旋转了多少度？

解：（1）它的旋转中心是钟表的轴心（图中表盘面的中心位置）.

（2）分针旋转一周需要 60 分，因此旋转 20 分，分针旋转的角度为 $360° \div 60 \times 20 = 120°$

通过具体实例认识平移与旋转，一方面理解平移不改变图形的形状和大小，只改变图形的位置，要知道一个图形平移后的图形，必须知道平移的方向和距离. 经过平移的图形对应线段、对应角分别相等，对应点所连的线段平行且相等. 另一方面理解在平面内，将一个图形绕一个定点沿某个方向旋转一个角度，这样的运动称为旋转，这个定点称为旋转中心. 旋转不改变图形的形状和大小，而且对应点到旋转中心的距离相等. 旋转前后两个图形对应点到旋转中心的距离相等、对应点与旋转中心的连线所成的角彼此相等的性质.

总之，在空间观念的教学策略上，方式多种多样，但主要是通过具体情境和动手操作帮助学生去建立空间观念. 在北师大的教材中，十分注重综合实践活动，对学生的动手操作能力提出了较高的要求，并且在展开与折叠、物体的横截、制作无盖长方体形盒子、测高等章节中强调动手能力，辅助感知空间观念. 另外，教师也可多通过图形变式辅助学生提升空间观念. 加强实验操作，发展直观感知；说明图形的定位，描述空间关系；注意逆向思维，多方表示变换；重视维数转化，突出内在联系；联系现实生活，渗透数学思想等多种方式培养学生的空间观念. 对于培养学生空间观念的教学策略既有教师层面的，也有学生层面的；既有教学方法的传授，也有教学操作能力的培养. 学生的经验是培养学生空间观念的基础，培养空间观念的素材只靠课本中的例子是不够的，应将视野扩展到生活的空间，重视学生生活中有关空间与图形相关问题. 以人们的生活空间为主要背景，创设情境，让学生深入体验. 其本质是对空间观念知识有更好地认识，从而培养学生的空间意识.

5.4 基于空间观念的典型教学案例

5.4.1 教学案例1

丰富的图形世界

一、内容概述

本案例选择北师大版初中数学七年级上册第一章第四节《从不同方向看》，该节共设计两个课时，第一课时是"三视图的认识和画法"，第二课时是"堆叠小正方体的三视图". 通过对该节内容的分析，发现其本质是如何将立体图形分解成平面图形并表示出来，即三视图. 学生经历从不同方向观察物体的活动过程，发展空间观念. 养成"在生活中换个角度看问题，多方面思考"的思维习惯.

在学习该课程之前，学生已经通过不同途径认识到了常见的几何体，经历了对图形的观察、操作，积累了一定的处理图形的经验，发展空间观念，该节内容将继续发展学生的空间观念.

二、教学目标

（1）能识别简单物体的三视图，会画立方体及其简单组合的三视图，能根据三视图描述基本几何体或实物原型.

（2）经历"从不同方向观察物体"的活动过程，发展学生的空间概念和合理地想象能力；在观察过程中，初步体会从不同方向观察同一物体得到的结果是不一样的；让学生学会用自己的语言、合理清晰地向别人表述自己的思维过程，能画出简单组合物体的三视图.

（3）培养学生重视实践、善于观察的习惯，在与他人合作、交流时能和谐、友好地相处.

三、重点难点

教学重点：能画出简单组合物体的三视图.

教学难点：让学生学会用自己的语言、合理清晰地向别人表述自己的思维过程，能画出简单组合物体的三视图.

四、教学模式

本次教学主要采用观察体会交流的方式，注重学生学习过程中的体验，在教学过程中，教师给出常见几何体的实物模型，通过观察，加强学生的想象能力，激发学生学习兴趣，学习过程中学生大量的沟通和交流，既增强了学生的空间观念，又培养了学生的语言表达能力.

五、教学过程

（一）创设情景，导入新课

观看《盲人摸象》的故事，提请学生思考：为什么不同的盲人得出不同的大象形状？认识物体，一个十分重要的方法当然是看、观察，那么不同的角度观察是否也会得到不同的感受呢？

（二）观察实物、探究新知

活动1： 教师在展示台上放置三样物体（球、字典、水杯），使它们在一条直线上，字典在中间，要求学生坐在自己的位置上观察，并说说你实际看到了什么？并在学生回答的基础上，请学生思考：同样的三样物体，为什么看到的不是一样的呢？从而引出课题"从不同方向看".

活动2：

辨别活动：小华、小彬也和我们一样在观察，你知道四张图（见图5-21）中哪幅图是小华看到的？哪幅图是小彬看到的吗（媒体展示图片）？学生口述结论，并说出判断的理由. 并适时地提出新的问题，如要同时看到乒乓球、水杯、水瓶，那么我们应该站在什么位置呢？

图5-21

（三）想想练练、巩固提高

教师在展示台上出示正方体、长方体和锥体的几何模型（见图5-22)，要求学生思考：

（1）在自己的位置上能看到什么，把看到的结果和同学交流一下，你们看到的是否一样？

（2）五幅图分别是从什么方向上观察到的结果？

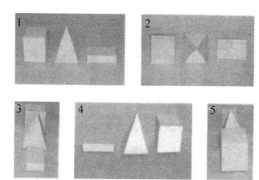

图 5-22

教师引导下得出三重视图的概念，并要求学生画三种视图.（教师示范，学生模仿，这里要求学生将三视图准确画出，即主视图、左视图、俯视图的大小，要求长对正、高平齐、宽相等，三种视图的摆放位置等）

接着，介绍在实际生活中家具、汽车的建造往往从三视图开始设计，体现三视图描述的广泛性和实用性，再次提出问题：如何根据三视图想象几何体？

设计意图：提出问题"能否确切描述几何体"让学生初步感受三视图描述几何体的优越性，再通过三视图在实际生活中的广泛应用，启发学生思考如何利用三视图描述几何体，激发学生的学习兴趣和强烈的求知欲望.

（四）合作学习，探索规律

教师出示教材中的"合作学习"，让学生在独立思考的基础上进行合作交流，然后由小组学生代表进行个别回答.

教师追问：你是如何推断的？（帮助学生逐步体会从三视图推断几何体的方法）

这里，对每组三视图采用的策略是：学生描述推断过程—电脑验证—共同归纳方法．最后，学生谈体会，从中归纳出由三视图描述几何体的一般方法，即视图想象、综合定形和确定尺寸位置．

设计意图：学生通过独立思考，再进行合作探究，往往会形成自己的个人经验．在这个环节中，教师通过追问学生如何推断来了解学生的思考过程，进而固化为经验，再上升到方法，从感性认识上升到理性认识，符合学生的心理特点，也体现了学生的实际认知过程．

为了巩固学生体会的经验和获得的方法，教师设计练习：如图5-23所示，根据两组三视图推断几何体．

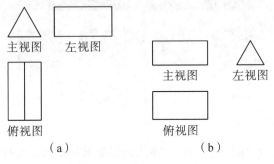

图 5-23

设计意图：虽然给出两组不同的三视图，但是通过认真思考可以发现两组三视图描述的是同样的几何体——直三棱柱，使学生感受"不同的三视图，可能表达的是同一几何体的不同摆放方式"．通过练习，学生进一步熟悉了由三视图推断几何体的方法，同时也为后续练习做了较好的铺垫．

（五）拼拼画画、深化创新

如图5-24所示，汽车从小明身边经过，小明最先看到什么，然后呢？按先后顺序给这几个图标上序号．（多媒体展示汽车行驶的画面）

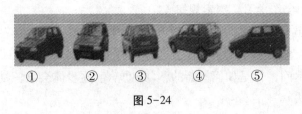

图 5-24

（1）分组拼几何模型，画一幅组合体的三视图.

（2）有一立方体组合模型，不论从什么方向看都是"田"字形，说说它是怎样组合的.

（六）总结归纳

课堂上根据三视图描述简单的几何体进行反思，想一想你有哪些方法或经验？帮助学生整理方法.

设计意图：本环节主要梳理三视图描述几何体的方法和经验，学生在思考整理中进一步体会推断几何体的方法和经验，并在相互交流分享中共同提高.

5.4.2　教学案例2

图形的位似

一、投影与内容概述

本案例选择北师大版初中数学九年级上册第四章第八节《图形的位似》，该节共设计一个课时，通过对该节内容的分析可以发现，本课的教学目标是了解位似图形、位似中心等概念，研究归纳位似图形的性质；教学重点是了解并掌握位似图形的定义和性质. 从学情来看，学生已较为系统地掌握了相似图形的相关知识及研究图形的一般方法，具有一定的数学活动经验和一定的逻辑推理能力.

二、教学目标

1. 了解位似多边形的有关概念；能利用位似将一个图形放大或缩小.

2. 在直角坐标系中，探索并了解将一个多边形的顶点坐标（有一个顶点为原点、有一条边在横坐标轴上）分别扩大或缩小相同倍数时所对应的图形与原图形是位似的.

三、教学重难点

了解并掌握位似图形的定义和性质.

四、教学过程

（一）情境引入

师：我们先来看一个视频（播放爸爸和孩子做影子游戏的视频）.

设计意图：情境引入，激发学生学习兴趣，想要探究其中的数学原理，同时点明今天学习的主体与图形的变换有关.

师：我们知道影子的形状和我们自己长的是一样的，近似的看作相似，那爸爸做了什么使得影子忽大忽小呢？

生：爸爸通过移动光源的位置，使孩子的影子变大变小.

（强调影子和孩子是相似的，移动光源的位置可使影子大小改变）

师：在数学世界里，也有这样的例子，我们把光源近似地看作一个点，当它照射一个五边形的时候，就会投下一个五边形的影子，且这两个五边形是相似的. 我们来仔细研究一下这两个相似五边形.

图 5-25 是两个相似五边形，设直线 AA' 与 BB' 相交于点 O，那么直线 CC'，DD'，EE' 是否也都经过点 O？$\dfrac{OA'}{OA}$，$\dfrac{OB'}{OB}$，$\dfrac{OC'}{OC}$，$\dfrac{OD'}{OD}$，$\dfrac{OE'}{OE}$ 有什么关系？

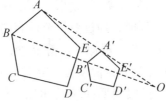

图 5-25

师：如果 A，A'，B，B' 这两组对应顶点的连线相交于点 O，那么其他组的连线是否经过点 O 呢？请打开教材 113 页，动手试一试？（确实是经过点 O）

师：连接这个点和对应顶点，它们的比值又是多少呢？我们一起来量一量，算一算.

师：通过计算我们发现比值是相等的，老师这里也给出了这样两个相似五边形，度量出它们的长度，发现比值仍旧是相等的，让我移动交点的位置，大家注意看，什么变了，什么没变.

生：到对应顶点的距离变了，比值没变.

师：那像具有这样特征的两个相似多边形就叫做位似多边形.

板书：位似多边形的概念.

设计意图：教师先让学生通过动手操作和猜想试验等方式获得感性认识，然后通过自习、阅读环节来完成归纳总结，从形象到抽象进而上升到理性认识. 形成对位似图形的认识从而顺利得到有关位似的定义.

（二）新知

1. 位似图形的概念

一般地，如果两个相似多边形任意一组对应顶点 P，P' 所在的直线都经过同一点 O，且有 $OP' = k \cdot OP (k \neq 0)$，那么这样的两个多边形叫做**位凸多边形**.

师：那两个相似多边形就是位凸多边形吗？（不是）还需具有特殊的位置关系.

生：任意一组对应顶点 P，P' 所在的直线都经过同一点 O.

师：点 O 我们称为位似中心，还需满足，位似中心到对应点的距离的比值是相等的.

师：也就是 $OA : OA = k$，那这里还有其他线段的比值也是 k 的吗？（k 是相似比）

师：既然相似，对应角相等，这两条线段除了比值为 k 之外，还有没有位置关系？（平行）

师：判断，下面两个相似五边形（见图 5-26）是位似五边形吗？（之所以我们发现位似中心的位置，可以在形内，也可以在形外）

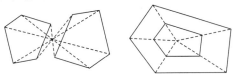

图 5-26

2. 典型例题

例 1　（识别位似图形）

下列每组的两个图形（见图 5-27），是位似图形的是（　　　）.

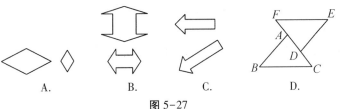

A.　　　　B.　　　　C.　　　　D.

图 5-27

例2 （位似图形的基本性质）

如图 5-28 所示，五边形 $ABCDE$ 与五边形 $A'B'C'D'E'$ 是位似图形，O 为位似中心，$OD = \dfrac{1}{2}OD'$.

（1）那么 $A'B' : AB =$ _____；

（2）若五边形 $ABCDE$ 的面积为 3，则五边形 $A'B'C'D'E'$ 的面积为_____.

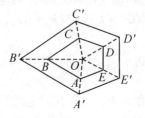

图 5-28

练习：如图 5-29 所示，将 ΔDEF 的各边长缩小为原来的一半，操作方法如下：任意取一点 P，连接 DP，取 DP 的中点 A，再连接 EP、FP，分别取它们的中点 B、C，连接 AB、BC、AC 得到 ΔABC .

若 ΔABC 的面积为 3，则 ΔDEF 的面积是_____.

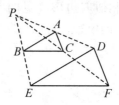

图 5-29

设计意图：学习了位似图形的定义和性质之后，教师通过两个例题和一个练习引导学生进行数学应用.（如何寻找位似中心，利用位似的方法，可以把一个多边形放大或缩小，交座位似图形的一般步骤等. 可以有效地帮助学生巩固新知）

3. 画位似图形

师：我们了解了位凸多边形的概念及性质，那位似多边形有什么用呢？

师：请同学们动手画一下.

如图 5-30 所示，已知 △ABC，以点 O 为位似中心画一个 △DEF，使它与 △ABC 位似，且相似比为 2.

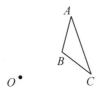

图 5-30

解：如图 5-31 所示，画射线 OA，OB，OC；在射线 OA，OB，OC 上分别取点 D，E，F，使 OD = 2OA，OE = 2OB，OF = 2OC；顺次连接 D，E，F，则 △DEF 与 △ABC 位似，相似比为 2.

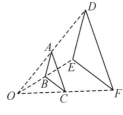

图 5-31

师：有没有其他的画法？

两个图形在位似中心同侧与在位似中心异侧.

4. 画位似图形的步骤

第一步：确定位似中心 O；

第二步：连接图形各顶点与位似中心 O 的线段（或延长线）；

第三步：按位似比进行取点；

第四步：顺次连接各点，所得的图形就是所求的图形.

设计意图：学习完位似图形之后，将其运用到画位似图形上，进一步深化概念和性质，加深学生对概念和性质的理解，在操作中强化空间观念.

5.4.3 教学案例3

图形的平移

一、内容概述

本案例选择北师大版初中数学八年级下册第三章第一节《图形的平移》，该节共设计一个课时. 轴对称、平移和旋转统称为全等变换，而全等变换是"图形变化"的核心之一. 图形的变化主要研究图形之间的关系，关注从运动的观点和变化的视角来研究图形，认识变换的含义和性质、用图形变换思想解决有关的问题. 鉴于初中学生认识图形的能力水平限制，教材内容编排了三章关于全等变换的内容. 北师大版教材将轴对称内容安排在七年级下册，平移和旋转内容安排在八年级下册，在"认识三角形"之后、"认识平行四边形"之前，是在合情推理能力形成和演绎推理能力形成的交汇处，起到承上启下、衔接过渡的作用. 学完本章之后，学生掌握了平移和旋转的概念、性质、应用等，能用全等变换思想认识图形、重构推理方法的体系. 平移和旋转是生活中的普遍现象，其本身就是几何直观和空间观念的组成部分，也是帮助学生发展数学抽象、空间观念、发展几何直观，提高推力等核心素养的重要载体.

二、学情分析

在小学数学学习中，学生借助具体实物、图案、几何图形等接触了三种全等变换，通过形象思维、几何直观等学习方式初步感知了全等变换. 经过本章新授课的学习，学生认识到了平移和旋转是现实世界运动变化的简捷形式，是探索图形的一些性质的必要手段，也是解决现实世界中的具体问题以及进行数学交流的重要工具. 理解了平移旋转的概念，探索获得了平移、旋转、中心对称的基本性质，体会了坐标与平移的关系，认识并欣赏平移、旋转、中心对称在现实生活中的一些应用等. 学生虽已积累了与平移和旋转有关的一些研究方法、学习策略和活动经验，但是，部分学生可能还存在一些知识疑点和方法困惑，理解不透彻、不全面、不系统，需要通过回顾与思考课的学习来解决这些疑问.

三、教学目标

（1）通过具体实例认识平面图形的平移，探索它的基本性质，会进行简单的平移画图．

（2）在直角坐标系中，能写出一个已知顶点坐标的多边形沿坐标轴方向平移后图形的顶点坐标，并知道对应顶点坐标之间的关系．

（3）在直角坐标系中，探索并了解将一个多边形依次沿两个坐标轴方向平移后所得到的图形与原来的图形具有平移关系，体会图形顶点坐标的变化．

（4）认识并欣赏平移在自然界和现实生活中的应用．

（5）经历有关平移的观察、操作、分析及抽象、概括等过程，进一步积累数学活动经验，增强动手实践能力，发展空间观念．

四、教学过程

（一）创设情境，引入新课

观察生活中平移现象：（放出图片）行李在传送带上移动的过程，手扶电梯上人的移动的过程，奥运会国旗冉冉上升的过程，缆车移动的过程．

教师提问：

（1）上面图片反映的是日常生活中物体运动的一些场景，这些物体在做什么运动呢？

（2）你能用语言描述图片中物体在进行怎样的运动吗？如国旗上升和缆车都是运动的不同方向，这涉及平移方向和平移距离．

（3）通过刚才的观察与分析，大家能用自己的语言概括出平移的定义吗？

（二）新课

1. 平移的定义

在平面内，将一个图形沿某个方向移动一定的距离，这样的图形运动称为平移．

确定一个图形平移前后的位置，需要哪些条件？

理解平移三要素：基本图形、平移方向、平移距离．

2. 平移的有关概念

相关概念：对应点、对应线段、对应点所连线段、对应角．

如图 5-32 所示，△ABC 经过平移得到△DEF，点 A，B，C 分别平移到了点 D，E，F.

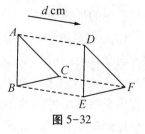
图 5-32

对应点：平移前后图形对应的点.（口答）

对应线段：平移前后图形对应的线段.（口答）.

对应点所连线段：平移前后对应点的连线.（口答）

对应角：平移前后对应的角.（口答）

注意：（1）对应点的连线和对应线段的区别；

（2）对应点的连线不是图形本身的线段，所以用虚线表示；

（3）"对应点所连线段"不仅反映图形的平移方向，又能表示平移的距离.

3. 平移的性质（学生观察图形探究）

探究 1 平移前后图形的关系

平移前后图形全等，即平移不改变图形的形状和大小；由观察至猜想至验证（解释）.

探究 2 平移前后对应线段、对应点所连线段、对应角的关系（观察图形，思考），相关结论见表 5-4.

表 5-4　探究结论

类别	数量关系	位置关系
对应线段	相等	平行或共线
对应点所连线段	相等	平行或共线
对应角	相等	

学生讨论总结，教师补充.

总结：（1）平移前后图形全等，即平移不改变图形的形状和大小；

（2）平移前后的图形，对应点所连的线段相等且平行（或在一条直线上）；

（3）平移前后的图形，对应线段平行
（或在一条直线上）且相等；

（4）对应角相等.

若学生未探究出对应点或对应点所连
线段在一条直线上，教师可借助图形，帮
助学生理解（见图 5-33 例图）.

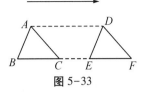

图 5-33

4. 平移作图

例 1　如图 5-34 所示，经过平移，△ABC 的顶点 A 移到了点 D.

（1）指出平移的方向和平移的距离；（2）画出平移后的三角形.

请在图中找出平行且相等的线段，以及相等的角.

图 5-34

想一想：平移作图还有哪些方法？

总结平移的作图方法：

（1）作对应点法：利用原图形和平移后的图形的对应点所连线段平行（或在同一条直线上）且相等，找出各关键点的对应点，连线作图；

（2）平行线法：利用平移后的图形和原来图形的对应线段平行（或在同一条直线上）且相等，找出各关键点平移后的位置，连线作图.

例 2　平移基本性质的应用

如图 5-35 所示，△ABC 中 ∠ABC = 90°，∠BAC = 60°，AB = 1cm，将 △ABC 沿射线 XY 的方向平移 4cm 后得到 △DEF. 则：

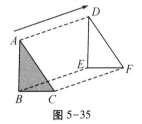

图 5-35

（1）图中点 A 的对应点是_____；点 B 的对应点是_____；点 C 的对应点是_____；

（2）线段 AD∥线段_____∥线段_____，且线段 AD =_____ =_____，理由是_____；

（3）线段 EF = 线段 _____ = _____ cm，理由是_____；

（4）$\angle EFD = \angle$_____，理由是_____；

（5）四边形 $ADEB$ 的周长为_____ cm.

练习1 网格中的平移方向和平移距离

如图5-36，点 A，B，C，D，E，F 都在网格纸的格点上，你能平移线段 AB，使得 AB 与 CD 重合吗？你能平移线段 AB，使得 AB 与 EF 重合吗？

小结：（1）在网格中作平移图形，一要找准对应点的位置；二要连接对应点；（2）图形平移几格，不是图形间隔几格.

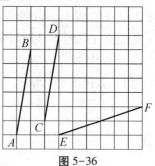

图 5-36

5.4.4　教学案例4

图形的旋转

一、内容概述

本案例选择北师大版初中数学八年级下册第三章第二节《图形的旋转》，该节共设计一个课时.

二、教学目标

（1）通过具体实例认识平面图形的旋转，探索它的基本性质，会进行简单的旋转画图；

（2）认识并欣赏旋转在自然界和现实生活中的应用；

（3）经历有关旋转的观察、操作、分析及抽象、概况等过程，进一步积累数学活动经验，增强动手实践能力，发展空间观念.

三、教学过程

（一）创设情境

上节课学习了平移，（播放图片5.3）请问：荡秋千是平移吗？游戏俄罗斯方块中仅仅用平移能成功吗？

不，它们是生活中的旋转. 你能再举一些类似的例子吗?

图 5-37

问题 1：在这些转动的现象中，它们有什么共同特征?

（1）都是绕着一个点转动的，每个物体的转动都是向某一个方向转动；

（2）发电风车的风叶、钟表的指针、旋转的摩天轮在转动过程中，它的形状、大小没有变化，只是它的位置有所改变.

（二）探索新知

1. 定义

在平面内，将一个图形绕一个定点按某个方向转动一个角度，这样的图形运动称为旋转，这个定点称为旋转中心，转动的角称为旋转角. 旋转不改变图形的形状和大小.

注：

（1）旋转的四要素：旋转图形、旋转中心、旋转方向和旋转角度；

（2）旋转中心不一定在图形上，但旋转中心在旋转过程中始终位置不变；

（3）旋转方向为顺时针或逆时针；

（4）旋转角大于 0° 且小于 360°.

问题：观察图 5-38，△ABC 绕点 O 逆时针方向旋转一个角度，得到△DEF，点 A，B，C 分别旋转到了 D，E，F. 点 A 与点 D 是一组对应点，线段 AB 与 DE 是一组对应线段，∠BAC 与∠EDF 是一组对应角. 在这一旋转过程中，点 O 是旋转中心.（可以类比图形全等进行讲解）

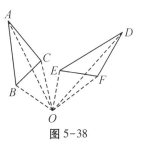

图 5-38

（1）请找出图中其他的对应点、对应线段、对应角，旋转角.

目的：理解对应点、对应线段、对应角，旋转中心不一定在图形上.

（2）图中有哪些相等的线段和相等的角？

目的：对应点到旋转中心的距离相等任意一组对应点与旋转中心连线段的夹角等于旋转角.

2. 性质

（1）旋转前后的图形全等；

（注：但全等的图形并不一定可通过旋转得到，举轴对称的两三角形为例说明）

（2）对应点到旋转中心的距离相等；

（3）任意一组对应点与旋转中心连线段的夹角等于旋转角；

（4）对应线段相等，对应角相等.

想一想：（熟悉网格中的平移与旋转）

图 5-39 中的（1）~（4）的四个三角形，哪个不能由 $\triangle ABC$ 经过平移或旋转得到？

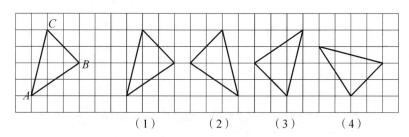

图 5-39

答：图像（1）（3）（4）可以由 $\triangle ABC$ 平移或旋转得到，而（2）是由 $\triangle ABC$ 翻折得到.

随堂练习：

如图 5-40 所示，你能绕点 O 旋转，使得线段 AB 与线段 CD 重合吗？为什么？

答：不能，因为旋转前后对应点到旋转中心的距离相等，而图中 OA 与 OC，OB 与 OD 均不相等.

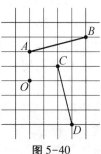

图 5-40

（三）讲练结合

例 1　（旋转的定义和性质）如图 5-41 所示，$\triangle ABC$ 为等腰直角三角形，$\angle BAC = 90°$，D 为 BC 上一点，$\triangle ABD$ 经过旋转至 $\triangle ACE$ 的位置，请问：

（1）旋转中心是哪一点？

（2）旋转角度是多少度？

（3）分别指出点 B、D 的对应点；

（4）分别指出∠1 与∠2 的对应角及线段 BD、AD 的对应线段.

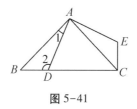

图 5-41

5.4.5　教学案例 5

简单的轴对称图形

一、内容概述

本案例选择北师大版初中数学七年级下册第五章第三节《简单的轴对称图形》，该节共设计一个课时.

二、教学目标

（1）经历探索简单图形的轴对称性的过程，进一步理解轴对称的性质，积累数学活动经验，发展空间观念.

（2）探索并了解等腰三角形、线段、角的轴对称性及其相关性质.

环节 1　博学格物（基于情境，引发思考）

情境导入：观看蝴蝶飞舞的动画和观察图片，通过具体形象让学生感知丰富多彩的几何图形，感知轴对称图形（见图 5-42）.

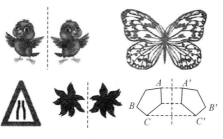

图 5-42

设计意图：激发学生的学习兴趣，让学生感知数学美，由感性到理性，由具体到抽象，把学生带到轴对称的学习中，让学生感知数学无处不在.

环节2 审问疑雾（深入雾区，生发疑问）

导语：看了这些图形，大家有什么感受？

生1：对称；生2：美；

生3：一个图形沿一条直线作折叠操作；生4：直线两旁的部分能够完全重合.

师生总结：如果一个图形沿着一条直线折叠，直线两旁的部分能够完全重合，这个图形就叫做轴对称图形，而这条直线叫做对称轴.

问题：如何用数学方法表达对称问题？（引出课题：轴对称）

环节3 慎思试误（思维发散，尝试探究）

试误1：你能举一些是轴对称图形的例子吗？

试误2：下面这个图形是轴对称图形吗？

如果沿着一条直线翻折一次，得到了几个图形？它们是什么关系？类比前面的内容概括它们的共同特征. 学生通过观察思考，发现其共同特征是把一个图形沿着一条直线折叠，如果它能够与另一个图形重合，就说这两个图形关于这条直线成轴对称，这条直线叫做对称轴，折叠后重合的点是对应点，叫做对称点.

环节4：明辨顿悟（思维穿透，成果生成）

明辨1：

1：你能举一些两个图形成轴对称的例子吗？

2：你能结合具体的图形说说轴对称图形和轴对称有什么区别与联系吗？

学生交流互动，代表发言把成轴对称的两个图形看成一个整体，它就是一个轴对称图形把一个轴对称图形沿对称轴分成两个图形，这两个图形关于这条轴对称.

总结：轴对称图形与两个图形关于某直线对称的区别与联系见表5.5.

表 5-5　轴对称图形与两个图形关于某直线对称的区别与联系

类别	两个图形关于一条直线对称	轴对称图形
区别	（1）对 2 个图形而言； （2）指 2 个图形的位置关系	（1）对 1 个图形而言； （2）指 1 个图形的特殊形状
联系	（1）沿某条直线对折后都能够重合； （2）把关于一条直线对称的两个图形看作一个整体，也许就是一个轴对称图形；反过来，一个轴对称图形也可以分为关于一条直线对称的两个图形	

设计意图：通过一系列的问题，引发学生思考，让学生在比较、分类中抽象出轴对称图形和轴对称的概念，同时训练了学生的空间想象能力、语言表达能力、合作交流的能力.

活动 1：为了找到线段的对称轴，我们来做一个实验. 实验内容：准备好工具（一张 A4 纸大头针）首先从折叠的 A4 纸上扎一个孔，然后把它打开，给小孔分别标上 A 和 A′连接 AA′（见图 5-43）

明辨 2：点 A 和点 A 与折痕之间有什么关系？对称线段 AA′和折痕之间有什么位置关系？点 A 和点 A′到折痕的距离相等吗？

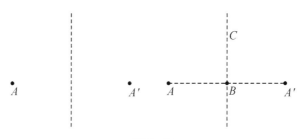

图 5-43

学生测量 AB 和 AB 的长度，测量△CBA 和△CBA 的大小.

顿悟 1：对称点的连线段被对称轴垂直平分.

活动 2：学生分组活动，折叠 A4 纸，在 A4 纸上扎 3 个孔，展开 A4 纸，折痕一边的 3 个点标为 A、B、C，折痕另一边的 3 个点标为 A、B′、C，连接 A、B、C，连接 A′、B′、C（见图 5-44）

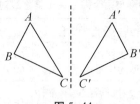

图 5-44

明辨 3：△ABC 和 △A′B′C′ 是什么关系？连接 AA′，BB′，CC′，它们是不是都被折痕垂直平分呢？

明辨 4：以上两个例子都说明了对称点的连线段被对称轴垂直平分，你能说说其中的道理吗？大家把 A4 纸再次折叠看看，观察后和小组成员交流，说说你的看法发现折叠后有重合的线段和重合的角，说明对称点的连线段被对称轴垂直平分．

经过几何画板的验证，证实了大家说的都是对的，线段的这条对称轴垂直平分线段，我们把它叫做线段的垂直平分线．由此，我们得到以下顿悟：

顿悟 2：图形轴对称的性质，即如果两个图形关于某条直线成轴对称，那么对称轴是任何一对对应点所连线段的垂直平分线．

顿悟 3：类比图形轴对称，一个轴对称图形具有下述性质，即轴对称图形的对称轴是任何一对对应点所连线段的垂直平分线．

设计意图：通过活动培养了学生的动手操作能力、合作交流意识，让学生经历观察、操作、猜想、验证的思考过程，培养了学生的理性思维和抽象概括能力．

环节 5 笃行温悟（思维变通，迁移应用）

例 1 下列图形（见图 5-45）是轴对称图形吗？如果是，它的对称轴有几条？

图 5-45

设计意图：通过大胆试误进一步辨析轴对称图形的概念，找出误点，强化了学生对概念的理解，同时引出了新的问题：线段的对称轴是什么？

例2 如图 5-46 所示，五边形 ABCDE 是轴对称图形，线段 AF 所在直线为对称轴，找出图中所有相等的线段和相等的角.

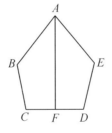

图 5-46

解：由轴对称图形的性质可知，AB = AE，BC = ED，CF = DF，∠BAF = ∠EAF，∠B = ∠ELC = ∠D，∠CFA = ∠DFA = 90°.

练习1 在图 5-47 中涂黑一个小正方形，使得图中黑色的正方形成为轴对称图形，这样的小正方形可以有多少个？

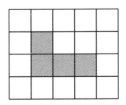

图 5-47

设计意图：通过习题的练习，帮助学生加深了对轴对称图形性质的理解，帮助学生避免"走回头路"和"学而不用"的情况，同时让学生各抒己见，充分展示自己的才华.

环节6 反思务本（思维收敛，反思重构）

1. 研究了什么问题？研究这个问题的基本路径是怎样的？（经历与经验——学历）

2. 学到哪些概念、结论？怎样运用它解决相关问题？（结果与结论——学会）

3. 你从中悟出了哪些数学思想方法？（思想与方法——会学）

4. 你最喜欢最感兴趣是哪一点？（情感与价值——乐学）

设计意图：帮助学生重新建立知识结构，理清前后知识间的联系，总结几何图形研究的基本方法.

6 推理能力

　　《义务教育数学课程标准（2022 年版）》明确要求培养学生的核心素养，即培养学生会用数学的眼光观察现实世界；会用数学的思维思考现实世界；会用数学的语言表达现实世界．而数学思维主要表现为运算能力、推理意识或推理能力．

　　推理是思维的一种基本形式，是数学学科的本质特征；是数学思维的基本表现形式；也是科学态度与理性精神的基础①．推理伴随着整个数学学习的过程，只是不同年龄段的要求和表现形式有所差异．

　　小学的重点是培养学生的推理意识，而初中则提升为推理能力．

　　小学阶段"推理意识"的内涵是："推理意识主要是指对逻辑推理过程及其意义的初步感悟．知道可以从一些事实和命题出发，依据规则推出其他命题或结论；能够通过简单的归纳或者类比，猜想或发现一些初步的结论；通过法则运用，体验数学从一般到特殊的论证过程；对自己及他人的问题解决过程给出合理解释．推理意识有助于养成讲道理、有条理的思维习惯，增强交流能力，是形成推理能力的经验基础②．"

　　而初中阶段对"推理能力"的内涵界定是："推理能力主要是指从一些事实和命题出发，依据规则推出其他命题或结论的能力．理解逻辑推理在形成数学概念、法则、定理和解决问题中的重要性，初步掌握推理的基本形式和规则；对于一些简单问题，能通过特殊结果推断一般结论；理解命题的结构与联系，探索并表述论证过程；感悟数学的严谨性，初步形成逻辑表达与交流的习惯．推理能力有助于逐步养成重论据、合乎逻辑的思

---

　　①　鲍建生，章建跃．数学核心素养在初中阶段的主要表现之五：推理能力 ［J］．中国数学教育，2022（10）：3-11.

　　②　中华人民共和国教育部．义务教育数学课程标准（2022 年版）［M］．北京：北京师范大学出版社，2022.

维习惯，形成实事求是的科学态度与理性精神①."

从"推理意识"到"推理能力"是一个很大的进阶. 初中阶段的数学推理与数学运算同等重要，明确要求学生理解概念之后，初步掌握命题和演绎推理的基本形式，并利用数学推理解决问题. 由于演绎推理比较抽象，需要积累更多的数学知识和数学活动经验，因此，只有到了高中阶段，才能更好地发展推理过程的系统性、全面性.

本章将从推理能力的内涵分析展开论述，同时探讨推理能力的主要表现以及如何培养学生的推理能力，最后展示一些培养学生推理能力的课例和习题.

6.1 推理能力的内涵分析

6.1.1 推理能力的内涵

推理能力是指个体基于已知信息或先验知识，通过逻辑思维、判断和分析等认知过程，得出新的结论或解决问题的能力. 具体来说，推理能力包含了观察、类比、归纳、演绎等多种思维方式和方法. 通过推理能力的发挥，个体在面对未知、复杂的情境时依然能够准确地进行逻辑推理，进行判断和决策.

首先，推理能力的核心在于观察. 观察是通过感官对事物的现象和现象之间的关系进行深入的、全面的、仔细的分析和理解. 通过观察，个体能够收集大量的相关信息和细节，并在此基础上进行后续的推理过程. 在推理能力的发展过程中，观察是一个重要的起点.

其次，推理能力还包括归纳和类比两个重要的推理方式.

一般认为，归纳推理是由个别的事物或现象推出该类事物或现象的普遍性规律的推理②.

史宁中教授认为：归纳推理应该界定为从经验和概念出发，按照某些法则所进行的、前提与结论之间有或然联系的推理.

---

① 中华人民共和国教育部制订. 义务教育数学课程标准：(2022 年) [M]. 北京：北京师范大学出版社，2022.

② 金岳霖. 形式逻辑 [M]. 北京：人民出版社，2005：211-212.

在归纳推理过程中，我们所使用的"概念"并不需要抽象为严格的定义，甚至可以是一种朦胧的潜意识、一种缄默认知；"法则"也不需要确定为严格的规定，只需要具有某种合理性，甚至仅仅是"合乎情理"即可；前提与结果之间的"联系"是或然的，不一定是必然的. 正因为归纳推理具有这种灵活性，我们才有可能发现真理①.

而类比推理则是通过对比相似之处，将一个已知的情境或概念应用到新的情境或概念中，从而得出相应的结论.

史宁中教授认为："类比属于归纳推理. 但与一般的归纳推理不同的是：类比不是对两个类中的事物的属性同时进行推断，而是已知一类事物的属性，参照这些已知属性对另一个类中的事物的相似属性进行推断."

类比推理是一种重要的扩展思维方式，能够帮助人们在解决问题时迅速找到解决方案或者启发新的解决思路.

再次，推理能力还涉及演绎推理. 演绎推理是一种基于逻辑规则的推理方式，从已知的前提出发，通过逻辑规则的运用，来得出结论. 史宁中教授认为："演绎推理应该这样界定：从假设和被定义的概念出发，按照某些规定了的法则所进行的、前提与结论之间有必然联系的推理②."

正因为演绎推理是一种推导必然结果的推理，所以，在数学上，所有严格的数学证明均采用了演绎推理. 而正是由于演绎推理的严密逻辑性，才能够确保结论的准确性和可靠性. 在推理能力的培养中，演绎推理是必不可少的一环，能够帮助个体培养逻辑思维和推理能力.

最后，推理能力是一个人高级思维能力的体现，它能够帮助个体在面对未知、复杂的问题时进行准确的推理和判断，从而更好地理解问题、解决问题和应对挑战. 通过观察、类比、归纳和演绎等推理方式的综合运用，个体的推理能力将不断提高和发展. 因此，充分发展和培养推理能力对于个体的学习和成长具有重要意义.

6.1.2 推理能力的分类

推理能力作为一种重要的智力能力，从推理过程来看，推理能力可以

① 王瑾，史宁中，史亮，等. 中小学数学中的归纳推理：教育价值、教材设计与教学实施：数学教育热点问题系列访谈之六 [J]. 课程·教材·教法，2011，2（2）：58-63.
② 王瑾，史宁中，史亮，等. 中小学数学中的归纳推理：教育价值、教材设计与教学实施：数学教育热点问题系列访谈之六 [J]. 课程·教材·教法，2011，2（2）：58-63.

分为归纳推理和演绎推理两种类型．归纳推理是从具体的事实或现象中总结出一般规律或原则，以推断出未知情况．它是从特殊到一般的推理过程，常常涉及观察、归纳、概括以及构建概念等不同的认知过程．通过对事物的共性特征进行归纳，我们能够理解事物的本质和规律，并且可以将这些规律应用到其他具体情况中．

与归纳推理相对应的是演绎推理，它是从一般性的规律或原则出发，通过推理，推断出关于具体情况的结论．演绎推理是从一般到特殊的推理过程，常常涉及规则的运用、逻辑推理以及条件的分析等认知过程．通过运用已知规则和原则，我们可以推导出具体的结论，也可以分析出特定条件下的可能性和影响．演绎推理在解决问题和推断结论时起着重要的作用，尤其在科学、数学等领域的论证和推理中有广泛的应用．不同类型的推理能力在认知和思维过程中起着重要的作用，其能够帮助人们从已知到未知，从具体到一般，从而加深对事物本质和规律的理解，并且在解决问题和做出决策时发挥重要的作用．

6.1.3 推理能力的作用

推理能力作为一种重要的智力能力，具有广泛的应用作用．它不仅在人们的学习和工作中起到决策和解决问题的作用，还在人们的生活中发挥着重要的引导作用．

首先，推理能力在我们学习和思考中起到关键的作用．在学习过程中，我们需要通过推理来理解和掌握知识，从而在解决问题和发展创新思维中起到关键的作用．通过推理能力，我们能够将所学的知识进行组织和整合，从而形成系统化的知识结构，提高我们对知识的理解和运用能力．

其次，推理能力在决策和问题解决中具有重要的作用．无论是在工作中还是在生活中，我们都需要面对各种各样的问题和决策．通过推理能力，我们能够分析和评估不同的选择，找出最优的解决方案．推理能力能够帮助我们合理地分析问题、梳理思路、找到解决问题的关键点，从而提高我们的决策能力和解决问题的能力．

再次，推理能力还可以培养我们的创造力和创新思维．通过推理能力的训练，我们能够更加灵活地思考和想象，从而培养出独特的观点和创造性的思维方式．推理能力能够帮助我们发现问题和挑战，并提出创新的解决方案，从而推动社会的进步和个人的成长．

最后，推理能力作为一种重要的智力能力，在我们的学习、工作和生活中发挥着重要的作用. 它不仅能够提高我们对知识的理解和应用能力，还能够帮助我们在决策和解决问题时找到最优的解决方案，并培养出创造力和创新思维. 因此，我们应该重视推理能力的培养，通过不断地训练和实践，提高自己的推理能力水平，以应对各种挑战和问题.

6.1.4 推理能力的培养

在推理能力的培养过程中，我们可以采取多种途径和方法. 首先，我们应该注重培养学生的观察力和思维意识. 观察是推理的基础，只有通过细致地观察，我们才能获得更多的信息和线索，进而进行有效的推理. 因此，我们可以通过引导学生观察身边的事物、情境和事件，提高他们对细节的敏感度，培养他们主动思考的意识.

其次，启发学生的逻辑思维能力也是推理能力培养的重要方面. 逻辑思维是推理的规则和方法，有助于学生建立严密的推理链条，从而作出准确的推断. 我们可以通过教授逻辑思维的基本原理和常用方法，如归纳法、演绎法、假设法等，帮助学生掌握逻辑思维的技巧. 此外，我们还可以通过开展逻辑思维训练的活动，如解谜题、推理游戏等，激发学生的思考潜力，培养他们的逻辑思维能力.

再次，培养学生的批判性思维也是推理能力培养的关键. 批判性思维是对信息的全面分析和评价，能够帮助学生识别虚假的论据、发现信息中的漏洞和矛盾之处. 我们可以通过引导学生进行辩证思考、质疑和反驳，培养他们独立思考的能力. 此外，我们还可以通过启发性的问题和案例分析等，激发学生的批判性思维，提高他们的分析和判断能力.

最后，推理能力的培养需要通过实践来巩固和提升. 学生需要有机会将所学的推理技巧应用于实际情境中，从而获得反馈和改进的机会. 因此，我们可以通过组织辩论赛、案例分析和解决问题等活动，为学生提供锻炼推理能力的机会. 同时，我们也可以通过阅读推理小说、观看推理剧等方式，培养学生的推理兴趣和能力.

综上所述，推理能力的培养是一个系统而综合的过程. 通过注重观察力、逻辑思维、批判性思维和实践锻炼等方面的培养，我们能够帮助学生提高推理能力，培养他们独立思考和解决问题的能力，为他们的学习和未来的发展奠定坚实的基础.

6.2 推理能力的主要表现及教材分析

6.2.1 推理能力及其教材分析

推理能力作为一种重要的思维能力，在新课标中得到了充分的体现.

在《新课标（2022 年版）》中，小学阶段的核心素养提到了推理意识，初中阶段的核心素养提到了推理能力.

《新课标（2022 年版）》中还指出"推理意识主要是指对逻辑推理过程及其意义的初步感悟"，"推理能力主要指从一些事实和命题出发，依据规则推出其他命题或结论的能力".

从"推理意识"到"推理能力"是一个很大的进阶，"推理意识"的主要内涵是学生知道可以从一些事实和命题出发，推出其他命题或结论，能够猜想和发现一些简单结论，体验一般到特殊的论证过程，养成讲道理、有条理的思维习惯；而"推理能力"则要求学生初步掌握推理的基本形式和规则，对于简单问题，能够通过特殊结果推断一般结果，探索并表述论证过程，初步养成逻辑表达与交流的习惯.

数学作为一门逻辑性较强的学科，学生通过解题和证明等活动，需要运用推理来分析问题、解决问题，并运用逻辑推理来证明定理或命题. 例如，在解决一个几何问题时，学生需要通过观察图形、运用逻辑推理来发现图形之间的关系，并在此基础上得出解决问题的方法和结论.

因此，教师在教学过程中应注重培养学生的推理能力，通过各种教学手段和活动来引导学生进行推理训练，使他们能够在解决问题和理解知识的过程中运用推理思维. 只有这样，才能真正培养学生全面发展的能力，提高他们的综合素养和学习成绩.

6.2.2 推理能力的合情推理

合情推理是推理能力的一种重要表现形式，它要求学生在进行推理思考时，考虑和运用情感、情绪等因素. 合情推理能够激发学生的情感参与，使推理过程更加生动有趣，因此它在教材分析中也占据了重要的位置.

首先，合情推理强调学生对情感因素的敏感和应用. 在合情推理过程中，学生需要灵活运用自己的情感和情绪，将其融入推理思考中. 通过对情感因素的敏感和应用，学生能够更好地理解和分析问题，从而作出更准确、更具有说服力的推理结论．这种情感参与使得学生的推理思考更加全面，更富有个性化特点．

其次，合情推理能够培养学生的社会情感和道德意识．在推理过程中，学生会遇到各种各样的情境和问题．在进行合情推理时，学生需要考虑他人的感受和需要，关注社会公平和正义．通过这种情感参与，学生的社会情感和道德意识得到了培养和提升，他们能够更好地理解他人、尊重他人的权益，同时也能够更准确地判断和解决问题．

最后，合情推理还能够增强学生的表达能力和批判思维能力．在合情推理中，学生需要通过言语和文字来表达自己的推理过程和推理结果．这要求学生具备清晰的逻辑思维和准确的表达能力．同时，学生还需要对他人的推理进行批判性思考，分析其合理性和有效性．通过这种批判思维的训练，学生能够更好地发现推理中的错误和不足，进一步提高自己的推理能力．

综上所述，合情推理作为推理能力的一种重要表现形式，在教材分析中具有重要的地位．它能够激发学生的情感参与，培养学生的社会情感和道德意识，同时也能够提升学生的表达能力和批判思维能力．在课程标准中，应该在合情推理方面给予更多的关注和培育，以促进学生全面发展和提高推理能力的水平．

6.2.3　推理能力的演绎推理

演绎推理作为推理能力的重要表现形式，在教材中具有重要地位．演绎推理是基于已有事实和先前的观察，通过逻辑推理得出新结论的过程．它源自亚里士多德的逻辑学，已经成为现代逻辑学的核心内容之一．

在教材中，演绎推理的体现可以从多个方面来进行分析．首先，教材中提供了大量的案例，通过其中的事实和既有知识，让学生演绎推理得出新的结论．例如，通过给出一个已知的数学问题和已有的定理，学生可以运用演绎推理的方法来解决这个问题，得出新的结论．这样的例子能够帮助学生理解演绎推理的基本过程，提高他们的推理能力．

其次，教材中还通过设计一些推理题来提高学生的演绎推理能力．这些推理题不仅能够帮助学生巩固已有的知识，还能够培养他们的逻辑思维能力．例如，可以设计一些阅读理解题目，要求学生根据给出的信息进行演绎推理，得出正确的答案．这样的练习可以锻炼学生的演绎推理能力，提高他们的解题水平.

再次，在教材的教学设计中，要注重培养学生的演绎推理能力. 可以通过设置一些探究性课题，要求学生进行观察、实验和分析，然后运用演绎推理的方法得出结论. 通过这种探究性学习的方式，学生可以主动参与学习过程，培养他们的演绎推理能力和问题解决能力.

最后，演绎推理作为推理能力的一种表现形式，在新课程标准中的教学中具有重要地位. 教材中的例子、练习和教学设计都应该注重培养学生的演绎推理能力. 这样才能使学生在学习过程中，不仅能够获得新的知识，还能够提高他们的逻辑思维能力，从而更好地应对各类问题和挑战.

6.3 基于推理能力的教学设计

义务教育阶段数学课程内容由数与代数、图形与几何、统计与概率、综合与实践四个学习领域组成. 其中，数与代数、图形与几何、统计与概率也是传统的三大数学课程，在这三个传统领域做好培养学生推理能力的教学设计至关重要.

6.3.1 代数领域的推理能力教学设计

代数领域作为数学的重要组成部分，对学生的推理能力有着重要影响. 在代数领域的教学设计中，我们需要注重培养学生的逻辑思维和推理能力.

首先，我们可以通过引导学生进行问题分析和归纳总结来培养他们的推理能力. 在具体的教学过程中，我们可以给学生出一道代数问题，要求他们分析问题的特点和规律. 通过分析问题的条件、关系和要求，学生可以对问题进行归类和总结，形成推理的思维模式. 例如，当遇到类似的代数方程时，学生可以通过归纳总结出解题的通用方法，从而培养他们的推理能力.

其次，在代数领域的教学设计中，我们可以引导学生进行类比思维和推理. 类比是一种重要的推理方式，可以帮助学生从已有的知识或情境中推导出新的结论. 通过给学生提供不同领域的例子，让他们进行类比思考和推理，可以培养他们的推理能力. 例如，在解决一个代数方程时，我们可以引导学生类比为解决一个实际生活问题，通过将代数问题与实际问题联系起来，激发学生的推理能力和创造思维.

最后，在代数领域的教学设计中，我们还可以通过设计一系列的推理训练来锻炼学生的推理能力．这些训练可以包括填空题、证明题、推理题等形式．通过这些训练，学生可以动手实践，从而提升他们的推理能力和思维能力．同时，教师还可以根据学生的实际情况，对训练的难度进行适度调整，以促进学生的学习效果．

综上所述，代数领域的推理能力教学设计是非常重要的．通过培养学生的问题分析与归纳总结能力、类比思维与推理能力以及进行推理训练等方法，我们可以有效提升学生的推理能力．在实际教学过程中，我们应当注重培养学生的自主学习能力和创新思维，使他们能够在解决问题中灵活运用推理能力，为今后的学习和工作打下坚实基础．

6.3.2　几何领域的推理能力教学设计

在几何领域的教学过程中，培养学生的推理能力具有重要意义．几何推理涉及空间想象、逻辑思维和推理能力的运用，对于学生的整体思维能力的培养起到了促进作用．

首先，引导学生通过观察几何图形的特征来进行推理．在学习几何知识的过程中，学生需要通过观察几何图形的形状、边长、角度等特征来寻找规律，并基于这些规律进行推理．例如，给定一个等边三角形和一个等腰三角形，学生可以通过观察它们的特征发现它们的边长关系，并推测等边三角形的角度关系．

其次，引导学生利用几何性质进行推理．几何性质是几何学中的基本规律和定理，通过运用这些性质，学生可以进行推理和证明．例如，学生在解决直角三角形相关问题时，可以利用勾股定理和三角函数的性质进行推理，判断三角形的性质或求解未知量．

再次，引导学生进行几何图形的类比推理．类比推理是指根据给定的几何图形进行推理，得到新的结论．这需要学生从已知的几何图形中找到相似之处，再将其应用到未知的几何图形中去．例如，给定一个正方形和一个矩形，学生通过观察它们的属性和特点，可以推测正方形和矩形之间的关系，并解决关于比例和面积的问题．

最后，通过实际问题的应用来培养学生的几何推理能力．将几何知识与实际问题相结合，让学生通过解决实际问题来运用几何推理．例如，在设计建筑平面图时，学生需要运用几何推理来确定房间的形状和位置关系，从而满足实际需求.

通过以上教学设计，可以有效提高学生在几何领域的推理能力. 同时，教师在教学过程中需要注重运用启发式的教学方法，鼓励学生思考和探索，培养他们的问题解决能力和创新思维. 只有在积极的教学氛围中，学生的几何推理能力才能得到全面地发展.

综上所述，几何领域的推理能力教学设计是一项重要而复杂的任务. 通过引导学生观察几何图形的特征、利用几何性质进行推理、进行图形的类比推理以及应用解决实际问题，能够有效地提高学生在几何领域的推理能力，培养他们的空间想象、逻辑思维和推理能力，为今后学习更高阶的数学知识打下坚实的基础.

6.3.3 统计概率领域的推理能力教学设计

在统计概率领域的教学设计中，培养学生的推理能力是至关重要的. 通过引导学生运用统计概率知识进行推理和分析，可以帮助他们更好地理解和应用统计概率的原理和方法. 以下是一些针对统计概率领域的推理能力教学设计的建议.

首先，在教学中可以引导学生运用统计数据进行推理. 例如，教师可以提供一组实际的统计数据，然后要求学生根据这些数据进行推断和判断. 学生可以通过分析数据的趋势、比较不同数据集之间的差异等方法来进行推理. 通过这样的设计，可以提升学生的数据分析和推理能力.

其次，可以通过引导学生进行统计推断来培养他们的推理能力. 统计推断是基于样本数据对总体进行推断的过程. 在教学中，可以设计一些统计推断的问题，要求学生根据样本数据推断总体的性质或进行假设检验. 通过解决这些问题，学生不仅可以巩固统计概率的知识，还可以锻炼自己的推理和分析能力.

再次，可以通过进行统计推理的实践活动来提升学生的推理能力. 例如，教师可以设计一些统计调查活动，让学生通过实际的数据收集和分析来进行推理. 学生可以自己设计问题、收集数据，然后运用统计方法进行推理和分析. 通过这样的实践活动，学生不仅可以增强自己的推理能力，还可以提高自己的实际操作和问题解决能力.

最后，可以通过引导学生分析统计概率相关的案例来提升他们的推理能力. 教师可以提供一些真实或虚构的案例，要求学生根据案例中的信息进行推断和分析. 学生可以通过分析案例中的条件、问题与结果之间的关系，运用统计概率的知识进行推理和判断. 通过分析案例，学生可以培养自己的逻辑思维和推理能力.

综上所述，统计概率领域的推理能力教学设计应该注重引导学生运用统计数据进行推理、统计推断、实践活动以及分析统计概率相关的案例. 这些设计将有助于学生提升自己的推理能力，更好地理解和应用统计概率的知识和方法.

6.4　基于推理能力的典型教学案例

义务教育阶段数学课程内容由数与代数、图形与几何、统计与概率、综合与实践四个学习领域组成. 本节内容从这四大板块中分别选择了一个教学案例，展示了对培养学生推理能力的尝试和努力.

6.4.1　教学案例1

同底数幂的除法

【创设情境】

师：同学们，目前欧洲的能源危机越演越烈，开发利用新能源再次成为全球焦点，其中太阳能就是一种可广泛利用的清洁能源，太阳能究竟能给我们提供多大能量呢？

引例：据专家统计，1 平方千米的土地上，一年内从太阳得到的能量相当于燃烧 10^8 千克煤所产生的能量. 那么，10^5 平方千米的土地上，一年内从太阳得到的能量相当于燃烧多少千克煤？如何计算呢？

生：$10^5 \times 10^8$.

师：答案是多少呢？

生：$10^5 \times 10^8 = 100\ 000 \times 100\ 000\ 000 = 10\ 000\ 000\ 000\ 000 = 10^{13}$.

师：这个计算过程相当于把我们简洁的科学记数法还原成了复杂的表达，看上去有点复杂啊. 那有没有什么简便方法呢？

评析：本节课从全球能源危机这个现实问题引入，让学生体会数学来源于生活，并能解决生活中的问题．同时，能源危机这一宏观主题也具有一定的教育意义．在数学教学过程中体现德育思想．

【探索新知】

师：我们来观察一下这两个乘数，他们都是什么运算形式？

生：乘方的形式．

师：我们一起来回忆一下乘方的意义，a^n的意义是？

生：n个a相乘．

师：这个10^5是什么意义呢？

生：5个10相乘．

师：10^8呢？

生：8个10相乘．

师：所以一共有几个10相乘？

生：13个．

师：怎么得来的？

生：5+8．

师：13个10相乘就是……

生：10^{13}．

师：类比一下，我把底数10换成3，指数换成4和10，那么$3^4 \times 3^{10}$等于多少？

生：3^{14}．

师：为什么？

生：$3^4 \times 3^{10} = (\underbrace{3 \times 3 \times \cdots \times 3}_{4个3}) \times (\underbrace{3 \times 3 \times \cdots \times 3}_{10个3}) = 3^{14}$．

师：非常好，接下来请同学们与同桌两人为一组，仿照老师给出的例子，一个出题一个回答．请把你出的题用马克笔大大地写在白纸上，大家可以尝试用字母来代替数字．

老师展示学生出题与作答情况，依次展示底数类比到了字母；指数类比到了字母；底数和指数全部换成了字母的情况．

最终呈现：$a^m \cdot a^n = (\underbrace{a \cdot a \cdot \cdots \cdot a}_{m \uparrow a}) \cdot (\underbrace{a \cdot a \cdot \cdots \cdot a}_{n \uparrow a}) = \underbrace{a \cdot a \cdot \cdots \cdot a}_{(m+n) \uparrow a} = a^{m+n}$

总结：同底数幂的乘法法——底数不变，指数相加.

评析：这个教学环节从数字运算开始，引导学生过渡到字母表示数字，培养学生的归纳推理能力，鼓励学生通过类比的方式总结同底数幂的乘法法则，培养了学生的合情推理能力；当学生尝试总结出法则之后，又要求学生证明这个法则的正确性，培养了演绎推理能力. 先猜想，再证明的过程也是我们研究数学问题的一般思路，该教学环节的设计很有新意，并不是常规地告知学生结论，而是让学生参与知识的生成过程，对学生推理能力的培养有一定的借鉴作用.

【拓展应用】

师：当 m、n、p 为正整数时，$a^m \cdot a^n \cdot a^p = ?$

生：$a^m \cdot a^n \cdot a^p = a^{m+n+p}$.

师：为什么呢？谁能来给大家解释一下？

生：$a^m \cdot a^n \cdot a^p = (\underbrace{a \cdot a \cdot \cdots \cdot a}_{m \uparrow a})(\underbrace{a \cdot a \cdot \cdots \cdot a}_{n \uparrow a})(\underbrace{a \cdot a \cdot \cdots \cdot a}_{p \uparrow a})$

$= a^{m+n+p}$.

师：还有别的证明方法吗？

师：三个数相乘的运算顺序是？

生：从左到右.

师：那我先算前两个，它俩相乘，结果为……

生：a 的 $(m+n)$ 次方

师：再与第三个相乘，是不是又符合两个的运算法则了，所以再次使用法则得到最后的结果，即 $a^m \cdot a^n \cdot a^p = (a^m \cdot a^n) \cdot a^p = a^{m+n} \cdot a^p = a^{m+n+p}$

评析：该教学环节从两个同底数幂相乘过渡到三个同底数幂相乘，通过类比归纳公式的过程培养了学生的归纳推理能力，而证明公式的过程，培养了其演绎推理能力. 对公式法则理解的扩展更有利于学生对法则的掌握.

【课堂练习】

例1 判断下列运算是否是"同底数幂的乘法运算"？如果是，请算出结果.

(1) $(-3)^2 \times (-3)^4$; (2) $3^5 \times 7^5$; (3) $x^5 + x^2$;

(4) $5^m \times 5^n = 5^{m+n}$; (5) $a \cdot a^6 = a^{1+6} = a^7$;

(6) $(a+b)^7 (a+b)^{13} = (a+b)^{7+13} = (a+b)^{20}$.

师：同学们，同底数幂的运算中，这个相同的底数可以是具体的数字，也可以是字母，还可以是代数式. 同学们在进行运算之前，一定要先判断这是什么运算，再选择对应的法则，我们接着再来一组判断正误.

练习：判断下列计算是否正确，并纠错.

(1) $a^3 \cdot a^2 = a^6$; (2) $b^4 \cdot b^4 = 2b^4$; (3) $x^5 + x^5 = x^{10}$;

(4) $m^2 + m^3 = m^5$.

例2 计算：

(1) $-x^2 \cdot x^5$; (2) $c^m \cdot c^{m+2} \cdot c^2$

评析：该环节通过设置一些简单的例题和练习，让学生加深对公式的理解和使用. 在教学过程中，教师要追问学生为什么，引导学生深入思考.

【应用数学】

师：同学们，数学来源于生活，也希望作用于生活，解决生活中的问题. 现在我们回到这节课刚开始提出的问题：据专家统计，1平方千米的土地上，一年内能从太阳得到的能量相当于燃烧10^2千克煤所产生的能量、已知长生桥中学大约占地面积为5×10^4平方千米，燃烧1千克煤会排放2.5千克二氧化碳，那么以长生桥中学的占地面积，一年内从太阳得到的能量可以实现减少二氧化碳排放量为多少千克？（请用科学记数法表示最后的结果）

解：$5 \times 10^4 \times 10^2 \times 2.5 = (5 \times 2.5) \times (10^4 \times 10^2) = 12.5 \times 10^6 = 1.25 \times 10^7$（千克）

答：可以实现减少二氧化碳排放量约为1.25×10^7千克.

师：这个减少量有1 250万千克.

放眼全国，我国约有 960 万平方千米，是我们长生桥中学的 1.92×10^8 倍，一年能减少二氧化碳排放量为 $1.25 \times 10^7 \times 1.92 \times 10^8 = 2.4 \times 10^{15}$（千克）. 这是多么庞大的一个数据.

因此开发利用新能源，功在当代，利在千秋.

评析：该环节与引入环节首尾呼应，体现了数学来源于生活，又作用于生活，并将本节课的主题升华，将德育放到了数学课堂中.

本堂课的优点在于通过真实场景让学生感受数学来源于生活，在知识的形成过程中，并不是由老师直接告知具体法则是什么，而是让学生参与了数学活动，通过类比归纳总结出法则，让学生体会了知识形成的过程. 对于学生归纳推理能力的培养，我们应该意识到，这种能力不是老师"教"的，而是学生在参与数学活动的过程中"悟"出来的. 因此，教学过程的设计一定要以培养学生归纳能力为主，而不是老师直接地讲授. 当归纳总结出法则以后，让学生来证明这个法则的正确性又是演绎推理能力的培养. 归纳和演绎对于数学推理来说是相辅相成、缺一不可的. 在中小学数学教育中，必须把归纳和演绎有机地结合起来，以便学生既能发现结论，又能验证结论（正确者给出演绎证明，错误者举出反例或采取演绎法证明其假），形成完整的数学推理能力[①].

6.4.2 教学案例 2

三角形的中位线

【创设情境】

提出一个实际问题：圣诞节到了，小丽请了三个朋友到家里作客，心灵手巧的她做了一个三角形的蛋糕，为了表达心意，小丽想把蛋糕分成大小形状完全相同的四块小三角形蛋糕，可是怎么分呢？

评析：本堂课从一个现实问题引入，激发学生学习兴趣，让学生体会数学的实用性，体会数学在生活中的作用.

---

① 王瑾，史宁中，史亮等. 中小学数学中的归纳推理：教育价值、教材设计与教学实施：数学教育热点问题系列访谈之六 [J]. 课程·教材·教法，2011，2（2）：58-63.

【探索新知1】

其实，这个实际问题可以抽象成数学问题——就是如何将一个三角形分成四个全等的小三角形？

由于全等的三角形面积必然相等，我们可以利用中线平分三角形面积的理论出发，取中点，进行分割的尝试（见图6-1）.

尝试一　　　　　尝试二　　　　　尝试三　　　……

图6-1

这些分法都无法实现全等的可能.

不如换一个思路，顺次连接各边中点，尝试一下（见图6-2）.

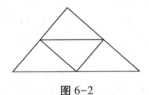

图6-2

成功了，看来，这种方法最靠谱.

但是数学是一门严谨的学科，光看上去全等不能说服大家，你能证明其全等吗？

评析：这个环节的设计有层次感，让学生尝试不同的方法来解决问题，通过不断地猜想，尝试后，找到最好的解决策略，锻炼了学生的合情推理能力.

【探索新知2】

我们把连接三角形两边中点的线段，叫做三角形的中位线.

中位线有什么性质特点呢？我们来动手操作一下吧.

做一个三角形，画出一条中位线，利用量角器可以量得这个角度为60°，再看看这个角，也为60°. 由同位角相等，两直线平行，推出三角形中位线平行于第三边；再来量一下长度，中位线长4 cm，第三边长8 cm，因此，三角形中位线的长度等于第三边的一半.

通过刚才的观察和测量，我们得出一个猜想：三角形中位线平行于第三边且长度等于第三边的一半.

如何证明呢？

首先，我们将猜想转化为数学问题：

已知：在 $\triangle ABC$ 中，D、E 分别为 AB、AC 的中点.

求证：$DE /\!/ BC$，$DE = \dfrac{1}{2} BC$.

师：想要证明平行且相等的关系，可以联想到什么图形？

生：平行四边形.

师：但是平行四边形是对边平行且相等，这里要证明一半的关系，怎么办呢？

生：可以把 DE 延长一倍，证明其与 BC 相等；

生：也可以尝试取 BC 中点，找到 BC 的一半，再证明其与 DE 相等.

师：我们今天来尝试一下第一种方法吧（见图6-3）.

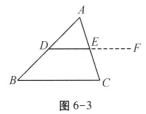

图 6-3

师：延长 DE 至 F，使得 $DE = EF$，接下来的证明目标是什么？

生：DF 平行且等于 BC.

师：也就是要证明四边形 $DFCB$ 为平行四边形，于是连接 FC（见图6-4）.

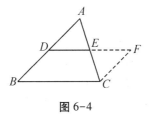

图 6-4

师：证明平行四边形有哪些方法？我们一起来回忆一下.

生：两组对边分别平行的四边形；两组对边分别相等的四边形；一组对边平行且相等的四边形；对角线互相平分的四边形，都是平行四边形.

师：我们要证的是 DF 平行且等于 BC，自然不能作为证明条件，所以现在的思路是什么呢？

生：证明 CF 平行且等于 BD，因为 D 为 AB 中点，所以 $AD = BD$，也可以证明 CF 平行且等于 AD.

∵ E 为 AC 中点

∴ $AE = EC$

由辅助线可知：$DE = EF$

再加上对顶角 $\angle AED = \angle CEF$

∴ $\triangle ADE \cong \triangle CEF$

∴ $AD = CF$，$\angle A = \angle ACF$

∴ AD 平行且等于 CF

分析完毕.

师：将分析过程倒推回来便得到证明过程.

证明：延长 DE 至 F，使得 $DE = EF$，连接 FC

易证 $\triangle ADE \cong \triangle CEF$

∴ AD 平行且等于 CF

∵ D 为 AB 中点

∴ $AD = BD$

∴ CF 平行且等于 BD

∴ 四边形 $DFCB$ 为平行四边形

∴ DF 平行且等于 BC

∴ DE 平行且等于 BC 的一半

师：这个证明方法通过添加辅助线把三角形的问题转化成了平行四边形的问题，体现了转化的数学思想.

师：刚才我们把 DE 延长一倍，通过补短证明了结论，而利用截长的思想，取 BC 的中点 F，连接 EF，由于中位线的性质还没有证明清楚，仅依靠这一条辅助线无法证明该结论.

师：我们通过严格的证明肯定了对三角形中位线性质的猜想，得到了三角形中位线的性质定理（见图6-5）.

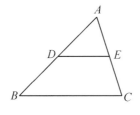

图 6-5

用几何语言表示如下：

∵ D 为 AB 中点，E 为 AC 中点

∴ $DE /\!/ BC$，$DE = \dfrac{1}{2} BC$

三角形的中位线有着特殊的位置和数量关系，可以用来解决相关问题.

评析：在几何学习中，很多几何结论需要通过观察、测量等方式得到，这是几何中特有的合情合理方式，这个教学环节清晰地呈现了这一过程. 而通过观察测量得到的结论只能算一个几何猜想，如果要形成定理或者推论还需要严格的几何证明. 所以得到三角形中位线的猜想之后又设计了一个证明环节，引导学生证明这一猜想，严格的几何证明过程培养了学生的演绎推理能力. 这个环节通过观察测量得到猜想，又严格地证明了猜想，形成结论，整个过程也是我们发现问题、研究问题、解决问题的过程，学生通过这个环节的学习不仅收获了知识，也学习到了研究几何问题的一般方法，培养了合情推理能力和演绎推理能力.

【应用数学】

研究清楚了分割线，也就是中位线的性质，让我们回到切蛋糕的问题，来证明一下这四个小三角形全等（见图6-6）.

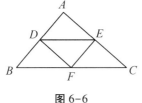

图 6-6

证明：∵ DE 为 △ABC 的中位线

∴ $DE /\!/ BC$，$DE = \dfrac{1}{2}BC$

∵ F 为 BC 中点

∴ $BF = \dfrac{1}{2}BC$

∴ $DE /\!/ BF$ 且 $DE = BF$

∴ 四边形 $DEFB$ 为平行四边形

∴ △$DEF \cong$ △FBD

同理：四个小三角形都全等.

就这样，我们利用三角形的中位线解决了分蛋糕的问题.

希望同学们也能善于观察，发现生活中的数学，运用数学解决生活中的问题.

评析：本节课从实际问题出发，最后以解决这个实际问题结束，首尾呼应，从问题中来，回到问题中去，在发现问题，解决问题的过程中既培养了推理能力，也体现了数学源于生活、用于生活的实用价值.

6.4.3 教学案例3

平均数

【章前引入】

播放大数据时代的宣传片：

随着数据和互联网的广泛应用，人类产生的数据量呈爆炸式增长，人类采集、存储和处理数据能力的大幅提升，使数据应用渗透到我们生活的每一个角落，我们经历了农耕时代、工业时代，现在正以前所未有的速度进入大数据时代.

设计意图：本环节通过一个短片为全章提供了一个大的现实背景，激发学生的学习兴趣.

在初一上学期，我们学习了数据的收集与整理，但是想要数据会说话，就离不开对数据的分析与量化. 接下来，让我们一起开始《数据的分析》这一章的学习.

场景一："选拔射箭运动员"

精英中学一年一度的运动会即将举行，大家都在积极地做着各项准备工作.

射箭是精英中学运动会的特色项目，每个班派一名同学参加，初一（1）班有三名候选人，为了选出合适的人选，老师统计了他们最近十次的射箭成绩并制成统计图（见图6-7）：

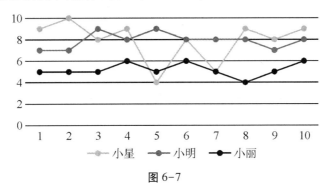

图6-7

提问1：谁的成绩更好？

追问1：你是如何得知的？

追问2：如何量化成绩更好？

设计意图：学生容易提出用平均数来体现哪个成绩更好；通过分析图表，引导学生认识到平均数体现了这组数据的集中趋势.

提问2：其实，小星和小明的平均成绩是一样的，如果让你选，你会选谁去参加比赛？为什么？

设计意图：学生容易提到小星的成绩波动较大. 随后指出：一组数据的波动情况体现了数据的离散程度，这一章将学习极差、方差、标准差来刻画数据的离散程度.

提问3：最后，老师选了小明去参加比赛，10名选手参加完预赛后的成绩见表6-1，成绩在中等偏上的同学可以参加决赛，请问小明可以参加决赛吗？

表 6-1　10 名选手成绩

选手	1 号	2 号	3 号	4 号	5 号	6 号	7 号	8 号	9 号	10 号
环数	7	6	7	5	9	7	6	5	8	4

设计意图：通过中等偏上这个文字描述引出中位数.

提问 4：这十名选手中打出哪一环的人数最多?

设计意图：引出众数.

边提问，边用动画展示本章的框架图，要求学生学会从具体数据、表格、统计图中展开分析，特别是在生活中经常出现的统计图.（见图 6-8）

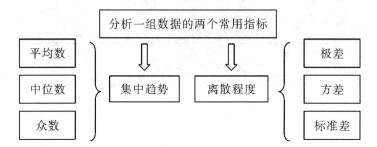

图 6-8　框架图

设计意图：在章前图添加了一个学生熟悉的运动会背景和问题情境，激发了学生的学习兴趣，通过四个提问和相关追问，揭示了本章的主要学习内容，搭建起了本章的学习框架图.

【创设情境】

继续上一个场景的提问：

提问 5：前面我们提到了小明和小星的平均成绩是一样的，如何计算小明和小星的平均成绩呢? 这就是本节课的学习内容——平均数.

设计意图：在同一个场景下继续设问，保证了学生思维的连贯性，通过一系列的设问，培养学生多角度分析问题的能力. 这个提问让学生回忆了算术平均数的概念和算法，并计算算术平均数.

一般地，对于 n 个数 x_1，x_2，$\cdots$，x_n，我们把 $\dfrac{1}{n}(x_1 + x_2 + \cdots + x_n)$

叫做这 n 个数的算术平均数，简称平均数，记为 $\bar{x}$，读作"x 拔".

提问 6：计算平均数时，有没有简便方法?

设计意图：以小明为例，引导学生整理数据："7"一共出现了 3 次，"9"一共出现了 2 次，"8"一共出现了 5 次，$\bar{x} = \dfrac{7 \times 3 + 9 \times 2 + 8 \times 5}{3 + 2 + 5}$. 让学生初步感受加权平均数的算法，加权可以表示频数（数据出现的次数），这个时候不提加权平均数的概念.

场景二："选择助理裁判"

参赛运动员们积极准备着自己的项目，体育老师也在筹备着裁判工作. 由于人手问题，体育老师准备在两名体育特长生中选一名当助理裁判，分别对他们进行了裁判理论测试和体能测试，得到成绩见表 6-2：

表 6-2　测试成绩

姓名	理论测试/分	体能测试/分	最终成绩/分
易小联	90	80	84
姚小明	80	90	86

提问 1：两名同学的两项成绩分别都是 80 和 90，为什么最终成绩不一样？

设计意图：制造认知冲突，让学生初步体会生活中"权"的存在.

提问 2：平均成绩不一样的原因是体育老师让理论测试和体能测试以 2：3 的比例确定最终成绩. 那么易小联的最终成绩是如何计算得到的？

设计意图：学生通过列式 $\dfrac{90 \times 2 + 80 \times 3}{2 + 3} = 84$ 计算，初步感受加权平均数的算法.

追问：为什么体育老师让理论测试和体能测试以 2：3 的比例确定最终成绩？

设计意图：学生容易想到体能测试更重要，这个追问让学生初步感受到数据越重要，赋予的"权"就越大，为后续引导学生自己总结加权平均数的算法做好铺垫.

场景三："选拔现场直播的小记者"

例 1　精英中学初一（2）班准备采用手机直播的方式跟家长们分享运动赛事，现在需要一名小记者进行现场直播. 老师组织大家对三位报名同学进行了语言表达能力、应变能力和形象三方面的评比，他们的各项成绩（百分制）见表6-3：

表6-3 评比成绩

姓名	语言表达能力/分	应变能力/分	形象/分
张小萌	65	72	85
李小乐	82	73	64
赵小优	84	63	72

（1）如果根据三项评比的平均成绩确定小记者人选，应该选谁？

解：张小萌的平均成绩为 $\dfrac{65+72+85}{3}=74$（分）

李小乐的平均成绩为 $\dfrac{82+73+64}{3}=73$（分）

赵小优的平均成绩为 $\dfrac{84+63+72}{3}=73$（分）

$\because 74>73$

$\therefore$ 应该选张小萌

（2）分析张小萌的三项评比成绩，你觉得她来当小记者合适吗？为什么？

（3）小组讨论：请根据三项评比的重要程度制定新的评选方案.

设计意图： 例1的（1）问测试学生计算算术平均数的能力.（2）问制造认知冲突，学生容易看到张小萌的形象很好，但是语言表达能力差，担任小记者并不合适.（3）问让学生分组讨论，由于场景二的铺垫，学生容易提出让三种能力占比不同来解决问题. 这个方案的制定让学生自由发言，不需要学生对哪种能力更重要达成一致，只需要他们感知到能力越重要，占比越大就够了. 最终，通过全班举手表决的方式，决定三种能力的占比，再来计算平均成绩，例如三种能力占比3：2：1，提问学生，如何计算张小萌的平均成绩，展示张小萌平均成绩的计算方法：$\dfrac{65\times3+72\times2+85\times1}{3+2+1}$. 此时，学生已经自己得出加权平均数的计算方法了，只是还不知道相关概念，这时再提出"权"和加权平均数的概念，学生的认识将会更加深刻.

总结：在实际问题中，我们经常会遇到"重要程度"不同的一组数据，在计算平均数时，往往给每个数据一个"权"，代表这个数据的"重要程度".

《孟子·梁惠王上》中提到，"权，然后知轻重"，这里的"权"指的是秤砣，意思是秤砣可以用来权衡物体的轻重，于是由此延伸来解释数学中"权"的意义.

比如，在刚才这个问题中，"3"就是语言表达能力的"权"，"2"就是应变能力的"权"，"1"就是形象的"权".

一般而言，一组数据 x_1，x_2，$\cdots$，x_n，分别赋予它们的"权"为 f_1，f_2，$\cdots$，f_n，则这组数据的平均数为 $\bar{x} = \dfrac{x_1 f_1 + x_2 f_2 + \cdots + x_n f_n}{f_1 + f_2 + \cdots + f_n}$，这个平均数称为加权平均数.

设计意图：根据学生自己列的式子，对应总结什么是"权"，从列式中提炼出加权平均数的计算公式，这个过程完全交给学生完成，培养学生的抽象归纳能力.

请同学们计算出这个方案下，李小乐和赵小优的平均成绩，并确定最终人选.

设计意图：让学生利用加权平均数来进行计算，加深对概念的理解，同时算出最终人选是李小乐.

由于学生在设计评选方案时有不同意见，所以本人利用预先设计好的 excel 表格，通过改变"权"的数据，来展示其他部分方案的结果（见图6-9）：

选拔现场直播的小记者							
姓名	语言表达能力	权	应变能力	权	形象	权	最终成绩
张小萌	65	3	72	1	85	1	70.4
李小乐	82	3	73	1	64	1	76.6
赵小优	84	3	63	1	72	1	77.4

选拔现场直播的小记者							
姓名	语言表达能力	权	应变能力	权	形象	权	最终成绩
张小萌	65	5	72	3	85	2	71.1
李小乐	82	5	73	3	64	2	75.7
赵小优	84	5	63	3	72	2	75.3

图6-9

设计意图：一是尊重学生的选择，二是让学生看到，"权"对加"权"平均数的影响. 当权不同时，最后选出的人选也可能不同.

【变式练习】

课堂练习：课本 P138、随堂练习 2.

某校规定学生的体育成绩由三部分组成：早锻炼及体育课课外活动表现占成绩的 20%，体育理论测试占 30%，体育技能测试占 50%. 小颖的上述三项成绩依次是：92 分，80 分，84 分，则小颖这学期的体育成绩是多少？

设计意图： $\bar{x} = \dfrac{92 \times 20\% + 80 \times 30\% + 84 \times 50\%}{20\% + 30\% + 50\%}$，通过这个练习，加深学生对加权平均数的理解，同时把"权"的百分数表达形式给学生展示出来.

【总结归纳】

将场景一中小明平均成绩的计算列式 $\bar{x} = \dfrac{7 \times 3 + 9 \times 2 + 8 \times 5}{3 + 5 + 2}$，场景三的例 1（3）问中张小萌平均成绩的计算列式 $\bar{x} = \dfrac{65 \times 3 + 72 \times 2 + 85 \times 1}{3 + 2 + 1}$ 和变式练习的计算列式 $\bar{x} = \dfrac{92 \times 20\% + 80 \times 30\% + 84 \times 50\%}{20\% + 30\% + 50\%}$ 综合到一起，总结"权"的三种常见表现形式：频数（数据出现的次数）、比例、百分比，同时也指出"权"还有其他形式，将在下节课继续学习.

设计意图： 将本节课已经解决的几个问题串联起来，引导学生总结归纳"权"的主要表现形式，培养归纳总结的能力.

提问：我们学习了算术平均数和加权平均数，它们之间有什么联系和区别呢？

设计意图： 学生自由发言，尊重学生的主体地位.

当各个数据重要程度不同时，用加权平均数；当各个数据重要程度相同时，即 $f_1 = f_2 = \cdots = f_n = f$ 时，

$\bar{x} = \dfrac{x_1 f + x_2 f + \cdots + x_n f}{nf} = \dfrac{x_1 + x_2 + \cdots + x_n}{n}$，算术平均数其实是加权平均数的特殊情况（见图 6-10）.

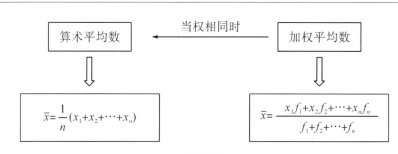

图 6-10

【课堂小结】

提问 1：通过本节课的学习，你收获了哪些知识？

提问 2：通过本节课的学习，你有什么感悟？

教师总结：爱迪生曾说"天才就是 1% 的灵感加上 99% 的汗水"．勤奋努力的"权力"要大得多．希望同学们在今后的学习中，放大勤奋努力的"权"，收获属于自己的成功．

设计意图：让学生畅所欲言，构建知识框架，锻炼表达能力．老师在总结时可把德育渗透到数学教学中．同时指出，用来刻画数据的集中趋势的统计量除了平均数，还有中位数和众数，为后续知识的学习作一个铺垫（见图 6-11）．

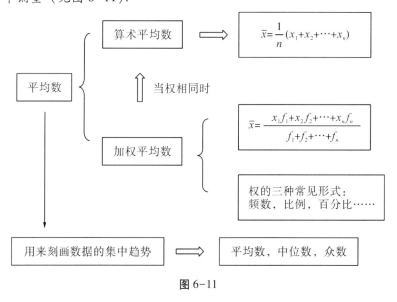

图 6-11

【课后作业】

必做题：课本 P138、习题 6.1.

小组合作作业：请小组讨论，下一节课展示.

场景三的延续

小组讨论：每次运动会闭幕时，获得名次的班级都会选一名代表上台领奖并发言. 请小组讨论，设计合理的权并通过计算从这三名同学（见表 6-4）中确定担任领奖和发表获奖感言的"形象大使"的人选.

表 6-4　得分情况

姓名	语言表达能力/分	应变能力/分	形象/分
张小萌	65	72	85
李小乐	82	73	64
赵小优	84	63	72

设计意图：必做题是比较基础的作业. 考虑到上课时间问题，把这个小组合作作业安排在了课后，目的是让学生学以致用，利用今天所学知识解决实际问题，同时再次感受"权"对平均数的影响. 以小组活动的形式安排作业，培养学生的合作探究能力. 这个讨论结果将在下一节课让学生展示，培养学生的表达能力.

评析：本节课的设计本着以学生为主体的原则，在教材的基础上进行了改编和重组，以学生熟悉的运动会为背景，设置了三个不同的场景展开教学，通过启发式、探究式的教学，引导学生发现问题、解决问题，体会归纳总结的过程，让学生自然地生成概念，充分尊重了学生的主体地位，激发学生的兴趣浓厚. 在学生生成概念的过程中培养了合情推理能力，而公式的证明则培养了学生的演绎推理能力.

在教学的设计和实施过程中，着重培养学生多角度思考问题的能力、有条理的表达能力、计算能力、归纳总结的能力，以及与同学的协同合作能力，发展学生的核心素养.

由于本节课是本章的起始课，对本章学习起着引领作用. 因此，笔者改编了教材的章前图，利用场景一的设问构建了本章的知识框架图，让学生不再零散地学习，而是提前知晓了本章的主要学习内容，做到心中有数，了解单元整体的教学思路.

在作业布置中，也尝试创新设计作业，除了常规的基础作业外，延续了课堂中场景三的追问，提出了一个开放性问题，让学生分小组合作完成，并要求在下一节课中展示，培养他们的合作探究能力和表达能力，也力求体现课程的连续性.

6.4.4　教学案例 4

平面图形的镶嵌

【创设情境】

一上课教师就引用毕达哥拉斯的名言："数是美的本源，一切艺术皆来自数."直接点明今天的主题是数学与艺术.

紧接着播放埃舍尔的作品视频（截图见图 6-12），调动学生的学习兴趣和积极性，为新课的开展创造良好的教学氛围.

图 6-12

提问 1：刚刚我们看到了埃舍尔这两幅画的形成过程，可以发现他最开始只画了一匹马，是吗？

提问 2：他是如何通过一匹马得到一幅画的？

提问 3：请同学们观察，马与马之间有空隙吗？有重叠吗？

再看下边的画（见图6-13）.

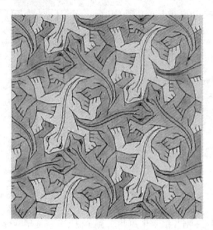

图6-13

提问4：这幅画又是怎么由一只壁虎得到的？壁虎之间有空隙吗？有重叠吗？

像这样，用形状大小相同的一种或几种平面图形进行拼接，彼此之间不留空隙，不重叠地铺成一片就叫做平面图形的镶嵌. 请注意定义中的关键词：不留空隙、不重叠.

同学们，埃舍尔只有一个，小小埃舍尔可以有很多个，接下来，让我们一起探索如何画出埃舍尔风格的平面镶嵌画.

评析：本节课从埃舍尔的作品视频引入，让学生直观感受美，之后抽丝剥茧地来研究其中两幅名画，让学生感受到艺术和数学的相关性，激发学生的学习兴趣.

【探索新知1】

要研究平面图形的镶嵌，我们从正多边形开始：

活动1：让同学们以小组为单位，利用手上的正多边形纸板见图6-14展开探索. 在探索过程中让学生思考：1、哪些正多边形可以镶嵌？2、能够镶嵌的图形的拼接点有什么特点？

图6-14

探索完毕后，请小组代表上台发言，归纳总结.

学生归纳总结如下：正三角形的拼接点有 6 个正三角形，$6 \times 60° = 360°$；正四边形的拼接点有 4 个正四边形，$4 \times 90° = 360°$；正六边形的拼接点有 3 个正六边形，$3 \times 120° = 360°$，因此多边形能否镶嵌的关键是看拼接点处能不能拼成 360 度.

活动 2：正多边形的镶嵌研究清楚了，那一般多边形在满足什么条件下能够镶嵌呢？先来研究三角形（见图 6-15）.

图 6-15

提问 1：同学们从哪个地方入手呢？

情况 1：我们可以将其铺成一个平行四边形，利用它的平移进行镶嵌密铺；

情况 2：若拼接点的角度和恰为 360°，它就可以进行平面镶嵌

活动 3：任意的四边形（见图 6-16）如何镶嵌密铺？

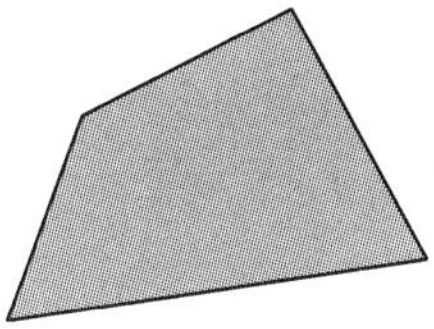

拼接点 4 个角恰为四边形四个内角，所以加起来 360°，一定可以镶嵌.

图 6-16

归纳：任意的四边形可以镶嵌密铺，之前学过的所有特殊平行四边形都可以镶嵌密铺

活动 4：推广到任意五边形，可以镶嵌吗？

生：五边形的内角和是 540°，用五个内角一定拼不出 360°.

其实，经数学家研究，目前仅有 15 种五边形可以镶嵌，所以并不是任意的五边形都可以. 有兴趣的同学可以下来再研究一下.

评析：本环节从最简单的正多边形入手，让学生动手操作，归纳总结出能进行平面镶嵌的图形的特点，之后又研究一般的三角形. 一般的四边形和一般的五边形，从特殊到一般，既锻炼了学生的类比归纳能力，又培养了合情推理能力.

在实验探索、分析、归纳得出规律的过程中，学生不仅明白这个规律是怎么得出来的，并且也知道为什么有些图形不符合，将认识由感性上升到理性.

【探索新知2】

活动5：刚刚研究了同种多边形，那两种及两种以上的多边形镶嵌密铺又是怎么回事儿呢？我们以边长相等的正三角形和正六边形为例（见图6-17），大家动手操作一下.

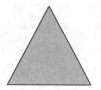

图6-17

学生可能总结出2个六边形、2个三角形可以镶嵌，或者4个三角形、1个六边形可以镶嵌.

提问1：观察拼接点，得到360°了吗？

生：2×60+2×120=360；4×60+1×120=360. 得到了.

提问2：除了用这两种组合拼成360°，还有没有其他组合呢？假设有m个正三角形和n个正六边形可以镶嵌，那么m，n应满足什么条件？

列出方程60m+120n=360，化为m+2n=6，解为：当m=2时，n=2；当m=4时，n=1. 因此正三角形和正六边形的组合就只有这两种.

追问：如果是正三角形和正方形（见图6-18）可以镶嵌吗？怎么验证？

图6-18

生：设a个正三角形和b个正方形可以构成360°，

既得：60a+90b=360

化简的：2a+3b=12，$\therefore a=6-\dfrac{3}{2}b$

因此，b为偶数，解得：当b=2时，a=3

所以三个正三角形与两个正方形也可以进行平面镶嵌.

感兴趣的同学，可以根据这个原理探索更多的多边形镶嵌组合.

评析：本环节在一种图形进行平面镶嵌的基础上，引导学生合作探究能否用两种或两种以上的正多边形进行平面镶嵌，先给出纸板让学生观察、操作，得出结论，培养了学生的归纳能力，发展了合情推理能力. 紧接着，提出是不是只有这两种拼接方式，将问题直接提升到了数学层面，而通过不定方程证明了确实只有这两种拼接方式，培养了学生的演绎推理能力，而整个环节让学生动手操作，探索，归纳总结出结论后又提出证明的要求符合数学学习的特点，发现问题—分析问题—解决问题.

【探索新知3】

探索1：刚刚我们探究的都是多边形，那么像这样的不规则图形（见图6-19）可以镶嵌吗？怎么镶嵌的？

图 6-19

提问1：你认为这个不规则图形与哪个图形有关？

生：有点像平行四边形.

师：我们可以通过割补的方式让它变成平行四边形（见图6-20），然后通过平移平行四边形来进行镶嵌.

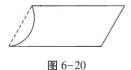

图 6-20

总结：如果一个图形通过平移可以镶嵌，那么将这个图形上的一部分切割下来并进行平移，得到的组合图形仍可以镶嵌.

探索2：如图6-21所示的图形可以镶嵌吗？怎么镶嵌的？

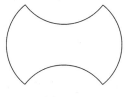

图 6-21

提问 1：这个图形跟哪个常规图形有关？

生：矩形.

师：这个图形可以通过割补旋转的方式变成一个矩形（见图 6-22），此时因为四边相等，所以最终变成了一个正方形，于是可以通过旋转进行镶嵌.

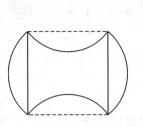 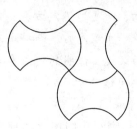

图 6-22

总结：如果一个图形通过旋转可以镶嵌，那么将这个图形上的一部分切割下来并旋转，得到的组合图形仍可以镶嵌. 因此平面镶嵌图形常常是在已有镶嵌图案的基础上，通过变换产生的.

评析：本环节在常规图形的基础上进行割补变形后，可以进行平面镶嵌. 本环节的设计是先给出变形后的图形，再来找与此图形相关联的常规图形，用动态课件展示变换过程，学生在探索过程中总结规律和方法，培养其合情推理能力.

【应用新知】

回到最开始的埃舍尔的作品中，为什么这样的一匹马或一只壁虎就可以进行平面镶嵌呢？

（播放变换视频）

视频将动态展示马通过平移实现平面镶嵌；而壁虎则通过旋转和平移实现了平面镶嵌.

创新活动：现在，请大家像埃舍尔这样，利用学过的变换，在纸上创造出以正方形为原型的美丽的平面镶嵌图形.

学生创作完成后，用投影展示学生作品，同时提问学生作品的创作过程，是通过什么样的变换实现了平面镶嵌.

评析：本环节的设计旨在培养学生学以致用的能力，学生通过设计作品，应用了几何变换知识，也理解了平面镶嵌的原则. 让学生上台展示并描述变换过程，培养了学生的表达能力，体现了用数学创造美的主题思想.

【课堂小结】

课堂的最后，请同学们谈谈本节课的收获?

学生可以自由发言，谈知识、谈收获、谈创作都可以，对学生的回答要给予肯定和鼓励.

最终结合学生回答总结:

（1）多边形平面镶嵌的条件；　　（2）哪些图形可以进行镶嵌；（3）如何（利用变换）构造基本镶嵌图形；（4）数学思想（从特殊到一般、从现象到本质，数形结合）.

希望大家通过今天这节课的学习，也能在数学的世界发现美，从数学的角度感受美，用数学的知识创造美.

评析：本环节希望学生能学有所获，通过总结归纳今天的学习内容，培养学生的归纳、类比等合情推理能力.

这堂课是北师大版八年级下册的《综合与实践》内容，课标中已将综合实践活动作为数学学习的一个重要组成部分，综合与实践是一种研究型的学习方式，具有开放性、自主性、探究性等特征. 本节课基于学生学习了"四边形、特殊四边形的基本性质"和"多边形内角和、外角和定理"等知识的基础上，进一步解决生活中的实际问题，教学中通过合理的问题设置，让学生能通过观察分析、操作、交流、研讨等活动来发现平面图形镶嵌的条件. 在探索过程中发展了学生的推理能力.

6.5　基于推理能力的试题研究

6.5.1　关于合情推理的试题命制

在推理能力的培养过程中，合情推理是一项重要的能力. 合情推理是指基于情感和直觉进行推理的能力，它不仅仅依赖于对逻辑和事实的分析，更关注于个体的情感体验和认知. 因此，合情推理在试题命制中起着重要的作用.

在数学试题的命制中，我们可以运用例证推理的方式来命制试题. 例证推理是指通过举例子来进行推理的方法. 在试题命制中，可以通过给出一个或多个具体的例子，要求考生通过观察和分析例子中的规律、特点，推理出一个普遍的结论或者解释.

关于合情推理能力的考察多以归纳法则、寻找规律、提出猜想等题型呈现.

6.5.1.1 归纳法则题型

【例1】阅读材料，探究规律，回答下列问题：

甲同学说："我定义了一种新的运算，叫 ∗（加乘）运算."然后他写出了一些按照 ∗（加乘）运算的运算法则进行运算的算式：（+2）∗（+3）= +5；（-1）∗（-9）= +10；（-3）∗（+6）= -9；（+4）∗（-4）= -8；0 ∗（+1）= 1；0 ∗（-7）= 7. 乙同学看了这些算式后说："我知道你定义的 ∗（加乘）运算的运算法则了."聪明的你也明白了吗？

（1）请你根据甲同学定义的 ∗（加乘）运算的运算法则，计算下列式子：（-2）∗（-7）= _____；（+4）∗（-3）= _____；0 ∗（-5）= _____.

请你尝试归纳甲同学定义的 ∗（加乘）运算的运算法则：

两数进行 ∗（加乘）运算时，_____.

特别地，0 和任何数进行 ∗（加乘）运算，_____.

（2）我们知道有理数的加法可满足交换律和结合律，这两种运算律在甲同学定义的 ∗（加乘）运算中还适用吗？请你任选一个运算律，判断它在 ∗（加乘）运算中是否适用，并举例验证.（举一个例子即可）

【解答】

解：（1）（-2）∗（-7）= +9，（+4）∗（-3）= -7，0 ∗（-5）= 5，两数进行 ∗（加乘）运算时，同号为正，并把绝对值相加，异号为负，并把绝对值相加；0 和任何数进行 ∗（加乘）运算，结果是这个数的绝对值.

故答案为：+9，-7，5，同号为正，并把绝对值相加，异号为负，并把绝对值相加，等于这个数的绝对值．

解：（2）符合有理数的加法交换律，因为（-2）＊（-7）=+9，（-7）＊（-2）=+9，

所以（-2）＊（-7）=（-7）＊（-2），

即满足有理数的加法交换律．

【例2】探究规律，完成相关题目．

定义"＊"运算：

（+2）＊（+4）=+（2^2+4^2）；

（-4）＊（-7）=［（-4）^{2}+（-7）^{2}）］；

（-2）＊（+4）=-［（-2）^{2}+（+4）^{2}）］；

（+5）＊（-7）=-［（+5）^{2}+（-7）^{2}）］；

0＊（-5）=（-5）＊0=（-5）^{2}；

0＊0=0^2+0^2=0

（+3）＊0=0＊（+3）=（+3）^{2}

（1）计算：

① （-1）＊（-1）；

② （-1）＊［0＊（-2）］；

（2）归纳＊运算的法则（文字语言或符号语言均可）：两数进行＊运算时，＿＿＿＿＿＿＿＿＿＿；特别地，0和任何数进行＊运算，或任何数和0进行＊运算，＿＿＿＿＿＿＿＿＿＿；

（3）是否存在整数m，n，使得（$m-1$）＊（$n+2$）=-2，若存在，求出$m-n$的值，若不存在，说明理由．

【解答】

解：（1）① （-1）＊（-1）=+［（-1）^{2}+（-1）^{2}］=2；

② （-1）＊［0＊（-2）］=（-1）＊（+4）=-［（-1）^{2}+（+4）^{2}］=-17；

解：（2）归纳＊运算的法则：两数进行＊运算时，同号得正，异号得负，并把两数的平方相加．特别地，0和任何数进行＊运算，或任何数和0进行＊运算，等于这个数的平方．

故答案为：同号得正，异号得负，并把两数的平方相加；等于这个数的平方；

解：（3）存在，

∵ $(m-1)*(n+2)=-2$

∴ $(m-1)$ 与 $(n+2)$ 异号，$(m-1)^2+(n+2)^2=2$，

∵ m，n 是整数，

∴ $m-1=-1$，$n+2=1$ 或者 $m-1=1$，$n+2=-1$

∴ $m=0$，$n=-1$ 或 $m=2$，$n=-3$

∴ $m-n=1$ 或 $m-n=5$

评析：这一类例题涉及让学生自己归纳运算法则，考查了学生归纳和类比的推理能力．

6.5.1.2 寻找规律题型

【例1】如图6-23所示，用若干根相同的小木棒拼成图形，拼第1个图形需要 6 根小木棒，拼第 2 个图形需要 14 根小木棒，拼第 3 个图形需要 22 根小木棒……若按照这样的方法拼成的第 2 022 个图形需要_____根小木棒．

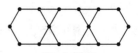

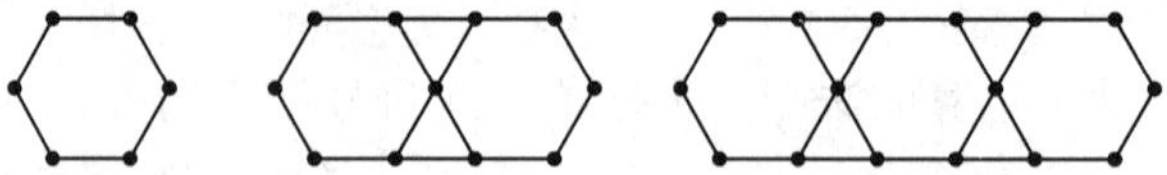

第1个图形　　第2个图形　　　　第3个图形

图 6-23

【解答】

解：根据所给的图形可知，

拼成 1 个图形需要的小木棒的根数为：$6=1\times8-2$；

拼成 2 个图形需要的小木棒的根数为：$14=2\times8-2$；

拼成 3 个图形需要的小木棒的根数为：$22=3\times8-2$；

……

所以拼成 2 022 个图形需要的小木棒的根数为：$2\,022\times8-2=16\,174$．

故答案为：16 174.

【例2】化学中把仅有碳和氢两种元素组成的有机化合物称为碳氢化合物，又叫烃，如图 6-24 所示是部分碳氢化合物的结构式，第 1 个结构式中有 1 个 C 和 4 个 H，分子式是 CH_4；第 2 个结构式中有 2 个 C 和 6 个 H，分子式是 C_2H_6；第 3 个结构式中有 3 个 C 和 8 个 H，分子式是 C_3H_8；按照此规律，回答下列问题：

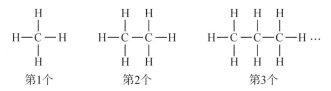

图 6-24

（1）第 5 个结构式的分子式是_____；

（2）在第 n 个结构式的分子式是_____；

（3）试通过计算说明分子式为 $C_{2023}H_{4048}$ 是否属于上述的碳氢化合物.

【解答】解：

（1）根据题意得，第一个结构式为 $CH_4 = CH_{2\times1+2}$，

第二个结构式为 $C_2H_6 = C_2H_{2\times2+2}$，

第三个结构式为 $C_3H_8 = C_3H_{2\times3+2}$，

第四个结构式为 $C_4H_{10} = C_4H_{2\times4+2}$，

第五个结构式为 $C_5H_{12} = C_5H_{2\times5+2}$，

故答案为：C_5H_{12}；

（2）由（1）可得：若含有 n 个 C，则第 n 个化学式为 C_nH_{2n+2}.

故答案为：C_nH_{2n+2}；

（3）由题意可得：$2n+2 = 4\ 048$，

解得：$n = 2\ 023$，

故 $C_{2\ 023}H_{4\ 048}$ 属于上述的碳氢化合物.

【例3】探索规律：

（1）计算并观察下列每组算式：

$\begin{cases} 8 \times 8 = \underline{\hspace{2cm}} \\ 7 \times 9 = \underline{\hspace{2cm}} \end{cases}$，$\begin{cases} 5 \times 5 = \underline{\hspace{2cm}} \\ 4 \times 6 = \underline{\hspace{2cm}} \end{cases}$，$\begin{cases} 12 \times 12 = \underline{\hspace{2cm}} \\ 11 \times 13 = \underline{\hspace{2cm}} \end{cases}$；

（2）已知 $25 \times 25 = 625$，那么 $24 \times 26 = \underline{\hspace{2cm}}$；

（3）请用代数式把你从以上的过程中发现的规律表示出来：$\underline{\hspace{2cm}}$

【解答】解：（1）$\begin{cases} 8 \times 8 = 64 \\ 7 \times 9 = 63 \end{cases}$，$\begin{cases} 5 \times 5 = 25 \\ 4 \times 6 = 24 \end{cases}$，$\begin{cases} 12 \times 12 = 144 \\ 11 \times 13 = 143 \end{cases}$；

（2）已知 $25 \times 25 = 625$，那么 $24 \times 26 = 624$；

（3）根据题意得：$n^2 = (n+1)(n-1) + 1$.

【例4】如果今天是星期天，那么再过 2^{100} 是星期几？大家都知道，一个星期有 7 天，要解决这个问题，我们只需知道 2^{100} 被 7 除的余数是多少，假设余数是 1，因为今天是星期天，那么再过这么多天就是星期一；假设余数是 2，那么再过这么多天就是星期二；假设余数是 3，那么再过这么多天就是星期三.

因此，我们就用下面的实践来解决这个问题. 首先通过列出左侧的算式，可以得出右侧的结论：

（1）$2^1 = 0 \times 7 + 2$ 显然 2^1 被 7 除的余数为 2；

（2）$2^2 = 0 \times 7 + 4$ 显然 2^2 被 7 除的余数为 4；

（3）$2^3 = 1 \times 7 + 1$ 显然 2^3 被 7 除的余数为 1；

（4）$2^4 = 2 \times 7 + 2$ 显然 2^4 被 7 除的余数为 2；

（5）$2^5 = \underline{\hspace{2cm}}$，显然 2^5 被 7 除的余数为 $\underline{\hspace{2cm}}$；

（6）$2^6 = \underline{\hspace{2cm}}$，显然 2^6 被 7 除的余数为 $\underline{\hspace{2cm}}$；

（7）$2^7 = \underline{\hspace{2cm}}$，显然 2^7 被 7 除的余数为 $\underline{\hspace{2cm}}$.

然后仔细观察右侧的结果所反映出的规律，我们可以猜想出 2^{100} 被 7 除的余数是 $\underline{\hspace{2cm}}$. 所以，再过 2^{100} 天必是星期 $\underline{\hspace{2cm}}$.

【解答】

解：（5）∵ $2^5 = 32 = 4 \times 7 + 4$，∴ 2^5 被 7 除的余数为 4；

（6）∵ $2^6 = 64 = 9 \times 7 + 1$，∴ 2^6 被 7 除的余数为 1；

（7）∵ $2^7 = 128 = 18 \times 7 + 2$，∴ 2^7 被 7 除的余数为 2；

对于 2^n，当 n 分别取 1，2，3，…时，

所对应的余数分别为 2，4，1，2，4，1，2，4，…

$100 \div 3 = 33 \cdots 1$

由此可得：2^{100} 被 7 除的余数是 2；

∵ 今天是星期天，

∴ 再过 2^{100} 天必是星期二；

∵ 今天是星期四，

∴ 再过 2^{100} 天必是星期六.

故答案为：$4 \times 7 + 4$，4；$9 \times 7 + 1$，1；$18 \times 7 + 2$，2；2；二；六.

【例 5】将正偶数按表 6-5 排列：

表 6-5　例表

	第 1 列	第 2 列	第 3 列	第 4 列
第 1 行	2			
第 2 行	4	6		
第 3 行	8	10	12	
第 4 行	14	16	18	20
…				

根据上面的规律，则 2012 所在行、列分别是_____，_____.

【解答】

解：根据规律有，

第 1 行最后一个数为：$1 \times 2 = 2$；

第 2 行最后一个数为：$(1+2) \times 2 = 6$；

第 3 行最后一个数为：$(1+2+3) \times 2 = 12$；

……；

第 n 行最后一个数为：$(1+2+3+\cdots+n)\times2=n(n+1)$；

$44\times45=1980<2012<2070=45\times46$

$2012-1980=32$，$32\div2=16$

∴ 2012 在第 45 行，第 16 列.

故答案为：45；16.

【例6】观察如下数阵（见表6-6），请问位于第 9 行、第 10 列的数是（　　）.

表6-6　例表

1	-2	9	-10	25	...
-4	3	-8	11	-24	...
5	-6	7	-12	23	...
-16	15	-14	13	-22	...
17	-18	19	-20	21	...
...	...	...	...	...	...

A. -74　　B. 90　　C. -90　　D. 74

【解答】

解：由 1 行 1 列的数字是 $1^2-0=1^2-(1-1)=1$，

2 行 2 列的数字是 $2^2-1=2^2-(2-1)=3$，

3 行 3 列的数字是 $3^2-2=3^2-(3-1)=7$，

……

n 行 n 列的数字是 $n^2-(n-1)=n^2-n+1$，

所以第 10 行 10 列的数字是 $10^2-10+1=91$，

根据数字变化顺序，得出第 10 行 10 列的数字上面一个是第 9 行第 10 列的数.

因此第 9 行第 10 列的数字是：-90.

故选：C.

评析：这类例题主要通过图形，算式，数阵等形式呈现，要求学生通过观察，计算找出规律并解决问题，考查了学生合情推理能力.

6.5.1.3 提出猜想题型

【例1】在△ABC 中，∠ACB = 2∠B，

（1）如图 6-25 中图①所示，当∠C = 90°，AD 为∠BAC 的平分线时，在 AB 上截取 AE = AC，连接 DE，猜想线段 AB，AC，CD 之间有怎样的数量关系？并证明.

（2）如图 6-25 中图②所示，当∠C ≠ 90°，AD 为△ABC 的角平分线时，线段 AB，AC，CD 之间又有怎样的数量关系？不需要说明理由，请直接写出你的猜想.

（3）如图 6-25 中图③所示，当∠ACB ≠ 90°，AD 为△ABC 的外角平分线时，线段 AB、AC、CD 之间又有怎样的数量关系？请写出你的猜想，并对你的猜想进行说明.

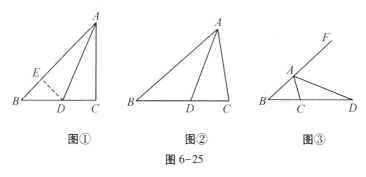

图①   图②   图③

图 6-25

【解答】

解：（1）在△ADE 和△ADC 中，

$$\begin{cases} AE = AC, \\ \angle EAD = \angle DAE, \\ AD = AD \end{cases}$$

∴ △ADE ≌ △ADC（SAS）

∴ ∠AED = ∠C，ED = CD

又∵ ∠AED = ∠ACB，∠ACB = 2∠B

∴ ∠AED = 2∠B

∴ ∠B = ∠BDE

∴ AB = AC + CD

解：（2）AB = CD + AC.

解：（3）$AB = CD - AC$，理由如下：

在 AF 上截取 $AG = AC$，连接 DG，如图 6-26 所示，

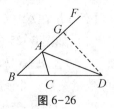

图 6-26

∵ AD 为 $\angle FAC$ 的平分线，

∴ $\angle GAD = \angle CAD$

在 △ADG 和 △ACD 中

$AG = AC$

$\angle GAD = \angle CAD$

$AD = AD$

∴ △$ADG \cong$ △ACD（SAS）

∴ $CD = GD$，$\angle AGD = \angle ACD$

∴ $\angle ACB = \angle FGD$

∵ $\angle ACB = 2\angle B$

∴ $\angle FGD = 2\angle B$

又∵ $\angle FGD = \angle B + \angle GDB$

∴ $\angle B = \angle GDB$

∴ $BG = DG = DC$

则 $AB = BG - AG = CD - AC$

评析：这类例题是几何中的常考题型，不断地变换条件，看是否能得出同样的结论，其中（1）小问要求证明，是考查演绎推理能力的典型问题；（2）小问要求提出猜想就是一种合情推理能力的考查，而（3）小问不仅要求猜想，同时要求证明，既考查了合情推理能力，同时也考查了演绎推理能力. 这种题型通过不断地变式来研究类似的问题，本身就是一种类比推理能力的培养，教给了学生研究几何的思路.

6.5.2　关于演绎推理的试题命制

演绎推理是推理能力的重要组成部分，也是考试中经常出现的题型. 在设计演绎推理试题时，我们需要注意以下几个方面.

第一，明确演绎推理的概念及其特点. 演绎推理是指通过已知的前提条件，运用逻辑规则和推理方法，得出结论的过程. 它具有严密性、可靠性和规范性的特点. 因此，演绎推理试题需要明确规定前提条件，让学生

基于这些前提条件进行推理，以得出正确的结论.

第二，合理设计前提条件. 在构建演绎推理试题时，前提条件的设计应该具备合理性、统一性和丰富性. 合理设计的前提条件是指前提条件与结论之间具有一定的逻辑关系，同时也符合实际情境. 统一设计的前提条件是指前提条件之间应该具有内在的联系，避免出现无关的、独立的前提条件. 丰富设计的前提条件是指通过增加前提条件的数量和多样性，引导学生从不同的角度进行推理和分析.

第三，清晰明确结论要求. 演绎推理试题中的结论要求应该明确、具体，并且与前提条件相对应. 学生通过推理和分析，需要得出与前提条件相匹配的结论，进而验证自己的推理过程是否正确. 因此，在设置结论要求时，应该考虑到学生的推理能力和解题思路，避免设置过于复杂或模糊的结论要求.

第四，注重推理过程的逻辑性和连贯性. 在演绎推理试题中，学生所做的不仅仅是得出结论，更重要的是推理思路和步骤. 教师在设计试题时，应该鼓励学生按照逻辑规律进行推理，形成完整的推理过程. 同时，要保证推理过程的连贯性，使学生能够清楚地展示推理思路，从而增强解题的可读性和可理解性.

第五，灵活运用各类推理方法和逻辑规则. 在演绎推理试题中，学生需要根据前提条件和结论要求，选择合适的推理方法和逻辑规则进行推理和判断. 教师在设计试题时，应该多样化地设置不同类型的推理方法，以提高学生的综合推理能力. 例如，通过比较和类比的方式，引导学生进行推理和分析. 另外，还可以设置包含条件关系、因果关系和逻辑关系的试题，以锻炼学生的推理思维和逻辑思维能力.

目前，重庆中考中出现的一类填空题对学生的演绎推理能力起到了很好地考查作用：

【例1】（2023·重庆）学习了平行四边形后，小虹进行了拓展性研究. 她发现，如果作平行四边形一条对角线的垂直平分线，那么这个平行四边形的一组对边截垂直平分线所得的线段被垂足平分. 她的解决思路是通过证明对应线段所在的两个三角形全等得出结论. 请根据她的思路完成以下作图与填空：

用直尺和圆规，作 AC 的垂直平分线交 DC 于点 E，交 AB 于点 F，垂足为点 O.（只保留作图痕迹）

已知：如图 6-27 所示，四边形 $ABCD$ 是平行四边形，AC 是对角线，EF 垂直平分 AC，垂足为点 O. 求证：$OE=OF$.

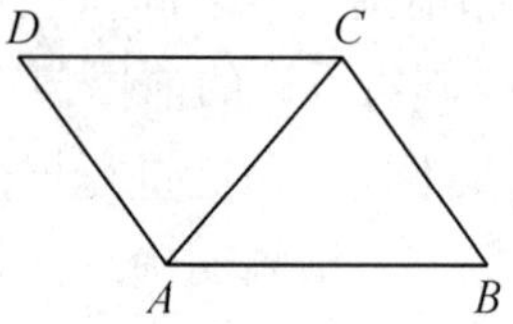

证明：∵ 四边形 $ABCD$ 是平行四边形，

∴ $DC /\!\!/ AB$.

∴ $\angle ECO = $ _____.

∵ EF 垂直平分 AC，

∴ _____.

又∵ $\angle EOC = $ _____，

∴ $\triangle COE \cong \triangle AOF$（ASA）

∴ $OE=OF$

图 6-27

小虹再进一步研究发现，过平行四边形对角线 AC 中点的直线与平行四边形一组对边相交形成的线段均有此特征. 请你依照题意完成下面命题：

过平行四边形对角线中点的直线_____.

【解答】

证明：∵ 四边形 $ABCD$ 是平行四边形，

∴ $DC /\!\!/ AB$.

∴ $\angle ECO = $ ____$\angle FAO$____.

∵ EF 垂直平分 AC，

∴ ____$OA=OC$____.

又∵ $\angle EOC = $ ____$\angle FOA$____，

∴ $\triangle COE \cong \triangle AOF$（ASA）

∴ $OE=OF$

过平行四边形对角线中点的直线<u>被一组对边截得的线段被对角线的中点平分</u>.

评析：这类题型以填空的方式让学生一步步完善几何证明过程，锻炼了学生的演绎推理能力，能对学生的演绎推理能力起到很好的考查作用，而最后一个结论的猜想是对学生归纳能力的培养，考察了学生的合情推理能力.

对演绎推理能力的考查，除了几何证明之外，利用代数计算说理也是一种很好的考查方式.

【例2】（2023・重庆）为了满足市民的需求，我市在一条小河 AB 两侧开辟了两条长跑锻炼线路，如图 6-28 所示，第一条是 A—D—C—B，第二条是 A—E—B. 经勘测，点 B 在点 A 的正东方，点 C 在点 B 的正北方 10 千米处，点 D 在点 C 的正西方 14 千米处，点 D 在点 A 的北偏东45°方向，点 E 在点 A 的正南方，点 E 在点 B 的南偏西60°方向. （参考数据：$\sqrt{2} \approx 1.41$，$\sqrt{3} \approx 1.73$）

（1）求 AD 的长度.（结果精确到 1 千米）

（2）由于时间原因，小明决定选择一条较短线路进行锻炼，请计算说明他应该选择线路①还是线路②?

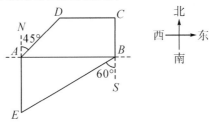

图 6-28

【解答】

解：（1）过 D 作 DF ⊥ AE，垂足为 F，

由题意得：四边形 ABCF 是矩形（见图6-29），

∴ AF = BC = 10 千米

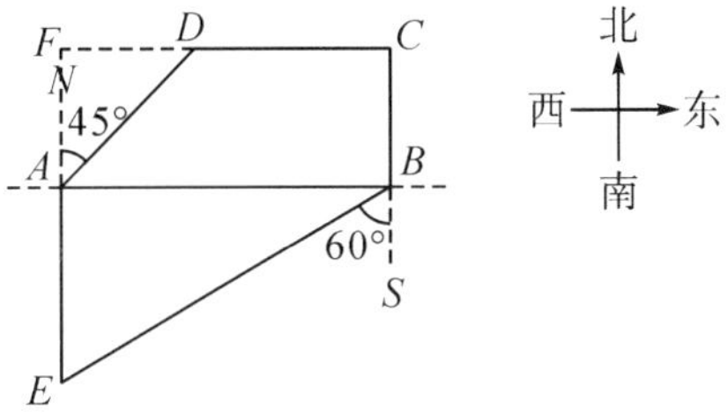

在 Rt △ADF 中，∠DAF = 45°

$$\sin\angle DAF = \frac{DF}{AD}$$

$$\therefore AD = \frac{AF}{\sin 45°} = \frac{10}{\frac{\sqrt{2}}{2}} = 10\sqrt{2} = 10 \times 1.41 = 14.1 （千米）$$

图 6-29

∴ AD 的长度约为 14 千米；

解：（2）小明应该选择线路①，理由如下：

在 Rt△ADF 中，∠$DAF = 45°$，$AF = 10$ 千米，

∴ ∠$ADF = 45° = ∠DAF$

∴ $DF = AF = 10$ 千米，

在 Rt△ABE 中，∠$ABE = 90° - 60° = 30°$，

$AB = DF + CD = 24$ 千米，

$\tan∠ABE = \dfrac{AE}{AB}$

∴ $AE = AB \cdot \tan30° = 24 \times \dfrac{\sqrt{3}}{3} = 8\sqrt{3}$（千米），

$EB = 2AE = 16\sqrt{3}$ 千米，

按路线①A-D-C-B 走的路程为 $AD + DC + CB = 14 + 14 + 10 = 38$（千米）

按路线②A-E-B 走的路程为 $AE + EB = 8\sqrt{3} + 16\sqrt{3} ≈ 24 \times 1.73 = 41.52$（千米）

∵ 38<41.52

∴ 小明应该选择线路①

评析：这类题型的第（2）问提出问题后，要求学生作出判断，而判断的依据依靠的是代数计算，对学生的演绎推理能力起到了很好的考查作用.

【例3】猜想与证明：

观察下列各个等式的规律：

第一个等式：$\dfrac{1}{1 \times 2} = 1 - \dfrac{1}{2}$；

第二个等式：$\dfrac{1}{2 \times 3} = \dfrac{1}{2} - \dfrac{1}{3}$；

第三个等式：$\dfrac{1}{3 \times 4} = \dfrac{1}{3} - \dfrac{1}{4}$；

第四个等式：$\dfrac{1}{4 \times 5} = \dfrac{1}{4} - \dfrac{1}{5}$；

……

请用上述等式反映出的规律猜想并证明：

（1）直接写出第五个等式；

（2）问题解决：猜想第 n 个等式（$n？1$，用 n 的代数式表示），并证明你猜想的等式是正确的.

【解答】

解：（1）第五个等式：$\dfrac{1}{5 \times 6} = \dfrac{1}{5} - \dfrac{1}{6}$；

解：（2）第 n 个等式是：$\dfrac{1}{n(n+1)} = \dfrac{1}{n} - \dfrac{1}{(n+1)}$，

证明：$\dfrac{1}{n} - \dfrac{1}{(n+1)} = \dfrac{n+1}{n(n+1)} - \dfrac{n}{n(n+1)} = \dfrac{1}{n(n+1)}$，

即 $\dfrac{1}{(n+1)} = \dfrac{1}{n} - \dfrac{1}{(n+1)}$；

评析：这类题型是找规律问题的常考题型，也是对合情推理能力考查的重要题型，其中第（2）小问的证明就要求学生具备代数方面的演绎推理能力. 整个问题综合考查了合情推理能力和演绎推理能力.

在对试题的研究过程中发现，同时考查合情推理能力和演绎推理能力的题型有很重要的意义，先让学生观察、测量、归纳、总结或猜想出一些结论，发展合情推理能力，之后又对这些总结或者猜想进行严格的证明，发展演绎推理能力. 这也是研究一般数学问题的思路. 目前，重庆中考的最后一个几何大题也偏向于这类综合问题的考查.

【例4】（2022·重庆）如图 6-30 所示，在锐角 △ABC 中，∠A = 60°，点 D，E 分别是边 AB，AC 上一动点，连接 BE 交直线 CD 于点 F.

（1）如图 6-30 中①所示，若 AB > AC，且 BD = CE，∠BCD = ∠CBE，求 ∠CFE 的度数；

（2）如图 6-30 中②所示，若 AB = AC，且 BD = AE，在平面内将线段 AC 绕点 C 顺时针方向旋转 60° 得到线段 CM，连接 MF，点 N 是 MF 的中点，连接 CN. 在点 D，E 运动过程中，猜想线段 BF，CF，CN 之间存在的数量关系，并证明你的猜想.

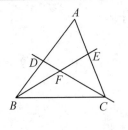

图 1 　　　　　　图 2

图 6-30

【解答】

解：（1）如图 6-31 所示，在射线 CD 上取一点 K，使得 $CK = BE$，

在 $\triangle BCE$ 和 $\triangle CBK$ 中

$$\begin{cases} BC = CB \\ \angle BCK = \angle CBE \\ BE = CK \end{cases}$$

$\therefore \triangle BCE \cong \triangle CBK$（SAS）

$\therefore BK = CE$，$\angle BEC = \angle BKD$

$\because CE = BD$

$\therefore BD = BK$

$\therefore \angle BKD = \angle BDK = \angle ADC = \angle CEB$

$\because \angle BEC + \angle AEF = 180°$

$\therefore \angle ADF + \angle AEF = 180°$

$\therefore \angle A + \angle EFD = 180°$

$\because \angle A = 60°$

$\therefore \angle EFD = 120°$

$\therefore \angle CFE = 180° - 120° = 60°$

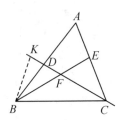

图 6-31

解：（2）结论：$BF + CF = 2CN$，理由如下：

如图 6-32 所示，$\because AB = AC$，$\angle A = 60°$

$\therefore \triangle ABC$ 是等边三角形

$\therefore AB = CB$，$\angle A = \angle CBD = 60°$

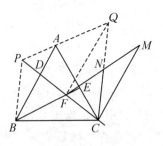

图 6-32

∵ $AE = BD$

∴ △ $ABE ≌ △ BCD$（SAS）

∴ ∠ $BCF = ∠ ABE$

∴ ∠ $FBC + ∠ BCF = 60°$

∴ ∠ $BFC = 120°$

延长 CN 到 Q，使得 $NQ = CN$，连接 FQ，

∵ $NM = NF$，∠ $CNM = ∠ FNQ$，$CN = NQ$

∴ △ $CNM ≌ △ QNF$（SAS）

∴ $FQ = CM = BC$

延长 CF 到 P，使得 $PF = BF$，则 △ PBF 是等边三角形，

∴ ∠ $PBC + ∠ PCB = ∠ PCB + ∠ FCM = 120°$

∴ ∠ $PFQ = ∠ FCM = ∠ PBC$

∵ $PB = PF$

∴ △ $PFQ ≌ △ PBC$（SAS）

∴ $PQ = PC$，∠ $CPB = ∠ QPF = 60°$

∴ △ PCQ 是等边三角形，

∴ $BF + CF = PC = QC = 2CN$

评析：这个题目的第（2）问就很好地呈现了先猜想，后证明的方式，先合情推理，再演绎推理. 能很好地解决这一类型问题的学生具备了很好的推理能力.

除了命制考查学生推理能力的试题之外，我们还需要加强试题的评价和反馈. 演绎推理试题是对学生推理能力的一种考查，因此在评价和反馈方面也需注重. 通过对学生答题过程和答案的分析，我产可以了解学生的推理思路和解题方法，从而及时给予指导和帮助. 同时，还可以根据学生的答案设置不同的评价标准，评估学生的推理能力. 最终，通过评价和反馈的过程，促进学生的理解和进步.

7 数据观念

随着《义务教育课程方案和课程标准（2022 年版）》的发布，"数据观念"作为初中数学核心素养之一逐渐走进人们的视线. 提到数据观念，便离不开统计与概率，而数据是统计与概率的核心. 在初中阶段，统计与概率相对于几何与代数而言是相对简单的学习内容，往往被老师和学生所轻视与忽略. 但事实上，统计与概率是相当重要的学习内容，其对学生培养数据观念，养成用数据说话的习惯，形成重证据、讲道理的科学态度至关重要.

7.1 数据观念的内涵分析

如今我们生活在大数据时代，不仅需要对各种数据进行搜集、整理，更需要具备从各种各样的数据中获取关键信息并进行分析与决策的能力. 由此可见，对于统计与概率的教学，最重要的不是画统计图、求平均数等技能的学习，而是发展学生的数据观念. 那么，什么是数据观念呢？首先我们要弄清楚，到底什么是数据.

7.1.1 数据

在义务教育阶段，我们处理的数据主要是用数来表达的，比如我们统计学生的身高、体重、成绩，等等. 这就容易让我们形成一种观念，好像用数字表达出来的才是数据. 其实这是对数据狭义的理解，数字只是数据的一种表现形式.

在计算机科学领域中，"数据"是指所有能输入计算机并被计算机程序处理的符号的介质的总称，是用于输入电子计算机进行处理，具有一定意义的数字、字母、符号和模拟量等的通称. 在《简明数学词典》中, 数据是用于记录客观事物的符号, 它存在于社会生产、科学实验以及日常生活等方方面面, 同时存在多种形式, 如数字、图形、图表等①. 史宁中曾在一次访谈中指出数据是信息的载体, 这个载体包括数, 也包括言语、信号、图像, 凡是能够承载事物信息的东西都能构成数据②.

立足于数学教育领域, 我们所研究的数据则指向了统计与概率学中蕴含描述性信息的载体, 其中描述性信息则涵盖了能进行计算、统计、分析的数值③.

7.1.2 数据观念的内涵解析

《义务教育课程方案和课程标准（2022 年版）》对初中阶段"数据观念"的内涵解释如下: "数据观念主要是指对数据的意义和随机性有比较清晰的认识. 知道数据蕴含着信息, 需要根据问题的背景和所要研究的问题确定数据收集、整理和分析的方法; 知道可以用定量的方法描述随机现象的变化趋势及随机事件发生的可能性大小. 形成数据观念有助于理解和表达生活中随机现象发生的规律, 感知大数据时代数据分析的重要性, 养成重证据、讲道理的科学态度."④

其实"数据观念"的提出并非一蹴而就. 在此之前, 2001 年我国《义务教育数学课程标准（实验稿）》首次提出了"统计观念": 能从统计的角度思考与数据信息有关的问题; 能通过收集数据、描述数据、分析数据的过程, 作出合理的决策, 认识到统计对决策的作用; 能对数据的来源、处理数据的方法, 以及由此得到的结果进行合理的质疑⑤. 不难看出"统计观念"基本上没有提及概率的相关要素, 只强调了数据与统计的关联, 忽视了数据的随机性特点.

---

① 沈以淡. 简明数学词典 [M]. 北京: 北京理工大学出版社, 2003: 277.

② 史宁中, 张丹, 赵迪. "数据分析观念"的内涵及教学建议: 数学教育热点问题系列访谈之五 [J]. 课程·教材·教法, 2008 (6): 40-44.

③ 张晨琛. 初中"数据观念"培养现状调查及对策研究 [D]. 杭州: 杭州师范大学, 2022.

④ 中华人民共和国教育部. 义务教育数学课程标准（2022 年版）[S]. 北京: 北京师范大学出版社, 2022.

⑤ 中华人民共和国教育部. 全日制义务教育数学课程标准实验稿 [M]. 北京: 北京师范大学出版社, 2001.

历经十年的实践与研究，"数据分析观念"诞生于《义务教育数学课程标准（2011 年版）》."数据分析观念"包含以下几个方面：了解在现实生活中有许多问题应当先做调查研究，收集数据，通过分析作出判断，体会数据中蕴涵着信息；了解对于同样的数据可以有多种分析的方法，需要根据问题的背景选择合适的方法；通过数据分析体验随机性，一方面对于同样的事情每次收集到的数据可能不同，另一方面只要有足够的数据就可能从中发现规律①. 显而易见，"数据分析观念"开始提到概率所涉及的知识与能力，但是它更加侧重于"分析"二字，提到了用数据分析体验随机性，并没有对有规律的随机性地进行定量研究做进一步的要求.

从"统计观念"到"数据分析观念"再到"数据观念"，其发展变化的过程不难看出随着时代的变化，我们对学生的能力要求更加全面."数据观念"可以看作是"统计观念"与"数据分析观念"的融合升级，它既强调对数据意义和完整统计过程的掌握，也重视对数据随机性的认识和理解，对学生用定量方法描述随机现象的变化趋势及随机事件发生的可能性大小的能力提出了明确的要求.

总而言之，数据观念是学生知道数据蕴含着需要解决的问题的信息，历经数据的收集、整理和分析之后，深刻体会到数据的意义和随机性，学会用数据说话、用数据决策，用定量来表达随机现象的规律，并且养成有理有据的科学态度后所形成的影响学生终生的一种综合认知.

7.2 数据观念的主要表现

数据观念的内涵既然如此丰富，那它到底体现在哪些方面呢？具体有哪些表现呢？

史宁中教授认为数据观念主要体现在三个方面：第一，了解在现实生活中有许多问题应当先做调查研究，收集数据，通过分析作出判断，体会数据中是蕴涵着信息的；第二，了解对于同样的数据可以有多种分析的方

---

① 中华人民共和国教育部. 义务教育数学课程标准（2021 年版）[M]. 北京：北京师范大学出版社，2021.

法，需要根据问题的背景选择合适的方法；第三，通过数据分析体验随机性[①].

数据观念和统计与概率的教学两者是密不可分的. 结合初中统计与概率的教学内容及其要求，现将数据观念在其中的主要表现分析如下：

7.2.1 数据观念在统计中的主要表现

在现实生活中，存在着各种各样的问题需要我们去解决以及作出决策. 如果想要得到一个可靠的有说服力的结果或者作出最优决策，就一定离不开调查研究. 调查研究需要经历完整的统计过程，在这个过程中数据观念就显得尤为重要. 立足于新课标，结合初中统计教学内容，数据观念具体表现有以下几个方面：

（1）理解数据的意义

①让学生明确数据与数的区别，初步感悟数据的意义. 数据是统计的基本研究对象，也是统计的语言，它是具体问题中所涉及的信息载体. 而数只是数据的一种表现形式，在义务教育阶段比较常见. 比如 50 是一个数，一个人的体重为 50 kg 就是一个数据. 统计是靠数据说话的，因为数据蕴含着信息.

②让学生经历数据收集的过程，切身体验数据的意义. 想要获得数据，我们可以采用问卷调查，可以进行测量或者实验，可以去网上查阅等. 了解获取数据的方法具有多样性，掌握收集数据的一般方法，并且能够根据具体问题选择最适宜的方法收集到最可靠的数据.

（2）理解抽样的意义

①让学生明确抽样调查和全面调查的区别，体会抽样的必要性. 虽然全面调查获取的数据更准确、更全面，但是当调查具有破坏性，或者是样本数量过大的时候，要学会采用抽样调查. 抽样是用样本数据描述或推断总体的基本研究途径，是一种经济有效的研究方法.

②经历简单随机抽样过程，感悟抽样的意义.

抽样的目的：获得有关问题的可靠数据，这些数据想要通过总体获得是比较困难或者难以达到的，只能通过抽样间接获得. 知道现实世界中的

---

① 史宁中，张丹，赵迪. "数据分析观念"的内涵及教学建议：数学教育热点问题系列访谈之五 [J]. 课程·教材·教法，2008（6）：40-44.

许多问题是难以直接分析的，需要通过随机抽样，利用样本数据的统计特征来描述和推断总体的统计特征.

抽样的方法：从总体中随机地选取一个样本，这个样本的信息与总体类似，并且可以直接获得. 不同的抽样方法会获得不同的数据，知道样本选择要具有代表性和随机性，因为样本数据的质量会影响用样本估计总体的可靠性.

总体与样本的关系：样本来自总体，是总体的一部分. 因为样本选择的随机性，在一定程度上，样本可以代表总体. 样本所具有的某些特征，总体也会具有.

统计推断：将从样本获得的信息推广到总体，帮助我们分析并解决问题. 例如，知道某一类别在样本中的占比可以估计总体中这类别的数量；知道可以用样本平均数估计总体均值；知道可以用样本方差估计总体方差[①]；

（3）初步掌握整理数据的方法，了解整理数据的意义

①让学生挖掘数据所蕴含的信息，体会整理数据的必要性. 刚收集来的数据是随机的、杂乱的、无序的，要想知道其背后所蕴含的信息，就需要运用统计工具去整理，通过一些更加直观的方式把蕴含在数据中的信息挖掘出来.

②让学生掌握初步的数据整理方法. 让其能够根据的需要对数据进行分类，初步了解数据分类与分类标准之间的关系；能够依据数据的特点进行排序甚至分组；能够对异常数据做出初步的解释或判断.

③让学生掌握用统计图表来进行数据的整理. 让其能用图表的方式对收集到的数据进行简单的整理、分类、分组，以及频数与频率的统计等；能绘制条形统计图、折线统计图、扇形统计图与频数直方图，知道条形统计图和频数直方图二者的区别和联系；通过图表对数据特征及其规律进行直观感悟，逐步形成并培养对数据的统计直觉.

④让学生感悟统计图表的意义，解读数据中蕴含的信息. 让其能读懂出现在生活中，如报纸、电视、互联网等媒体中的简单统计图表，获取信息；能够依据数据的特征以及根据问题的需要，合理选择统计图表来进行表示；能通过统计图表感受随机现象的变化趋势.

---

① 鲍建生，章建跃. 数学核心素养在初中阶段的主要表现之六：数据观念 [J]. 中国数学教育，2022（21）：3-11，21.

（4）初步掌握分析数据的方法，感悟数据分析的意义

①让学生会用相关统计量分析数据的集中趋势，体会刻画数据集中趋势的意义．让其会计算平均数、中位数、众数、加权平均数，知道它们是刻画数据集中趋势的统计量，理解平均数、中位数、众数的意义与区别．平均数可以反映数据的"整体水平"，但容易受极端值的影响；中位数的好处就在于不受极端值的影响，弥补了平均数的不足，但忽略了整体性，只能反映数据的"中间水平"；众数是在一组数据中出现次数最多的数，也不受极端值影响，但一组数据可能没有众数或者有几个众数，更多地体现某一类别的集中趋势．

②让学生会用相关统计量分析数据的离散程度，体会刻画数据离散程度的意义．让其会计算离差平方和、方差，知道离差平方和、方差都是描述数据离散程度的统计量，理解离差平方和与方差的意义．组织学生参与对数据进行分类的活动，知道对数据按照组内离差平方和最小的原则进行分类的方法；知道方差能够反映数据的稳定性．

③让学生初步感悟数据分布的意义，体会数据的变异性．让其知道数据分布具有集中趋势和离散性特点，还具有变异性；知道百分位数和四分位数，会计算四分位数；知道四分位数和箱线图的关系．让其了解四分位数可以反映数据的变异性，箱线图也是一种显示数据分布的标准化方法，百分数一定程度上也可以反映数据的分布．

（5）经历完整统计过程，理解解决统计问题的特点、过程与意义

①让学生经历完整的统计过程：提出问题—收集数据—整理数据—分析数据—解释结果．让其在问题情境中去理解数据意义，掌握数据收集、处理和分析基本方法．

②让学生发现数据能够帮助其解决问题后开始喜欢数据，对数据产生亲切感．

③让学生会选择合适的方法进行数据分析．统计问题的解决并没有绝对的对错之分，因为统计学有其科学的一面，也有其艺术的一面．每个人的目的不一样，每个人的鉴赏力不一样，完全可以根据自己的需求选择不同的统计方法，采用不同的图表来表示，结合不同的统计量进行分析，进而得到不同的结论[①].

---

① 史宁中，张丹，赵迪．"数据分析观念"的内涵及教学建议：数学教育热点问题系列访谈之五 [J]．课程·教材·教法，2008（6）：40-44．

④让学生能够解释数据分析的结果，能够根据实际情境与需求做出简单的判断、预测或决策，并且能够将自己分析的结果进行展示和交流.

7.2.2　数据观念在概率中的主要表现

概率论，是研究随机现象数量规律的数学分支. 概率论起源于对赌博问题的研究，随着时代的发展，它与我们的生活越来越息息相关. 因为人们发现在日常生活中，经常会遇到大量的不确定性事件，比如出门遇上红灯、打开电视正在播放广告、明天会下雨、买彩票中奖，等等. 我们无法掌控这些事件的发生，但是想要知道它们发生的可能性大小，这就是概率论研究的问题. 随着研究的深入，我们发现生活中很多重要的问题绝大部分其实只是概率论的问题.

小学阶段的概率学习主要停留在一种感知阶段，学生能够定性描述随机事件的可能性即可. 初中阶段学生则需要对随机事件及其可能性的大小进行初步的定量刻画. 其中所蕴含的数据观念具体表现如下：

（1）初步感悟概率的意义. 让学生知道生活中有必然事件、不可能事件和随机事件；知道概率是刻画事件发生可能性大小的度量，必然事件发生的概率是 1，不可能事件发生的概率是 0，而随机事件可能会发生，也可能不会发生，它的概率介于 0 和 1 之间. 概率有助于我们从不确定角度认识客观世界. 我们通过对随机事件的预测，从而采取合理的行为或决策. 例如，天气预报预测明天下雨的概率为 90% 时，我们出门就应该带好雨伞.

（2）初步感悟概率的基本特征. 让学生知道概率只能反映随机事件发生的可能性大小，但并不能改变随机事件本身的性质. 也就是说可能性大的随机事件也可能不发生，可能性很小的随机事件也可能发生. 比如投掷一枚质地均匀的硬币，那么正面朝上和反面朝上的概率应该是一样的，但是我们在投掷的过程中，并不一定是一正一反交替出现的.

（3）初步掌握定量刻画简单随机事件的概率的方法. 学生能够描述简单随机事件个数有限的所有可能结果，而且每一个可能结果发生是等可能的，即概率相同；能够通过列表、画树状图等方法列出简单随机事件所有可能的结果，并计算出某起随机事件的概率.

（4）让学生知道经历大量的重复实验，可以用频率估计概率. 因为在大量重复实验下，随机事件发生的频率具有稳定性，会稳定在某个数值附近，而这个数值可以用来估计随机事件发生的概率. 在这个过程中，让学生体会数据的随机性其实也是有规律的，从而进一步感受到概率与统计之间紧密联系、相互依存的关系①.

数据是统计与概率的核心，数据观念是统计与概率重点培养的核心素养.数据观念的落地离不开教材，教材是教师教学和学生学习的主要依据.表 7-1 是对北师大版和人教版的初中数学教材"统计与概率"这一内容的目录分析.

表 7-1　北师大版、人教版的初中数学教材"统计与概率"部分总目录

	北师大版	人教版
七年级上册	第 6 章　数据的收集与整理 6.1 数据的收集 6.2 普查和抽样调查 6.3 数据的表示 6.4 统计图的选择 综合与实践：关注人口老龄化	无
七年级下册	第 6 章　概率初步 6.1 感受可能性 6.2 频率的稳定性 6.3 等可能事件的概率	第 10 章　数据的收集、整理与描述 10.1 统计调查 10.2 直方图 10.3 课题学习：从数据谈节水
八年级上册	第 6 章　数据的分析 6.1 平均数 6.2 中位数与众数 6.3 从统计图分析数据的集中趋势 6.4 数据的离散程度 综合与实践：哪个城市的夏天更热	无
八年级下册	无	第 20 章　数据的分析 20.1 数据的集中趋势 20.2 数据的波动程度 20.3 课题学习：体质健康测试中的数据分析
九年级上册	第 3 章　概率的进一步认识 3.1 用树状图或表格求概率 3.2 用频率估计概率 综合与实践：池塘里有多少鱼	第 25 章　概率初步 25.1 随机事件与概率 25.2 用列举法求概率 25.3 用频率估计概率
九年级下册	无	无

---

① 中华人民共和国教育部.义务教育数学课程标准（2022 年版）［M］.北京：北京师范大学出版社，2022.

通过对比，不难看出人教版是从统计过渡到概率，而北师大版是统计与概率双线并行. 两种教材对于统计内容的编排都是沿着数据的收集、整理、分析这一逻辑进行的，对于概率的学习也都是初步的认识. 不论是北师大版的"综合实践"还是人教版的"课题学习"，都注重让学生尝试着将书本的知识与生活实践相联系，用所学的知识去解决生活中的实际问题，这无疑对学生数据观念的培养尤为重要. 学生亲自去动手操作，动脑思考，完整经历了对问题的分析—根据问题的需要去收集数据—用各种统计工具整理数据—用各种统计量统计图分析数据—用分析后的数据解决问题这个过程，自然而然地使其自身的数据观念素养得以提升.

7.3　基于数据观念的教学设计

在统计与概率的教学中，如何设计和实施教学，才能上出一堂富有数据观念气息的好课，帮助学生更好地培养数据观念呢？根据教材的编写，统计与概率的内容是相对简单且独立的，因此我们完全可以采用大单元教学. 针对北师大版的"综合与实践"和人教版的"课题学习"我们可以采用项目式学习.

7.3.1　基于数据观念的大单元教学设计

基于数据观念的大单元教学设计要以数据观念为导向，系统规划进阶式单元教学目标，依据学生现有的知识水平、操作经验、认知发展特点以及学习进阶要求，结合具体教学内容进行系统分析，再围绕单元目标分解细化具体的课时目标①. 除此以外，教师在大单元教学设计时还需注意以下几个方面：

（1）注重以现实情境为背景，以问题解决为主线设计教学，培育数据观念.

数据离开了现实情境、问题背景就失去了数据的意义. 在大单元教学设计上，无论是单元整体的构建，还是具体的课时设计我们都应该尽量创设真实的情境，提出有意义的问题，围绕解决这个问题，给学生提供经历

---

① 斯海霞，邵天添. 指向数据观念的"统计"单元教学设计 [J]. 中学数学教学参考，2022（32）：17–20.

统计活动完整过程的机会，让学生在做中学，在学中做，在解决问题的活动过程中培养数据观念.

（2）注重信息技术的融合，满足大数据时代学习要求.

在大数据时代，数据就是一切信息的载体，而处理这些数据离不开计算机，因此我们在单元教学设计中要深度融合信息技术. 一方面，教师要给学生展示运用计算机处理数据的方法，运用信息技术模拟实验，充分发挥信息技术强大的数据处理能力以及在规律探索中的作用；另一方面，学生要学习使用计算机进行简单的数据处理、计算统计量、绘制统计图以及进行数据的分类. 计算机的使用在一定程度上可以将学生从复杂无趣的计算中解放出来，更多地关注数据本身蕴含的信息，提高学生对数据的兴趣，进而培养其数据观念.

（3）注重作业设计，助力学生减负提质.

为了响应国家的"双减"政策，以数据观念为导向，立足单元教学目标，结合学生学习情况，将单元作业分为课时作业和综合性作业，充分发挥作业与教学的双向协同作用. 课时作业针对各课时具体内容编排，加强内部各内容之间的关联，减少机械性重复，从而减轻学生的作业负担. 此外，为了让不同的学生在数学上获得不同的发展，满足个性化的学习需求，设置分层作业. 综合性作业设计则以现实问题为驱动，通过小组合作的形式，模拟解决问题的全过程，锻炼学生的综合能力. 综合性作业注重过程性评价，既能提升学生的数学兴趣，也能让学生体会数学与实际生活的紧密联系，培养其数据观念，助力学生减负提质.

《义务教育课程方案和课程标准（2022 年版）》指出，初中阶段统计与概率主要包括"抽样与数据分析"和"随机事件的概率"两大主题. 本书结合各个版本教材的编排特点，将"抽样与数据分析"划分为"数据的收集与处理"和"数据的分析与决策"两个部分. 紧扣课标要求，关注各个知识点之间的内在联系，初步构建统计与概率大单元知识结构如图 7-1 所示：

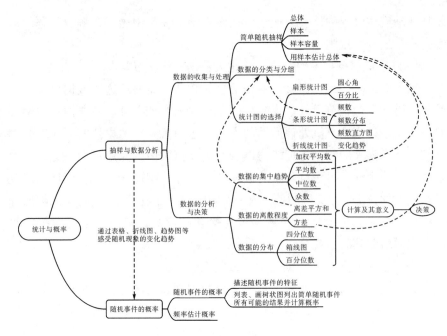

图 7-1

笔者选取了"数据的分析与决策"的单元教学设计，探讨数据观念核心素养的培养，限于篇幅，没有逐一呈现每单元的课时内容，仅选取部分课时进行分享.

示例一（见表 7-2）：

表 7-2　示例一

单元名称	数据的分析与决策
单元教学目标	1. 会计算表示数据集中趋势的统计量（平均数、众数、中位数）并理解它们如何刻画数据的集中趋势； 2. 会计算表示数据离散程度的统计量（离差平方和、方差），理解它们如何刻画数据的离散程度，知道可以按照组内离差平方和最小的原则对数据进行分类； 3. 知道百分位数和四分位数，能计算一组数据的四分位数，知道箱线图可以反映数据的分布； 4. 能根据样本数据的变化趋势估计总体的变化趋势，能用样本的平均数（或方差）估计总体的平均数（或方差）； 5. 借助信息技术进行数据描述与分析，能使用计算器或计算机计算统计量； 6. 经历完整的统计过程，引导学生通过分析实际问题中数据，进一步感悟数据的意义，发展数据观念；

表7-2(续)

子主题	数据的离散程度	课时安排	2课时

数据的离散程度（第1课时）教学设计

学情分析	学生已经学习过平均数、中位数、众数等几个刻画数据的"平均水平"的统计量，具备了一定的数据处理能力和初步的统计思想，但学生对一组数据的波动情况并不了解. 它们是否稳定？稳定的依据是什么？学生缺乏直观和理性的认识. 在以往的统计课程学习中，学生经历了大量的统计活动，感受到了数据采集和处理的必要性和作用，有了一定的活动经验，具备了一定的合作与交流的能力
课时目标	1. 通过实际问题发现研究数据离散程度的必要性； 2. 经历表示数据离散程度的几个统计量的探索过程，了解刻画数据离散程度的三个量度：极差、标准差和方差，能借助计算器求出相应的数值； 3. 通过解决实际问题，让学生体会数学与生活的密切联系，培养数据观念

教学过程

（一）问题引入

1. 我校为升旗仪式储备了两支护旗队，分别为甲队和乙队. 甲乙两支队队员的身高（单位：cm）如下：

甲队：178　177　179　179　178　178　177　178　177　179

乙队：178　177　179　176　178　180　180　178　176　178

（1）请同学们根据以上信息完成下表：

队伍	平均数	中位数	众数
甲			
乙			

（2）小亮说："甲队、乙队队员的身高的平均数、中位数、众数对应相同，因此选甲乙两队都可以."你认为这种说法合适吗？

【师生活动】学生独立思考后计算发现这两组数据的平均数、中位数、众数都一样，但是他们能感觉到并非选择两队都可以. 这时教师引入本节课的学习内容，我们将学习新的统计量来帮助我们分析并解决该问题.

设计意图：通过一个实际问题情境，既让学生回顾了前面所学的知识，也让学生感受到学习的几个反映数据的集中趋势的统计量很难对这一问题进行分析，我们提出问题，带着疑问开始新课的学习，从而激发起学生学习的欲望以及兴趣.

（二）探究新知

情境1：为了提高农副产品的国际竞争力，一些行业协会对农副产品的规格进行了划分，某外贸公司要出口一批规格为75g的鸡腿. 现有2个厂家提供货源，它们的价格相同，鸡腿的品质也相近. 质检员分别从甲、乙两厂的产品中抽样调查了20只鸡腿，它们的质量（单位：g）如下：

表7-2(续)

甲厂：75 74 74 76 73 76 75 77 77 74
      74 75 75 76 73 76 73 78 77 72
乙厂：75 78 72 77 74 75 73 79 72 75
      80 71 76 77 73 78 71 76 73 75

把这些数据表示成下图：

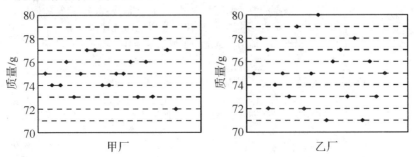

（1）你能从图中估计出甲、乙两厂被抽取鸡腿的平均质量是多少？

（2）求甲、乙两厂被抽取鸡腿的平均质量，并在图中画出表示平均质量的直线.

（3）从甲厂抽取的这 20 只鸡腿质量的最大值是多少？最小值又是多少？它们相差几克？从乙厂抽取的这 20 只鸡腿量的最大值又是多少？最小值呢？它们相差几克？

（4）如果只考虑鸡腿的规格，你认为外贸公司应购买哪家公司的鸡腿？说明你的理由.

概念学习：在实际生活中，人们往往还关注数据的离散程度，即它们相对于集中趋势的偏离情况. 因此，我们引入一个新的统计量——极差，极差是指一组数据中最大数据与最小数据的差. 它是刻画数据离散程度的一个统计量.

【师生活动】学生自主思考，可以适当的讨论交流完成问题的解答；教师抽取学生代表回答问题并进行适当点评，在第（3）小问解决以后给出极差的概念.

设计意图：通过一个实际问题情境，让学生直观地体会到当两组数据的平均数相近时，他们的离散程度未必相同，感受仅有平均数是很难对所有事物进行分析的，从而顺利引入研究数据离散程度的统计量——极差.

情境2：如果丙厂也参与了竞争，从该厂抽样调查了 20 只鸡腿，它们的质量数据如下图：

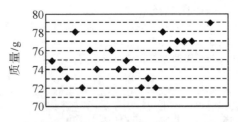

表7-2（续）

（1）丙厂这 20 只鸡腿质量的平均数和极差分别是多少？

（2）如何刻画丙厂这 20 只鸡腿的质量与其平均数的差距？分别求出甲、丙两厂的 20 只鸡腿质量与其相应平均数的差距.

（3）在甲、丙两厂中，你认为哪个厂的鸡腿质量更符合要求？为什么？

概念学习：方差是各个数据与平均数之差的平方的平均数，即 $s^2 = \dfrac{1}{n}$ $[(x_1-\bar{x})^2 + (x_2-\bar{x})^2 + \cdots + (x_n-\bar{x})^2]$，其中 $\bar{x}$ 是 x_1，x_2，$\cdots$，x_n 的平均数，s^2 是方差. 标准差是方差的算术平方根.

方差的意义：方差用来衡量一组数据的波动大小（这组数据偏离平均数的大小）. 方差越大，数据的波动越大；方差越小，数据的波动越小.

【师生活动】学生独立思考并完成，然后再进行小组合作交流. 教师先选择学生代表回答（1）（2）问，并进行适当的点评，然后提出在数学中，数据的离散程度还可以用方差或标准差来刻画.

设计意图：通过对丙厂与甲、乙两厂的对比发现，仅有极差还不能准确刻画一组数据的离散程度，引导学生一步一步探索发现需要新的统计量来帮助我们进行数据分析，从而引入另两个统计量：标准差和方差. 让学生在解决问题的过程中主动感受到数学知识的发生、发展，体会学习数学的乐趣.

（三）学以致用

例1. 计算从甲厂抽取的 20 只鸡腿质量的方差.

解：甲厂 20 只鸡腿的平均质量：

$$\bar{x}_甲 = \frac{72+73\times3+74\times4+75\times4+76\times4+77\times3+78}{20} = 75 \text{（g）}$$

甲厂 20 只鸡腿质量的方差：

$$s^2_甲 = \frac{(72-75)^2 + (73-75)^2\times3 + \cdots (77-75)^2\times3 + (78-75)^2}{20} = 2.5$$

归纳小结求方差的步骤：

（1）求原始数据的平均数；

（2）求原始数据中各数据与平均数的差；

（3）求所得各个差数的平方；

（4）求所得各平方数的平均数.

可概括为："一均，二差，三方，四均"八字要诀

【师生活动】学生独立思考例题，教师选两个同学到黑板上进行板练，先请学生互评，教师再根据情况作补充点评，最后完善标准解答过程并呈现在黑板上，再给学生一点时间修改并让他们思考求方差的步骤. 思考结束后，先请学生分享，大家一起来归纳出求方差的步骤.

设计意图：由学生用自己的话语描述解题的思路与过程，进一步加深对极差、方差与标准差的理解.

（四）拓展提升

1. 请自主探索用计算器求丙厂抽取的 20 只鸡腿质量的方差：

提示：计算器一般不具有求方差的功能，我们可以先求出标准差，再平方即可求出方差.

使用计算器探索求一组数据的标准差的具体操作步骤.（以 CZ1206 为例）：

表7-2(续)

（1）进入统计计算状态，按 2ndf　STAT ；

（2）输入数据，然后按 DATA ，显示的结果是输入数据的累计个数；

（3）按 σ 即可直接得出结果.

2. 通过计算结果，在甲、丙两厂中，你认为哪个厂的鸡腿质量更符合要求？

【师生活动】学生根据老师的示例自主探索自己的计算器如何操作，教师巡视及时给予帮助和提示.

设计意图：教科书并未给出用计算器求方差的详细步骤，这里给学生一个示例可以让学生模仿学习，但是因为不同型号的计算器在具体操作时会有差异，教师应该鼓励学生自己探索所用计算器的操作步骤.

（五）随堂练习

解决课堂开始的问题：你会选择哪支护旗队参加升旗仪式？为什么？

【师生活动】学生通过自己动手计算方差后回答问题，教师选取学生代表回答后点评.

设计意图：一方面，可以了解学生对所学知识的掌握情况，另一方面，针对本节课最开始提出的问题，教师可以在学生新知学习完以后再进行解答，使整个逻辑形成闭环. 从发现现有知识不能解决的问题—探索新的知识—应用新知识解决问题，充分体现了数学的"三会"，同时培养了学生的数据观念和应用意识.

课堂小结

问：通过本课的学习，你有哪些收获？你还有哪些疑惑？

【师生活动】学生自主思考后畅所欲言地回答本课的收获和疑惑，教师根据学生的回答进行补充完善，针对疑惑有些可以解答，有些可以留作今后学习的悬念.

设计意图：帮助学生回顾本节课的内容，提高学生总结归纳和语言表达的能力，同时升华知识、拓展知识面、开阔学生的思维.

板书设计

6.4 数据的离散程度（1）

知识：　　　　　　方法：

（1）极差

（2）方差

（3）标准差

（4）方差、标准差与极差的意义

作业设计

一、必做题

1. 据统计，某学校教师中年龄最大的为 54 岁，年龄最小的为 21 岁. 那么学校教师年龄的极差是_____岁.

2. 若一组数据的方差为 0.16，那么这组数据的标准差为_____.

3. 已知一个样本：1，3，5，x，2，它的平均数为 3，则这个样本的方差是_____.

4. 数据 9，10，8，10，9，10，7，9 的标准差是_____.

表7-2（续）

5. 人数相同的某年级，甲、乙两班学生在同一次数学单元测试，班级平均分和方差如下：

$$\bar{x}_甲=\bar{x}_乙=80 \qquad s^2_甲=240 \qquad s^2_乙=180$$

那么，成绩较为稳定的班级是（　　）

A. 甲班　B. 乙班　C. 两班成绩一样稳定　D. 无法确定

6. 射箭时，新手的成绩通常不太稳定，小明和小华练习射箭，第一局12支箭射完后，两人的成绩如下图所示：

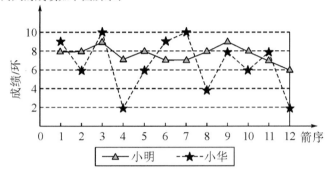

小明和小华谁是新手？说明你的理由.

二、选做题

7. 甲、乙两运动员的射击成绩（靶心为10环）统计如下表（不完全）：

运动员	次数				
	1	2	3	4	5
甲　/环	10	8	9	10	8
乙　/环	10	9	9	a	b

某同学计算出了甲的成绩平均数是9，方差是

$$s^2_甲=\frac{1}{5}\left[(10-9)^2+(8-9)^2+(9-9)^2+(10-9)^2+(8-9)^2\right]=0.8,$$ 请作答：

（1）在图中用折线统计图将甲运动员的成绩表示出来；

（2）若甲、乙射击成绩平均数都一样，则 $a+b=$ _____；

（3）在（2）的条件下，当甲比乙的成绩较稳定时，请列举出 a，b 的所有可能取值，并说明理由.

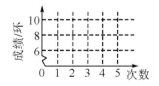

表7-2（续）

	数据的离散程度（第2课时）教学设计
学情分析	通过前面的学习，学生已经掌握了用平均数、中位数、众数刻画数据的集中趋势，而且在本节第一课时的学习中，学生已经接触了极差、方差与标准差的概念，并进行了简单的应用，但对这些概念的理解很单一，认为方差越小越好，为此，对一些实际问题的辨析，学生对这三个统计量有一个更深刻的认识，全面地理解方差及应视具体情况分析方差对决策的影响. 另外，学生虽然已经能从统计图中获取信息，但从统计图中获取信息，分析数据的离散程度有一定困难，为此，我们可以从方差（标准差）的含义入手，先直观估计，掌握直观估算的方法再理性计算.
课时目标	通过提供不同实际背景材料，进一步体会极差、方差、标准差在现实生活中的意义和广泛应用，熟练掌握求法，会用极差、方差、标准差对实际问题作出判断. 　　经历从统计图中获取信息，进行数据离散程度的分析数据的过程，掌握先直观估计极差、方差的方法，再理性计算，提高估算能力和数据处理能力. 　　在解决实际问题的过程中，理解方差不是越小越好，应具体问题具体分析，进一步认识数据离散程度的意义和影响，能用数学的眼光看世界，培养数据观念.
	教学过程

（一）情境引入

下图是某一天 A、B 两地气温变化图.

（1）不进行计算，从折线图说说 A、B 两地气温的特点.

（2）分别计算 A、B 两地气温的平均数和方差，结果与你刚才的看法一致吗？

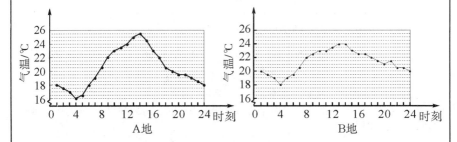

【师生活动】教师提出问题，让学生独立思考，由于读取的数据多且复杂，引导学生利用计算器来高效完成，提高运算的速度和效果. 学生代表回答完问题后，教师点评并引出今天进一步结合统计图来分析数据的离散程度.

设计意图：通过两地气温的变化的例子，学生根据已有的估计平均数的经验，引导学生从图表中读取信息，探索估计极差、方差的方法，进而先直观估计，再理性计算，体会统计图的直观性和计算的精准性，理解方差及其在现实生活中的应用.

表7-2(续)

（二）探究新知

某校从甲、乙两名优秀选手中选一名选手参加全市中学生运动会跳远比赛，该校预先对这两名选手测试了 10 次，测试成绩如下：

甲：585，596，610，598，612，597，604，600，613，601；

乙：613，618，580，574，618，593，585，590，598，624.

（1）甲、乙的平均成绩分别是多少？

（2）甲、乙这 10 次比赛成绩的方差分别是多少？

（3）这两名运动员的运动成绩各有什么特点？

（4）历届比赛表明，成绩达到 596cm 就很可能夺冠，你认为为了夺冠应选谁参加这项比赛？

（5）如果历届比赛表明，成绩达到 610cm 就能打破纪录，你认为为了打破纪录应选谁参加这项比赛？

【师生活动】学生先自主思考完成（1）（2）小问，然后小组合作讨论完成（3）（4）（5）小问. 教师要给学生留足思考和讨论的时间，然后请小组代表来回答问题并进行适当的点评. 在这里的答案并没有对错之分，只要学生说的有道理都应该给予肯定.

设计意图：通过该实际问题让学生更为全面地体会到方差对决策的影响. 不少学生可能误认为方差越小越好，其实不然，应该根据具体情况具体分析. 同样的数据可以有多种分析方法，需要根据实际需要，选择恰当的方法分析数据，解决问题，可以让学生更深刻地理解什么是"用数据说话"，形成自己的数据观念.

（三）学以致用

（1）两人一组，在安静的环境中，一人估计 1 分钟的时间，另一人记下实际时间，将结果记录下来.

（2）在吵闹的环境中，再做一次这样的实验.

（3）将全班课前收集的数据汇总起来，分别计算安静状态和吵闹环境下估计结果的平均值和方差.

（4）两种情况下的结果是否一致，说说你的理由.

【师生活动】学生课前进行（1）（2）的操作，课堂上进行（3）（4）的操作. 教师要给学生充分展示的机会.

设计意图：本活动力图让学生再次经历数据的收集、整理、描述和分析的全过程，对统计全程有整体的认识和掌握，同时体会数据的波动是广泛的，体会环境对人心理状态的影响，培养学生的数感和估算能力，形成用数据说话的习惯.

（四）随堂练习

1. 甲、乙、丙三人的射击成绩如图所示，请回答：三人中，谁射击成绩更好，谁更稳定？你是怎么判断的？

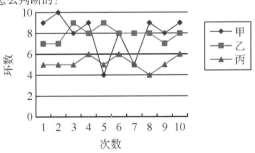

表7-2(续)

【师生活动】学生自主完成后教师选取学生代表回答并进行适当点评.

设计意图：进一步探索通过折线统计图估计方差的方法，并通过计算验证估算的方法，在此基础上对甲、乙、丙谁的成绩更好、谁更稳定作出判断，从而深刻体会和理解方差越小，数据越稳定，但不是方差越小这组数据就越好.比较三组数据的成绩和稳定性是对比较两组数据比较的变式，学生各自的观点在讨论后达成一致，同时学生体会到图形更直观，计算更精准.

（五）课堂小结

1. 你对方差的大小有什么新的认识？

2. 从统计图中估计方差的大小你有什么经验？

3. 生活中我们如何用统计来解决问题？需要经历哪些步骤？

4. 你还有哪些疑惑？

【师生活动】学生自主思考后畅所欲言地回答，教师根据学生的回答进行补充完善，针对疑惑有些可以解答，有些可以留作今后学习的悬念.

设计意图：用数学的眼光观察世界，用数学的思维思考世界，用数学的语言表达世界.

板书设计

6.4 数据的离散程度（2）

解题模型：

求平均数　　　文字表格　折线图　离平均值"近"数多，方差小

⇩

求方差　　　　统计图　条形图　离平均值"远"数多，方差大

⇩

作出判断或决策 ｛ 1.平均数相同，方差越小，越稳定；
2.平均数不同，方差越小，不一定越好
3.具体问题具体分析

作业设计

一、必做题

1. 在统计中，样本的方差可以近似地反映总体的（　　　）

A. 平均状态　B. 波动大小　C. 分布规律　D. 最大值和最小值

2. 对甲、乙两台机床生产的零件进行抽样测量，其平均数均为 10，方差计算结果如下：$s^2_{甲} = 0.02, s^2_{乙} = 0.06$，由此可知：_____机床性能好.

3. 甲、乙、丙三人进行飞镖比赛，已知他们每人 5 次投掷的成绩如图，那么三人中成绩最稳定的是（　　　）

A. 甲　　　　B. 乙

C. 丙　　　　D. 不确定

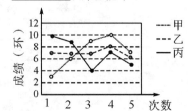

表7-2（续）

4. 学校拟派一名跳高运动员参加一项校际比赛，对甲、乙两名跳高运动员进行了 8 次选拔比赛，他们的成绩（单位：m）如下：

甲：1.70　1.65　1.68　1.69　1.72　1.73　1.68　1.67

乙：1.60　1.73　1.72　1.61　1.62　1.71　1.70　1.75

甲、乙两名运动员跳高的平均成绩分别是多少？

这两人中，哪个人的成绩更为稳定？

5.（1）从下面两幅图中，你能分别读出甲、乙两队员射击成绩的平均数吗？

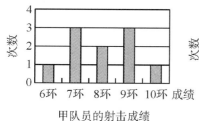

甲队员的射击成绩　　　　　乙队员的射击成绩

（2）通过估计比较甲、乙两队员射击成绩的方差的大小，说说你的估计过程.

（3）分别计算甲、乙两队员射击成绩的方差，看看刚才自己的估计是否正确.

（4）丙队员的射击成绩如右图，判断三人射击成绩的方差的大小.

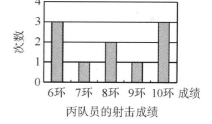

丙队员的射击成绩

6. 调查班上 10 名男生、10 名女生的身高，并用计算机计算这组数据的平均数、离差平方和以及方差.

二、选做题

7. 观察与探究：

（1）观察下列各组数据并填空：

A. 1，2，3，4，5. $\bar{x}_A =$ _____，$s_A{}^2 =$ _____；

B. 11，12，13，14，15. $\bar{x}_B =$ _____，$s_B{}^2 =$ _____；

C. 10，20，30，40，50. $\bar{x}_C =$ _____，$s_C{}^2 =$ _____；

D. 3，5，7，9，11. $\bar{x}_D =$ _____，$s_D{}^2 =$ _____；

（2）分别比较数据 A 与 B，C，D 的计算结果，你能发现什么规律？

（3）若一组数据 x_1，x_2，x_3，$\cdots$，x_n 的平均数是 $\bar{x}$，方差是 s^2，则另一组数据 $3x_1 - 2$，$3x_2 - 2$，$3x_3 - 2$，$\cdots$，$3x_n - 2$ 的平均数是_____，方差是_____.

7.3.2 基于数据观念的项目式教学设计

北师大版的"综合与实践"和人教版的"课题学习"无疑都为项目式教学设计提供了很好的素材，值得我们去深入研究. 那么如何进行基于数据观念的项目式的教学设计呢？主要涉及以下几个方面：

（1）梳理核心知识．以培养数据观念为目的的项目化学习构建，需要以初中统计与概率教学内容为基础，深入研读新课标，发掘可以用来进行项目化学习的核心知识点．

（2）生成驱动性问题．驱动性问题设计要指向"数据观念"学习的本质，将核心知识还原于现实情境，发现知识与真实问题的联系，驱动学生运用统计与概率所学内容知识来解决现实问题．要注意所设计的驱动性问题要能真正驱动学生去自主探究，也就是要具有一定的挑战性和趣味性，才能激发学生的学习兴趣和探究热情，并且能引发学生持续、深入的思考．

（3）预设高阶认知．项目化学习主要是通过高阶认知策略带动低阶认知策略．教师对高阶认知的预设，一方面帮助学生整合基础知识与技能，另一方面能够为学生实现概念知识的项目化学习提供途径[①]．其实预设高阶认知其本质就是在预设通过此次项目化学习想要达成的培养学生高阶思维的目标．培养学生高阶思维有助于学生将数学知识用于分析和解决现实生活情境中的问题．

（4）落实学习实践．在项目化学习中，学生学习的主要活动就是实践过程，要让学生经历有意义的学习实践历程．所以项目化学习不仅仅是一堂课所呈现出来的内容，而更多的是学生在课后进行实践的过程，让学生在问题解决的过程中不断将知识内化，培养数学观念，同时提升学生的合作交流能力．

（5）公开展示成果．公开展示小组合作学习的成果是项目化学习中很重要的一个环节．在设计阶段要预设其最终的成果展示包含哪些必要内容，成果的展示通过对最初涉及驱动性问题的解决，指向"统计与概率"的核心知识以及高阶认知的达成情况．

（6）设计学习评价．项目化学习的评价应该是一种注重过程的评价，并且要采用多维度、多角度进行评价．不仅教师要评价学生，学生也要进行自评、互评．其实学生自评的过程也是学生自我总结和反思的过程．对于项目化学习过程，可设计如下的教师评价表和学生自评表（见表7-3、表7-4）：

---

① 张晨琛.初中"数据观念"培养现状调查及对策研究［D］.杭州：杭州师范大学，2022.

表 7-3　教师评价表

教师评价表				
评价内容	高	较高	一般	较低
在这个项目中的参与度				
数据收集、整理、分析的能力				
与同学合作交流的能力				
数据观念素养				

表 7-4　学生自评表

学生自评表
你在项目化学习中主要负责的任务有哪些？
你在项目化学习中运用到了哪些数学知识和能力？
请你用文字描述在这个项目化活动中的感受： 你的收获： 你的困惑： 你的建议：
如果满分为 100 分，请你给自己打分：

根据上述内容框架构建，基于数据观念的培养，笔者选取初中统计与概率的教学内容，进行项目化学习的教学设计，样例如下：

示例二（见表 7-5）：

表 7-5　示列二

项目化学习	案例内容	设计说明
核心知识	数据收集：抽样、分层抽样、系统抽样 数据整理：数据分类与计算、统计图的选择 数据分析：统计量的计算与分析	由数据分析过程中的具体环节即数据的收集、整理到数据的描述，最后进行分析、推断到决策，形成一条教学主线，每个环节将统计的相关知识点进行联系，由此形成本次的项目化学习知识网络

表7-5(续)

项目化学习	案例内容	设计说明
驱动性问题	人口问题关系国家发展, 更关系民族未来. 你知道人口老龄化吗? 国际上通常看法是, 当一个国家或地区60岁以上老年人口占人口总数的10%, 或65岁以上老年人口占人口总数的7%, 即意味着这个国家或地区的人口处于老龄化. 截至2021年年末, 我国60周岁及以上老年人有26 736万人, 占总人口的18.9%; 全国65周岁及以上老年人口有20 056万人, 占总人口的14.2%. 全国65周岁及以上老年人口抚养比20.8%. 这也意味着我国进入了人口老龄化社会. 请你化身社会学家, 尝试调查你所在社区的老年人比例; 在自主学习理解人口老龄化含义的基础上, 提出想关注的问题; 基于自己的调查结果, 形成调查报告	调查人口老龄化涉及经济、社会、金融等学科. 经历这样的活动, 学生将体验有目的收集数据的过程, 明确收集与整理数据的必要性, 能够更深刻地理解人口老龄化的意义. 学生通过综合应用统计知识解决实际问题, 获得研究问题的方法和经验, 培养科学的态度和独立思考的习惯
高阶认知	提升数据收集、整理和分析处理的能力; 帮助学生综合运用函数、统计, 以及经济学、社会科学等学科知识解决问题, 提高学生分析问题、解决问题的能力; 借助小组合作与交流的活动, 进一步积累合作与交流的经验, 提升学生的合作意识, 发展学生的合作能力; 引导学生将数据分析建模的研究结果, 应用于经济发展与社会学研究; 引导学生感受到人口老龄化所带来的一系列的社会问题, 从而渗透尊老、敬老教育, 体现良好的德育教育价值	提升了学生学习数学的兴趣, 培养了学生各方面的能力, 体现了跨学科的融合和数学学科的育人价值

表7-5(续)

项目化学习	案例内容	设计说明
学习实践	以小组为单位完成下列活动: (1) 确订调查主题,讨论需要收集的数据和信息; (2) 制订调查方案,参与全班交流; (3) 完善调查方案,拟定报告框架,明确组员分工; (4) 以小组为单位,到社区做一些公益活动,结合你的主题展开调查,收集相关数据; (5) 对调查数据进行处理和分析,形成调查报告	教师应发挥学生的自主性,让学生展开讨论,具体获得信息的方式、样本的选择、调查问卷的设计等由学生自主完成.教师要注重引导学生讨论调查前的准备工作如何做等.尤其要注意考虑影响老龄化的因素及具体问题;指导学生制订调查方案时,应强调调查方案的精细程度,直接影响着结果,可以建议同伴之间质疑、不断修改
公开成果	小组分别汇报各自的调查主题、收集数据的主要过程和相关结论;总结小组研究的收获并反思、调整研究报告	学生会用数学的眼光观察现实世界,会用数学的思维思考现实世界,会用数学的语言表达现实世界,实现学科育人的目的
学习评价	教师进行成果反馈评价和学生进行自评	在此环节中教师要注重对学生活动的评价,主要评价学生的参与程度,以及在活动过程中所表示出来的思维方式、与同学合作交流的意识与能力等

7.4　基于数据观念的典型教学案例

初中"统计与概率"的内容看似简单,但因为其研究对象、研究思路、研究方法具有独特性,师生在教学过程中都面临很多困惑与难点.在真实的教学中,教师如何帮助学生形成和培养数据观念是值得我们去深入探讨的.下面笔者选取了一些真实的教学片段或完整教学案例来进行分析.

7.4.1 教学案例1

中位数和众数

一、教材分析

"中位数和众数"是人教版教材八年级下册第二十章第一节的内容，学生以前接触反映数据趋势的统计量只有平均数. 随着学习的深入，仅用平均数对数据进行分析已经体现出局限性. 由此教材在平均数内容后引入了中位数和众数两个量，这也是对体现数据的集中趋势的量的有效补充. 而学生学习的难点是如何将所学的知识应用到实际生活中并解决实际问题，本节内容借助两个生活实例，引导学生合作探究出中位数和众数的含义，培养学生的应用意识，提高学生的创新能力.

二、教学目标

（1）了解中位数、众数的含义，会求一组数据的中位数和众数；能够在具体的情境中选择合适的统计量表示数据.

（2）设置问题情境，经过探索、研究、解决问题，使学生经历中位数和众数产生的过程，感受统计在生活中的应用.

（3）体会到平均数的局限性，获取用中位数和众数分析数据的经验，通过数据分析与处理，体会数学与现实生活的联系；通过每一环节的反思总结，学会分析和解决实际问题，发展优化思想.

三、教学重难点

教学重点：理解中位数和众数的概念，利用中位数和众数分析数据信息.

教学难点：会选择合适的统计量分析数据并做出决策.

四、教学过程

1. 创设情境，提出问题

为了让学生体会用平均数分析数据的局限性，理解中位数和众数，了解它们在分析数据过程中发挥的作用，创设以下问题情境，从而引出本节课的课题.

情境问题1：在一次数学测验中，小明所在小组9名同学的成绩分别为：36、50、83、84、87、88、90、91、93，平均分是78分，而小

明考了 83 分，小明就说自己的成绩在小组内是中上水平. 你们认为小明的说法合适吗？为什么？

教师引导学生独立思考并作出回答. 随后，提出："哪位同学的说法正确呢？为什么？"对此，先不作回答，设立悬念.

设计意图：对于学生的回答，教师先不给出评判，目的是设立悬念，引起学生的好奇心. 接着给出第二个问题情境，让学生在合作交流探讨问题的过程中构建或引入中位数和众数的概念. 在学生理解了中位数和众数之后，再回看第一个问题情境，让学生对自己的回答作出正确的判断. 激发学生学习的兴趣和探索 问题的积极性.

情境问题 2：将来我们每个人都会面临找工作的问题，薪资水平也就成为我们择业的主要方面之一，那么我们应该如何评判一家公司员工的收入水平呢？下表是某公司员工月收入的资料，大家可以就此发表个人意见，你们觉得这家公司员工的薪资水平如何？

月收入/元	45 000	18 000	10 000	5 500	5 000	3 400	3 000	1 000
人数/人	1	1	1	3	6	1	11	1

教师先让学生用上节课学习的知识计算出这个公司员工的平均收入，然后请学生代表发表自己对这家公司员工薪资水平的看法，在此过程中，教师引导着学生逐步地向着引入中位数和众数这两个概念的必要性进行思考和关注.

设计意图：将教材中的问题 2 和生活实际相联系，激发学生的好奇心和求知欲，为深度学习营造积极的学习氛围. 同时让学生在思考中体会平均数的局限性，进而引出可以反映数据特征的中位数和众数.

2. 合作交流，构建新知

教师引导学生通过小组合作交流共同探讨怎样才能较好地体现员工的月收入水平. 通过各个小组分别从不同角度描述的薪资水平，师生共同总结出像"3 000 元"这样在一组数据中出现次数最多的数为众数，像"3 400 元"这样处于中间位置的数为中位数. 这些数据都能从不同方面体现一组数据的特征，从而得到中位数和众数的定义.

设计意图：改变传统教学中以死记硬背为主的模式，鼓励小组合作交流并 发表自己的见解，吸引更多的同学参与，能让学生更深刻地理解三个统计量的含义. 并让学生体会到合作交流在学习中的重要性, 在同学们互相交流意见之后能够提高答案的准确性, 提升学生自主学习能力和创新能力.

教师让学生再观察一下表格中数据的排列特点, 并让学生思考: 上面的两个问题涉及的人数都是奇数, 可以直接找出中位数. 但当一组数据的个数是偶数时, 又应该怎样计算呢?

师生共同总结: 将一组数据按照由小到大 (或由大到小) 的顺序排列, 如果数据的个数是奇数, 则称处于中间位置的数为这组数据的中位数; 如果数据的个数是偶数, 则称中间两个数据的平均数为这组数据的中位数. 一组数据中出现次数最多的数据就是这组数据的众数.

在得到众数的定义后让学生想一想: 当一组数据出现最多的数有两个或者两个以上时, 怎样得到这组数据的众数呢?

设计意图: 让学生观察数据的排列顺序, 体会中位数的计算不仅与排序有关, 还和数据的个数有关, 而且众数可能不止有一个, 提高学生提取知识的能力.

3. 运用新知, 体验成功

探究完成教材例4和例5, 体会用中位数和众数分析数据的过程.

例4 在一次男子马拉松长跑比赛中, 抽得12名选手所用的时间 (单位: min) 如下:

136 140 129 180 124 154 146 145 158 175 165 148

(1) 样本数据 (12名选手的成绩) 的中位数是多少?

(2) 一名选手的成绩是142 min, 他的成绩如何?

例5 一家鞋店在一段时间内销售了某种女鞋30双, 各双尺码的销售量如下表所示. 你能根据表中的数据为这家鞋店提供进货建议吗?

尺码/cm	22	22.5	23	23.5	24	24.5	25
销售量/双	1	2	5	11	7	3	1

设计意图: 在学生领会了中位数和众数之后, 完成教材例题, 趁热打铁, 让学生体会数据分析中统计量的合理选择, 获得整理分析数据的经验. 在实际教学过程中, 大多数学生只是单纯学习某个知识点, 而不去加以应用. 因此, 引导学生运用刚刚学习的知识解决问题, 将新

知识内化为自己的知识，培养学生的知识迁移能力.

4. 挑战自我，扩展新知

练习 1 某公司销售部有营销人员 15 人，销售部为了制定某种商品的月销售定额，统计了这 15 人某月销售量如下表所示：

每人销售件数/件	1 800	510	250	210	150	120
人数/人	1	1	3	5	3	2

（1）求这 15 位营销人员该月销售量的平均数、中位数和众数.

（2）假定销售部负责人把每位营销员的月销售额定为 320 件，你认为是否合理？为什么？如不合理，请你给出一个较合理的销售定额.

练习 2 已知某班四个小组人数分别为：10，10，x，8，且这组数据的中位数和平均数相等，求这组数据的中位数.

设计意图： 引导学生运用知识解决问题，通过变式练习，学生能够体验知识的加工和整合过程，巩固对知识的掌握，养成独立思考问题的习惯，从而改善不能主动思考问题的习惯. 练习 2 还渗透了分类讨论的数学思想，培养学生全面思考问题的能力.

5. 归纳小结，探究作业

教师询问学生：本节课你学习到了什么？这几个统计量分别表示的意义是什么？请同学们梳理本节课的重要内容，评价自身学习的成果和不足，并派代表发言. 在学生回顾了本节课的学习内容后教师布置本节的课后作业：教材 121 页练习题、122 页第 7 题.

设计意图： 评价和反思是进行深度学习的必要步骤，学生通过自我评价，锻炼批判性思维. 教师应设置不同难度的课后习题，考虑不同层次学生的发展，确保每位同学都能积极参与，获得经验.

案例分析：

1. 结合了前面所学的知识，创设贴近学生生活的问题情境，让学生发现原有的知识并不能解决当下的问题，从而激发学生对新知识的好奇心和求知欲.

2. 通过小组合作交流，学生共同探索出中位数和众数的内涵，这是一个自主构建知识体系的过程，充分体现了学生的主体地位以及学生自身分析问题、解决问题的能力.

3. 紧接着结合典型案例让学生们经历数据的整理、分析的过程，体会其中蕴含的数学方法和思想，培养其数据观念.

4. 课堂小结时不仅注重对本节课所学内容的梳理，还强调了学生要从学习、成果和不足对自身进行评价. 这种反思性评价培养了学生理性分析的能力以及看待事情更全面的眼光，有助于发展学生的批判性思维，在反思中不断改进和提升自己.

7.4.2 教学案例 2

频率的稳定性

师：同学们今天带硬币了吗？我们今天进行抛掷硬币实验，每组 50 次，记录正反面的次数.

学生分为 8 组，小组合作做抛掷实验.

第一小组：正面朝上 22 次，反面朝上 28 次；

第二小组：正面朝上 33 次，反面朝上 17 次；

第三小组：正面朝上 19 次，反面朝上 31 次；

第四小组：正面朝上 24 次，反面朝上 26 次；

第五小组：正面朝上 15 次，反面朝上 35 次；

第六小组：正面朝上 22 次，反面朝上 28 次；

第七小组：正面朝上 25 次，反面朝上 25 次；

第八小组：正面朝上 29 次，反面朝上 21 次.

师：从抛掷硬币的结果上我们能得出什么结论？

生 1：正面朝上次数少，反面朝上次数多；

生 2：抛掷硬币正面朝上和反面朝上的概率应该是一样的；

生 3：抛硬币正面朝上的可能性大一些；

师：从抛掷硬币上我们得出，当抛掷次数越多时，出现正、反面朝上的次数应该是一样的.

案例分析：

1. 在该教学片段中，教师让学生分小组进行抛硬币实验，充分地调动了学生学习的积极性. 学生的课堂参与度和自主度很高，学生进行了实验探究、小组合作学习、讨论交流等学习活动.

2. 美中不足的是在学生根据自己小组的试验结果得出了不同的结果后，教师直接告诉了学生抛掷硬币正、反面出现的可能性是一样的. 对有些学生而言这个结论是难以理解的，因为与他的实验结果是有出入的，他其实是有所怀疑的.

3. 其实每个小组都抛了 50 次，一共 8 个小组就有 400 次. 我们其实可以将各个小组的数据加在一起，分别算出 50 次、100 次、200 次、400 次正面朝上的频率，让学生画出频率的折线统计图，从图像中来发现频率的稳定性.

4. 因为课堂条件和时间的局限，要做大量多次实验是不太现实的，所以要让学生真切感受到大量重复实验下频率的稳定性，其实可以借助信息技术进行模拟实验.

5. 正是因为实验的不可控性以及数据具有随机性，老师们往往特别担心学生做出的实验数据偏离太多，影响后面结论的得出. 然而这也正是随机事件的魅力所在，上好这类课对教师的综合素养要求更高.

7.4.3 教学案例 3

用频率估计概率

一、教材分析

本节课主要包括用频率估计概率的方法与意义；频率与概率的区别. 主要让学生对一些简单的实验有初步体验，并形成一定经验. 通过之前抛硬币、抛正方体骰子实验的学习，本节内容可以类比这些实验的研究方法，让学生根据相关经验习得概率统计的定义，并根据之前概率研究的计算方法，对比研究，为其进一步研究奠定基础.

二、教学目标

1. 理解频率的意义，掌握频率与概率的联系与区别；

2. 通过实验活动，让学生亲自参与，并归纳和分析出频率与概率二者联系，培养学生归纳推理能力；

3. 分析问题情境，找到频率估计概率的方法，让学生充分认识到概率的随机性，体会转化的数学思想；

4. 通过相互交流讨论，加强学生合作学习意识. 同时，通过实验活动加强学生对知识应用性的理解.

三、教学重难点

教学重点：发现并感受随机事件的统计规律，了解概率的相关定义，并学会简单运用.

教学难点：理解用频率估计概率的方法，明确两者的联系与区别.

四、教学过程设计

1. 创设问题情境，引入新课

（1）400 位同学中，一定有 2 人的生日相同吗？（可以不同年）你能说出你的依据吗？

（2）300 位同学中，一定有 2 人的生日相同吗？（可以不同年）

（3）此时提出一个论断："我认为咱们班 50 个同学中很可能就有 2 个同学的生日相同"你能相信吗？你能说出理由吗？

设计意图：以层层递进的问题串进行引入，符合学生的认知，激发学生学习的激情. 其中问题（1）是学生能肯定给出答案的，问题（2）和（3）有一定的改变，提升了难度，从而激发学生探索的求知欲.

2. 创设活动，探究新知

师：好，大家都有很多疑惑，那我们就以实际调查来验证结论吧. 我们之前提前一周布置了一个活动. 每位同学课外调查 10 个人的生日. 同学们，我们现在可以怎么利用我们手中的数据呢？

生1：我们现在可以从全班的调查结果中随机选择 50 个人，看有没有 2 人生日相同.

师：非常好，那现在请各位同学自己设计方案.

生2：我们小组将每个同学调查的生日随机排列成一方阵，然后按某一规则从中选取 50 个数据进行实验（如 25×20），从某行某列开始，自左而右，自上而下，选出 50 组数）.

生 3：我觉得可以用一个很好操作的方法，把全班每个同学所调查的数据写在纸条上，放在箱子里随机抽取.

生 4：那我还有更简便的. 就是直接从 50 名同学手里随机抽取一个调查数据，组成 50 组数据.

生 5：嘿嘿，那我用比较复杂的方法. 全班分成 10 个小组，把每个小组调查数据放在一起，打乱次序，随机抽取 5 个，然后 10 个小组的结果放在一起组成 50 组数据.

师：通过做实验，你发现了"50 个人中有 2 个人的生日是相同"发生的频率中有哪些规律？

生 6：随着做实验的次数越来越多，"50 个人中有 2 个人的生日是相同"的频率会增加. 说明"50 个人中有 2 个人的生日相同"是很有可能发生的.

师：实际上这个问题的理论上概率大概为 97%，同学们，你们的估计值和实际概率接近吗？

生 7：老师，当我们实验次数越多时，频率越稳定于概率.

师：同学们，你们觉得求概率还有新方法吗？

生 8：对于一些比较复杂的或不能计算出概率的事件，我们可以通过实验来求出频率，然后用频率来估计概率.

师：那能认为事件发生的频率就是概率吗？为什么？

生 9：是不对的. 频率和概率是两个完全不同的数学概念，不能一概而论.

设计意图：采用小组合作的形式，能够激发学生的学习热情. 同时，学生通过实验操作，可以深入地理解大量实验可以估计出概率，也在活动中将频率与概率进行了区别和联系，让学生更深入地理解和掌握两者.

3. 例题巩固

例 1 在同样条件下对某种小麦种子进行发芽试验，统计发芽种子数，获得如下频数分布表：

实验种子 n/粒	1	5	50	100	200	500	1 000	2 000	3 000
发芽频数 m/粒	0	4	45	92	188	476	951	1 900	2 850
发芽频率 m/n									

（1）计算表中各个频数.

（2）估计该麦种的发芽概率.

（3）如果播种该种小麦每公顷所需麦苗数为 4 181 818 棵，种子发芽后的成秧率为 87%，该麦种的千粒质量为 35g，那么播种 3 公顷该种小麦，估计约需麦种多少 kg？

设计意图：当学生接受了新知识后，马上辅之以例题，巩固了学生的知识，同时也可以反馈学生的掌握情况. 再加上例题是生长式的提问，层层递进有利于学生消化知识和应用知识.

4. 课堂小结

（1）本节课弄清频率与概率的关系.

（2）了解用多次试验频率去估计概率的方法.

（3）体会了一种思想：用频率去估计概率：试验频率≈理论概率.

5. 课后作业

必做题：课后习题的基础题.

思考题：一个口袋中有 12 个白球和若干个黑球，在不允许将球倒出来数的前提下，小亮为估计口袋中黑球的个数，采用了如下的方法：每次先从口袋中摸出 10 个球，求出其中白球与 10 的比值，再把球放回袋中摇匀. 不断重复上述过程 5 次，得到的白球数与 10 的比值分别为：0.4，0.1，0.2，0.1，0.2. 根据上述数据，小亮可估计口袋中大约有多少个黑球？

设计意图：分层次、分类型地布置作业给不同层次的学生，为学生提供了不同的机会，使其得到了不同的发展，实现了学生的综合发展，从而有利于巩固和培养学生的数据观念.

案例分析：

1. 紧扣课标要求，立足教材分析，结合具体教学环节确定了教学目标，让教学目标不再是空洞的，而是具体的可落实的.

2. 围绕学生熟悉的生活情境——过生日，设置层层深入的问题串，引入课题的同时激发学生的学习兴趣与探究欲.

3. 课前布置学生收集数据，在课堂中引导学生运用这些数据来解决问题，充分发挥了学生的主观能动性. 通过自主地探索，学生更加深刻地理解了频率的内涵以及概率和频率之间的区别和联系.

4. 注重让学生通过小组合作，自己在多次的实验中经历统计的过程，感悟数据的意义和随机性，培养其数据观念.

7.5　基于数据观念的试题分析和设计

《义务教育课程方案和课程标准（2022 年版）》中指出，统计与概率的学业质量评价标准是：知道频数、频率和概率的意义，能够进行简单的数据分析，形成数据观念[①]. 前面我们探讨了如何在统计与概率的教学中培养学生的数据观念素养，那么中考又是如何考察数据观念的落实情况呢？纵观近两年来全国各地中考命题，都体现了以核心素养为导向，"四基"为起点，"四能"为重点的命题特点.

7.5.1　基于数据观念的试题分析

下面列举了部分地区近两年针对初中统计与概率的两个主题"抽样与数据分析"和"随机事件的概率"的考查情况（见表 7-6）：

---

① 中华人民共和国教育部. 义务教育数学课程标准（2022 年版）［M］. 北京：北京师范大学出版社，2022.

表 7-6　近两年部分地区初中统计与概率两个主题考查表

内容		抽样和数据分析		随机事件的概率	
地区	年份	考察形式	分值	考察形式	分值
重庆	2022	一个解答题	10	一个填空题	4
	2023	一个解答题	10	一个填空题	4
上海市	2022	一个填空题	4	一个填空题	4
	2023	一个填空题	4	一个填空题	4
广东省	2022	一个解答题	9	一个选择题	3
	2023	一个选择题+一个解答题	3+9	一个选择题	3
四川省成都市	2022	一个选择题+一个解答题	4+5	一个解答题的第（3）问	3
	2023	一个选择题+一个解答题	4+8	一个选择题	4
浙江省温州市	2022	一个选择题+一个填空题+一个解答题	4+5+8	一个选择题	4
	2023	一个选择题+一个填空题+一个解答题	4+4+10	一个选择题	4
湖北省武汉市	2022	一个填空题+一个解答题	3+8	一个选择题	3
	2023	一个解答题	8	两个选择题	3+3

　　从表 7-6 我们不难看出，对于"抽样和数据分析"的考查多以一道选择题（或填空题）加一道解答题出现，分值大约占整个试卷的 6%~11% 左右；而"随机事件的概率"多以一道选择题或者填空题的形式呈现，占总分值的 2%~3%．这和初中概率与统计的内容在整个初中数学知识中所占比例基本符合．

　　这些试题的命制都体现了数据的意义是离不开具体的问题情境的，不再是一堆数字的运算．有的以热点问题为背景，赋予题目时代的特色；有的以当地山水人文为底色，蕴含人文教育精神；有的结合学生熟悉的生活情境，体现数学的生活化；有的题目改编自教材，反映对教材的深度挖掘；有的联系中华上下五千年的文明，培养民族自豪感．

　　在各省市的试题中基本上都会有一道综合性解答题，试题通过呈现比较完整的统计过程，测评学生数据观念养成情况．这类试题一方面考查学生统计图的绘制、统计量的计算，以及提取关键信息，选取合适的方法、角度综合分析数据并得出结论的能力；另一方面，试题的灵活性和开放性，对学生的推理能力和模型观念等素养都有一定的考察要求①.

试题举例

一、数据的收集与整理

1.（2023·浙江·台州卷）以下调查中，适合全面调查的是（　　）.

A. 了解全国中学生的视力情况

B. 检测"神舟十六号"飞船的零部件

C. 检测台州地区城市空气质量

D. 调查某池塘中现有鱼的数量

2.（2023·湖南·郴州卷）下列问题适合全面调查的是（　　）

A. 调查市场上某品牌灯泡的使用寿命

B. 了解全市人民对湖南省第二届旅游发展大会的关注情况

C. 了解郴江河的水质情况

D. 神舟十六号飞船发射前对飞船仪器设备的检查

3.（2022·湖北·孝感卷）下列调查中，适宜采用全面调查方式的是（　　）

A. 检测"神舟十四号"载人飞船零件的质量

B. 检测一批 LED 灯的使用寿命

C. 检测黄冈、孝感、咸宁三市的空气质量

D. 检测一批家用汽车的抗撞击能力

命题分析：这三道试题都是基础题，都以学生熟悉的背景材料为载体，考查学生对于抽样调查和全面调查的意义与区别的理解. 遍观各地区的中考数学试卷，命题者们都注重联系实际问题，结合当地特色，选择合适的背景材料来体现试题的与时俱进，同时也让学生体会到数学与实际生活的紧密联系.

---

① 程慧. 聚焦数据观念 探寻核心素养：2022 年中考"抽样与数据分析"专题命题分析［J］. 中国数学教育，2023（7）：22-30.

4. （2023·山东·聊城卷）4月15日是全民国家安全教育日. 某校为了摸清该校1 500名师生的国家安全知识掌握情况, 从中随机抽取了150名师生进行问卷调查. 这项调查中的样本是（　　）

A. 1 500名师生的国家安全知识掌握情况

B. 150

C. 从中抽取的150名师生的国家安全知识掌握情况

D. 从中抽取的150名师生

命题分析：这道题以国家安全日为背景, 紧扣时事, 问题看似只考查了学生对于样本这一概念的掌握情况, 但在选项的设置上涉及了总体, 样本容量等知识. 如果学生对这几个概念辨析不清, 很容易误选, 只有当学生把这几个概念完全区分后才能得出正确答案.

5. （2022·广西·北部湾经济区卷）空气是由多种气体混合而成, 为了直观介绍空气中各成分的百分比, 最适合使用的统计图是（　　）.

A. 条形图　　　　　　　　B. 折线图

C. 扇形图　　　　　　　　D. 直方图

6. （2023·江苏·扬州卷）空气的成分（除去水汽、杂质等）是：氮气约占78%, 氧气约占21%, 其他微量气体约占1%. 要反映上述信息, 宜采用的统计图是（　　）

A. 条形统计图　　　　　　B. 折线统计图

C. 扇形统计图　　　　　　D. 频数分布直方图

命题评价：这两道题都选择了空气的成分作为问题背景, 题目表述上都非常简洁明了, 考查了如何结合具体问题的需要选择适当的统计图表对数据进行整理和表示. 这里为了凸显部分与整体的关系, 应该选择"扇形图". 扇形图能较好地体现空气中各成分的百分比. 由于受到鄙视环境的限制, 命题者应从多角度思考, 命制更多新颖开放的试题, 引导学生不仅会"读取"统计图表中的信息, 而且要有"设计"或"选择"恰当的统计图表来呈现数据信息的能力, 从而更好地体现所要反映的事物之间的差异和联系.

7. （2022·浙江·温州卷）某校参加课外兴趣小组的学生人数统计如图所示. 若信息技术小组有60人，则劳动实践小组有（　　）

某校参加课外兴趣小组的
学生人数统计图

A. 75人   B. 90人

C. 108人   D. 150人

8. （2023·浙江·温州卷）某校学生"亚运知识"竞赛成绩的频数直方图（每一组含前一个边界值，不含后一个边界值）如图所示，其中成绩在80分及以上的学生有_____人.

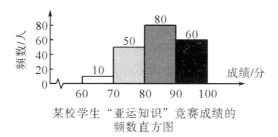

某校学生"亚运知识"竞赛成绩的
频数直方图

命题评价：2022年的温州卷考查了扇形统计图，2023年考查了频数分布直方图，可以看出单独考查统计图是温州卷比较喜欢的一个命题点. 统计图是统计中非常重要的整理数据的工具，不同的统计图给我们的直观感受以及提供给我们的信息是有差异的. 这些题目都旨在考查学生从各种统计图中获取信息的能力. 2022年的题目需要通过扇形统计图的百分比先计算出总人数，再求出对应的劳动实践小组的人数，灵活运用整体与部分的关系. 2023年的题目则更简单直观一些，只要能看懂频数直方图，将80~90，90~100这两组数据对应的值相加即可.

9.（2023·甘肃·兰州卷）2022 年我国新能源汽车销量持续增长，全年销量约为 572.6 万辆，同比增长 91.7%，连续 8 年位居全球第一．下面的统计图反映了 2021 年、2022 年新能源汽车月度销量及同比增长速度的情况．根据统计图提供的信息，下列推断不合理的是（　　）

$$2022 \text{ 年同比增长速度} = \frac{2022 \text{ 年当月销量} - 2021 \text{ 年当月销量}}{2021 \text{ 年当月销量}} \times 100\%$$

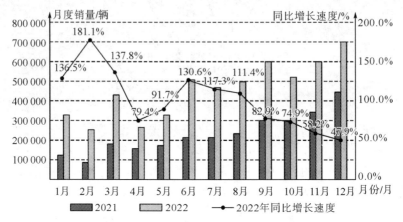

2021 年、2022 年新能源汽车月度销量及同比

（数据来源：中国汽车流通协会）

A. 2021 年新能源汽车月度销量最高是 12 月份，超过 40 万辆．

B. 2022 年新能源汽车月度销量超过 50 万辆的月份有 6 个．

C. 相对于 2021 年，2022 年新能源汽车同比增长速度最快的是 2 月份，达到了 181.1%

D. 相对于 2021 年，2022 年从 5 月份开始新能源汽车同比增长速度持续降低

命题评价：本题综合考查了条形统计图和折线统计图．题目以当下热门的新能源汽车为背景，给出的统计图是条形统计图与折线统计图的组合图，虽然看起来比较复杂但非常符合实际生活中的统计图表的呈现形式，对学生从统计图中获取信息的能力要求更高．学生要能够把看似复杂的问题简单化，明确条形统计图更多的是直接体现数量，折线统计图则更能看出变化趋势，知道区分二者来获取有效信息．

二、数据的分析

（一）统计量的计算

1. （2022·四川·成都卷）在中国共产主义青年团成立 100 周年之际，某校团委招募志愿者到六个社区开展"书香成都"全民阅读服务活动，报名人数分别为：56，60，63，60，60，72，则这组数据的众数是（　　　）

A. 56　　　　　　　　　　B. 60

C. 63　　　　　　　　　　D. 72

2. （2023·四川·成都卷）近年来，随着环境治理的不断深入，成都已构建起"青山绿道蓝网"生态格局. 如今空气质量越来越好，杜甫那句"窗含西岭千秋雪"已成为市民阳台外一道亮丽的风景. 下面是成都市今年三月份某五天的空气质量指数（AQI）：33，27，34，40，26，则这组数据的中位数是（　　　）

A. 26　　　　　　　　　　B. 27

C. 33　　　　　　　　　　D. 34

3. （2023·江苏·徐州卷）徐州云龙山共九节，蜿蜒起伏，形似游龙，每节山的海拔如下图所示.

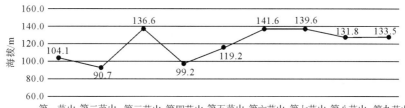

其中，海拔为中位数的是（　　　）

A. 第五节山　B. 第六节山　C. 第八节山　D. 第九节山

命题评价：2022 年成都卷考查了众数的计算，2023 年成都卷和徐州卷主要考查中位数的计算. 2023 年成都卷和徐州卷都选择了以当地山水风景为题目背景，给数据赋予了不一样的意义，让学生倍感亲切的同时也对枯燥的数据产生兴趣. 不管是 2022 年还是 2023 年成都卷都是直接给出几组数据，需要学生自己对数据进行排序整理后再计算出众数或中位数. 徐州卷使用折线统计图来呈现数据, 需要学生能够从折线统计图获取信息后来计算中位数, 对学生综合处理数据的能力要求更高.

4.（2023·山东·泰安卷）为了解学生的身体素质状况, 国家每年都会进行中小学生身体素质抽测. 在今年的抽测中, 某校九年级二班随机抽取了 10 名男生进行引体向上测试, 他们的成绩（单位: 个）如下: 7, 11, 10, 11, 6, 14, 11, 10, 11, 9. 根据这组数据判断下列结论中错误的是（　　）

A. 这组数据的众数是 11　　　　B. 这组数据的中位数是 10

C. 这组数据的平均数是 10　　　　D. 这组数据的方差是 4.6

5.（2023·四川·广元卷）某中学开展"读书节活动", 该中学某语文老师随机抽样调查了本班 10 名学生平均每周的课外阅读时间, 统计如表:

每周课外阅读时间/小时	2	4	6	8
学生数/人	2	3	4	1

下列说法错误的是（　　）

A. 众数是 1　　　　　　　　　　B. 平均数是 4.8

C. 样本容量是 10　　　　　　　　D. 中位数是 5

6.（2023·湖南·长沙卷）长沙市某一周内每日最高气温的情况如图所示, 下列说法中错误的是（　　）

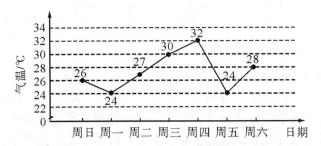

A. 这周最高气温是 32℃　　　　B. 这组数据的中位数是 30

C. 这组数据的众数是 24　　　　D. 周四与周五的最高气温相差 8℃

7.（2023·山东·烟台卷）长时间观看手机、电脑等电子产品对视力影响非常大. 6月6日是"全国爱眼日"，为了解学生的视力情况，某学校从甲、乙两个班级各随机抽取8名学生进行调查，并将统计数据绘制成如图所示的折线统计图，则下列说法正确的是（　　）

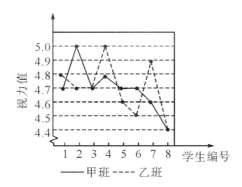

A. 甲班视力值的平均数大于乙班视力值的平均数

B. 甲班视力值的中位数大于乙班视力值的中位数

C. 甲班视力值的极差小于乙班视力值的极差

D. 甲班视力值的方差小于乙班视力值的方差

命题评价：这四道题目都是综合性地考查了平均数、中位数、众数、极差、方差这些统计量的计算. 这四道题目的背景选取都比较贴近学生的生活，让数据生活化. 泰安卷是直接给出数据，广元卷以表格的形式呈现数据，长沙卷和烟台卷都是以折线图来呈现数据，考察了学生从折线图中获取信息的能力. 从试题的难度上看，前三道题目的难度相差不大，最后一道题因为涉及了两条折线，所以难度要更大一些，学生需要分别计算出两组数据的有关统计量并进行对比，对学生的计算能力要求更高.

8.（2022·贵州·贵阳卷）小红在班上做节水意识调查，收集了班上7位同学家里上个月的用水量（单位：吨）如下：5，5，6，7，8，9，10. 她发现，若去掉其中两个数据后，这组数据的中位数、众数保持不变，则去掉的两个数可能是（　　）

A. 5，10　　　　　　　　B. 5，9

C. 6，8　　　　　　　　D. 7，8

9. （2023·内蒙古·通辽卷）为迎接中国共产党建党一百周年，某班 50 名同学进行了党史知识竞赛，测试成绩统计如下表，其中有两个数据被遮盖.

成绩/分	91	92	93	94	95	96	97	98	99	100
人数/人	■	■	1	2	3	5	6	8	10	12

下列关于成绩的统计量中，与被遮盖的数据无关的是（ ）

A. 平均数，方差 B. 中位数，方差

C. 中位数，众数 D. 平均数，众数

命题评价：贵阳卷和通辽卷这两个题目命题方式较前面的题目更有趣味性和探索性，要求学生不仅能计算平均数、中位数、众数等基本统计量，还要能综合分析这些统计量容易受数据缺失的影响程度，对学生的数据观念和逻辑思维要求更高. 希望在今后的命题中，即使是与统计量的计算有关的选择题，命题者也可以巧妙地设计出好的问题，不局限于各种统计量的计算，要增强学生对概念的理解及严谨的推理能力，深入体会统计量在现实生活中的应用与价值.

（二）统计量的意义

10. （2023·贵州·贵阳卷）"石阡苔茶"是贵州十大名茶之一，在我国传统节日清明节前后，某茶叶经销商对甲、乙、丙、丁四种包装的苔茶（售价、利润均相同）在一段时间内的销售情况统计如下表，最终决定增加乙种包装苔茶的进货数量，影响经销商决策的统计量是（ ）

包装	甲	乙	丙	丁
销售量/盒	15	22	18	10

A. 中位数 B. 平均数

C. 众数 D. 方差

11. （2023·浙江·宁波卷）甲、乙、丙、丁四名射击运动员进行射击测试，每人10次射击成绩的平均数 $\bar{x}$（单位：环）及方差 S^2（单位：环²）如下表所示：

项目	甲	乙	丙	丁
$\bar{x}$	9	8	9	9
S^2	1.2	0.4	1.8	0.4

根据表中数据，要从中选择一名成绩好且发挥稳定的运动员参加比赛，应选择（　　）

A. 甲 B. 乙

C. 丙 D. 丁

命题评价：众数代表出现频率最多的量，在销售问题的决策中众数是最常用到的统计量，所以贵阳卷以销售贵州名茶为背景是非常贴合实际问题的．该题重点考查了众数的意义，同时也考查了学生对于平均数、中位数、方差的意义的理解以及它们与众数的区别．宁波卷考查对方差意义的理解，知道方差越小表明该组数据越稳定．该题情境背景常规，教材和习题中也有类似背景，有效引导教师用好教材、挖掘教材，注重了考试与教材的衔接．

（三）综合应用

12. （2022·山东·枣庄卷）每年的6月6日为"全国爱眼日"．某初中学校为了了解本校学生视力健康状况，组织数学兴趣小组按下列步骤来开展统计活动．

（1）确定调查对象

①有以下三种调查方案：

方案一：从七年级抽取140名学生，进行视力状况调查；

方案二：从七年级、八年级中各随机抽取140名学生，进行视力状况调查；

方案三：从全校1 600名学生中随机抽取600名学生，进行视力状况调查．

其中最具有代表性和广泛性的抽样调查方案是_____；

（2）收集整理数据

按照国家视力健康标准，学生视力状况分为 A，B，C，D 四个类别．数学兴趣小组随机抽取本校部分学生进行调查，绘制成如图一幅不完整的统计图．

抽取的学生视力状况统计表

类别	A	B	C	D
视力	视力≥5.0	4.9	4.6≤视力≤4.8	视力≤4.5
健康状况	视力正常	轻度视力不良	中度视力不良	重度视力不良
人数	160	m	n	56

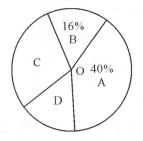

抽取的学生视力状况统计图

（3）分析数据，解答问题

②调查视力数据的中位数所在类别为_____类；

③该校共有学生 1 600 人，请估算该校学生中，中度视力不良和重度视力不良的总人数；

④为更好地保护视力，结合上述统计数据分析，请你提出一条合理化的建议．

13．（2023·江苏·连云港）为了解本校八年级学生的暑期课外阅读情况，某数学兴趣小组抽取了 50 名学生进行问卷调查．

（1）下面的抽取方法中，应该选择（　　　）

A. 从八年级随机抽取一个班的 50 名学生

B. 从八年级女生中随机抽取 50 名学生

C. 从八年级所有学生中随机抽取 50 名学生

（2）对调查数据进行整理，得到下列两幅尚不完整的统计图、表：

暑期课外阅读情况统计表

阅读数量/本	人数/人
0	5
1	25
2	a
3本及以上	5
合计	50

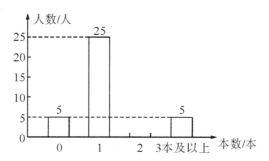

暑期课外阅读情况条形统计图

统计表中的 $a =$ _____，补全条形统计图；

（3）若八年级共有 800 名学生，估计八年级学生暑期课外阅读数量达到 2 本及以上的学生人数；

（4）根据上述调查情况，写一条你的看法.

命题评价：这两道题目分别以本校学生视力情况、暑期阅读情况的调查为问题情境，综合考查学生对统计活动本质的理解以及对统计相关知识的灵活运用，体现了以数据观念为导向的命题特点. 两个题目较为新颖的地方在于都尽量完整地呈现了数据的收集、整理、描述和分析的过程，希望学生在阅读题目获取信息的过程中体验完整的统计过程. 在每个统计步骤中设计层层递进的问题，从抽样的样本选择到统计图的绘制再到统计量的计算和分析，考查学生解决一个统计问题的关键能力，具有一定的区分度. 两个题目的最后一个小问属于开放性试题, 培养学生"用数据说话"的意识, 考察了学生利用所学的统计量的意义, 选择合适的统计量结合实际给出解释、判断、决策或者建议和推断, 答案不唯一, 只要合理即可. 这就体现了统计和其他板块的数学知识的区别. 统计是科学和艺术的结合, 它是没有绝对的对错之分的, 每个人的目的不一样、每个人的鉴赏力不一样, 它就可以选择不同的方法, 得到不同的结论. 这样的命题方式进一步落实了《义务教育课程方案和课程标准 (2022 年版) 》中学业质量标准的相关评价思路, 值得继续推广和研究完善.

三、随机事件的概率

(一) 简单随机事件的概念及其概率

1. (2022·湖北·武汉卷) 彩民李大叔购买了 1 张彩票, 中奖. 这个事件是 (　　)

A. 必然事件　　　　　　　B. 确定性事件

C. 不可能事件　　　　　　D. 随机事件

2. (2023·湖北·武汉卷) 掷两枚质地均匀的骰子, 下列事件是随机事件的是 (　　)

A. 点数的和为 1　　　　　B. 点数的和为 6

C. 点数的和大于 12　　　 D. 点数的和小于 13

命题评价: 两道题目都考查了在概率里事件的分类, 重点考查随机事件的概念, 难度系数较低. 只要学生知道一定会发生的是必然事件; 一定不会发生的是不可能事件; 可能会发生也可能不会发生的是随机事件, 解决这类问题便游刃有余. 2022 年的题目以买彩票为背景, 富有趣味性, 问题直接明了; 2023 年的题目紧密结合教材常用的掷骰子试验, 而且是分析两枚骰子的投掷情况, 难度稍有提升.

3. (2023·贵州·贵阳卷) 在学校科技宣传活动中, 某科技活动小组将 3 个标有"北斗", 2 个标有"天眼", 5 个标有"高铁"的小球 (除标记外其他都相同) 放入盒中, 小红从盒中随机摸出 1 个小球, 并对小球标记的内容进行介绍, 下列叙述正确的是 (　　)

A. 摸出"北斗"小球的可能性最大

B. 摸出"天眼"小球的可能性最大

C. 摸出"高铁"小球的可能性最大

D. 摸出三种小球的可能性相同

4. （2023·四川·成都卷）为贯彻教育部《大中小学劳动教育指导纲要（试行）》文件精神，某学校积极开设种植类劳动教育课. 某班决定每位学生随机抽取一张卡片来确定自己的种植项目，老师提供 6 张背面完全相同的卡片，其中蔬菜类有 4 张，正面分别印有白菜、辣椒、豇豆、茄子图案；水果类有 2 张，正面分别印有草莓、西瓜图案，每个图案对应该种植项目. 把这 6 张卡片背面朝上洗匀，小明随机抽取一张，他恰好抽中水果类卡片的概率是（　　　）

A. $\dfrac{1}{2}$　B. $\dfrac{1}{3}$

C. $\dfrac{1}{4}$　D. $\dfrac{1}{6}$

命题评价：这两道题目都考查了随机事件中等可能事件的概率计算. 一方面，贵阳卷以科技宣传为背景，成都卷围绕劳动教育创设情境，都紧密结合当下热点话题，让学生感觉概率问题更加生活化. 另一方面，试卷采用的活动又是学生在教材中非常熟悉的摸球和抽卡片，这又瞬间唤起学生已有知识和能力，这类问题也就迎刃而解.

5. （2023·辽宁卷）如图，等边三角形 ABC 是由 9 个大小相等的等边三角形构成，随机地往 ΔABC 内投一粒米，落在阴影区域的概率为_____.

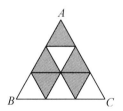

命题评价：这道题目仍然是考查等可能事件的概率计算，但是针对的是面积型的等可能事件的概率计算. 这类题目和几何知识有一定的联系，但是并不强调面积的计算，其本质还是离不开对等可能事件的理解.

（二）用频率估计概率

6. （2023·湖北·恩施卷）县林业部门考察银杏树苗在一定条件下移植的成活率，所统计的银杏树苗移植成活的相关数据如下表所示：

移植的棵数 a	100	300	600	1 000	7 000	15 000
成活的棵数 b	84	279	505	847	6 337	13 581
成活的频率 $\dfrac{b}{a}$	0.84	0.93	0.842	0.847	0.905	0.905

根据表中的信息，估计银杏树苗在一定条件下移植成活的概率为（精确到0.1）（　　）

A. 0.905B. 0.90

C. 0.9D. 0.8

7.（2023·甘肃·兰州卷）某学习小组做抛掷一枚瓶盖的实验，整理的实验数据如下表：

累计抛掷次数/次	50	100	200	300	500	1 000	2 000	3 000	5 000
盖面朝上次数/次	28	54	106	158	264	527	1 056	1 587	2 850
累计抛掷次数/次									
盖面朝上频率/次	0.560 0	0.540 0	0.530 0	0.526 7	0.528 0	0.527 0	0.528 0	0.529 0	0.530 0

下面有三个推断：

（1）通过上述实验的结果，我们可以推断这枚瓶盖有很大的可能性不是质地均匀的；

（2）第 2 000 次实验的结果一定是"盖面朝上"；

（3）随着实验次数的增大，"盖面朝上"的概率接近 0.53.

其中正确的是＿＿＿＿＿＿＿.（填序号）

命题评价：这两个题目考查了用频率估计概率. 首先，学生必须明确频率和概率二者之间既相互区别又相互联系，这二者之间的关系其实反映的是统计与概率之间的关系. 因此这类题目是统计与概率的有机结合的体现. 其次，当我们要用频率估计概率时一定要注重大量重复实验这一前提，所以一定要重点关注靠后的数据. 这类题目对学生抓住重点获取有效信息以及数据分析能力有较高的要求.

（三）用列表或树状图方法求概率

8.（2023·重庆A卷）一个口袋中有1个红色球，有1个白色球，有1个蓝色球，这些球除颜色外都相同. 从中随机摸出一个球，记下颜色后放回，摇匀后再从中随机摸出一个球，则两次都摸到红球的概率是_____.

9.（2023·山东·聊城卷）在一个不透明的袋子中，装有五个分别标有数字 $-\sqrt{3}$，$\sqrt{6}$，0，2，π 的小球，这些小球除数字外其他完全相同. 从袋子中随机摸出两个小球，两个球上的数字之积恰好是有理数的概率为_____.

10.（2023·黑龙江·绥化卷）在4张完全相同的卡片上，分别标出1，2，3，4，从中随机抽取1张后，放回再混合在一起. 再随机抽取一张，那么第二次抽取卡片上的数字能够整除第一次抽取卡片上的数字的概率是_____.

命题评价：这三道题目都考查了用树状图或列表法求概率. 重庆卷的题目简单直接，直指概率核心，聊城卷和绥化卷都结合了其他的代数知识，对数学运算能力要求更高，难度有所增加. 但是这三道题目最终仍是利用学生非常熟悉的摸球和抽卡片来进行考查，既体现了回归教材，也让学生明确了解题方向.

11.（2022·四川·成都市）2022年3月25日，教育部印发《义务教育课程方案和课程标准（2022年版）》，优化了课程设置，将劳动从综合实践活动课程中独立出来. 某校以中国传统节日端午节为契机，组织全体学生参加包粽子劳动体验活动，随机调查了部分学生，对他们每个人平均包一个粽子的时长进行统计，并根据统计结果绘制成如下不完整的统计图表.

等级	时长/分钟	人数/人	所占百分比/%
A	$0 \leq t < 2$	4	x
B	$2 \leq t < 4$	20	
C	$4 \leq t < 6$		36
D	$t \geq 6$		16

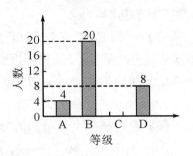

根据图表信息，解答下列问题：

（1）本次调查的学生总人数为_____，表中 x 的值为_____；

（2）该校共有 500 名学生，请你估计等级为 B 的学生人数；

（3）本次调查中，等级为 A 的 4 人中有两名男生和两名女生，若从中随机抽取两人进行活动感想交流，请利用画树状图或列表的方法，求恰好抽到一名男生和一名女生的概率.

12.（2023·山东·泰安卷）2022 年 10 月 16 日至 10 月 22 日，中国共产党第二十次全国代表大会在北京召开. 为激励青少年争做党的事业接班人，某市团市委在党史馆组织了"红心永向党"为主题的知识竞赛，依据得分情况将获奖结果分为四个等级：A 级为特等奖，B 级为一等奖，C 级为二等奖，D 级为优秀奖. 并将统计结果绘制成了如图所示的两幅不完整的统计图.

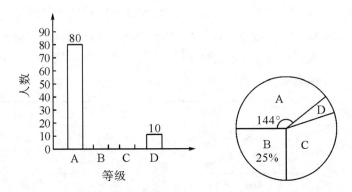

请根据相关信息解答下列问题：

（1）本次竞赛共有_____名选手获奖，扇形统计图中扇形 C 的圆心角度数是_____度；

（2）补全条形统计图；

（3）若该党史馆有一个入口，三个出口．请用树状图或列表法，求参赛选手小丽和小颖由馆内恰好从同一出口走出的概率．

命题分析：这类题目既考查了统计的相关知识，在最后一小问中还考查了用树状图或列表格的方法求概率．看起来是综合考察了统计与概率的相关知识，但在这两个题目中统计与概率的结合是一种表面的结合，其实质上并没有反映统计与概率本质上的关系，并没有体现二者真正的融合．因为题目中的第（3）小问和前面统计的数据关联并不大，只是借用了这个统计问题的背景，甚至可以单独成为一个题目也毫无违和感．有这样题目的出现其实是一桩喜事，说明大家有意识地想要去融合统计与概率的相关知识去进行命题，但是到底该如何命出融合二者的题目仍然是一个值得探究和深思的问题．

7.5.2　基于数据观念的试题设计

一、选择题

1．下列说法中正确的是（　　　）

A．对流经重庆的长江水质污染情况的调查，采用全面调查的方式

B．中考期间一定会下雨是不可能事件

C．一个样本中包含的个体数目称为样本容量

D．已知"1，2，3，4，5"这一组数据的方差为2，将这一组数据分别乘以3，则所得到的一组新数据的方差也为2

2．为弘扬中华传统文化，某地区组织学生参加汉字听写大赛，为了解该地区9 000名学生的汉字听写成绩情况，从中抽取了300名学生的汉字听写成绩进行统计，在这个问题中，下列说法正确是（　　　）

A．这9 000名学生是总体

B．300名学生是总体的一个样本

C．300名学生的汉字听写成绩是总体的一个样本

D. 样本容量是 300 名学生

3. 某车间工人日加工零件数的情况如条形统计图所示，请找出这些工人日加工零件数的众数（　　）

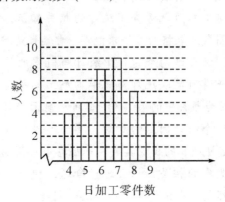

A. 6　　　　　　　　　　　　B. 7

C. 8　　　　　　　　　　　　D. 9

4. 某位运动员为参加一个大型射击比赛，进行了刻苦的训练. 他训练中的 10 次射击的成绩如图，则这 10 次成绩的平均数和中位数分别是（　　）

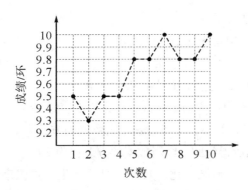

A. 9. 7，9. 5　　　　　　　　B. 9. 7，9. 8

C. 9. 8，9. 5　　　　　　　　D. 9. 8，9. 8

5. 中华文化源远流长，"成语"是中华文化的微缩景观. 下列成语所描述的事件属于不可能事件的是（　　）.

　　A. 水落石出　　　　　　　　B. 水涨船高

　　C. 水滴石穿　　　　　　　　D. 水中捞月

二、填空题

6. 在一次数学测试中，数学老师发现第二小组 6 名学生的成绩（单位：分）分别为：85，78，90，72，●，75，其中有一位同学的成绩不小心被墨水污染，但知道该小组的平均分为 80 分，则该小组成绩的中位数是_____.

7. 如果事件 A 是"上学时，在路上遇到同班同学"，事件 B 是"上学时，在路上遇到数学老师"，那么 $P(A)$ _____ $P(B)$.（填"＞""＜"或"＝"）

8. 端午节是我们中华民族的传统节日. 为了迎接端午节，我们当地美食城推出了四种新款粽子（分别以 A，B，C，D 表示），请顾客免费试吃，吃后选出最喜欢的品种，结果反馈如下：

| C | C | A | A | B | A | A | C | D | C | D |
| C | D | D | A | A | B | A | B | B | B | A |

通过以上数据，你能获得的信息是_____款粽子最受欢迎.（填 A，B，C，D）

三、解答题

9. 《中学生体质健康标准》规定等级标准为：90 分及以上为优秀，80～89 分为良好，60～79 分为及格，59 分及以下为不合格. 某校八年级有 300 名学生，为了解他们的体质健康情况，组织数学兴趣小组从中抽取 20 名学生进行调查，并按下列步骤来开展统计活动.

【收集数据】

（1）下面的抽取方法中，应该选择（   ）

A. 从八年级随机抽取一个班的 20 名学生

B. 从八年级女生中随机抽取 20 名学生

C. 从八年级所有学生中随机抽取 20 名学生

（2）对抽取的 20 人进行体质健康监测，获得他们的成绩如下：

| 55 | 65 | 71 | 73 | 78 | 82 | 85 | 85 | 86 | 86 |
| 86 | 88 | 92 | 92 | 93 | 94 | 96 | 97 | 99 | 100 |

【数据整理】

等级	优秀	良好	及格	不及格
人数	a	7	4	1

【分析数据】

	平均分	中位数	众数
体质健康监测成绩	85.2	b	c

（1）直接写出上述表格中 a，b，c 的值；

（2）试估计八年级学生体质健康等级达到优秀的人数；

（3）八年级学生小黄体质健康监测成绩是 89 分，请根据以上信息，判断他的成绩是否超过该年级一半的学生的成绩？并说明理由．

10. 小美和小明参与"初中学生阅读时间"的社会调查实践，小美调查了 40 名文学社团学生的每天阅读时间，小明从全校学生名单中随机抽取了 40 名学生，小美与小明整理各自样本数据，如下表（每组可含最低值，不含最高值）所示，请根据上述信息，回答下列问题：

时间段/1 小时/天	小美抽样人数/人	小明抽样人数/人
0 ~ 0.5	6	b
0.5 ~ 1	10	10
1 ~ 1.5	a	6
1.5 ~ 2	8	2

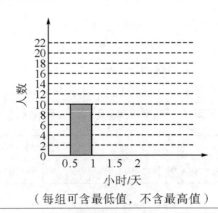

（每组可含最低值，不含最高值）

（1）你认为小美和小明谁抽取的样本更具有代表性?

答：_____；

（2）表中 a = _____，b = _____，根据具有代表性的样本，把图中的频数分布直方图补画完整；

（3）该校共有学生 800 名，请估计该校每天阅读时间不低于 1 小时的学生有多少名?

（4）请根据以上的调查结果，提出一条关于初中生阅读的建议.

11. 在一个不透明的口袋里装有红、蓝两种颜色的球共 5 只，它们除颜色外其余都相同. 某学习小组做摸球试验，将球搅匀后从中随机摸出一个球记下颜色，再把它放回袋中，不断重复，下表是活动进行中的一组统计数据：

摸球的次数 n	100	150	200	500	800	1 000
摸到红球的次数 m	58	96	116	295	484	601
摸到红球的频率	0.58	0.64	0.58	0.59	0.605	0.601

（1）请估计：当 n 很大时，摸到红球的频率将会接近_____；（精确到 0.1）

（2）试估算口袋中红球有多少只?

（3）从中先摸出一球，不放回，再摸出一球；请利用树状图或列表计算这两只球颜色不同的概率是多少?

8 模型观念

8.1 模型观念的内涵分析

8.1.1 模型观念的研究起源

随着社会的发展，数学的应用越来越广泛，时至今日，数学的应用不仅在工程、技术、自然科学等领域发挥着越来越重要的作用，而且以空前的广度和深度向着经济、管理、金融、医学、环境、能源等新的领域渗透交叉. 同时，社会科学或人文科学的发展也越来越多地依赖于数学知识、数学方法、数学思想和模型思想[1].

早在原始社会，文字还未形成，人类当时用绘画的方式来描绘他们的所看所想，并在绘画的基础上抽象画出符号. 慢慢地，这些符号就能够代表各种自然界的规律和人世间的事情，这就是最早的模型思想. 笛卡尔（1596—1650）曾说："我所解决的每一个问题都将成为一个范例，以用于解决其他问题."[2] 我们可以将笛卡尔所说的"范例"理解为"模型"，也就是将不同的问题看成不同的模型，遇到相似的问题时我们可以直接套用已建立的模型. 近代第一个使用数学模型方法的是意大利科学家伽利略（Clilea）. 1604 年，他建立了自由落体运动的数学模型 $h = \dfrac{1}{2}gt^2$，从而在近代科学研究中人们引入了数学模型法.

到 20 世纪 70 年代中期，鉴于数学建模的重要作用，数学教育工作者注意到应该重视数学建模的教学. 1970 年，英国牛津大学开创先例，将数

---

[1] 刘伟. 初中生数学建模能力培养研究 [D]. 曲阜：曲阜师范大学，2020.
[2] 胡琼琼. 初中数学模型思想及其教学研究 [D]. 温州：温州大学，2016.

学建模课程作为研究生课程中的一门，自此以后，数学建模课程就被正式列入大学教学计划. 1985 年，美国举办了全美数学建模竞赛（MCM），并且以后这个会议每年举行一次，这次比赛推动了美国的数学建模活动. 1988 年，第六届国际数学大会顺利召开，大会把问题解决、建模和应用作为大会七个主要研究课题之一. 1981—1990 年，美国中学数学改革目标中包含建模活动，美国教师联合会（NCTM）也将建模活动作为中学数学教材的一部分. 1989 年，美国国家研究委员会在一份题为《关于未来数学教育的报告》的调查报告中指出，中学数学教学最急需改革的项目之一就是数学建模. 1991 年，美国教师联合会在《中学数学课堂教学练习资料引导——中学数学建模》一书中提到了大量带有具体教学实践背景的数学建模活动，并对教师的教学给出了一些建议. 通过以上我们可以看出，国外对数学建模和数学建模在教学中的作用都非常重视，归根结底是对数学模型思想的重视.

我国关于模型思想可以追溯到《九章算术》一书，《九章算术》将 246 个题目归结为九类，即九种不同的数学模型，故名"九章". 它在每一章中所设置的问题，都是从大量的实际问题中选择具有典型意义的现实原型，然后再通过"术"（算法）转化成数学模型，也就是我们今天所说的数学建模，其中有些章就是探讨某种数学模型的应用的，例如，"勾股""方程"等章.

在现代，我国对模型思想进行研究的学者也有很多，其中取得相应成就的学者也不在少数. 东北师范大学史宁中教授的《数学思想概论》第五辑就专门论述了自然界中的数学模型，一方面，模型是沟通数学与外部世界的桥梁；另一方面，数学模型也是基于外部世界的. 东北师范大学的孔凡哲教授在《中学数学教学参考》杂志中发表过一篇关于模型思想的文章《有关数学模型思想若干问题的分析与解读》，在文章中，孔凡哲教授重点阐述了：什么是数学模型；模型思想的本质；数学科学中所提的模型思想与初中数学中提到的模型思想的区别；模型思想在初中数学教学中的具体内涵等[①]. 黄忠裕教授也在《初等数学模型》一书中介绍了各种初等数学模型，并通过大量实例来介绍怎样进行数学建模. 我国对数学建模的研究并不仅停留在理论层面上，也有关于数学建模教学上的研究. 北京大学附

---

① 孔凡哲. 有关模型思想若干问题的分析与解读［J］. 中学数学教学参考：中旬，2015（1）：4.

属中学的张思明老师，他从亲身的教学实践出发发表了大量著作，包括《中学数学建模教学的实践与探索》《数学建模的教育价值》等. 邵光华教授编写的《作为教育任务的数学思想与方法》一书中专门写到模型方法，"学校数学课程的任何一个概念都是一个数学模型，模型化思想、数学模型思想是数学的基本思想之一". 从这个意义上说，"数学就是研究数学模型的一个人类知识领域".

国家教育权威部门颁布的各项大纲和标准中对数学模型思想的描述越来越精细化，对模型思想的要求越来越明朗. 1992 年，国家教育委员会制定了九年义务教育全日制初级中学《数学教学大纲（试用）》，其中对教学目的的表述为："能够解决实际问题，是指能够解决带有实际意义的和相关学科中的数学问题，以及解决生产和日常生活中的实际问题，在解决实际问题中，要使学生把实际问题抽象成数学问题的训练，逐步培养他们用数学的意识". 2000 年 3 月出版的《义务教育阶段国家数学课程标准》提出，要提高学生的数学应用能力和创新能力. 2001 年公布并付诸实施的《全日制义务教育数学课程标准（实验稿）》中曾提到了"建立模型""数学模型"等词.

《课程标准（2011 年版）》出版，模型思想被列入 10 个核心概念，模型思想是 10 个核心概念中唯一以"思想"指称的概念，并指出："模型思想的建立是学生体会和理解数学与外部世界联系的基本途径. 建立和求解模型的过程包括：从现实生活或具体情境中抽象出数学问题，用数学符号建立方程、不等式、函数等表示数学问题的数量关系和变化规律，求出结果、并讨论结果的意义. 这些内容的学习有助于学生初步形成模型思想，提高数学的学习兴趣和应用意识."

《义务教育课程方案和课程标准（2022 年版）》特别指出，核心素养具有整体性、一致性和阶段性，在不同阶段具有不同表现. 小学阶段侧重对经验的感悟，初中阶段侧重对概念的理解，因此我们对小学阶段和初中阶段对核心素养有不同要求. 小学阶段模型意识作为一种重要的素养被提出来. 这一素养内涵界定为："模型意识主要是指对数学模型普适性的初步感悟. 知道数学模型可以用来解决一类问题，是数学应用的基本途径；能够认识到现实生活中的大量的问题都与数学有关，有意识地用数学概念与方法予以解释. 模型意识有助于开展跨学科主题学习，增强对数学的应用意识，形成模型观念的经验基础." 初中阶段，模型观念作为九大核心素养之一被提出，模型观念是实际问题转化为数学问题的桥梁，是应用数学知识解决实际问题必不可少的环节. 实际可以看出模型意识、模型思想、模型观念都是以数学模型为核心，旨在最终培养学生建模（数学建模）解决实际问题[①].

8.1.2 模型观念的内涵解析

8.1.2.1 数学模型

数学模型的含义非常广泛，通俗地解释是通过数学语言和符号来模拟现实世界的模型. 简言之，数学模型是参照某种事物的特征，或者针对事物之间的数量关系，用数学语言或符号来表示的一种数学结构. 更准确地说，数学模型是为了一个特定的目标，针对一个特定的对象，根据实际问题的具体内在规律，相对应地进行一些假设，运用合适的数学符号及字母，得到对应的数学结构. 数学结构具体为数学公式、表格、算法、图像等.

8.1.2.2 数学建模

数学建模是建立模型的过程，具体来说就是用数学的思想和方法发现并抽象表达问题、分析问题从而建立数学模型的过程，进而求解模型、验证模型，最终解决实际问题的一个过程. 数学建模强调的是建立模型的过程，数学模型重点强调模型的由来以及模型的作用，但是通过建立模型来解决问题也是不容忽视的关键环节.

8.1.2.3 模型观念

《义务教育课程方案和课程标准（2022年版）》对初中阶段模型观念的内涵界定如下："模型观念主要是指对运用数学模型解决实际问题有清晰地认识. 知道数学建模是数学与现实联系的基本途径；初步感知数学建模的基本过程，从现实生活或具体情境中抽象出数学问题，用数学符号建立方程、不等式、函数等表示数学问题中的数量关系和变化规律，求出结果并讨论结果的意义. 模型观念有助于开展跨学科主题学习，感悟数学应用的普遍性."

主要内涵："对运用数学模型解决实际问题有清晰的认识."

表现："知道数学建模是数学与现实联系的基本途径；初步感知数学

---

① 中华人民共和国教育部. 义务教育数学课程标准（2022年版）[M]. 北京：北京师范大学出版社，2022.

建模的基本过程，从现实生活或具体情境中抽象出数学问题，用数学符号建立方程、不等式、函数等表示数学问题中的数量关系和变化规律，求出结果并讨论结果的意义."

意义："模型观念有助于开展跨学科主题学习，感悟数学应用的普遍性."

8.1.2.4　模型意识、模型观念和模型思想的关系

2011 年版的课程标准提出发展学生的模型思想，2022 年版的课程标准提出小学阶段发展模型意识，初中阶段培养模型观念. 通过它们的定义来看，模型意识是模型观念的经验基础，模型观念是模型意识的升华，模型观念相比模型意识对数学模型有更清晰、更深刻的认识. 从文学角度理解，"观念"是"思想"的基础，多种观念系统化，理论化形成思想. 就数学概念而言，模型思想和模型观念意思基本一样，它们都围绕着数学模型或数学建模，这是理解数学与外部世界联系的基本途径. 或者，笔者更愿意将其理解为模型思想就是新课标中模型意识和模型观念累积的总和.

8.1.3　模型观念的研究意义

从学生的角度来看，模型观念的掌握情况直接影响到学生的数学应用能力，这也是大多数学生不知道学习数学有什么用的困惑所在. 其原因很大程度上是学生在数学课堂中只学到了数学的基本概念和解题方法，而没有体会到数学的内在思想和构建模型解决问题的过程. 模型观念的建立可以帮助学生循序渐进理解、明白、掌握运用数学解决实际问题的过程，有利于培养学生逻辑思维能力、解决实际问题的能力，也有利于培养其学习数学的兴趣，激发好奇心，激发内在学习数学的动力.

从教师的角度来看，可以使得整个教学过程更自然流畅、更加实用. 用教学践行"数学来源于实际生活，用于实际生活"，使得此话不再那么空洞. 在实际背景下，教师更容易抓住学生的专注力，激发学生自身动力，教学效率更高，由此减轻教师的工作量，提高教育带给教师的成就感与幸福感.

从社会角度来看，人们慢慢习惯于用数学的观点和方法来观察分析科学和社会生活中的问题，这使得我们的工程、技术、自然科学等领域一定会更快发展，人们的工作会更加高效，美好生活会更加便利.

8.2 模型观念的主要表现及教材分析

8.2.1 模型观念的主要表现

与小学阶段相比，初中阶段的数学课程可以提供更多的构造数学模型的"模具"，如方程、不等式、函数，反映分布特征的统计图表等. 因此，在初中阶段的数学教学中，一方面，教师可以开展一些简单的数学建模活动；另一方面，初中代数与统计的许多应用问题具备了数学建模活动的部分特征，有助于学生形成与发展模型观念. 模型观念初中阶段模型观念的主要表现包含如下几个方面：

8.2.1.1 通过数学模型，感悟数学与现实世界交流的基本方式①

数学模型是数学与现实世界之间互动的主要媒介. 一方面，在数学的研究中，人们往往通过数学化的过程，抽象出现实世界事物中蕴含的数量关系与空间形式，生成具体的数学模型，再通过符号化、形式化的过程形成具有一般意义的数学模式，构建数学的理论体系；另一方面，各种数学理论也可以通过其实际意义，构建具体的数学模型，回到现实世界解决问题. 因此，数学模型是数学与现实世界交流的基本语言. 在初中阶段，《义务教育课程方案和课程标准（2022 年版）》对此提出了如下几点要求：

（1）让学生经历数学概念、性质、关系的发生、发展过程，感悟数学与现实世界的各种联系. 例如，正数与负数可以表示现实世界中各种具有相反意义的量，如果从某个确定的点出发，向东走 5 米记为 5 米，那么向西走 4 米就可以记为-4 米. 由此，我们可以通过数轴模型描述与分析向东向西走的数量关系与空间形式.

（2）引导学生去寻找数学研究对象（概念、性质、关系）的实际意义，让学生感悟数学对象的一般性. 例如，一次函数可以表示两个变量之间的各种线性关系，其中包括匀速直线运动的数学模型，弹簧拉伸长度的数学模型等.

（3）在现实情境中，让学生能够发现简单的数量关系与空间形式，感

---

① 鲍建生，章建跃. 数学核心素养在初中阶段的主要表现之七：模型观念 [J]. 中国数学教育：初中版，2022（12）：3-8.

悟数学应用的广泛性. 让学生知道现实世界中的许多问题都蕴含着数量关系与空间形式,我们可以通过构建数学模型予以解决. 例如,面对一座古老的拱桥,我们既可以从审美的、历史的、物理的、人文的角度提出问题,也可以从数学的角度提出问题. 而数学的问题都与数量关系和空间形式有关,我们可以综合运用各种数学概念、性质、关系予以解决. 除了数学模型以外,数据是统计学与现实世界交流的基本语言. 在各种数据处理过程中,同样需要构建合理的统计模型来描述、分析、预测各种不确定现象. 虽然数学与统计均属一级学科,但由于统计模型都具有数学原理,而且在中小学课程体系中,统计内容隶属于数学课程. 因此,我们常说的中小学数学模型包括统计模型.

8.2.1.2 能运用方程、不等式、函数、统计量、分布、概率等工具构建模型,解决简单的实际问题

数学也被称为关于模式的科学①. 所谓模式(pattern),通常是指具有一般意义的数量关系与空间形式. 在初中阶段,方程、不等式、函数、平均数、方差等都可以看作一种模式,当模式被运用于具体情境并获得具体的相关数值(模型参数)后,模式就成为具体的数学模型. 因此,在初中阶段的各种数学应用活动中,都一定程度地蕴含着模型思想. 这方面的具体表现包括如下几个方面:

(1)在方程、不等式、函数等概念的形成过程中让学生感悟数学模型思想. 知道方程、不等式与函数是解决问题的基本模式,具有一般化的意义. 例如,正比例函数是对各种正比例关系的抽象结果,可以反映两个具有正比例关系的变量的变化规律.

(2)让学生能够根据实际问题的条件,选择合适的方程、不等式或函数类型,构建具体的模型并解决问题. 例如,知道匀速直线运动可以用一次函数 $y=kx+b$ ($k\neq 0$) 来描述,如果已知飞机起飞 8 分钟后离机场 50km 时可以达到巡航高度,并以每分钟 145km 的速度巡航飞行,那么就可以构建飞机飞行距离 y 与时间 t 的数学模型 $y=145$ ($t-8$) $+50$ ($t>8$).

(3)让学生能够制作统计图表表示数据的统计特征与分布. 统计分析的主要方式就是利用各种统计模型对所获得的数据进行定量处理. 在初中阶段,一些能够反映数据统计特征的统计量(如平均数、中位数、四分位

---

① 美国数学及其应用联合会,美国工业与应用数学学会. 数学建模教学与评估指南 [M]. 梁贯成,赖明治,乔中华,等译. 上海:上海大学出版社,2017.

数、方差等）及直观反映分布规律的统计图（如饼图、折线图、频数分布直方图、箱线图等）可以看作初步的统计模型. 学生通过各种统计活动，可以初步感悟统计模型在数据分析中的意义. 上述数学应用可以看作是结构良好的、简单的数学建模活动. 在这种活动中，一般只要求学生依据实际问题的类型特征，找到已有的、常规的数学方法和工具，利用题设或测量获得相关的数值，进而解决问题.

8.2.1.3 经历从现实情境中提出问题，构建模型解决问题的过程，感悟数学建模的思想方法

狭义的数学建模一般针对真实的现实问题情境，学生经历提出问题、建立模型、计算求解、检验结果、修正模型、解决问题等多循环过程，可以综合地反映一个人的数学素养水平. 对于大多数初中生来说，对这种意义上的数学建模活动有一些初步的感受即可，具体要求包括如下几个方面：

（1）让学生通过阅读材料、观摩案例，了解数学建模活动的基本过程，感悟运用数学模型解决真实问题的方法与意义.

（2）在一些真实的、开放的问题中，学生能够用已掌握的方程、不等式、函数等知识去模拟具体情境，构建近似模型，解决简单的实际问题. 例如，可把拱桥的轮廓看作抛物线，通过收集实际数据，构建二次函数模型，解决相关的实际问题.

（3）让学生通过各种具体的统计活动案例，理解解决统计问题的一般流程，感悟统计模型在处理不确定现象时的作用与意义.

（4）让学生能针对数学建模过程的某个环节提出或解决简单的问题. 例如，学生能在实际情境中提出有意义的问题，能依据实际情境评价所建立模型的合理性，能理解和解释所得建模结果的实际意义等. 上述形式的数学建模活动是高中阶段数学课程的基本要求. 在初中阶段，可以根据学生的实际情况适度开展相应的建模活动（包括撰写数学建模报告），为高中阶段的学习奠定一定的经验基础.

8.2.1.4 在跨学科综合与实践活动中，感悟数学模型的普遍性与简洁美

《义务教育课程方案和课程标准（2022 年版）》对跨学科的综合实践活动提出了明确要求（占各学科 10% 的课时），从而为学生感悟数学应用、形成模型观念提供了更多的机会. 具体要求包括如下几个方面.

（1）让学生能够建立已知的数学知识与其他学科知识之间的联系．例如，知道几何中的角度与斜坡的坡度之间的关系，知道物质的密度、液体的浓度等都可以用百分数表示，知道三角形的重心与物理中的重心之间的关联和区别，等等．

（2）让学生能够在跨学科的综合与实践活动中运用数学知识与方法构建有学科背景的简单模型，解决跨学科的实际问题．例如，可以建立一次函数模型进行摄氏温度与华氏温度之间的换算，用二次函数 $h = \dfrac{1}{2} gt^2$ 研究自由落体运动等．

（3）让学生知道将数学模型运用于跨学科情境时都需要经过简单化、形式化等抽象过程；让其初步感悟数学的高度抽象性带来的广泛应用性及数学模型的简洁性，欣赏数学的审美价值．事实上，大多数应用性很强的数学模型的命名，都依赖于所描述的学科背景．例如，生物学中的种群增长模型，气象学中的大气环流模型，经济学中的组合投资模型，社会学中的人口发展模型，等等．因此，跨学科的建模活动，可以使学生体会到数学模型作为一种普适性的语言在其他学科中的实际作用．

8.2.2　模型观念的教材分析

模型观念要想融入初中数学，这两者最重要的交叉点以及载体就是教材．本章主要是分析模型思想、模型观念在初中教材中的涉及的有关部分．我们想要对初中数学中的模型观念进行深度剖析，首先需要了解教材中有关模型观念的内容分布，其次针对教材中关于模型观念的各个内容进行具体的分析．

8.2.2.1　初中教材中模型思想的内容分布

在深入探讨在教学中融入模型观念之前，非常有必要挖掘教材与模型观念的关系，并对各个章节的主要内容进行整理．本章结合《义务教育课程方案和课程标准（2022 年版）》，以北师大版七、八、九年级的数学教材为本，对含有数学模型观念的内容进行整理归纳．首先把有关数学模型的内容分为五大模块，主要包括函数模块、方程模块、不等式模块、几何模块、概率模块，具体见表 8-1 至表 8-5．

表 8-1 函数模块

章节分布	章节内容	内容分析及教学目标	体现的模型观念
七年级下册第三章	变量之间的关系	能够结合具体实例中的数量关系和变化规律，利用关系式、表格、图像来表示两个变量之间的关系	开始用关系式、表格、图像模型来形容实际生活中的数量变化
八年级上册第四章	一次函数	能够从具体的实际问题中确定一次函数解析式，会根据一次函数及图像来解决实际问题	运用一次函数模型来表述两种变量之间的关系，并用图像模型来解决实际问题
九年级上册第六章	反比例函数	能够从具体的情境中确定反比例函数的表达式，能够根据反比例函数及图像来解决实际问题	用反比例函数模型来表述两个变量之间的数量关系，进而利用图像模型来解决生活中的问题
九年级下册第二章	二次函数	能分析实际问题，进一步表示出二次函数的解析式，会用二次函数的图象来解决简单的实际问题，会用二次函数的图象来解相应的一元二次方程	二次函数模型是常用的函数模型，在生活中的许多问题都能用它来解决，二次函数与方程之间也有密切的联系，用二次函数的图像模型解决生活中的问题

表 8-2 方程模块

章节分布	章节内容	内容分析及教学目标	体现的模型观念
七年级上册第五章	一元一次方程	能够从实际问题中提取出一元一次方程，能够求解一元一次方程，根据问题的实际意义，检验方程的根是否合理	在实际问题中运用一元一次方程模型表示等量关系，进而求解模型得到问题的解，验证模型的解是否符合生活实际
八年级上册第五章	二元一次方程组	能够从实际问题中抽象出二元一次方程组，能用代入法、加减法消去未知数来解二元一次方程组；根据问题的实际意义，检验方程的根是否符合实际问题	从实际问题中抽象出二元一次方程组模型，进而利用消元法来求解模型，最后验证模型的解是否符合生活实际问题
八年级下册第五章	分式与分式方程	能够从实际问题中抽象出分式方程，会把分式方程简化为一元一次方程来进行求解，最后根据分式的意义以及实际问题的意义来验证方程的根是否合理	从实际问题中抽象出分式方程模型，把分式方程模型化为一元一次方程模型进行求解，最后根据模型的解来验证是否符合生活实际

表8-2(续)

章节分布	章节内容	内容分析及教学目标	体现的模型观念
九年级上册第二章	一元二次方程	能够从实际问题中提取出一元二次方程，能够用配方法、公式法、因式分解法求解一元二次方程，能够用判别式来判断方程是否有根；最后能根据实际问题的意义，验证方程的根是否合理	在实际问题中抽象出一元二次方程模型，能够求解模型并根据实际问题的意义判断模型的解是否合理

表8-3　不等式模块

章节分布	章节内容	内容分析及教学目标	体现的模型观念
八年级下册第二章	一元一次不等式与一元一次不等式组	结合具体问题，列出不等式，探索不等式的基本性质，进一步运用不等式的性质求解不等式，可以将不等式的解集表示在数轴上；最后根据实际问题中的不等关系，列出一元一次不等式或不等式组，进而解决相应的问题	结合实际问题列出不等式模型，根据不等式的性质求解模型，最后验证模型的解是否符合生活实际

表8-4　几何模块

章节分布	章节内容	内容分析及教学目标	体现的模型观念
七年级下册第五章	生活中的轴对称	能够通过具体的实例了解轴对称，进而了解轴对称图形的性质	通过轴对称图形模型来了解生活中的轴对称现象
八年级上册第一章	勾股定理	理解勾股定理及其逆定理，进一步运用勾股定理解决简单的现实问题	在实际问题中利用直角三角形的勾股定理模型来解决问题
八年级上册第三章	位置与坐标	根据现实问题建立合适的直角坐标系，进一步在坐标系中描述物体的位置	在实际问题中，建立直角坐标系模型来描述物体的具体位置

表 8-5　概率与统计模块

章节分布	章节内容	内容分析及教学目标	体现的模型观念
七年级上册第六章	数据的收集与整理	通过实例了解简单随机抽样,可以制作扇形统计图,进一步利用统计图直观、有效地描述实例中的数据	在实际问题中运用扇形统计图模型来有效直观地描述问题中的数据
九年级上册第三章	概率的进一步认识	能通过列表格和画树状图显示随机事件的所有可能结果,进一步了解指定事件发生的所有可能性,了解事件的概率	在实际问题中运用表格模型和树状图模型来表示随机事件的结果,能够找到有关问题的解

8.2.2.2　教学内容中所隐含模型思想的具体分析

数学模型思想是指人们遇到现实问题后,为解决现实问题而构建合理的模型. 在遇到现实问题后,人们首先通过分析问题中的条件,抽象出数学问题并挖掘其中的数量关系;用数学语言或符号描述其中的数量关系,建立数学模型;运用数学模型来解决现实问题,最后还要检验得到的结果是否符合实际. 在义务教育阶段,数学模型思想更加注重培养学生从现实问题抽象出数学模型的经验,并验证结果的合理性. 当学生在经历了建立模型并验证模型过程后,教师还要引导学生将数学模型还原为最直观的数学现实,进一步把已经建构的数学模型不断扩充和提升. 下面本书以教材的五大模块为例,分别挑选能够运用模型思想教学的部分进行分析.

8.2.2.3　基于模型思想的二次函数教学内容分析

二次函数位于九年级的下册,是学生在初中阶段学习的最后一个函数,也是相对难的函数,所以笔者以此函数为例来分析教材中应用模型思想的具体内容. 本章主要包括二次函数的定义、图像和性质,求解二次函数表达式的待定系数法,二次函数的应用,在实际问题中二次函数与一元二次方程的关系. 教材中运用模型思想的内容主要集中在二次函数的应用、利用二次函数与一元二次方程的关系来解决问题等课时,下面本书主要选择了比较有代表性的案例进行深入剖析.

案例 1：关于建筑物窗户的研究

已知窗户的形状见图，窗框的总长为 15 米，求当 x 为多少时，窗户透过的光线最多，求此时窗户的面积是多少.

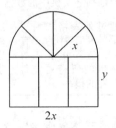

分析：无论是家里还是教室，都希望拥有更多的光线，这就需要更大的窗户，怎样来进行设计，这是一个具有实际价值的问题. 由于窗框的总长是已知的，通过观察图形可以发现，窗户是由一个半圆和一个矩形构成的，教师可以引导学生根据周长与边长的关系列出 x 与 y 的关系式：$7x+4y+\pi x = 15$，通过关系式的变形我们可以得到 x 与 y 的关系：$y = \dfrac{15 - 7x - \pi x}{4}$. 生活中需要更多的光线，那么窗户的面积就要尽可能地大，故另一个未知数为窗户的面积，可以假设窗户的面积为 $\mathrm{S m^2}$，进而得到窗户的面积与半圆半径关系的模型：

$$S = \frac{1}{2}\pi x + 2xy = -\frac{7}{2}\left(x - \frac{15}{14}\right)^2 + \frac{225}{56}$$

这里就是为了解决窗户的面积最大化问题，而构建的关于窗户的面积与半圆半径关系的模型. 在建立模型之前本题中已经确定了一个未知数，通过分析我们又可以确定另一个未知数. 通过常用的面积与边长的等量关系得到关于未知数的模型，通过观察二次函数模型的图像，可以发现当 $x \approx 1.07$ 时，$S_{\text{最大}} \approx 4.02$. 最后得到窗户的最大面积约为 4.02 米，半圆的半径约为 1.07 米.

通过研究这个问题，学生们在以后遇到类似求窗户的最大面积问题时，都可以借助二次函数的模型以及图像图示模型来解决.

案例 2：宾馆的收入问题

宾馆有客房 120 间，每天每间客房的租金为 160 元，每天客满；若日租金每间增加 10 元，客房减少 6 间，求当宾馆日租金提高到多少元时，客房日收入最高，最高日收入为多少元.

分析：在日常生活中这种问题比较常见，无论是宾馆还是其他商家都会特别关注利润最大化问题，所以这类型问题的研究具有实际意义. 教师首先可以指导学生找到其中的自变量与因变量，看看是哪个变量在变，其他的变量变了没有，如果变了是怎样变化的. 学生可以发现随着租金的提高，每日的客房数在减少，总收入也在减少. 进而可以引导学生把变化的量假设为未知数，即假设每间客房的日租金提高（10x）元. 随之改变的量就是每天的客房数，设每天客房数减少（6x）间，每日总收入为 y 元，通过总收入 = 日租金 × 客房数的等量关系可以得到关于未知数的模型：

$$y = (160 + 10x)(120 - 6x) = -60(x - 2)^2 + 19\,440$$

通过建立上述模型我们可以知道，首先通过分析问题，确定未知数，根据题中的数量关系建立合适的模型是非常重要的步骤. 学生在这个过程中可以发现只要是关于利润的问题，都可以代入类似模型中，进而可以求得每个不同实体店或者是网店的利润问题. 当然，不同的问题也要注意运用不同的未知数或者不同的关系式. 通过求解模型，我们可以确定这个宾馆的日租金增加 20 元时，可以达到最大日收入. 此时每间客房的租金为 180 元，最大日收入为 19 440 元.

商业中的利润最大化等问题，关键在于我们可以根据不同的实际情况假设合理的未知数，创建合理的二元函数模型. 通过二次函数的图像性质进而可以求得相关的最大利润. 在其中要注意到生活实际，最后得到的数据不可以脱离现实情境.

8.2.2.4 基于模型思想的一元一次方程教学内容分析

一元一次方程位于七年级上册第五章，是学生认识方程和解方程的开始. 学生在小学阶段已经接触到方程，但这一章是学习方程以及求解方程的开始，对学生的意义不一般. 本章的内容包括认识、求解、应用一元一次方程. 我们通过认真研究教材可以发现，教材中运用模型思想内容主要集中在应用一元一次方程这四个课时. 下面是三个比较具有研究价值的案例.

案例1：水箱变高问题

居民楼顶有一个底面直径和高均为4米的圆柱形水箱. 由于居民楼进行改造维修，需把水箱的占地面积减少，从4米减小到3.2米，求水箱改造后的高度. 分析：实际生活中我们经常遇到这样的困惑，在搬家的时候或者装修的时候，经常会遇到这种类似的问题. 所以解决这个问题对我们的生活有着直接的帮助.

在解决这个问题之前教师可以引导学生回顾一下之前学过的圆柱体的体积，还有长方体及正方体的体积. 解决这类问题的关键在于找到其中隐藏的等量关系. 教师引导学生回顾知识的原因就是，让学生发现在水箱变高的过程中容积没有变化. 这就是这道题隐含的等量关系. 学生在教师的引导下可以假设新水箱的高度为未知数，即设新水箱的高度为 x 米，利用容积不变的等量关系写出方程模型：

$$\pi \cdot 4^2 \cdot 4 = \pi \cdot 3.2^2 \cdot x$$

建立模型的过程对学生来说本来就比较困难，在这一类型题中又不明确给出等量关系，对学生的考查力度就更大了. 所以教师在讲解这一类型题目时，不仅要给出建立模型的过程，更要注意引导学生发现题中隐藏的条件或者是等量关系. 学生通过求解方程模型，可以得到方程的解为 $x = 6.25$. 在实际问题中还有非常重要的一个步骤就是要检验模型的解是否符合实际. 在这道题中经过检验方程的解是符合实际情况的，说明当水箱的底面半径减少到3.2米时，水箱的高度上升到6.25米.

案例2：商品的打折销售问题

把某种服装的价格按成本价提高40%后标价，但是以标价的8折出售，结果每件服装还盈利15元，求服装的成本价. 分析：在实际生活中，大型商场经常会有各种促销活动，但是商场的利润到底是多少，不同的优惠方式对利润有何影响，这是一个值得深思的问题. 教师可以首先引导学生找到问题中的未知数：在题中一直提到服装的成本，可以发现服装的成本跟标价有联系，并且还与利润有关，从而可以假设服装的成本价为 x 元. 学生可以利用利润＝售价－成本价这个等量关系. 但是会发现这个问题中没有直接给出售价，需要学生根据标价以及标价与售价的关系来求出. 学生需要先求出标价，即标价＝成本价×（1＋40%）＝(1+40%)x. 而售价与标价有关：售价＝标价×80%＝(1+40%)x×80%，进而利用利润公式得到方程模型：

$$(1+40\%)x \times 80\% - x = 15$$

这类问题在生活中经常遇到，但是不同的商场打折的力度不一样，标价也不同，建立的模型也有所不同. 本道题通过求解模型得到 $x=125$，进而验证模型的解，得到服装的成本价是 125 元.

案例 3：行程问题

小明去上学后，小明的父亲发现他忘记带语文书. 小明离开 5 分钟后，小明的父亲去追小明. 小明还没到学校，小明父亲就追上了他. 小明的速度是每分钟 80 米，小明父亲的速度是每分钟 180 米. 求小明父亲追上小明用的时间.

分析：追击相遇等行程问题是一类常见的数学问题，在解决问题中也经常遇到，如何正确快速地解决这种类型问题是非常具有研究价值的问题. 这道题如果只根据文字很难理解题意，并且其中的数量关系不是特别具体. 教师可以引导学生建立线段图模型来理解题意.

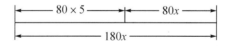

从题干信息我们已经知道小明的速度，进而可以确定小明前 5 分钟的路程. 题中的问题是爸爸追上小明用的时间，通过线段图我们可以明确爸爸走的总路程与小明走的总路程相等. 这是在文字中不易观察到的信息，但是通过线段图可以发现，并且这也是隐藏的等量关系. 从而我

们可以假设需求的时间为未知数，即爸爸追上小明的时间为 x 分钟，爸爸行驶的路程为（$180x$）米，小明行驶的总路程为（$5 \times 80 + 80x$）米.利用小明行驶的总路程与爸爸行驶的总路程相同这个等量关系可以得到方程模型：

$$180x = 80x + 80 \times 5$$

这一类型题在生活中经常遇到，但是根据实际情况的不同，可能求解的问题也不同.并且还有可能建立的模型也不同，所以在遇到这种问题时，我们首先要先利用线段图模型来理解问题.进而找到问题中隐藏的等量关系或者条件，再来建立相应的模型.这道题通过求解模型可以得到 $x = 4$，回归到实际问题就是小明爸爸追上小明花了 4 分钟.

8.2.2.5 基于模型思想的一元一次不等式教学内容分析

八年级下册一元一次不等式（组）是初中生首次接触不等式模型，可能需要一个认识的过程.虽然学生在小学阶段已经接触过大小关系，方程关系，但是这堂课的内容对学生的要求更高一点.本章的主要内容包括：认识不等关系、列不等式、求解不等式、运用不等式解相关的应用问题.并且在其中还融入了有关不等式与一次函数、一元一次方程等类型题.一元一次不等式是最基础的不等关系模型，是学习其他内容的前提，因此一元一次不等式在不等关系模型中处于基础地位.我们通过认真研究教材发现，针对数学模型视角下的一元一次不等式有以下结论：

首先，教材通过列举生活中不同的现象，使学生从这些不同的现象中提取不等关系，发现数学与现实生活密切相关.教材中建立不等式模型的步骤非常详细，过程清晰，对于学生尽快掌握建立模型的方法非常有帮助；教师需要把教材中许多问题抛给学生，进一步提出有利于学生思考的问题，让学生一起探讨并回答相应的问题，进一步用不等式模型来解答问题.由此可见教材对于学生理解数学模型还是有一定的要求.其次教材通过实际问题将数学模型展现给学生，教师需要在现实问题与数学问题之间做好转换和连接.教材通过大量的实际生活中的问题建立数学不等式模型，意在让学生掌握建立数学模型的方法，深入理解数学模型思想，并进一步认识到数学模型的价值，同时提高学生建立模型的能力.下面是三个具体的案例.

案例 1：旅行社的选择问题

新年期间公司组织员工旅游，已知参加旅游的人数为 $10 \sim 25$ 人. 甲乙两家旅行社的旅游项目相同，报价都是每人 200 元. 通过进一步协商，甲旅行社最多打七五折；乙旅行社的优惠政策是免去一位游客的旅游费用，然后打八折. 哪家旅行社的费用比较低？

分析：在实际生活中我们经常会遇到各种选择，如选择火车票、机票、高铁票等，还会选择不同的店铺买东西以及选择不同的旅行社旅游，等等. 怎样选择最优惠的方式是一个非常具有实际意义的问题. 本题中旅游的人数是不确定的，教师可以引导学生把不确定的人数假设为自变量，即参加旅游的人数为 x 人. 由于两家旅行社的优惠力度不同，我们可以把不同旅行社的费用都假设为因变量，即假设甲旅行社的费用为 y_1，乙旅行社的费用为 y_2，然后根据不同的优惠力度可以得到两个不同的一次函数模型，即

$$y_1 = 0.75x \times 200 = 150x，\quad y_2 = 200 \times 0.8 \times (x-1) = 160x - 160，$$

根据不同的优惠力度，不同的旅游人数优惠的标准不同，旅行社的选择也可能不同. 这就从一次函数模型过渡到了一元一次不等式模型，这也是初中常见的不等关系模型. 学生对这个模型并不陌生，可以很容易地求出模型的解. 回归到这道题，当参加旅游的人数在 10 人以上、16 人以下时，选择乙旅行社费用较低；当游客人数为 16 人时，两家旅行社费用一样；参加旅游的人数为 16 人以上、25 人以下时，选择甲旅行社费用较低.

总结：这个问题是不等式模型与函数模型的进一步结合. 首先将相关的变量设置为符号变量. 根据题目中的相关信息，可以得到一次函数的解析表达式，从而建立不等式的模型，通过求解未知数的范围，最后将得到的结果应用到实际问题中，把函数模型和不等式模型整合到一起. 在教材"综合与实践"板块中，专门设计了"一次模型"问题，通过设计这样的实践活动，说明教材注重培养让学生经历数学模型的建立过程，以及数学的应用意识. 学生可以自己确定研究主题、研究问题、研究方案，自己收集数据，再来列出一元模型来解决问题，最后得到研究报告. 学生在这样的过程中，可以提高自己数学建模的能力.

案例 2：交水费问题

在实践活动中，第一小组设置如下的问题情境. 近几个月来，为了鼓励小区业主节约用水，我们实行了两级收费指导. 月用水量不足 14 吨（含 14 吨）的，按补贴优惠价 m 元/吨收费；月用水量超过 14 吨的，则超过部分按市场价 n 元/吨收费. 李航家 3 月份用水 20 吨交了 49 元；4 月份用水 18 吨交了 42 元.

（1）设李航家每月的用水量为 x 吨，每月的水费为 y 元，x 与 y 的函数解析式是什么？

（2）李航家 5 月份用水 26 吨，则 5 月份应交水费多少钱？

下面是运用一次模型解决问题的具体过程，其中运用了二元一次方程模型：

分析：在实际生活中我们经常会遇到各种分段计费问题，如水费、电费、气费、出租车计费、商场购物打折等. 我们要首先清楚整个分段计费的规则，明确每段的范围及其相应费用. 通过本题可知，水费分为两段. 第一段：不足 14 吨（含 14 吨），价格 m 元/吨收费（这里 m 是每吨水的单价，而不是不足 14 吨水时的总费用）；第二段：超过 14 吨水的部分按市场价 n 元/吨收费. 通过用水 20 吨和 18 吨的费用，都超过 14 吨水，需分段计费可得以下方程组：

$$\begin{cases} 14m + (20 - 14)n = 49 \\ 14m + (18 - 14)n = 42 \end{cases} \quad \text{解得} \begin{cases} m = 2 \\ n = 3.5 \end{cases}$$

可知不足 14 吨水（含 14 吨）部分，单价为 2 元/吨；超过 14 吨水部分，单价为 3.5 元/吨. 当李航家每月的用水量为 x 吨，那水是比 14 吨多还是少呢？具体属于哪一段呢？两种情况都有可能，自然而然需要分两种情况讨论，计算时注意每段单独计费，不重不漏.

故 x 与 y 的函数解析式为：$y = \begin{cases} 2x(x \le 14) \\ 28 + 3.5(x - 14)(x > 14) \end{cases}$，

即 $y = \begin{cases} 2x(x \le 14) \\ 3.5x - 21(x > 14) \end{cases}$

当李航家 5 月份用水 26 吨，水费多少钱？转化成数学语言，当 $x = 26$ 时，y 是多少？$x = 26 > 14$，直接代入第二段，可得：$y = 3.5 \times 26 - 21 = 70$，故水费为 70 元.

案例 3：超市利润问题

已知某牌子的饮品有大瓶和小瓶之分，张丽家小卖部花了 3 800 元购进一些该牌子的饮品共 1 000 瓶，其中大瓶和小瓶饮品的进价及售价如表所示：

	大瓶	小瓶
进价/元/瓶	5	2
售价/元/瓶	7	3

（1）张丽家小卖部购进大瓶和小瓶饮品各多少瓶？

（2）当大瓶饮品卖了 200 瓶，小瓶饮品卖了 100 瓶后，小卖部决定改变销售价格，将剩下的小瓶饮品降低 0.5 元销售，还把一定数量的小瓶饮品作为赠品．在顾客一次性购买 2 大瓶饮品时送 1 小瓶饮品，送完即止．请问：小卖部要使这批饮品售完后获得利润大于 1 250 元，那么小瓶饮品作为赠品最多送出多少瓶？

分析：销售问题是生活中常见问题，时常还会有促销活动，伴随打折销售、满减活动、买得多送得多，人们重点是要弄清楚每种促销活动的机制．对于商家来说经常会考察利润，利润常用的两种计算方式为：

①总利润=单件利润×数量，

②总利润=销售总额－总成本．根据题型选择恰当的形式．

本题有两个条件，可用二元一次方程组解决（也可用一元一次方程），设该超市购进大瓶饮料 x 瓶，小瓶饮料 y 瓶，根据："该品牌的饮料共 1 000 瓶，购进大、小瓶饮料共花费 3 800 元"列方程组求解可得：

$$\begin{cases} x + y = 1\ 000 \\ 5x + 2y = 3\ 800 \end{cases}, \quad 解得：\begin{cases} x = 600 \\ y = 400 \end{cases},$$

故大瓶饮料 600 瓶，小瓶饮料 400 瓶．在第（2）问中，大小瓶卖掉一些，再将剩下的小瓶饮品降低 0.5 元销售，还把一定数量的小瓶饮品作为赠品．在顾客一次性购买 2 大瓶饮品时送 1 小瓶饮品，送完即止．由于涉及赠送（损坏），赠送的饮品也是需要成本的，如用公式①

容易把这部分成本漏掉，故建议用公式②．要求售完后获得利润大于 1 400 元，转化成数学模型，即

销售总额 – 总成本 ≥ 1 250

大瓶销售额 + 前 100 瓶小瓶销售额 + 未赠送小瓶饮料销售额 – 总成本 ≥ 1 250

设小瓶饮料作为赠品送出 m 瓶，由题意，得：$7 \times 600 + 3 \times 100 + (3 - 0.5)(300 - m) - 3\ 800 \geq 1\ 250$，解得：$m \leq 80$，

故小瓶饮料作为赠品最多只能送出 80 瓶．

通过学生的实践活动我们可以发现，学生在生活中会遇到各种各样的问题，在遇到问题的时候，学生可以通过合作交流，共同把生活中的问题转化为数学问题．在转化之后通过查找合适的未知数，建立合理的模型，通过求解模型得到问题的解，最后通过验证模型的解来判断是否符合生活实际，最后解决生活中的实际问题．这样的综合实践活动不仅能够提高学生对生活的各种认知，还能加强对已学知识的练习．通过这样的实践活动学生会发现数学这个学科是与生活紧密相连的，运用数学的思想方法不仅能够解决数学问题，还能够对生活中的一些问题进行解决．学生也能从这样的实践活动中变得更加注意观察生活，注意到生活的各个方面．

8.2.2.6 基于模型思想的勾股定理教学内容分析

勾股定理的知识点位于八年级上册第一章，这门课在初中数学中是比较重要的内容，勾三股四弦五的直角三角形是初中生常见的数学模型．笔者主要从模型思想的角度出发，对教材中勾股定理的有关内容进行分析，了解教材的设计意图．

笔者在对教材的分析中发现，勾股定理这节课的内容不仅出现在《八年级上册》第一章，《八年级下册》第一章"三角形的证明"也提到勾股定理，并进一步在学习目标中提出"掌握勾股定理及其逆定理，并能运用它们解决一些简单的实际问题"．这些内容的提出就代表着我们要重视勾股定理在生活中的应用，教师在进行教学时需要向学生进一步融入数学模型思想．在教材中，教师要注意到勾股定理解决直角三角形模型的过程和方法．学生在运用勾股定理解决实际问题时，要总结一般的步骤，并且要在

其中感受生活中的实际情境，进一步感受模型思想对学习的帮助.

如下图滑梯示意图，如果把滑道 AC 水平放置，长度刚好与 AB 一样. 已经知道滑梯的高度为 $CE = 3$ 米，$CD = 1$ 米，试求滑道 AC 的长.

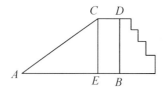

分析：这种类型题在生活中也比较常见，例如小孩经常玩的滑滑梯以及家中常备的折叠梯，等等. 所以这种类型问题比较有研究的价值. 本题先把"滑梯"的问题情境抛出来，进一步给出滑梯抽象的图形. 教师可以引导学生根据题中的已知条件：$AC = AB$，假设要求的滑道的长为未知数，即 $AC = AB = x$，引导学生观察图形，发现四边形 $CDEB$ 为矩形，则 $BE = CD$. 进而可以求出线段 AE 的长，即 $AE = AB - BE = x - 1$. 引导学生观察图形可以发现，三角形 ACE 为直角三角形，利用勾股定理公式模型，建立关于未知数的模型：

$$AE^2 + CE^2 = AC^2 即 \ (x-1)^2 + 3^2 = x^2$$

学生在利用勾股定理模型时要注意首先必须是直角三角形，并且已知其中的两条边长，然后才能利用这个模型. 在不同的题中给出的条件可能不同，教师要善于引导学生发现问题中隐藏的条件，进而建立相应的模型. 本题学生求解模型得到 $x = 5$，实际滑道 AC 的长就是 5 米.

8.2.2.7　基于模型思想的概率统计教学内容分析

概率的进一步认识位于《九年级上册》第三章，是学生对概率知识的进一步学习，加深对概率的理解. 本章在统计和概率的部分是比较重要的内容，对学生来说比较容易接受. 第一课时通过树状图和表格模型来让学生理解事件发生的概率. 教材是先呈现出现实问题，然后让学生来尝试一下，讨论可能出现的所有结果，然后开始建立树状图或表格模型，来表示出所有可能出现的结果. 用树状图或表格可以列出所有可能的结果（不重复、不遗漏），进而求出事件发生的概率.

案例1：掷硬币问题

小明、小颖和小凡都想在周末去看电影，但是只有一张电影票。他们三个决定一起玩个游戏，谁赢了谁去看电影。游戏具体规则：投掷两枚质地均匀的硬币，两枚硬币都正面朝上，小明胜出；两枚硬币都反面朝上，小颖胜出；一个硬币正面朝上，一个硬币反面朝上，小凡胜出。

分析教材通过利用树状图或表格模型列出所有可能的结果如下图：

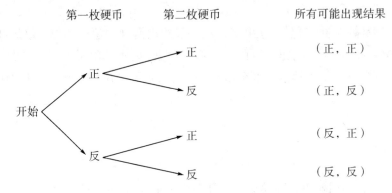

总共有4种结果，每种结果出现的可能性相同，其中，

小明获胜的结果有1种：（正，正），所以小明获胜的概率是 $\frac{1}{4}$；

小颖获胜的结果有1种：（反，反），所以小颖获胜的概率是 $\frac{1}{4}$；

小凡获胜的结果有2种：（正，反）（反，正），所以小凡获胜的概率是 $\frac{2}{4}$。

因此，这个游戏对三个人是不公平的。

通过例题可以发现，教师通过引导学生建立合适的树状图模型以及表格模型得到所有可能的结果。树状图模型能够直观地看到出现的所有结果，简单方便。

案例2：扑克游戏问题

下面是实践活动中其中一个小组设置的问题情境，具体如下：

甲和乙利用扑克牌玩"10球"游戏，具体游戏规则如下：①牌面上的数字作为"球数"，例如红桃6的"球数"就是6（牌上的球数与牌的颜色无关）；②甲和乙摸牌后，将自己的"球数"相加，如果"球数"之和小于或等于10，则"球数"之和为"最终球数"，如果"球数"之和大于10，则"最终球数"为0；③在游戏结束前，双方都不知道对方的"球数"；④"最终球数"大的一方获胜，"最终球数"相等时不分胜负. 现在甲和乙都各自摸了两张牌，"球数"之和都是5，这时桌面上还有四张背面朝上的扑克牌，牌面数字分别是4，5，6，7.

（1）若甲从桌子上继续摸一张扑克牌，乙不再摸牌，则甲获胜的概率是多少？

（2）若甲先从桌子上继续摸一张扑克牌，接着乙从剩下的扑克牌中摸出一张牌，接下来双方都不再摸牌，请用画树状图或者列表格的方法表示出这次摸牌后所有可能的结果，最后列表呈现出甲、乙的"最终球数"，并求乙获胜的概率.

分析：在（1）问中由甲、乙均各自摸了两张牌，数字之和都是5，甲从桌上继续摸一张扑克牌，乙不再摸牌，甲摸牌数字是4与5则获胜，甲获胜的概率为：$\dfrac{2}{4} = \dfrac{1}{2}$；

第（2）问通过画树状图得：

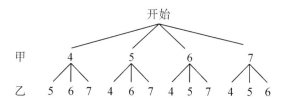

则共有12种等可能的结果；

列表得：

甲	5			
	4	5	6	7
甲"最终点数"	9	10	0	0

乙	5											
	5	6	7	4	6	7	4	5	7	4	5	6
乙"最终点数"	10	0	0	9	0	0	9	10	0	9	10	0
获胜情况	乙胜	甲胜	甲胜	甲胜	甲胜	甲胜	乙胜	乙胜	平	乙胜	乙胜	平

所以乙获胜的概率为：$\dfrac{5}{12}$.

从本章的教材内容分析我们可以看出，教材中涉及模型思想的例题以及概念定理的讲解有很多，在本章的第一节中可以看出其具体分布. 在本章第二节中可以看出，在教材中涉及模型思想的具体内容也较多，笔者只在每个模块中选取了一些内容进行具体的分析. 教师可以在讲解教材的同时，向学生普及模型思想，并让学生加以运用. 根据教材划分的五大模块都提供并包含了丰富的数学模型思想，并且给出了具体模型创建的过程，教师应该以此为基础. 那么学生在初中阶段是否已经学会并运用模型思想了呢，我们可以进行具体的调查，进一步了解学生掌握模型思想的情况.

8.2.3 数学教材中数学建模内容的编排特点

我们知道，初中数学教材编写的出发点应该是促进学生全面、持续、健康发展，同时要适应社会发展需求，遵循学生学习数学的心理规律和认知规律，并且要在教学过程中渗透数学建模思想方法，引导学生认识、体会和掌握数学建模方法，内容的呈现和编写的主要意图要突出建立数学模型、求解模型、解决实际问题的过程，突出让学生经历"学数学""做数学""用数学"的过程，最终培养和提升他们的数学建模能力. 从前面初中数学教材中数学建模内容的呈现及编排来看，初中数学教材中数学建模内容的主要编写意图如下：

一是教材中数学建模内容的设计和编排基本符合初中数学的学科特

点，大致符合初中生的认知水平、认知规律和知识积累，内容呈现和编排也基本是为了使他们理解和掌握基本的数学知识与技能，为了有利于他们理解所学知识的内涵，构建数学认知结构，在数学建模过程中体悟数学建模思想，最终培养他们的数学建模能力.

二是为了加深学生对所学内容的理解，也体现数学知识、数学方法以及数学模型的产生、发展和应用过程，让学生获得基本的数学活动经验. 教材中的数学建模教学内容基本做到了突出数学建模（模型思想）这一初中数学核心内容，并尽可能地紧紧围绕数学建模（模型思想）这一核心内容进行整体设计和编排相关内容，大部分内容也尽可能以实际问题为出发点和归宿. 例如，函数思想是函数内容中最基本的东西，也是初中数学课程内容和数学思想方法的核心之一，因此，让学生体会和掌握函数思想，成为一次函数这一章教材设计的核心内容，也是一次函数相关内容编排的主线.

三是教材建模内容的呈现和编排强调突出学生的主体地位，注意去体现数学学习方式的转变. 不管是内容素材的选取贴近生活、联系现实，还是精编问题、有针对性地选配习题、创设情境加深学生对数学建模方法和思想的理解、强化数学与现实之间的联系，或是积极引导学生经历数学建模的思维过程，目的都是突出了学生的主体地位，为学生提供了充分发展的空间，转变学生的学习方式.

四是教材建模内容的设计整体上呈现不同知识之间的联系，让学生在学习过程中感悟一些数学建模知识之间的逻辑顺序和实质性联系，帮助学生理解和感悟这样的联系是素材选取、内容设置和教材编写的重要任务. 同时，大部分内容还应注重数学与学生现实之间的联系，尽量让建模相关的内容能在学生的生活实际、客观世界或数学现实中找到背景，为接下来用数学模型解决实际问题做好铺垫.

五是教材在呈现数学建模内容的时候，大部分内容是"根据学生的年龄特征和知识积累，在遵循科学性的前提下，采用了阶段性要求、逐级递进、螺旋上升的原则." 例如，函数是初中数学的重要内容，也是初中生学习数学的难点之一. 教材就按照"螺旋上升、分阶段逐步深化"的原则，将函数内容的学习分为四个阶段来进行. 第一个阶段是通过具体事例，让学生在体会变量以及变量之间的对应关系中，探索变量之间的变化规律，获得函数的初级认识. 这个阶段还特别强调，一次函数是初中生第一次正式接触和学习函数，了解函数概念，让学生明白变化的思想和变量之间对应关系，"应使学生了解对于许多客观事物必须从运动变化的角度进行数量化研究，许多问题中的各种变量是相互联系的，变量之间存在对应规律，这会表现为变量的值之间存在对应关系，其中就有单值对应关系，而刻画这种关系的数学模型就是函数."第二阶段，在此基础上逐步归纳出"函数"的抽象定义，了解具体函数的图像和性质. 第三阶段是了解和掌握具体函数和方程、不等式之间的联系，学会整体考虑知识之间的关联性. 第四阶段学会从实际问题中抽象出函数模型，然后求解函数模型，最后解决实际问题.

六是数学建模思想的形成、数学建模能力的提升，需要学生经历完整的数学建模过程或"实践—理论实践"的认知过程. 因此，教材的编排不管是概念引入、求解，还是数学建模的应用，都始终关注实际问题情境，并且尽量让学生通过观察、实验、猜想、推理、抽象、反思等去理解数学建模方法和思想的形成过程，反映出数学知识的应用过程，体现出"现实问题情境—抽象出数学问题—建立数学模型—求解数学模型—验证并得到实际问题的解"的完整过程，让学生感悟数学建模思想、培养数学建模能力.

七是教材设置的问题在一定程度上应注重介绍数学建模概念、数学建模方法和建模思想，而不应该片面追求内容的深度、问题的难度、解题的技巧. 从文本分析来看，教材编写尽量做到了突出层次性，也尝试提出不同层次的问题，通过设置拓展性问题、巩固性问题、探索性问题和开放性问题，使不同的学生获得不同的体验. 但是，在开放性问题和探究性问题方面，教材内容设置应该更多地考虑课外资源的开发与利用，以发展学生分析与解决问题的能力，培养学生的创新意识与实践能力.

8.3　初中数学中融入模型观念的策略研究

我们想把数学模型观念更好地融入初中的课堂中，不仅要挖掘教材，更要结合实际问题. 下面本书将探究在教学中融入模型观念需要的条件，以及融入模型观念的具体步骤，基于这些条件，进而设计有关的实际教学案例.

8.3.1 教学中融入模型观念的原则

8.3.1.1 以学生为主体

在进行教学设计之前，教师应对教学的班级学生的基本情况有所了解，包括学生的学习程度、学过的数学知识和方法以及学生的大致心理状况等. 这样才能够设计出符合这个班级的教学方案. 对于学生来说，将实际问题中的文字语言转换成数学语言的能力，在运用数学模型观念解决问题中起着重要的作用. 教师在教学中要注重培养学生的数学语言能力，鼓励学生用数学语言描述问题. 让学生慢慢理解数学的价值，学习用数学知识去解决生活中的各种问题. 在教学设计中，教师应注重对学生数学应用能力的培养，使学生感受到学习数学是非常有用的.

8.3.1.2 教学形式多种多样

传统的教学方式以教师为主体，教师以讲授法为主. 随着教育改革的发展，教学工具也从简单的黑板、粉笔向越来越科技化的白板、投影等进阶. 在教学形式上，教师也应该与时俱进，把课堂慢慢交给学生，让学生担当课堂的主角，让学生一起合作学习，把问题提前抛给学生，让学生发挥学习的主动性，与其他学生一起交流进行合作学习. 因此，在教学形式的选择上，教师可以根据不同的教学内容选择不同的教学形式，还可以根据不同的教学形式选择不同的教学工具，例如选择多媒体教学可以把有些复杂的模型更为形象地表示出来.

8.3.1.3 注重体现完整的建构过程

数学是一门对学生逻辑思维要求很强的学科. 对于一些初中生来说，思考数学问题时思维跳跃，不能独立思考. 对于有些初中生来说，数学问题的逻辑清楚，他们可以自己解决问题. 运用数学模型来解题是一个连贯的过程，要求学生在思维上有严密的逻辑性，每一个环节都非常重要. 所以，这就需要教师在教学方面能够体现完整的思维过程，让学生感受完整地思维过程，特别是在知识点的讲解方面. 数学模型观念的应用就是一个完整的知识建构过程，这个过程的掌握能够对学生逻辑思考能力的培养起到重要作用. 教师在教学方面要让学生体验到建构知识的乐趣，要体现模型思想具体解决问题的高效. 激发学生想要更好地感受数学建模过程，这样才能更好地帮助学生学习.

8.3.2 教学中渗透模型观念的步骤

有关数学模型观念的一些教学内容分为以下几个步骤.

8.3.2.1 分析简化问题

从实际问题中提取出数学问题，这是建立模型过程的第一步，是非常关键的一步. 但是这一步对于初中生而言，需要教师创设合适的问题情境，带学生引入，进行下一步探究. 学生可以渐渐地从教师创设的情境中发现实际问题，进一步把生活问题分析简化为数学问题，然后才能进行模型解题. 为了让学生更好地体会分析简化问题，教师在教学中需要考虑初中生的深化经验和最近发展区，以"踮起脚尖，够得着"为原则，创设适合初中生的情境，并进一步让学生对情境中的问题进行细化分析. 例如，八年级下册的实践活动中超市利润问题，就是把生活问题简化为数学问题，进而建立模型进行解决.

8.3.2.2 合理假设

教师在教学中要关注学生的状态，从情境中发现问题的过程，进一步引导学生对问题进行简单的分析，学生分析后开始观察讨论、归纳总结，学生充分理解问题后，教师引导学生作出大胆的假设. 学生的假设中或许存在一些不合理的内容，教师不能着急否定这些错误的内容. 教师需要引导学生发现自己的错误. 教师不要怕学生出错，要让学生勇于去尝试，相信学生. 只有让学生大胆地尝试之后，才能发掘学生的创新意识和探究能力等. 对于数学建模来说，进行合理的假设是非常重要的一步.

8.3.2.3 创建模型

进行正确合理的假设之后，便可以建立合适的模型. 第一步要抽象概括出关键的变量，根据题中的已知条件找到其中的数量关系，第二步用特定的数学语言将假设表示出来，从而建立起合适的数学模型. 我们在生活的各个方面中利用模型思想解决问题，最重要的就是创建模型的这个步骤，建立数学模型也是教学过程中融入模型思想的关键步骤. 例如七年级上册一元一次方程中的案例 1 水箱变高问题，就是根据其中的等量关系创建合理的方程模型.

8.3.2.4 求解模型

建立模型后，下一个步骤就是求解模型. 由于模型各不相同，求解不同的模型需要的知识也不同，所以求解模型考察的就是综合性的知识. 模型的类型有方程、函数、不等式、几何模型、概率模型，求解这些模型需要用到等式的性质、不等式的性质、三角形的性质，等等. 求解函数模型特别要注意函数图像与解析式的关系，运用函数图象来解释模型的结果. 例如，《八年级下册》第一章勾股定理的滑梯问题，其中的数量关系以及数据都已经给出，根据勾股定理列出方程，最重要的就是求解方程模型这一步.

8.3.2.5 验证模型

求解完模型之后不能直接就结束了，模型的结果只是针对数学问题的结果，不一定就是实际问题的结果. 所以我们需要对求解的结果进行分析验证，验证其是否符合实际. 在初中生看来，把结果代入创设的情境中进行检验是非常烦琐的一步，他们往往会忽略这个步骤. 但是检验会出现两种结果：一种是符合实际情境，说明求解模型的过程正确，建立模型的过程也是正确的；另一种是不符合实际情境，这时需要教师鼓励学生对建模的过程进行回顾，看看是哪个环节或步骤不合适. 教师不能在结果不符合实际的时候急于否定，而是要鼓励学生正视问题，重新修订. 教师在教学过程中要关心学生，鼓励学生，让学生养成科学的学习态度，认识到逻辑思维的重要性. 例如，《八年级下册》中有关不等式的旅行社的选择问题，其不只是要建立模型求解模型，更重要的是要把模型的解与实际问题相联系.

8.3.2.6 应用模型

验证模型的结束并不是建模的结束，教师应该引导学生对建模的过程进行总结和反思. 教师要让学生知道将数学模型思想进行内化，并在其他问题上能够举一反三地利用，才是这堂课讲解的重点. 学生也不能局限于只会处理一道题，而是应该认识到数学思想、数学方法才是最需要掌握的知识，而数学模型的应用就是对学生学习情况的一种检验. 通过数学模型思想的应用，检验学生能否运用模型思想来解决数学问题，进一步解决生活中的问题. 例如，教材中有关商品打折销售问题，针对解决这类问题的模型可以运用到实际生活的很多方面.

8.3.3 基于模型观念的不同教学案例设计

结合学生对数学模型观念的认知及应用现状，本文选取了不同模块的不同内容，根据融入模型观念的原则以及具体步骤，进行相关的教学过程设计，希望能对初中数学建模的教学提供一些参考．

8.3.3.1　二次函数与实际问题的教学过程设计

二次函数的应用这一课时对于学生的要求就是经历数学建模的过程，学生掌握方法会利用模型来求相应函数的最大值和最小值．这一课时内容的教学目标致力于提高学生的思维能力以及运用模型解决问题的能力．教师在教学时应该认识到这节课的重要性，以及思索不同的教学方式来进行讲解．下面是具体的教学流程：

（1）创设合适的问题情境．

师：最近女排夺冠的
电影大家都看了吗？

生：看了．

师：从中看到了哪些
拼搏精神？

生：勇往直前，努力
拼搏．

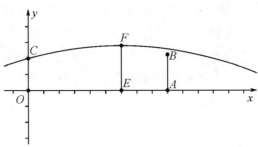

师：有没有发现排球的运动路线是什么？

生：好像是抛物线．

师：还有别的可能吗？

生：不确定．

师：那我们今天一起来看一看排球的运动路线．

（教师用多媒体展示排球的运动路线图）

生：能说明其中的具体数值吗？

（2）分析简化问题．

师：已知排球场的长度 $OD = 18$ 米，场的中心处球网的高为 $AB = 2.24$ 米，队员的发球位置是点 O．排球从点 O 正上方 2 米处的 C 点开始，向正前方飞去，飞行轨迹是抛物线，当排球运行至距点 O 的水平距离 $OE = 6$ 米时，排球到达最高点 F，以点 O 为原点建立平面直角坐标系．

师：观察出来排球的运动路线是什么吗？

生：看出来是抛物线．

（3）合理假设．

师：怎么来确定抛物线的具体关系式呢？

设计意图：通过设计这个问题来引导学生思考关系式，进一步让学生来动手建立.

生：可以通过待定系数法来求.

师：好，谁愿意来试一试？（在教学中教师多提问学生，让学生大胆尝试，并鼓励学生大胆试错，要多鼓励学习程度不是特别好的学生尝试.）学生们纷纷呼应，老师挑选其中的 2 名学生到黑板上进行尝试.

（4）创建模型.

学生 1 和学生 2 都求出来抛物线的解析式为：

$$y = -\frac{1}{45}(x - 6)^2 + 2.8$$

师：你们都好棒，有没有同学求出来的跟他们的不一样？

生 3：有.

师：你的答案是？

生：二次项系数不一样.

师：那你好好再检查一遍，同学们一起帮他算一遍.

生：首先通过已知的线段长度代入二次函数解析式可以算出来.

（5）求解模型并验证模型.

师：那老师再提一个问题，在上述的条件下，所发的球能过网吗，是否会出界？

设计意图：进一步提出问题，让学生思考抛物线的运动与球网的关系，并进一步引导学生把数据代入到模型中，建立不等式模型.

生 4：可以通过已知球网的高度来进行判断.

师：可以，你来试一试.

生 4：令 $x = 18 \div 2 = 9$ 代入到函数解析式中得到：

$$y = -\frac{1}{45}(9 - 6)^2 + 2.8 = 2.6 > 2.24$$

当 $x = 18$ 时可以得到：

$$y = -\frac{1}{45}(18 - 6)^2 + 2.8 = -0.4 < 0$$

所以这次发球可以过网但不出界.

（6）应用模型.

师：计算得非常棒. 我还有一个问题，如果球运动的最大高度超过 2.32 米，怎么确定运动高度的取值范围才能保证球不会出界. 要注意到排球压线不属于出界哦！

生 5：可以通过不等式来解决.

师：可以，你来试一试.

设计意图：教师提出问题，学生根据问题思考，建立不同的函数等不等式模型.

生 5：球既要过网又要不出界，可以把运动的高度设为参数，从而可以得到关于参数的二次函数，即

$$y = a(x - 6)^2 + h$$

利用已知的点 C 的坐标，得到关于参数 h 的二次函数：

$$2 = a(0 - 6)^2 + h$$

根据题意知道不能出界，进而得到关于参数 h 的不等式：

$$\frac{144(2 - h)}{36} + h \leqslant 0,$$

解不等式得到 $h \geqslant \dfrac{8}{3}$.

师：真不错，看来你们的自我行动力比较强哦！

生：原来打排球也与数学有关.

师：数学存在于生活的方方面面，只要勇于在实际生活中发现问题，那么你就有可能去思考解决问题的方法和思想，这样就可以掌握更多解题的方法. 从排球的运动过程探究可以发现，球类的运动轨迹也与数学息息相关. 类似的情形还有很多，例如足球的运动轨迹，乒乓球的运动轨迹，等等，这些都可以通过建立合适的二次函数模型，进而求解相关的模型就可以得到实际问题的解.

评价与反思：这类题的关键在于根据题设画出图像模型，以形助数，通过图形确定函数类型，根据题中的已知条件找到合适的参数，由于不同的参数可以建立不同的模型，如方程、不等式等. 求解模型、验证模型，进而得到实际问题的解.

8.3.3.2　不等式组与实际问题的教学过程设计

本节课主要是为了让学生运用不等式组来解决实际问题，教师在教学中要让学生感受从具体问题情境中抽象出不等式模型的过程，以及解不等式模型的过程.

下面是根据生活中的问题设计的教学流程：

（1）创设情境

师：新型冠状病毒感染疫情比较严重时，大家都好久没见了吧？

生：是，期间都不怎么出门.

师：有关的新闻有没有学生关注？

生1：有，看到了很多医护人员非常辛苦.

师：有没有特别打动人的事情可以聊一聊？

生2：有看到全国很多医护人员奔赴一线前去支援.

师：对，全国各个城市都派出了医疗队前去一线支援. 我们市也组织了这样一支医疗队. 一共有318名医护人员，并且为此次医疗援助行动每辆车安排一名负责人，一共安排了8名负责人. 要同时甲、乙两种客车，已知甲种客车每辆车能坐45人，乙种客车每辆车能坐30人. 其中的人数不包括司机哦！你们可以帮助他们设计租车方案吗？（根据不同地区的特点，教学提供的案例可以提取每个地区的重点问题进行相应的情境设计）

（2）分析简化问题.

生3、4、5：可以.

师：那你们来试一试吧.

设计意图：教师根据生活实际，提出相关的问题，学生通过教师的层层引导，设计不同的方案.

各种方案都有，其中比较合理的有：

方案一：租用甲种车6辆，乙种车2辆；

方案二：租用甲种车7辆，乙种车1辆；

方案三：租用甲种车8辆，乙种车0辆.

（3）合理假设及创建模型.

师：那是怎么得到这些方案的呢？可以设的参数有哪些？有没有人愿意上来写一下具体过程？

生6：可以. 具体过程如下：

设甲种车的数量为 x 辆，则乙种车的数量就是 $8-x$ 辆，两种车的载客数量必须大于去参与援助的所有人，从而建立不等式组：

$$\begin{cases} x \leqslant 8 \\ 45x + 30(8-x) \geqslant 318 + 8 \end{cases}$$

（4）求解模型及验证模型.

解得 $5\dfrac{11}{15} \leqslant x \leqslant 8$，符合条件的只有当 $x = 6$、7、8.

师：有没有跟他的参数不一样呢？

生7：有，我跟他的参数不一样，结果一样.

师：好，你来黑板上展示一下.

（5）合理假设及创建模型.

生7：好. 具体过程如下：

设乙种车的数量为 x 辆，则甲种车的数量就是（$8-x$）辆，建立不等式组，得：

$$\begin{cases} x \leqslant 8 \\ 30x + 45(8 - x) \geqslant 318 + 8 \end{cases}$$

（6）求解模型及验证模型.

解得 $x \leqslant 2$，符合条件的只有当 $x = 2$、1、0.

师：真棒，学生们可以对比一下自己哪做得不够好. 可以发现同一个问题，假设不同的参数，得到的解不同，但是实际问题的解相同. 现在已知甲种客车每辆租金为 800 元，乙种客车每辆租金为 600 元，哪种租车方案最省钱？此时的租金是多少元？

生7、8、9：我来！

师：好，你们来黑板上试一试.

设计意图：教师通过引导，发挥学生的主观能动性，不同的学生建立不同的模型.

（7）应用模型.

生7：方案一的租金为 800×6+600×2 = 6 000（元）.

生8：方案二的租金为 800×7+600×1 = 6 200（元）.

生9：方案三的租金为 800×8 = 6 400（元）.

师：哪种方案的租金最低？

生10：方案一的租金最低，最低租金为 6 000 元.

（8）分析简化问题.

师：实际在出发前，由于一名负责人有特殊情况，最后只能安排 7 名负责人，为了确保每辆车都有负责人，租车方案进行调整：同时租 65 座、45 座和 30 座的大中小三种客车. 出发时三种客车的座位恰好都坐满，实际的租车方案是什么？

生11：可以假设大型客车数量为未知数.

生12：可以假设中型客车数量为未知数.

生13：可以假设小型客车数量为未知数.

师：你们可以都试一试. 有没有同学愿意来讲台上试一试.

设计意图：教师通过提问，让学生进一步思考，不同的思维方式建立不同的方程模型.

生14、15、16：我愿意！

师：好.

（9）合理假设，创建模型.

生14：设大型客车数量为未知数，具体过程如下：

设大型客车为 a 辆，中型客车有 b 辆，小型汽车有（$7-a-b$）辆，建立方程为：

$$65a+45b+30（7-a-b）=318+7$$

解不出来.

生15：设中型客车数量为未知数，具体过程如下：

设中型客车有 a 辆，小型客车有 b 辆，大型客车有（$7-a-b$）辆，建立方程为：

$$45a+30b+65（7-a-b）=318+7$$

解不出来.

生16：设小型客车数量为未知数，具体过程如下：

设小型客车有 a 辆，大型客车有 b 辆，中型客车有（$7-a-b$）辆，建立方程为：

$$30a+65b+45（7-a-b）=318+7$$

解不出来.

师：三位学生建立的方程没有问题，那么为什么会解不出来呢？

生17：没有注意到一个隐藏条件.

师：什么隐藏条件？

设计意图：教师引导学生发现问题出在什么地方，让学生思考并解答.

生18：车的数量为整数.

师：对，每种客车的数量必须为整数，这样可以算出来吗？

生14、15、16：可以.

（10）求解模型及验证模型.

师：好，一起试一试.

生14：我的结果为当 $a=2$，$b=3$ 时，方程有整数解，也就是租2辆65

座、3 辆 45 座和 2 辆 30 座的车，能够正好坐满.

师：你们的结果跟他的一样吗？

生 15、16：一样.

（11）应用模型.

师：可以发现，同一个问题，假设不同的参数，建立不同的方程，最后得到的问题的结果是相同的. 学生们要善于总结这一类题的特点.

反思与总结：通过讲解这类题目我们可以发现，实际生活中有很多这样的问题，但是由于各类问题的现实复杂性，一直找不到快速、正确的解决办法. 建立合适的模型，可以快速、正确地解决这类问题. 学生也能够在解决这类问题中感悟到分析简化问题、合理假设、建立模型、求解模型、验证模型的流程，在解决问题中找到自信. 再遇到相关的方案问题的时候即可迎刃而解. 教师在教学中可以引导学生找不同的参数，并不拘泥于一种方法，要让学生发挥自己的想象力，更好地建立合适的模型解决问题.

8.3.3.3　二元一次方程组与实际问题的教学过程设计

二元一次方程组的应用这一课，是在学生学习了二元一次方程组的概念、解法之后，为了让学生进一步感受方程模型解决实际问题的思想而设置的. 在此之前，学生已经学过了一元一次方程解决实际问题，具备一定的解决问题的能力，并且已经掌握了二元一次方程组的解法. 但是对于实际生活中的问题接触较少，我们希望能够通过这堂课让学生认识到方程与生活实际的联系. 下面是具体的教学流程：

（1）分析简化问题.

师：同学们在暑假期间表现得好吗？

生：非常好.

师：学校为了奖励表现好的学生，准备买一些奖品，计算购买一些文具袋和笔记本，已知文具袋的单价是笔记本的 5 倍. 买 5 本笔记本和 3 个文具袋要 60 元. 学校打算买 10 个文具袋和几本（超过 10 本）笔记本. 文具袋有两种优惠方案. A：买一个文具袋赠送 1 本笔记本；B：买 10 本以上笔记本，10 本以上的笔记本享八折优惠，文具袋不打折. 学生们可以计算出文具袋和笔记本的价格吗？

生：不一定.

师：哪位同学愿意试一试？（教师在教学中应该注意到针对不同班级

的学生，选用不同的教学模式.)

设计意图：教师通过生活实际提出问题，让学生自己尝试并进一步引导学生建立合适的方程模型.

（2）合理假设、创建模型.

生1：我假设笔记本的价格为 a 元，文具袋的价格为 $5a$ 元，建立方程为：

$$5a+3×5a=60$$

解得：$a=3$.

生2：我的方法跟他不一样.

师：好，你上来试一试.

生2：我假设笔记本的价格为 a 元，文具袋的价格为 b 元，建立方程为：

$$\begin{cases} b = 5a \\ 5a + 3b = 60 \end{cases} \quad 解得： \begin{cases} a = 3 \\ b = 15 \end{cases}$$

师：文具袋和笔记本的价格都已经知道了，假设两种不同的优惠方案的费用分别为 y_1、y_2，学生们可以列出不同优惠方案的费用吗？

生3：我可以. 假设购买笔记本 x 本，则

$$y_1 = 15×10+3×（x-10）= 3x+120-$$
$$y_2 = 15×10++3×10+（x-10）×3×0.8 = 3x+120-''+$$

师：两种方案的费用不同，那我们选择哪种方案比较划算呢？

生4：可以进行比较.

师：你来试一试.

（3）创建模型、求解模型.

生4：利用不等式可以进行比较，假设 A 方案的价格大于 B 方案的价格，则

$$3x+120>156+2.4x$$

解得：$x>60$

师：可以把结果代入实际问题中吗？

设计意图：教师不仅要引导学生思考解决问题，更要引导学生把模型的结果代入生活实际中.

（4）验证模型.

生5：可以，就是购买笔记本的数量大于60时，选择 B 方案更优惠.

师：还有别的可能吗？

生 6：当购买数量小于 60 时，选择 A 方案更优惠.

（5）应用模型.

师：真棒，那么当再次遇到类似的问题时，你们可以建立模型解决问题吗？

生：可以.

师：好，那么本节课就到这里，下课.

反思与小结：本节课从现有的情境出发，先让学生分析实际问题，从实际问题中抽象出相应的数学问题，发挥想象，假设合适的参数，然后利用题中给出的数量关系建立相应的方程模型. 根据实际问题，要求的结果不同，建立不同的不等式模型，进而求解相关的模型，通过求解模型得到实际问题的解. 验证模型的解是否符合生活实际，最后回答生活问题.

8.3.3.4　一次函数实践课的教学设计

（1）教材分析：一次函数是基本的初等函数之一，是学习函数类的根本. 本节课是在学生已经学习了一次函数的图像和性质的基础上，利用一次函数的相关知识来解决相关的实际生活问题. 本节课的学习也为九年级学习二次函数以及反比例函数打下基础.

（2）学情分析：本节课面对的是八年级的学生，八年级的学生已经掌握了学习方程、不等式以及用关系式、表格、图像来表示关系的方法，这些是进一步学习函数的基础. 学生已经初步具备了分析问题的能力，但是应用函数关系来分析和解决问题这一过程对学生来说还是比较困难.

（3）教学目标：经历应用一次函数解决实际问题的过程，从中体会函数模型思想；掌握从文字、表格、图像等各种情境中找出数量关系，并恰当地表示出来；能够利用函数的意义与性质对实际问题进行剖析.

（4）教学重难点.

重点：根据问题情境中的数量关系建立相应的一次函数表达式，利用函数的性质解决问题.

难点：从不同的问题背景中发现并且建立一次函数模型.

教学流程：

（5）创设情境，提出问题.

师：做一件事情可能有不同的选择方案，比如买菜时经常会遇到这种情况：离家近的超市比较贵、离家远的市场比较便宜，应该如何取舍呢？

当然是选择对自己比较有利的方案. 我们可以运用数学的知识来帮助我们分析, 理性地做出比较合理的方案. 下面是一道生活例题, 请同学们一起来探究一下.

师: 选择哪种办卡方式更优惠? (教师用多媒体的方式展示下表)

运营商	月租费/元	月流量/兆	流量/元/兆
移动	30	25	0.05
联通	50	50	0.05
电信	120	不限量	无

生 1: 好像每种都不一样?

师: 不一样, 那你们可以从哪个方面入手呢?

生 2: 肯定得省钱吧?

生 3: 可以从总费用哪个少入手吧.

(6) 分析简化问题.

生 4: 可以从不同运营商的不同条件入手?

生 5: 我可以不挑.

师: 看来每位同学的思考方向都不同, 那对于这个问题, 我们能做什么?

生 6: 选择办卡方式.

师: 怎样来选择办卡方式? 有什么依据?

生 7: 先要算出来每种不同的办卡方式需要的钱吧?

师: 对, 那首先算一算选择电信的卡每月需要多少钱?

生 8: 120 元每月.

师: 选择联通和移动的卡每月需要的费用能够看出来吗?

生 8: 不能.

师: 那影响费用的因素是什么?

生 9: 是流量.

师: 那联通和移动的卡每月的费用具体怎样来表示呢?

生 10: 可以把每月用的不同的流量用未知数来表示.

师: 这个思路很好, 那谁可以来尝试一下呢?

设计意图: 教师通过设计连续的问题, 引导学生思考并简化问题.

（7）合理假设、创建模型.

运营商	每月费用	
移动	$x \leqslant 25$	30
	$x > 25$	$y_1 = 30 + 0.05 \times (x-25) = 0.05x + 28.75$
联通	$x \leqslant 50$	50
	$x > 50$	$y_2 = 50 + 0.05 \times (x-50) = 0.05x + 47.5$

生 12：我假设每月的流量为 x 兆，其余的用关系式来表示，具体如下

移动：$y = \begin{cases} 30 & 0 \leqslant x \leqslant 25 \\ 0.05x + 28.75 & x > 25 \end{cases}$

联通：$y = \begin{cases} 50 & 0 \leqslant x \leqslant 50 \\ 0.05x + 47.5 & x > 50 \end{cases}$

师：我发现还有的同学用函数图像来表示数量关系，在这就不一一列举了. 我把同学们的方法总结了一下，可以表示为：设每月的流量为 x 兆，移动的费用为 y_1 元，联通的费用为 y_2 元，电信的费用为 y_3 元，则可以得到关于 x 的三个函数：

$$y_1 = \begin{cases} 30 & 0 \leqslant x \leqslant 25 \\ 0.05x + 28.75 & x > 25 \end{cases}, \quad y_2 = \begin{cases} 50 & 0 \leqslant x \leqslant 50 \\ 0.05x + 47.5 & x > 50 \end{cases}, \quad y_3 = 120x \geqslant 0$$

（8）函数求解模型、验证模型.

师：请同学们计算一下，当 $y_1 = y_2$ 时，每月流量是多少.

设计意图：教师通过把学生建立的不同模型表示出来，进一步引导学生对比不同模型的不同表示方法. 进一步求解不同的模型.

生 13：这有两种情况，具体如下：

1. $0.05x + 28.75 = 50$，解得 $x = 425$；

2. $0.05x + 28.75 = 0.05x + 47.5$，我们可以发现方程无解.

师：真棒，当 $y_1 < y_2$ 时，每月流量的取值范围又是多少？

生 14：就是：$0.05x + 28.75 < 50$，解得 $x < 425$.

师：当 $y_1 > y_2$ 时，每月流量的取值范围是多少？

生 15：$0.05x + 28.75 > 50$，解得 $x > 425$.

师：当 $y_2 = y_3$ 时，每月流量为多少？

生 16：就是 $0.05x + 47.5 = 120$，解得 $x = 1\ 450$.

师：当 $y_2 > y_3$ 时，每月流量的取值范围是多少？

生 17：就是 $0.05x + 47.5 > 120$，解得 $x > 1\ 450$.

师：这具体怎样解释呢？

（9）应用模型.

生 18：就是当每月流量小于 425 兆时，选择联通更划算，当每月流量为 425 兆时联通跟移动收费方式一样.

生 19：当每月流量大于 425 兆小于 1 450 兆时，选择移动办卡比较划算.

生 20：当每月流量大于 1 450 兆时，选择电信办卡比较划算.

师：请同学们带着这几个问题发表自己的观点.

你是怎样明确问题的目标任务的？

你是怎样分析问题中的已知数据和数量关系的？

你是怎样分析问题中的变量之间的函数关系的？

生 21：首先根据省钱原则来确定目标，然后根据不同运营商的不同收费标准，确定其中的数量关系.

师：回忆以前用方程解决问题的思考图，你能画出用一次函数解决问题的思考图吗？

师生共同回顾总结利用一次函数进行建模的流程和应用价值等.

反思与小结：本节课从生活实际出发，教师通过多媒体引入生活中的办卡问题.

教师通过层层追击引导学生简化问题，把生活问题转化为数学问题，进一步发挥学生的主观能动性，让学生根据问题合理建设不同的模型. 教师引导学生求解模型并把模型的解与生活实际相联系. 最后把这种运用模型思想解决问题的思路应用在更多的方面.

8.3.3.5 教学反思与评析.

二次函数与实际问题这一课时，教师在创设情境这一环节中以女排夺冠的电影为切入点，吸引学生们的注意力. 这不仅容易引起学生们对这门课的兴趣，也为学生们创设了合适的情境，更利于学生思考. 在这一课时中应该注意到不同性别的学生在建立数学模型时的思路不同，教师在教学中应该注意到这种现象. 在应用模型这一环节，学生们根据自己的思考完成了二次函数与不等式的模型. 利用二次函数的性质以及不等式的性质进行求解，可以让学生体会数学建模的不同步骤. 这一课时不仅培养了学生归纳总结的能力，又让学生经历了建立数学模型解决实际问题的过程. 在不等式组与实际问题教学这一课时，教师通过贴合生活的实际，配合最新的主题，创设了相应的问题情境. 在这堂课的情境设计中，不同地区的教师可以发掘当地的热点问题，合理地设置情境. 例如，在农村的学校，我们可以以养殖生产作物时，需要的饲料以及需要的粮食为情境，合理引入不等式模型. 而在城市的学校，我们可以以学校颁发的礼品为情境，引入本节课的教学. 在合理假设及创建模型这一环节我们可以发现，不同学生的思维不同，假设的参数不同，创建的模型也不同.

8.4　初中生数学建模学习策略

教育，本质上是帮助人学会学习，而人的学习本质上只能是自我练习、自我学习、自我成长. 进一步来说，"学"为"教"之本，教师的"教"不等于学生的"学"，"教"只是"学"的外在条件，"教"最终是为了"学". 同时，"离开了教无所谓学，离开了学也无所谓教，教与学一致性是教与学的相融属性." 如果说"学"是"教"的逻辑起点，那么缺少了对数学建模"学习"的研究，数学建模的教育也就少了落脚点. 然而，很多时候我们在理论研究和教学实践过程中将"教"与"学"混淆在一起，"误认为有教就有学，误认为教师教某些知识，学生就可以学到那些知识. 其实在很多方面的教并不能引发学，比如文化性的、感知性的、思考性的、探索性的、批判性的知识，有教无学反而是常态. 其实，学习本质上是一件学习者个人的事情，所有的学习实际上都只能是个人学习." 当前关于初中生数学建模能力培养的研究，从"教"的角度出发论述的较多，而从"学"的角度研究学生如何通过"学"提升自身数学建模能力较少. 因此，当我们考察初中生数学建模能力培养策略的时候，就离不开对初中生数学建模学习策略的探讨与研究.

一、学习完整的数学建模知识

对学习领域的深入了解，特别是将所学的知识迁移到新的问题和新的情境（建立数学模型解决实际问题），就必须掌握该领域内详实的、完整的知识. "高阶思维和能力的养成以大量的学习和刻意练习为基础，如果没有足够的知识基础，很难导向深层理解和深度学习，也就很难从新手过渡到熟手和专家."学生如果没有完整的数学建模知识作基础,数学建模能力培养就无从谈起."专业知识的关键特征是对某个特定领域内的重要事实能够详细地、结构化地理解.教育必须使儿童充分掌握特定学科的详细知识,这样他们就有了在那些领域开展进一步探索的基础."① 然而,当前教与学的内容不够完整,往往面向事实性知识,并非完整的知识,学习者头脑中堆积的大多是零散的碎片,既缺乏清晰的来龙去脉,也不能让知识系统化和结构化,更不能聚焦于问题的解决."学习前提是学习即接受,无条件地接受前人创造的知识.这样的学习把书本知识作为不可更改和逾越的客观存在来认识,既不了解知识产生的缘由,也不清楚知识的发展走向,更不了解知识背后的概念、原理、意义和价值."② 这样的学习不适合数学建模学习,也就无法实现知识的迁移、无助于数学建模能力培养.事实的背后是概念、原理、意义和价值,完整知识的获取需经历一个由浅入深、由表及里、逐渐深入知识内核的过程.而面向答案或结果的学习,学习者不清楚背后的概念、原理、意义和价值,所以深度学习很难发生."当事实、现象或信息被注入概念或原理的时候就成为有说服力的事实,它可以增进人的理解力,也具有一定的解释力,否则,事实仅仅是信息."③ 因此,只有学习完整的知识,学习者才能拥有对知识的全新认识,才能拥有解释和看待事物的新方式,才能拥有超越自身的经验和常识而获得高阶概念的立足点.学习者只有掌握了完整的知识,他才能真正地理解知识及其背后的道理,他所了解的知识才会在大脑中形成清晰的知识图谱和思维脉络,才能获得认识世界的全新视角、看到解决问题的全新方法,甚至能清楚地知道下一阶段的学习应该做哪些准备④.

对初中数学建模学习来说,学习者不能只学单一的数学建模事实、数学建模程序信息或数学建模知识与方法,也不能机械地往大脑里堆积信息与事实,还应该同时学习数学建模的概念、原理、方法与策略等内容,探究实际问题与数学知识的联系、数学建模的价值、意义以及所建模型的优缺点和局限性.因为具体知识背后的内容,就像是磁场一样,虽然貌似看

---

① 布兰思福特.人是如何学习的:大脑、心理、经验及学校(扩展版)[M].程可拉,等译.上海:华东师范大学出版社,2012.
② 喻平.发展学生学科核心素养的教学目标与策略[J].课程.教材.教法,2017(1):7.
③ 季苹.教什么知识:对教学的知识论基础的认识[M].北京:教育科学出版社,2009.
④ 刘伟.初中生数学建模能力培养研究[D].曲阜:曲阜师范大学,2020.

不见、摸不着，但它们又像磁场在人类生活中发挥着巨大作用一样而拥有巨大的价值. 为了获取完整的知识，首先，学习者要经历知识的生成、发现或创造过程以及数学建模的全过程，也要主动成为问题、思维和建模的发起者、参与者和解答者，形成对知识、概念或原理和数学建模能力的把握感和驾驭感. 其次，学习者应该养成"不满足"的习惯：不是止步于了解简单的基本事实，而是经常深入研究那些显而易见的事实，要更积极寻找问题的核心与事实的本质，从更深入、更广泛和"超越事实更远"的角度看待知识，真正地实现见知启慧、转识成智. 这样的学习定能让学习者不但知其然，还能知其所以然. 总之，学习者对数学建模学习，应该以提升对完整知识的储备来代替简单信息的积累，唯有如此，才能帮助学习者探究人类世界的丰富性、理解知识的真正价值和意义，学习才能从"求知识"提升到更有意义的"求智识"，学习者才能从知者上升到智者.

二、学会条件化地储存知识

学过的建模知识和方法如果不能被有效保存，留在大脑的将只是短时记忆，存储量也少，这样的记忆很快就会遗忘或者很难完整地回忆起来. 因此，当知识和经验形成以后，不应该被单纯地存储下来，更不能被冻结起来，"不能让知识僵化，而要让它生动活泼起来——这是所有教育的核心问题."[1] 因为，"惰性"的知识、不能被提取的知识不仅没有什么意义，往往极其有害——它不仅会让人背上沉重的知识包袱，还会蒙蔽人的眼睛、屏蔽人的大脑、阻隔知识的应用与迁移. 只有活性的知识才能被提取和调用，知识只有能被调用才有价值，而且只有在不同的情境下被顺畅地调用才更有价值.

"相关信息的提取问题为了解可用知识的本质提供了线索. 为了能在需要时调用，知识必须"条件化"，否则它便是惰性的."[2] 因此，学习者在记忆或储存知识的时候，在进行数学建模学习的时候，不能学什么就按什么来储存，应该给知识和数学建模方法加入一些储存条件，或者给新学的知识和方法赋予一定的提示信息，以便与已有的知识联系起来并组织成知识网络. 在记忆或储存知识的时候，学习者还应该将同一主题或意义相近的信息储存在一起，或者将有共同点的不同信息之间建立纵横交错的联

---

[1] 怀特海. 教育的目的 [M]. 庄莲平等，译. 上海：文汇出版社，2012：49.

[2] 布兰思福特. 人是如何学习的：大脑、心理、经验及学校（扩展版）[M]. 程可拉，等译. 上海：华东师范大学出版社 2012. 43.

系，也可以将储存的知识根据建模解题的原理进行解析和分类，而不是简单地按照表面特征或零碎的知识点进行分类. 最为关键的是，在记忆和储存知识的时候，学习者要明白何时、何地可能用到这些知识，以及为什么用这些知识. 这样做不仅可以让学习者明白建模解题的应用理据，还可以让数学建模方法与策略更加完整和更具可用性. 这样，经过学习者理解、整合、复述及条件化储存之后，这些知识就能变短时记忆为长时记忆，就能提高知识和方法在长时记忆中永久保存的可能性，就可以让新旧知识之间、数学与现实之间建立联系或增加相关性. 学习者储存的知识一旦具备了条件化，或知识之间有了紧密的联系，"一个记忆可以激活另一个相邻（相关）的记忆，激活状态可以从记忆中某些活跃的部分扩散到另一些不活跃的部分."有了"条件化"的前提条件，相当于有了鲜明的线索，学习者不仅可以激活并提取出想要的知识，而且可以确保提取的时候，不是对他所知道的一切都搜索个遍，而是像"高级检索"一样可以大大缩小搜索范围，有选择性地提取那些与任务有关的信息. 如果需要，还能使得长时记忆中较大区域内的知识被激活，而不仅仅是有直接联系的内容. 拥有了这样的知识库，学习者可以根据"条件"或"提示信息"把知识以更有意义的方式整合起来，其就可以在以后数学建模解题时轻松地激活、应用和迁移相关知识.

三、学会深度加工知识

数学建模依靠的不是一连串毫无联系的事实，也不是简单地复制现有的知识，数学建模在很大程度上依赖于对知识和信息的深度加工，而且，数学建模的效果依赖于"通过整合现有的知识与思想、信息与概念，转化为一个全新的产品、理念、解决方案或路径，从而开发出新的知识."[①] 对于数学建模，"当浅层的知识掌握解决之后，更重要的便是能够利用现有的知识再创造新的知识."也就是说，数学建模需要对所学知识进行深度加工，摆脱最初浅层理解的束缚、超越熟知的事实与程序，并把各种信息和知识梳理成一个比较清晰的框架，进而把事实性信息转换成有用的知识，学习者才能实现有效地建立数学模型解决实际问题，才能顺利实现知识迁移. 这个过程需要学习者将新旧知识进行对质与碰撞，通过推翻旧经验或让新旧知识彼此有机融合. 也需要学习者对知识进行有机地整合与加工，

① 严文蕃，李娜. 互联网时代的教学创新与深度学习：美国的经验与启示 [J]. 远程教育杂志，2016，34（2）：6.

将知识变成由多个相关事实联结的整体，围绕着重要概念把相关信息联系与整合起来，并把平时难以理解的信息特征和模式系统化和概括化，将现实材料数学化、模型化，从而加工淬炼出新知识.

可见，深度加工知识不再是纯粹接受知识的过程，而是产出和创业知识以及将原始信息加工成更优质的信息的过程，"不是忙于吸收知识，而是将知识转化成对正在加工它的学习者来说有意义的东西."而且，"深度加工知识可以让神经元之间的联结更牢固、更安全，信息组块变得更深入，从而为其他主体领域内和应用中的联结留出更多的机会."深度加工知识并不意味着知识量的增加，而是体现质的变化与提高；它不是知识的简单堆砌与叠加，而是超越原有知识与经验的再造或重建；它也不是"物理形式"的混合，而是经过"化合反应"变成了更具活力的新知识.如果说工业上的深加工就是把原材料加工成价值更高的可用产品，那么深度学习中的知识深加工是把原始朴素的信息变成更优质的信息，或者变成完整而有意义的、条理清晰而又可储存的知识或经验.因此，知识的深度加工是学习的高级阶段，是知识应用和知识迁移之前必不可少的阶段，深度加工知识的过程"就不仅是学习者巩固、转换和内化信息的过程，它还是通往理解、领悟、深层、实用的道路，更是通往作为副产品的记忆的道路."是否具备深度加工知识的能力，是高阶学习者与新手的不同，也是深度学习与浅层学习的一个深层区别.

由上面分析可知，在数学建模过程中，深度加工知识就是要拓展知识的深度和广度，改善推理习惯和阐释问题的框架，重塑大脑的联结和回路，缩短解决问题时初始状态和目标状态之间的距离.为了数学建模的顺利开展、实现知识的实质性迁移，数学建模学习者要解析和梳理知识的整体及各个组成部分，删除无关内容并将观点相似或同一主题的内容进行合并，进而把原来那些毫无联系的、缺乏逻辑的零星内容重新加工组合成一个条理清晰的新整体.学习者应该更多地投入到知识的加工和创造过程中，少一些死记硬背，多一些分析、理解和领悟；少学一些花哨的技巧展示，多学一些精细化的知识的分类和分组，多学一些如何将知识条理化、系统化和逻辑化的加工方法.学习者还应该把学习重点放到新旧知识的矛盾和冲突上，探寻知识、经验和数学模型的局限性，寻找建模方法和处理问题策略的局限性，去体会一种问题没有得到圆满解决的不满足感，进而体验到深度加工知识的方便性和有效性.数学建模学习者一旦掌握了这种知识加工的动力机制，当他面对新问题和新情境时，知识或模型在他的头脑中就会灵动，概念或原理就会被激活，潜意识里的判断力就能让他在建立模型解决问题时，不再是"瞎猫碰上死耗子"般的误打误撞，也不再是变魔术一样不可思议. 分析问题和解决问题的时候，他就不会仅停留在就事论事的层次，而是会在应该富有弹性的地方灵活变通，在应该严肃严厉的地方一丝不苟.

四、掌握提取知识的路径

人的记忆是注重内容和意义的，在人的长时记忆特别是永久记忆中，知识的基本单位是意义相近的或有共同点的内容，而能被激活的知识或可用的知识网络，是由围绕核心概念组织起来的、意义相近的内容或彼此有关联的内容构成的，而不是一些孤立的、毫不相关的事实. 激活与提取记忆中的知识是知识迁移的必备条件，而且当相关联的线索与学习时的线索或记忆中的知识相匹配时，就能产生最好的迁移效果. "知识迁移涉及对记忆网络中知识的激活，迁移要求信息以命题形式储存在记忆中，并且相互紧密联系. 记忆中的各个信息块相互联系得越多，那么一条信息的激活就越能成为其他信息激活的导火索……当知识和产品与长时记忆中不同的内容发生联系，迁移就发生了."[1]

当下数学学习主要属于识记和传递性质的，提取、应用和迁移知识往往体现在考试中，学习者所学的知识缺乏被迁移到实际问题之中，也无法应对各种不明确的和不可预知的新问题和新情境. 如果把所学的知识比作一池水，那么，激活与提取知识就是让池水变活的源泉. 或者说"知识的重要性在于它的运用，在于我们对它的能动地掌握." 对数学建模来说，它本质上属于数学知识的应用. 因此，学习者应用数学模型解决现实问题的过程中需要激活与提取记忆中的知识与模型，需要在知识网络中寻找与实际问题相关的知识、模型、方法、策略等，需要精心选择或搜索与解题计划、意图有关的信息. 而且，为了快速从记忆库中找到需要的知识、方法、模型与策略，学习者既要根据问题的条件或提示信息去激活"记忆"，也要从解决问题的原理的角度对知识进行分类，按照类别去提取"记忆". 这样，他就可以从并不明显的信息中抽取一层意义，区分数学知识、模型等的应用情境，获取数学知识、模型等的应用理据，激活建模解题所需要

---

① 戴尔·H. 申克. 学习理论：教育的视角（第三版）[M]. 韦小满，等译. 南京：江苏教育出版社，2009：202.

的信息. 如果这些信息能解决实际问题, 就实现了知识迁移; 若不能解决, 激活与提取机制就会继续沿着线索继续扩散, 直到找到合适的答案或解题策略.

进一步来说, 在数学建模中, 学习者激活与提取知识是为了迁移与应用知识, 意味着在不同的情境中再次运用所学的知识, 或以不同于最初得到的方式来展示它们. 这种提取不是再现知识, 也不是把所有相关的信息罗列出来, 或直接从杂乱无章的信息中寻找解决方案, 这显然不是数学建模的题中应有之义, 也明显超出了学习者的记忆范围和学习限度, 而是需要学习者在充分理解问题的基础上, 围绕着问题的核心要素, 搜索与该问题相关的知识或激活其他知识. 需要学习者抛弃知识的细节而积极地使用知识的原理, 并为解决问题的策略与方法寻找合理的依据, 掌握从组织知识到搜索知识再到提取知识及应用知识的路径与模式. 需要学习者将原来的浅层学习变成高阶学习或深度学习, 并熟练地掌握 "将知识应用于新静脉时放弃或超越常规的能力、从新的途径解决熟悉问题的能力、通过问题解决建构知识的能力、革新问题解决过程和解决方案的能力."[1] 如果解决方案失效, 学习者会循着线索找出问题所在, 再次重组问题和相关知识, 分析不同观点和制约因素并继续寻找替代方案.

五、改善数学建模的程序与方法

Mayer 认为, "深度学习的过程包括建立五类知识的相关网络, 分别为事实、概念、程序、策略及信念, 学习者组织这五种知识的方式将影响这些知识是否能够引导深度学习的发生." 其中, "程序是指分步骤的工序, 程序知识是 '如何做事的知识', 其中包括技能、算法、技术、方法的知识和用于确定和 (或) 检验在某一专门领域和科目中 '何时做什么' 是适当的标准的知识." 有人认为, 程序性只是一种是分析式的或线性的, 即把一个问题拆解成几个部分, 再对每个部分作进一步细分, 然后分别对它们进行处理. 这种方法对于澄清问题、明确其构成要素是不可或缺的, 但是, 接下来还需要学会如何把每个已知条件整合到系统中去……行家会很自然地把遇到的每一个点都和问题的整体联系起来, 但初学者不理解眼前的例子和整体结构之间的关系. 数学建模本身的特性决定了它注重过程性, 同时也强调程序化和建模方法. 因此, 掌握了数学建模的程序性知识, 学习

---

① 王美. 什么知识最有价值: 从常规专长到适应性专长: 知识社会背景下对知识价值与学习目标的反思 [J]. 远程教育杂志, 2010, 28 (6): 8.

者就能看清那些并不是显而易见的建模知识的组织方式、现实问题的差异性与适合模型应用的情境等，就能更熟练地提取与任务有关的概念与规则，从中抽取出分步骤工作的建模程序或工作模式，从而更轻易地找到合适的数学模型和"建模解题"的解决之道.

从实践层面上看，数学建模的程序性知识是围绕现实问题的解决目标去发现资源和明晰建模过程的关键步骤，是在目标与资源之间搭建桥梁的核心工序. 它既是对现实情境、具体事物的属性、问题的要素之间关系的概括以及对问题解决方法的规律性总结，也是指导数学建模思维、策略和数学建模行为及路径的规范，还是致力于知识迁移的数学建模学习的必由路径. 如果说"人提取相关知识的能力差异表现为费力、相对不费力（顺畅）和自动化三个层面."那么，数学建模程序性知识就能帮助学习者将建模过程变得更加可操作化甚至自动化，就能帮助学习者更容易地实现知识迁移."专家与新手之间一个明显的差异是，专家的程序知识储存在长期记忆中并达到自动化，而新手需要经过思考、回忆等努力."[①] 专家做事用到的程序性知识不是对事实和概念的罗列，而是围绕重要观点寻求深层理解，把学习、储存、加工过的知识组织成可迁移的概念框架. 而且，由于专家的知识是条件化储存的，因此他们能熟练地提取与任务相关的知识、概念与规则，并能从中抽取出分步骤工作的程序或工作模式，而且，他们应对新情景的程序或方法灵活多样且富有弹性和适应性.

另外，人的大脑不仅具有灵活的可塑性，而且人的大脑可教、可优化，数学建模学习的过程就是对大脑建模方法进行优化的过程，学习数学建模的目的不光是提升传统意义上读、写、算等方面的能力，更为重要的是优化数学建模的"大脑算法"，提升思辨能力、创新能力、知识整合能力、问题解决能力、知识迁移能力以及探索未知与未来的能力. 人的大脑是强大的数据（信息）存储器，也是灵活自如的操作系统，还是按照一定的"算法"进行多任务处理的数据（信息）处理器. 所谓"大脑算法"可以看作大脑在学习、认知、处理数据（信息）或解决问题时，所遵循的步骤、规则和程序. 学习、优化与提升数学建模方法就是优化大脑算法，就是要进行深度思考、深度学习，不断拓展建模解题的深度和广度，改善数学建模推理习惯和阐释问题的框架，缩短解决问题时初始状态和目标状态

---

① 孙妍妍，祝智庭. 以深度学习培养 21 世纪技能：美国《为了生活和工作的学习：在 21 世纪发展可迁移的知识与技能》的启示 [J]. 现代远程教育研究，2018（3）：10.

之间的连接和距离，帮助大脑与信息之间建立更多的联结，增加大脑思维、经验、理解和知识迁移的生理基础，形成某种最优化的大脑算法. 或者说，在数学建模学习中对大脑结构和神经网络连接进行重新组织，让大脑在处理问题时具备更强的推理能力、更快的计算能力、更持久的记忆能力和更全面的理解能力，让大脑进行精细加工、更精准的知识迁移，更加深思熟虑并得到更准确的答案，将更多更高效的解题策略和逻辑"固化"到大脑反射区域，真正实现大脑软硬件的升级.

六、学会类比与联想

实际问题的复杂性使得学习者应用数学模型解决实际问题需要突破常规，也需要举一反三、触类旁通或求异创新. 数学建模学习者既要概括建立数学模型解决实际问题的策略，让数学建模学习不局限于特定的问题和情境，也要把特定的数学建模知识、方法、策略作为资源和工具进行推广，以便解决一般性的问题. 为了形成建立数学模型解决一般性实际问题的清晰图式，养成求异思维、创新意识和触类旁通的能力，学习者不能停留在事物的表象和思维的表层，而需要经常性地进行类比与联想，既能用常规建模方法解决类似问题，也会尝试从不同的角度看待和思考问题，或者用不同方法解决同一问题，甚至能做到举一反三，用类比与联想的方式解决变式问题甚至完全不同的问题.

为了掌握这种能力，学习者应该经常性地自我发问：解决这个问题首先要做什么、需要用到什么原理、还缺少什么条件、建立的模型合不合适、得到的结果是否有意义是否合理，等等. 顺着这些问题，去弄清阻碍目标达成的关键点以及从何处下手解决问题. 学习者应该有意识地分析事物的因果关系以及知识与问题之间的相关关系，依据各种关系尽可能多地寻找解决问题的途径，让解决策略在大脑中形成清晰的回路与路径. 学习者要明白以前没有注意到的抽象特征，学会从纷繁杂乱的信息中提炼出要点和属性，在并不明显的关联中找到清晰的建模线索. 学习者还应该经常性地反思和总结最初的想法、自身疑问和思想意识的变化，回溯自己采取的步骤、遇到的困难和克服困难的方法，再次明确自己是如何迅速聚焦解决方案的关键性步骤及其原理的. 学习者应该学会从不同视角和层次审视成功的经验和失败的教训，并能找出解决策略的错误并想办法修正错误，以寻求更合适、更高效的解决策略. 学习者还要在变式情境中形成解决变式问题的具体体验，并不断地与已经提炼过的解决策略进行比较，加深对不同策略和规则的内涵理解，从而排除无关紧要的细节并概括出解决一般问题的策略，并且在开放性和探究性问题中提高和发展数学建模能力，让思维达到真正抽象的水平．因此，学习者在掌握了一种熟悉的方法或解决了常规的问题后，要过渡到类似的问题甚至截然不同的问题．在不断突破常规的变式训练、开放性和探究性训练中，学习者归纳总结出具有普遍意义的规则和方法，并利用类比与联想的原理提高将数学建模知识、策略和方法迁移到新问题、复杂问题甚至陌生问题的可能性，促进数学建模能力的发展．

七、学会知识迁移

知识迁移能力是对学习能力和学习目标的一种质性描述，它是指学习者把在一种情境中学到的知识和技能应用到新情境的能力，或从一个学习领域或任务中抽取知识和经验，然后应用于另一些目标领域或任务中去的能力．当习得的知识与技能增加了内容、改变了条件或处在与学习不同的情境中时，如果学习者能以一种新的方式再次加以利用，那么学习者就具备了知识迁移的能力．此时，他的学习就不再是只适用于特定的情境或只能针对某一种情况，而是从更深层面组织学过的知识与技能，按照更有意义的方式利用它们，或创造性地把它们作为资源和工具，自主地寻找解决一般问题的方案．学习者在将来的学习、工作和生活中，经常会遇到与以往学习不同的新问题，他不能总是用相同的推理方式或解决方案去处理它们，也不能简单地复制知识并投射到新问题和新情境中，而是必须在储备必要知识与技能的基础上掌握知识迁移的内在逻辑．进一步来说，在建立模型解决一个实际问题之后，"要善于去总结一个模型，并井然有序地储存起来，以后才可以随时支取它去解决类似的问题，进而提高自己解决问题的能力."[①] 这种能力就是知识迁移能力．

数学建模的最终目的并不是解决当前的问题，而是实现有效的知识迁移．"知识迁移既需要大量实地练习，从而实现无意识的、自动的迁移，更需要高端的反思性学习，从而实现有意识的、深思熟虑的迁移."[②] 初中生虽然掌握了一定的数学建模方法、步骤和程序，但这样的能力还不成系统，思维脉络还比较零碎、分散，尚未形成结构化、系统化或网格化的数学建模思维意识，数学建模过程还缺乏逻辑性、连贯性和相关性，遇到熟

---

① 黄忠裕. 初等数学模型（数学课程与教学论丛书）[M]. 北京：科学出版社，2013.
② 戴维·珀金斯. 为未知而教，为未来而学 [M]. 杭州：浙江人民出版社，2015.

悉的问题，虽然可以套用或修改已经掌握的数学模型加以解决，但当他们遇到新问题和新情境时，无论是简化、数学化实际问题，还是搜索问题解决方案、构建数学模型，都需要掌握一般的数学建模方法、具备一般的数学建模能力. 为此，完成完整的数学建模过程之后，学习者还需要反思、推广和迁移数学建模方法并应用到新问题和新情境中. 也就是说，学习者需要经常总结最初的想法和自身疑问的变化，回溯采取的步骤和克服困难的方法，梳理自己是如何从并不明显的关联中找到解决方案的. 学习者在掌握了一种熟悉的方法或解决了常规问题之后，还要过渡到类似的问题甚至过渡到截然不同的问题，在不断突破常规的变式训练中，加深对不同解决策略的理解，积累解决变式问题的体验，归纳总结出具有普遍意义的规则和方法，利用类比的原理增加将知识迁移到新问题、复杂问题甚至陌生问题的可能性. 最终，学习者将所掌握的数学建模的程序和方法与新问题和新情境顺利对接，实现数学建模能力的迁移.

9 应用意识

数学应用意识是我们对客观物质世界中存在的数学知识应用的反映，是一种精神状态、一种意向，它是主体主动从数学的角度，用数学的语言、知识、思想方法去理解、描述与解决各种问题.

《课程标准（2022 年版）》明确指出：教学中要有意识地对学生进行数学应用意识的培养，让学生逐渐地形成数学应用的意识. 当学生能够自觉将数学知识应用于客观问题的时候，就是意识又反作用于存在的具体体现.

当前，随着时代的发展和社会的变迁，新课标应用意识逐渐引起人们的关注. 应用意识作为一种重要的学习素养，对学生的综合能力提升和未来的发展具有重要意义. 然而，在实际教学中，如何有效培养和促进学生的应用意识仍然面临一定的困难和挑战. 本书旨在深入分析应用意识的内涵，并探讨其在教材中的主要表现. 通过对基于应用意识的教学设计的研究，旨在为教育工作者提供科学合理的教学策略和方法，促进学生应用意识的全面发展与提升. 本书采用文献分析法和实证研究法，通过对相关文献的梳理和解读，深入了解应用意识的内涵和特点；同时，通过实证研究，运用问卷调查、观察和访谈等方法，收集和分析教材中应用意识的表现和学生的学习情况. 研究发现，应用意识具有广泛的内涵，包括实践运用能力、创新能力、应变能力等. 在教材中，应用意识主要通过情境的设置、案例的引入、问题的提出等方式呈现. 同时，基于应用意识的教学设计可以有效激发学生的学习兴趣和动机，提升课堂教学效果. 本书对于挖掘、培养和促进学生的应用意识具有重要的理论和实践意义. 然而，当前关于应用意识的研究仍然相对有限，还需要进一步深入探索. 未来的研究可以从更广泛的视角，结合实际教学中的实践经验，进一步探讨应用意识的培养途径和策略，为教育改革提供更具操作性的建议.

9.1 应用意识的内涵分析

9.1.1 国内外的应用意识研究现状

目前，国内外关于应用意识的研究已经取得了一定的进展. 从国内角度来看，应用意识作为一种重要的教育理念和教学导向，受到了人们的高度重视. 在众多教育实践中，强调学生在学习过程中应该将所学知识应用于实际生活，培养学生灵活运用知识解决问题的能力. 而且不仅在学校教育中，在课外培训、社会实践等领域也都加强了应用意识的培养和引导. 《课程标准（2022 年版）》的制定是初中数学课程的一次重大改革. 其中明确提出，旧的学习目标难以适应学生的发展要求，作为素质教育核心的创新精神和实践能力的培养应予以加强. 为了实现这一目标，需要进行两个方面的适当调整：一要对教学内容进行调整，让学生经历分析问题、解决问题的过程；二要对教学方式进行调整，改变强调接受学习的问题，探索学生能够主动参与、乐于探究，充分发挥学生主体作用的教学方式[①]. 我国的数学教育在很长一段时间内对数学与实际、数学与其他学科的联系未能给予充分的重视. 而数学其实是与生活息息相关的，应用数学已经越来越受到人们的重视.

而在国外，应用意识也成了教育改革的热点话题. 许多发达国家和地区的教育制度开始注重培养学生的实践能力和创新思维，倡导将学习与实践相结合，强调将所学知识应用于现实世界中. 例如，芬兰的教育体系一直被认为是成功的典范，其中强调的"学以致用"理念正是应用意识的重要组成部分.

总体来说，国内外有关应用意识的研究和实践都取得了积极的成果. 1985 年美国开始第一届大学生数学建模竞赛，1993 年中国上海开始第一届高中数学应用知识竞赛，1995 年全国高等学校统一考试数学试题第一次在解答题中引入应用题. 全国许多城市相继开展高中数学应用知识竞赛，外界的形势在转变，许多数学教师开始思考："数学应用意识的培养到底应该放在一个什么样的位置？"

---

① 王佳慧. 初中学生数学应用意识的培养策略研究 [D]. 延吉：延吉大学，2019.

诚然，应用意识的培养也存在一些问题和挑战. 首先，在教学实践中，应用意识的培养常常仅仅停留在表面，缺乏深入的思考和研究. 其次，应用意识的培养需要全社会的共同努力，涉及教育制度、教师培训、教材编写等方方面面，需要跨学科、跨领域的协同合作.

对初中数学教师而言，在实际的教学活动中必须充分重视学生核心素养的培育与发展，而应用意识则属于其中的关键一环，教师应当充分重视. 然而从现阶段的实际情况来看，大部分学生并不具备较强的应用意识，造成这一问题的原因主要集中在以下两个方面：

一方面，在实际的课堂教学中我们发现，当学生掌握了知识内容后，可以顺利迁移到课堂问题的解决中来，然而在实际生活中却很少存在纯粹的数学问题，如果情境发生转变，很多学生不能够灵活运用数学知识. 从教学实践中我们也能够看到，初中生的抽象思维和数学建模能力有待进一步加强，这些都会给学生数学应用意识的形成与发展带来非常大的阻碍.

与此同时，在课堂中常常有学生提出疑问，学习数学知识有什么用？以后的生活和工作中真的会用到它们吗？此时我们必须加以合理引导，把数学知识内容和学生生活紧密联系在一起，通过创设情境或列举案例的方式，让学生真正意识到数学在生活中的价值与作用，促进其数学应用意识的增强.

另一方面，一些学生对数学失去了兴趣，在上课时难以长时间集中注意力，非常不利于其应用意识的培养；另外，有少数学生自身数学基础知识较为薄弱，数学思维能力不强，不能够找到数学知识和实际生活的联系；还有一些学生并未真正从数学的角度去观察自己的生活，认为课堂上的数学内容枯燥无味，没有真正观察到生活和自己身边的数学，也难以把数学与生活联系在一起. 基于这些问题，教师要坚持从学生的角度出发，结合具体情境，引导学生在学习过程中慢慢学会观察生活与数学的联系，培养其数学应用意识.

针对以上问题，本书旨在对应用意识进行深入探讨，以期提出有效的培养策略和方法. 通过研究，我们可以更好地理解应用意识的内涵，为教学实践提供指导，并为培养学生的实践能力做出贡献. 同时，本书也具有一定的推广和普适性，对于其他教育领域的研究和实践都具有一定的借鉴意义.

9.1.2　应用意识的内涵解析

在探讨新课标应用意识之前，我们需要对其内涵进行深入分析. 新课标应用意识是指学生在学习和实践中，能够充分理解和把握所学知识对实际问题的适用性以及应用场景，从而能够主动运用所学知识解决实际问题的一种思维意识和行动能力.

首先，新课标应用意识的内涵包括对所学知识的充分理解和掌握. 学生需要通过深入学习课程内容，透彻地理解教材中所呈现的理论知识，并将其应用到实际问题中. 学生只有深刻地理解知识内容，才能在实际应用中运用得当，避免错误地应用.

其次，新课标应用意识还要求学生将所学知识与实际问题有机地结合起来. 在学习的过程中，学生需要具备辨别和捕捉实际问题的能力，能够将课堂上所学到的知识与实际问题联系起来，寻找解决问题的途径. 这种能力的培养需要学生在日常学习中，不断进行实际问题的分析和探讨，并将自己所学的知识运用到实践中去.

最后，新课标应用意识还要求学生能够灵活运用所学知识解决实际问题. 学生需要具备独立思考和解决问题的能力，能够运用所学知识，灵活地分析和解决面临的实际问题. 这要求学生具备批判性思维和创造性思维，能够从不同的角度思考和解决问题，不拘泥于传统的解决方法，具备探索和创造的意识.

综上所述，新课标应用意识的内涵包括对所学知识的充分理解和掌握、将所学知识与实际问题有机结合、灵活运用所学知识解决实际问题等. 培养学生的应用意识已经成为现代教育的重要任务和目标.

9.1.3　应用意识的研究目的及意义

在当今社会，教育的终极目标是培养学生的应用能力，使他们能够将所学知识和技能应用于实际生活和工作中. 而新课标的应用意识，则是针对当前教育发展的需求，强调学生在学习过程中学会运用所学知识解决实际问题的能力.

首先，新课标应用意识的研究目的在于提高学生的实践能力；通过培养学生的应用意识，使他们能够主动运用所学知识解决实际问题，培养解决问题的能力和创新思维，培养学生成为社会实践者和创造者. 学生只有将知识转化为实际应用的能力，才能真正在未来的工作和生活中取得成功.

其次，新课标应用意识的研究意义在于推动教育的变革. 传统的教育模式往往注重知识的灌输和记忆，忽视了应用能力的培养. 而新课标的引入，鼓励教师和学生将知识与实际结合，通过实际操作和实践活动将所学知识内化为个体经验. 这种新的教育理念和实践方式，将为培养具有创新能力和应用能力的人才提供更好的途径.

再次，利用新课标的应用意识，培养学生的应用能力，不仅对个体学生的发展有着重要意义，也对国家的发展和社会的进步具有重要作用. 通过培养学生的应用意识，我们可以培养出更多具有实践能力和创新精神的人才，为社会创造更多的价值①. 因此，研究新课标应用意识的意义在于为教育改革提供理论支持和实践指导，为培养有用之才，推进社会进步作出贡献.

最后，新课标应用意识的研究目的在于提高学生的实践能力，推动教育的变革，而其意义则在于培养具有实践能力和创新精神的人才，为社会进步做出贡献. 通过对新课标应用意识的深入研究，我们能够更好地理解其内涵和意义，并为推动教育的改革和发展提供理论支持和实践指导.

9.2 应用意识的主要表现及教材分析

9.2.1 应用意识的主要表现

应用意识作为一种重要的学习能力和思维方式，在新课标中扮演着重要的角色. 它是指学生将所学知识与实际生活、实际问题相结合，能够灵活运用所学知识解决实际问题的能力. 在实际教学中，应用意识的主要表现可以从以下几个方面进行分析：

首先，应用意识表现为学生能够将学习到的知识应用于实际生活中. 学生不仅仅停留在理论层面的知识消化，而是能够主动将所学知识与实际问题相结合，从而更好地理解和应用所学内容. 例如，在学习几何知识时，学生能够运用角度概念来测量物体的角度，并将其应用于实际环境中，如家庭装修或建筑设计等.

---

① 王雪岩. 小学四年级学生数学应用意识的培养现状研究［D］. 沈阳：沈阳大学，2020.

其次，应用意识还表现为学生的实际问题解决能力. 学生能够将已学知识应用于解决实际问题，通过分析问题、制订解决方案，并加以实施. 他们能够在解决实际问题的过程中，灵活运用所学知识，确保解决问题的准确性和有效性. 例如，学生通过应用代数知识解决购物问题，能够计算折扣、优惠等，并准确地选择最优方案[①].

最后，应用意识还表现为学生的创新能力. 学生能够在实际问题的解决过程中运用创造性思维，提出新的、独特的解决方案，并且能够合理地解释和展示自己的创新思维. 他们能够运用所学的数学方法，与其他科学领域进行跨学科的整合，创造出更加符合实际需求的解决方案. 例如，在物理学中，学生通过创新应用数学方法，设计出更为精确和高效的物理实验.

综上所述，应用意识的主要表现体现了学生将所学知识与现实问题相结合，并能够灵活运用所学知识解决实际问题的能力. 从将知识应用于实际生活，到解决实际问题的能力，再到创新解决方案的能力，应用意识的表现形式多种多样. 教师应在教学过程中注重培养学生的应用意识，通过设计实际问题的学习任务、提供跨学科的整合机会等方式，激发学生的应用意识，提高学生将所学知识真正应用于实践的能力.

9.2.2 应用意识的教材分析

9.2.2.1 数与代数部分

在新课标中，数与代数部分是学生学习数学的重要内容之一. 在数与代数的学习过程中，学生应该培养出一种应用意识. 这种应用意识主要表现在以下几个方面：

首先，学生应该能够将数学的概念和方法应用于解决真实的问题. 数与代数是抽象而理论性较强的学科，但是它的应用是贯穿在我们日常生活中的. 例如，在购物中，学生可以利用数与代数的知识来计算价格、折扣和优惠等，从而帮助他们做出合理的消费决策.

其次，学生应该能够将数与代数的思维方式应用于分析和解决实际问题中. 数学是一门需要逻辑和思维能力的学科，学生在学习数与代数的过程中，应该培养出一种思考问题的能力. 例如，在解决实际问题时，学生

---

① 申金艺. 基于新课标的小学数学应用意识培养策略 [J]. 试题与研究，2020（26）：176-177.

可以利用数与代数的方法来分析问题的本质，找出其中的规律和关系，从而得到正确的答案.

再次，学生应该能够将数与代数的知识应用于其他学科的学习中. 数学作为一门基础学科，是其他学科的工具和支撑. 在物理、化学、经济等学科中，都需要运用到数与代数的知识. 因此，学生应该能够将数与代数的知识和其他学科进行有机地结合，从而更好地理解和应用这些知识.

最后，学生应该能够将数与代数的技能应用于解决实际问题. 数学不仅仅是一门理论学科，也是一门实践学科. 学生在学习数与代数的过程中，应该通过实践来巩固和应用所学的知识和技能. 例如，在解决实际问题时，学生可以运用数与代数的技能进行计算、推理和论证，从而得出正确的结论.

综上所述，数与代数部分的学习要求学生培养一种应用意识. 这种应用意识主要表现在能够将数学的概念和方法应用于解决真实问题、将数与代数的思维方式应用于分析和解决实际问题、将数与代数的知识应用于其他学科的学习中，以及将数与代数的技能应用于解决实际问题. 只有通过培养这种应用意识，学生才能更好地掌握数与代数的知识和技能，提高数学解决问题的能力.

9.2.2.2 图形与几何部分

在新课标中，图形与几何部分作为数学教材的重要组成部分，具有丰富的数学应用意识. 首先，图形与几何的学习能够帮助学生理解和应用数学知识，培养他们的空间想象能力. 通过观察、分析和构造各类图形，学生能够创造性地解决问题，并将所学知识应用于实际生活中.

其次，图形与几何的学习使学生能够更好地理解和运用数学中的抽象概念. 几何中的各种形状、角度、长度等概念，能够通过图形的直观展示学生能更深刻地理解概念. 学生通过观察图形的特征和性质，能够把抽象的概念变得具体可见，从而更容易运用和应用这些概念.

再次，图形与几何的学习促进了学生的创造性思维的形成. 在学习过程中，学生需要进行图形的构造和变换，通过实际操作来发现和探索图形的一些特征. 这种探索性的学习方式，能够让学生更自主地、有创造性地解决问题，并激发他们对数学的兴趣和热爱.

最后，图形与几何的学习也能帮助学生将数学知识应用于实际问题中. 几何的概念和原理在生活中无处不在，学生能够通过学习几何知识，将所学的理论知识与实际问题相结合，运用数学方式解决问题. 比如，在建筑设计中，学生可以运用几何知识来进行建筑规划和布局设计，充分发挥数学在实际生活中的作用.

综上所述，图形与几何部分作为新课标中的重要内容，具有丰富的数学应用意识. 通过对图形与几何的学习，学生能够提高空间想象能力，理解和运用数学中的抽象概念，培养创造性思维，将数学知识应用于实际问题中. 因此，在教学中，我们应该注重培养学生的几何学习兴趣，通过多样化的教学方法和实例引导他们将所学的知识与实际问题相结合，进一步提高他们的数学应用能力.

9.2.2.3　统计与概率部分

在新课标中，统计与概率部分是数学教材中的一个重要组成部分. 它涉及统计思维和概率思维的培养，旨在帮助学生掌握统计学和概率学的基本概念、方法和应用技巧，从而深入理解现实生活中的数据分析和概率推理.

在教材中，统计与概率部分的内容主要分为两个方面：统计和概率. 首先，让我们来看一下统计方面的内容. 统计是通过收集、整理、分析和解释数据，从而得出结论的方法. 首先，学生将学习如何收集和整理数据，包括观察、调查和实验的设计与实施，以及数据的整理和图表的制作. 在进行数据分析时，学生需要运用统计学的基本概念和方法，如频数、频率、平均数、中位数、众数等，来解读数据并做出相应的推论和预测.

其次，概率是研究随机现象的基本理论和方法. 教材中的概率部分将引导学生从实际问题中抽象出概率模型，运用概率的基本概念和规则进行分析和推理. 学生将学习如何计算事件的概率，如何利用概率模型进行问题求解，并了解概率在现实生活中的应用，例如罕见事件的发生概率、游戏中的胜率等.

最后，统计与概率部分还强调综合与实践能力的培养. 学生将通过解决实际问题，锻炼他们的数据分析和概率推理能力，并将数学的知识与实际情境相结合，培养他们的数学建模能力和解决问题的能力.

综上所述，统计与概率部分是新课标数学教材中非常重要的一部分，它旨在培养学生的应用意识和数学思维能力. 通过学习统计学和概率学的基本概念、方法和应用技巧，学生将能够更好地理解和应用数学，提高实际问题解决能力与数学思维水平.

9.2.2.4　综合与实践部分

在新课标中，综合与实践部分被赋予了重要的地位．这部分内容旨在培养学生的综合运用能力和解决实际问题的能力，通过实际情境和应用问题的引入，提供一个有意义的学习背景，将数学知识和实际问题紧密结合起来．

在综合与实践部分，学生将面临各种具体的实际问题，他们需要运用所学的数学知识和解决问题的策略，通过分析、归纳、推断和估算等思维方式，解决实际问题．这些问题既包括数学中常见的计算问题，也包括与现实生活密切相关的实际应用问题．通过这样的练习，学生能够在实际情境中感受到数学的应用和重要性，增强解决问题的能力和自信心．

综合与实践部分的教材内容覆盖了多个知识领域，包括数学、科学、生活、艺术等．这些内容的选取和设计充分考虑到了学生的兴趣和实际需求，旨在激发学生的学习热情和动力．通过实际问题的引入，学生能够更好地理解和掌握数学知识，并将其应用到实际生活中去．

在教学过程中，教师应该注重培养学生的综合思维能力和解决问题的能力．教师可以引导学生进行小组合作和讨论，让学生从不同的角度去思考问题，培养他们分析问题和寻找解决办法的能力．同时，教师也应该鼓励学生充分运用数学知识，通过观察、实验和推理等方式解决实际问题，培养他们独立思考和创新的能力．

总之，综合与实践部分是新课标中非常重要的一部分内容，通过实际问题的引入和应用，培养学生的综合运用能力和解决问题的能力．通过使用积极的教学方法，教师可以帮助学生充分理解数学的应用价值，提高他们解决实际问题的能力和自主学习的能力．这样的教学方式将使学生对数学产生浓厚的兴趣，并为将来的学习和生活奠定坚实的基础．

举例来说，在综合与实践部分，可以引入一些有趣的实际问题．比如，李华和小明一起去超市购物，他们购买了苹果、香蕉和橙子，每千克苹果 3 元，香蕉 2 元，橙子 5 元．李华购买了 2 千克苹果、3 千克香蕉和 1 千克橙子，小明购买了 3 千克苹果、2 千克香蕉和 4 千克橙子．请问他们分别花了多少钱？这个问题可以引导学生运用乘法和加法运算来计算，并帮助他们理解实际购物中的计算过程．

另外，综合与实践部分也可以引入一些更复杂的问题，如利用数学模型对现实问题进行建模和分析. 比如, 在城市交通规划中, 如何合理安排交通流量, 以减少交通堵塞和使用优化道路网络. 这个问题可以引导学生运用图论和网络分析的知识, 通过建立交通流量模型和使用优化算法, 提出解决方案①. 学生不仅能够学到数学知识, 还能够了解到数学在城市交通规划中的应用和重要性.

综合与实践部分的教学要求我们将数学知识与实际问题紧密结合起来, 培养学生的综合运用能力和解决问题的能力. 通过合理的教学设计和引导, 我们可以帮助学生更好地理解和掌握数学知识, 增强他们解决实际问题的能力, 并为他们未来的学习和发展奠定坚实的基础.

9.3 基于应用意识的教学设计

9.3.1 初中数学应用意识的教学内容分析

9.3.1.1 初中数学教学应用意识的构建与探索

初中数学教学应用意识的构建与探索是新课标教学改革中的一项重要任务. 通过培养学生的应用意识, 教师可以提高他们对数学学习的兴趣和能力, 提升他们在实际生活中运用数学知识解决问题的能力.

为了构建有效的初中数学教学应用意识, 首先, 教师需要明确教学目标和学生要达到的具体能力. 教师应该明确培养学生的数学应用思维、问题解决能力等核心素养, 以及与实际生活紧密相关的数学应用技能.

其次, 重视教学内容的选择和设计. 教师可以根据学生的实际情况和教学要求, 选择与学生生活实际紧密相关的数学内容进行教学. 教师可以引入真实场景、案例分析等, 让学生从实际生活中感知数学的应用意义和实用性.

再次, 教师还需注重教学方法的选择和运用. 在教学中, 教师可以采用启发式教学、探究式学习等方法, 引导学生主动思考和实践, 培养他们的问题解决能力和创新思维. 同时, 教师还可以运用信息技术手段, 引入

---

① 李淑苹. 新课标理念下初中数学教学中应用意识的渗透策略研究 [J]. 考试周刊, 2021 (61): 64-66.

多媒体教具、数学建模等，提升学生对数学学习的兴趣和参与度.

最后，评价与反馈是教学中不可或缺的环节. 教师应该设计合理的评价方式，既能评价学生的知识掌握程度，又能评价他们的应用能力和解决问题的能力；同时，在评价的基础上及时给予学生反馈，帮助他们发现问题、改进方法，进一步增强应用意识.

综上所述，初中数学教学应用意识的构建与探索需要教师充分重视教学目标的确定、内容的选择与设计、方法的运用，以及评价与反馈等方面的工作. 通过对这些方面的全面考虑和实践探索，我们才能培养学生的应用意识，提高他们的数学学习效果和实际应用能力.

9.3.1.2 初中数学教学应用意识的内容结构

初中数学教学应用意识的内容结构是指在教学过程中，教师应当重点关注的内容和知识结构. 它旨在培养学生对数学知识的应用能力，促使他们能够将所学的数学知识运用到实际问题中.

首先，应用意识的内容结构包括基础知识的掌握. 在初中数学教学中，学生需要掌握一定的基础知识，这些基础知识是学生进一步应用数学知识的基础. 教师应该引导学生深入理解并熟练掌握这些基础知识，例如数的性质、运算法则等. 通过巩固基础知识，学生能够更好地应用数学知识解决实际问题.

其次，应用意识的内容结构还包括解决问题的方法和策略. 学生应该学会灵活运用数学知识解决实际问题，而不仅仅是机械地记住公式和算法. 在教学过程中，教师可以引导学生通过分析问题、建立数学模型和选择合适的解决方法等步骤，培养他们的问题解决能力. 例如，对于一道几何问题，教师可以引导学生通过画图、利用几何定理等方法解决，而不仅仅是简单地用公式计算.

最后，应用意识的内容结构还包括数学知识的应用领域和实际案例. 教师应该将数学知识与实际问题相结合，引导学生认识数学在现实生活中的应用. 通过真实的案例和实际问题的引导，学生能够更好地理解数学知识的应用意义，并提升应用数学的兴趣和能力.

综上所述，初中数学教学应用意识的内容结构包括基础知识的掌握、解决问题的方法和策略，以及数学知识的应用领域和实际案例. 教师在教学过程中应注重培养学生的应用能力，通过有针对性的教学设计和引导，使学生能够灵活运用数学知识解决实际问题，培养他们对数学的兴趣和学习动力[①].

9.3.2 渗透应用意识的初中数学课堂的教学要求

9.3.2.1 明确教学目标

在渗透应用意识的初中数学课堂教学中，明确教学目标是至关重要的一步. 教学目标旨在引导学生的学习方向，明确他们应该达到的知识和能力水平. 因此，我们需要确保教学目标既符合课程要求，又能培养学生的应用意识. 下面将从不同层面介绍如何明确教学目标.

制定教学目标的重要性不言而喻. 教学目标可以为教师提供明确的指导，帮助教师确定教学内容和教学方法，提高教学效果. 同时，教学目标还可以为学生提供明确的学习方向，帮助学生理解学习内容，明确学习任务，提高学习动机. 因此，合理制定教学目标对于提高教学质量、培养学生综合素质具有重要意义.

（1）确定学科目标.

合理制定教学目标的第一步是确定学科目标. 学科目标是指对学科的学习要求和要达到的学习成果的描述. 教师需要深入了解学科的性质和特点，研究相应的教学大纲和标准，教师确保制定的教学目标与学科目标相一致.

（2）分析学生需求.

制定合理的教学目标的第二步是分析学生的需求. 教师需要了解学生的知识背景、学习能力、兴趣爱好等各方面，才能制定适合学生的教学目标. 根据学生的需要，教师确定学习目标的难度、深度和广度，帮助学生实现自身的发展目标.

（3）设定明确的目标.

合理制定教学目标的第三步是设定明确的目标. 教学目标要具体、明确、可操作性强. 目标的具体性可以帮助学生更清楚地了解自己的学习任务和学习要求；目标的明确可以帮助教师更好地组织教学活动和设计评价方法；目标的可操作性可以帮助学生更好地实现目标，提高学习效果.

---

① 注：这只是编写个例，实际写作中需根据具体内容进行适当的扩展和补充.

（4）制定分步目标.

合理制定教学目标的第四步是制定分步目标. 分步目标可以帮助学生逐步实现总体目标，分解难度，减轻学习压力. 教师可以根据学生的学习能力和时间安排，将总体目标分解为多个详细的步骤目标，逐步引导学生完成学习任务.

（5）跟踪和评估进度.

正确设定教学目标的最后一步是跟踪评估进度. 教师需要通过监控学生的学习和表现，不断调整教学目标，以确保其与学生的学习条件相匹配. 同时，教师还应该为学生提供及时的反馈和指导，帮助他们更好地实现目标.

合理制定教学目标是教学工作的重要组成部分，对于提高教学质量、培养学生综合素质具有重要意义. 教师在制定教学目标时，应明确学科目标，分析学生需求，设定明确的目标，制定分步目标，并跟踪和评估进度. 教师通过科学合理地制定教学目标，可以提高教学效果，帮助学生实现自身发展目标.

首先，在知识层面上，教学目标要求学生掌握初中数学基础知识的同时，还要求学生能够将其应用到实际问题中. 这包括了数学概念、公式和定理的掌握，以及能够灵活运用解题方法和策略. 通过教学目标的设定，学生将明确知道他们需要掌握和运用的数学知识.

其次，在能力层面上，教学目标要求学生培养自主解决问题的能力和合作与交流的能力. 在初中数学学习中，应用意识不仅仅是解题的能力，更是将数学知识与实际生活相结合的能力. 因此，教学目标应当强调培养学生的问题解决思维和合作沟通能力，使他们能够独立思考、探究问题并与他人分享和交流.

再次，在情感层面上，教学目标要求培养学生对数学的兴趣和应用意识. 应用意识的教学应当激发学生的学习兴趣和求知欲望，鼓励他们积极参与数学学习和应用实践.

最后，在渗透应用意识的初中数学课堂教学中，清晰明确的教学目标是引导学生有效学习和应用知识的关键. 教师应当全面考虑知识、能力和情感等层面的目标设定，确保学生在课堂中能够掌握数学知识的同时，培养其应用意识和解决问题的能力，以及对数学学习的兴趣和情感的培养. 只有这样，我们才能够真正实现初中数学教学中应用意识的渗透和提升.

9.3.2.2　明确教学重难点

（1）确定教学重点的依据.

①教学目标

教师在确定教学重点时须明确，教学重点是教学目标中所要完成的最基本、最主要的内容，而确定教学重点应该首先以教学目标为根本依据. 以前学科教学目标更多强调掌握知识的系统性和完整性，确定教学重点更多的是从本学科的角度出发，将某一知识是否在知识体系中有重要作用或影响作为确立教学重点的依据，新的课程标准将"知识与能力""过程与方法""情感""态度与价值观"四个方面确定为教学目标. 教师只有明确了这节课的完整知识体系框架和教学目标，并把课程标准、教材整合起来，才能科学地确定教学重点.

从学科教学内容的系统来看，组成基本知识体系的主要环节为教学重点；从教学的活动要求来看，培养学生能力、掌握学习方法是教学重点；从情感教育和品德养成来看，激发学生积极的情感，形成正确的价值观，是教学重点. 总之，教师在教学中，要结合实际，根据教学目标，恰当地将知识与能力、过程与方法、情感、态度与价值观统一起来确立为教学重点.

②结合教学内容确定教学重点

如果说教学目标是确定重点的根本，那么深入钻研教材，弄清教材内容的内在联系，则是确立教学重点的基础. 教师不仅要对所教授的内容做深入的剖析，理出知识的层次与联系，还要相应地找出已学知识和后续知识与这些内容的联系，只有这样才能确定好教学重点.

③结合学生实际生活，确定教学重点

新课改的重要改变之一是"我为教材服务"变成"教材为我服务". 所以我们不仅要立足教材还要跳出教材结合知识内容的时代性、现实性和教育意义来确定教学重点.

在确定教学重点之后，我们就应该考虑如何采取措施做到真正突出重点.

（2）教学难点的确立依据.

教学难点是由两个方面决定的：

一是教材的难度大. 教材本身从内容、形式到语言都有难易之分. 抽象的、宏观的内容难度就大；具体的、与学生生活距离小的，难度就小些.

形式有单一的，也有复杂的；语言有艰深晦涩的，也有明白易懂的.

二是由学生知识基础和接受能力决定的. 基础扎实、知识面广的学生，解决问题就容易一些；相反地就难一些. 难点的存在跟一个人的禀赋也有关系，反应敏捷的学生，解决问题就快些；反应稍慢的就难 一些. 这样就使问题复杂化了——要讲清难点，且要有很强的针对性.

所以确定难点有个前提，这就需要我们了解学生，研究学生. 要了解学生原有的知识和技能状况，了解他们的兴趣、需要和思想状况，了解他们的学习方法和学习习惯. 具体来讲有以下几个方面：

第一种是对于学习的内容，学生缺乏相应的感性认识，因而难以开展抽象思维活动，不能较快或较好地理解. 例如，在学习唯物主义的三种基本形态时，学生对唯物主义的认识基本停留在感性认识上，容易形成唯物主义是完全正确的错误认识，而唯物主义三种基本形态的基本观点又很抽象，所以学生理解起来较难.

第二种是学生在学习新的概念、原理时，缺少相应的已知概念、原理做基础，或学生对已知概念、原理掌握不准确、不清晰，使陷入了认知的困境. 例如在学习世界的本质是物质的知识点时，如果教师不能把物质和意识概念讲透，那么学生在学习一系列辩证唯物论的知识时，就会存在认识不清的问题. 所以，让学生明白这些概念的内涵就是教师教学时必须解决的重点和难点问题.

第三种是已知对新知的负迁移作用压倒了正迁移作用. 即已学过的知识在对学生学习新知识时起了干扰作用，因而在已知向新知的转化中，学生的注意力常常集中到对过去概念、原理的回忆上，而未能把这些概念、原理运用于新的学习之中，反而成为难点.

第四种是教材中一些综合性较强、时空跨越较大、变化较为复杂的内容，使学生一时难以接受和理解，而这些内容往往非一堂课所能完成的，又是教学中的大知识板块，这是教学中的"大重点"和"大难点". 如"矛盾"的相关知识. 教师把这些问题讲好了，可以循序渐进地完成教学任务，融会理解联系和发展的观点进而形成唯物辩证法的知识体系.

因此备课时，教师要根据教材特点及学生情况，对可能出现的教学难点做出判断，并采取有效措施. 教师只有在科学地了解学生的基础上，做出预见，预见学生在接受新知识时的困难、产生的问题，才能对症下药.

①教学重点

教学重点是教材中举足轻重、关键性的、最重要的内容，是课堂结果的主要线索．掌握了这部分内容，对于巩固旧知识和学习新知识都起着决定性作用．

②教学难点

教学难点是教学中难以理解或领会的内容，可以是情感、态度、价值观，或较抽象，或较复杂，或较深奥．

③教学重点和教学难点的关系

教学的重点与难点，既有区别又有联系，有时二者是统一的．如：规律是客观的．这是本课的教学重点．而规律的客观性强调规律不以人的意志为转移，却又承认人的主观能动性在认识和利用规律过程中的作用，形成知识上的表面冲突，所以又成为教学难点．

重点的突出有利于难点的突破，而难点的突破也有利于重点的深化理解，所以以上所说的方法又可以交叉使用或综合使用．如能灵活地、有针对性地加以运用，就更能收到事半功倍的效果．

在渗透应用意识的初中数学课堂教学中，教师明确教学重难点是十分重要的．明确教学重难点能够帮助教师有针对性地进行教学，提高学生的学习效果．那么，如何明确教学重难点呢？

首先，教师需要对教材进行分析，找出关键知识点和难点内容．在初中数学课堂中，有些知识点可能会相对较难，例如解方程、函数的应用等．针对这些难点，教师可以在教学过程中给出更多的解题思路，提供合适的练习题，引导学生理解和掌握．

其次，教师需要根据学生的实际情况和学习水平，确定教学的重点内容．不同班级、不同学生的学习水平会存在差异，因此教师需要灵活地调整教学的重点．例如，教师可以通过课前小测验、作业完成情况等方式收集学生的数据，进一步分析他们的薄弱环节和需要加强的部分．在教学中，教师可以重点对这些内容进行讲解和梳理，帮助学生攻克难题．

再次，教师还可以结合历年的考试题，分析出典型的考查点．基于过往的考试题目，教师可以推测出一些可能会出现的重点和难点．因此，在教学中，教师可以有意识地引导学生关注这些考查点，并给予针对性的讲解和训练．

最后，明确教学重难点是教学设计中的一个重要环节．教师应该从教材分析、学生实际情况和历年考试题分析三个方面入手,找出教学内容中的重点和难点,并有针对性地进行教学.教师只有明确重难点,才能够更好地引导学生学习,增强他们的应用意识.

9.3.2.3 明确教学用具和活动用具

在渗透应用意识的初中数学课堂教学中,明确教学用具和活动用具的选择至关重要.教学用具和活动用具的合理选择能够有效提升学生的学习兴趣和参与度,进而促进应用意识的培养和发展.

首先,教学用具应与教学内容相适应.对于初中数学课堂来说,我们可以选择一些具有实际应用场景的数学模型、工具或器材作为教学用具.例如,教师在教授三角函数的相关知识时,可以使用三角尺、直角板等工具,通过摆放、测量等实际操作,让学生亲身体验数学知识在实际生活中的应用.这样的教学用具不仅能增加学生对教学学习的兴趣,还能让学生更直观地理解和掌握相关知识.

其次,活动用具的选择应注意多样性和互动性.教师通过引入各种形式的活动用具,如游戏、实验器材、教具等,可以激发学生的主动参与和探索精神.例如,在教学统计学的相关内容时,教师可以设计一场小组竞赛,让学生通过数据收集、整理和分析,来解决实际问题.这样的活动用具能够培养学生的合作能力、创造力和解决问题的能力.

再次,教学用具和活动用具的选择也应考虑到学生的实际情况和学校资源的限制.在教学用具方面,教师可以充分利用学校已有的教学设备和实验室资源,选择适合教学内容的器材和模型.在活动用具方面,教师可以灵活运用课件、投影仪、互动白板等现代化教学工具,为学生提供丰富多样的互动体验[①].

最后,教师要明确教学用具和活动用具对于渗透应用意识的初中数学课堂教学至关重要.教学用具应与教学内容相匹配,活动用具应多样化且具有互动性,同时教师应根据学生实际情况和学校资源进行选择.教师通过合理运用教学用具和活动用具,能够激发学生的学习兴趣和参与度,进一步促进应用意识的培养和发展.

9.3.2.4 组织课堂活动教学

在渗透应用意识的初中数学课堂中,教师组织课堂活动是至关重要的

---

① 李会静.“语—图”互文在初中古诗词教学中的应用研究 [D].济南:山东师范大学,2020.

一环. 教师通过有效地组织和安排活动，可以促使学生主动参与，培养他们的实际动手能力和解决问题的能力. 本节将对组织课堂活动的教学策略进行探讨.

首先，活动的设计应该符合学生的认知水平，激发他们的学习兴趣. 教师可以考虑结合实际生活中的问题，让学生在活动中感受到数学的应用价值. 例如，教师可以将数学知识与日常的购物、旅游等实际情境相结合，让学生通过实践应用的方式掌握数学概念和方法.

其次，教师组织课堂活动时，可以采用小组合作的方式，让学生相互讨论和合作解决问题. 这样可以激发学生之间的互动和合作意识，培养他们的团队合作精神. 同时，教师可以担任引导者的角色，及时给予指导和反馈，帮助学生克服难题，加深对数学知识的理解.

再次，活动设计应注重培养学生的创新思维和解决问题的能力. 教师可以设计一些开放性的问题，鼓励学生进行探究和思考，提出自己的想法和解决方案. 这样可以激发学生的思维活跃度，培养他们的创造力和解决实际问题的能力.

从次，教师在组织课堂活动时，可以利用教学用具和活动用具，学习的多样性和趣味性. 例如，教师可以使用实物、图片、游戏等教学用具，让学生直观地感受数学的实际应用；同时，可以设计一些趣味性的教学活动，增加学生参与的积极性，使他们在轻松愉快的氛围中学习数学.

最后，在渗透应用意识的初中数学课堂中，教师组织课堂活动是教学中不可忽视的重要环节. 通过合理的活动设计和组织，教师可以有效增强学生的应用意识和解决问题的能力. 教师不断探索和实践适合学生特点的活动教学策略，将为培养学生的数学应用意识奠定坚实的基础.

9.3.2.5 教学小结与反思

在教学小结和反思环节，教师需要对本节课的教学效果进行总结和思考. 首先，教师应该回顾本节课的教学目标，看是否顺利达到了预期效果. 其次，教师需要思考教学过程中遇到的教学重难点，以及学生对这些重难点的掌握情况. 通过对教学重难点进行思考和总结，教师可以找到更好的教学方法和策略. 这样不仅有助于提高教学效果，也能够更好地引导学生学习.

再次，在教学小结和反思中，教师还应该关注教学用具和活动用具的使用情况. 教学用具和活动用具对于渗透应用意识的教学起到了重要的作用，教师需要思考是否选用了恰当的教学用具和活动用具，并且是否能够很好地引导学生进行应用意识的培养①. 如果发现教学用具和活动用具的选择不合适，教师应该及时调整，以提高教学的有效性.

从次，教师还应该对整个课堂教学活动进行综合的反思. 教学活动的组织方式、学生的参与程度以及教师的指导方法等，都需要进行评估和反思. 通过反思，教师可以发现教学中的不足之处，并注意改进和优化教学过程.

最后，教学小结与反思是教师提高教学质量的重要环节. 通过对教学过程的总结和思考，教师可以提高教学效果，创造更好的学习氛围，促进学生的应用意识的培养. 因此，在每节课的教学结束后，教师应该认真进行教学小结和反思，不断完善自己的教学策略和方法. 这样可以为学生提供更好的教育环境，增强他们的应用意识和综合能力.

9.3.3 渗透应用意识的初中数学课堂的教学策略

9.3.3.1 强化教师教学应用意识

在渗透应用意识的初中数学课堂中，教师的数学应用意识起着重要的作用. 教师的数学应用意识是指教师对数学知识与实际生活的联系和应用能力的认知和理解. 教师的数学应用意识的强化是为了更好地引导学生将数学知识应用到实际生活中去.

首先，教师需要具备扎实的数学知识基础. 只有对数学知识有深入的理解，教师才能更好地将数学与实际生活相结合，从而引导学生理解数学的应用意义. 因此，教师应不断提升自己的数学知识水平，通过学习和研究，加深对数学知识的洞察力和理解力.

其次，教师需要具备灵活运用数学知识的能力. 在教学过程中，应用意识的培养需要教师将数学知识与实际问题相结合，引导学生解决现实中的数学问题. 因此，教师应该注重培养自己的创新思维能力，灵活运用数学知识解决问题，并将自己的应用经验和方法分享给学生.

再次，教师还需要具备教学策略的设计能力. 教学策略是指教师根据学生的特点和课程目标，制定出适合的教学方法和手段. 在渗透应用意识的初中数学课堂中，教师可以采用案例分析、问题探究、小组合作等教学

---

① 邵丽霞. 新课标下加强学生数学应用意识的培养［J］. 中国校外教育，2019（5）：88，92.

策略，帮助学生理解数学的应用意义，并激发学生的探索和创新能力①.

最后，在渗透应用意识的初中数学课堂中，教师的数学应用意识的强化对于培养学生的应用能力至关重要. 教师应通过不断学习和实践，提高自身的数学知识水平和应用能力，并灵活运用教学策略，引导学生将数学知识应用到实际生活中去，从而促进学生的全面发展.

9.3.3.2 培养学生阅读信息，学以致用的应用能力

为了培养学生的阅读信息和学以致用的应用能力，初中数学教学需要采用一系列有效的教学策略和方法.

首先，教师应引导学生积极参与阅读与数学相关的文章、材料和题目. 教师通过给予学生一些探索性问题或者引导他们分析解决实际问题的过程，让学生更好地理解数学的应用意义.

其次，教师可以设计一些小组合作的活动，让学生在小组内相互讨论与交流，从而提高他们的信息阅读和理解能力. 学生在小组合作中可以互相激发思维，思考问题的多样性，从而培养出较为全面的应用能力. 例如，教师可以设计一些故事情境，让学生通过阅读故事内容，发现其中隐藏的数学问题并解决.

再次，教师还应鼓励学生利用各种资源进行信息的搜集和应用. 学生可以通过互联网、图书馆、实地考察等方式获取相关的应用知识并加以运用. 在课堂上，教师可以引导学生运用数学知识分析实际数据，解决实际问题，从而将书本上的知识与实际生活相结合.

最后，评价学生的阅读信息和学以致用的应用能力是至关重要的. 教师应设计合适的测评方式，以反映学生的能力表现，并及时给予指导和鼓励. 学生也可以通过小组展示、课堂演讲等形式展示他们的学习成果，从中得到他人的评价和建议，进一步提高自己的应用能力.

综上所述，培养学生的阅读信息和学以致用的应用能力是初中数学教学中重要的任务②. 教师通过采用适当的教学策略和方法，如引导学生参与阅读、小组合作、利用各种资源和评价反馈等，能够有效提高学生的应用能力，使他们能够将所学的数学知识运用到实际生活中解决问题.

---

① 刘倩. 基于具身认知的高中英语知识技能分类教学设计 [D]. 延安：延安大学，2019.
② 陈乾坤. 小学数学教学中"应用意识"培养的方法与策略 [J]. 课程教育研究：学法教法研究，2018（34）：2.

9.3.3.3 培养学生反思与发散能力（创造能力）

在渗透应用意识的初中数学课堂中，培养学生的反思能力和发散能力至关重要．教师通过培养学生的反思能力和发散能力，可以促进他们在数学学习中的创造性思维和解决问题的能力的提升．

首先，为了培养学生的反思能力，教师可以设计一些富有启发性的问题，鼓励学生反思问题的来龙去脉、内在逻辑和解题思路．例如，在解决一个数学问题时，教师可以引导学生回顾问题提出的背景和条件，帮助他们发现问题的本质和关键点．同时，教师还可以通过让学生思考不同解决问题的方法和策略，培养他们对优解和次优解的判断能力，从而提高他们的反思能力．

其次，为了培养学生的发散能力，教师可以进行一些富有启发性的科学探究活动．教师通过让学生在解决问题中使用发散型的思维方式，鼓励他们寻找多样的解决办法和不同的思路．例如，教师可以提供一个开放性的问题，让学生自由发挥和探索，寻找不同的解决途径和思维模式．这样的活动可以激发学生的创新思维和创造能力，并培养他们解决复杂问题的能力．

最后，教师还可以引导学生进行文学作品的创作和分享．教师通过设计一些开放性的课题和项目，鼓励学生动手实践和探索，在创作的过程中培养他们的发散思维和创造能力．学生可以通过制作各类数学模型、手工制品，编写数学论文等方式，展示他们在数学学习中的创造力和创新能力．

综上所述，培养学生的反思能力和发散能力是渗透应用意识的初中数学课堂中的重要任务．通过合理的教学设计和引导，教师可以帮助学生培养反思和发散能力，从而提升他们的数学创造性思维和问题解决能力．这将有效促进学生在应用数学知识解决实际问题时的能力提升，培养他们的终身学习能力和创新创造能力．

9.3.4 渗透应用意识的初中数学课堂的教学过程设计

在渗透应用意识的初中数学课堂中，教学过程的设计至关重要．教师通过合理的教学过程设计，可以有效地引导学生将数学知识应用于实际问题解决中．本节将探讨如何设计一个渗透应用意识的初中数学课堂的教学过程．

首先，在设计教学过程时，应注重问题导向．教师可以提出一个与学生生活相关的实际问题，然后引导学生运用所学的数学知识来解决这个问题. 例如，在教学三角形的面积时，教师可以提出一个与计算房屋地板面积相关的问题，让学生通过计算三角形的面积来解决这个实际问题. 教师通过这样的问题导向，让学生更好地理解数学知识的应用性和实用性.

其次，教学过程中应注重培养学生的应用思维能力. 在教学过程中，教师可以设计一些开放性的问题，激发学生的思考和创新能力. 例如，在教学方程组的解法时，教师可以给学生一个实际问题，然后让他们自己设计方程组来解决这个问题. 通过这种方式，学生不仅可以掌握数学知识，还可以培养解决实际问题的能力.

再次，教学过程中可以采用案例分析的方法. 教师通过分析一个实际的案例让学生了解数学在现实生活中的应用. 例如，在教学统计时，教师可以给学生一个关于调查问题的案例，让他们通过收集数据、制作图表等方法来分析和解决这个实际问题. 通过案例分析，学生可以更深入地理解数学知识的应用和意义.

最后，教师在教学过程中还可以引入合作学习的方法. 学生通过小组合作的方式进行数学学习和问题解决，可以培养团队合作和沟通能力[①]. 例如，在教学几何时，教师可以让学生分组进行几何图形的制作和测量，然后让他们分享和讨论各自的结果. 通过合作学习，学生不仅可以相互学习，还可以相互激发思维和创新.

综上所述，渗透应用意识的初中数学课堂的教学过程设计应注重问题导向、培养应用思维能力，以及采用案例分析和引入合作学习等方法. 教师通过合理的教学过程设计，可以激发学生的学习兴趣，提高他们的数学应用能力，为培养创新型人才打下良好的基础. 因此，在今后的数学教学中，教师应注重教学过程的设计，将应用意识渗透到每一个教学环节中.

9.3.5 渗透应用意识的初中数学教学研究的结论、建议和反思

在本书中，我们探讨了应用意识在初中教学中的重要性，并通过分析教学设计、要求、策略和过程，得出了以下结论，提出了相应的建议，并对整个研究进行了反思.

首先，我们发现应用意识在初中教学中的作用至关重要. 它能够激发

---

① 邓建兰. 浅谈高考改革进行中的最大亮点：应用、创新 [J]. 读书文摘，2020 (11)：247.

学生的学习兴趣和动力，培养学生的创新思维和问题解决能力．教师通过将数学知识与实际生活相结合，让学生可以更好地理解和应用数学概念，提高他们的学习效果．

其次，我们强调了教学设计的重要性．针对初中数学教学内容，我们要求教师充分分析教材，确定哪些知识点和技能可以与实际应用相联系．在设计教学活动时，我们建议教师采用具体的示例和实际问题，激发学生的思考和探究欲望．通过这种方式，学生可以将所学的数学知识与实际应用联系起来，使学习更加有意义和实用．

再次，我们提出了渗透应用意识的教学策略．教师可以通过引导学生观察和发现现实生活中的数学问题，提出数学建模的思路和方法．同时，教师可以组织学生合作探究，培养他们的合作意识和团队精神①．这些策略可以有效地促进学生的应用意识的发展．

从次，在教学过程设计方面，我们建议教师将应用意识渗透到每个教学环节中．教师可以通过实际操作、探究活动和案例分析等形式，激发学生的学习兴趣和思维能力．此外，教师还应给予学生足够的自主学习空间，鼓励他们提出问题和解决问题，促进他们主动学习．

最后，我们对整个研究进行了反思．在研究过程中，我们发现了一些限制因素和改进空间．例如，我们研究的范围有限，只关注了初中数学教学的应用意识，未考虑其他学科和年级的教学情况．此外，我们对教师的个体差异和学生的实际情况了解还不够深入．因此，我们建议在未来的研究中扩大研究范围，深入调查教师和学生的需求，以便更好地促进应用意识在初中教学中的应用．

在实际教学中，数学教师应当采取科学的策略，通过开展学生喜闻乐见的游戏活动来充分激发其学习兴趣，让学生在游戏活动中静下心来思考问题，培养其应用意识．

例如，在"旋转"这部分知识的教学过程中，笔者设计了下面的课堂实践活动：与班内学生共同做一次实验，准备花朵模板，确定一个花心，围绕花心这个点进行旋转，间隔一段时间得到花瓣，重复转动花瓣最后得到一朵花，另外还可以从小组为单位同时画出几朵花，在反复旋转的过程中去量一量每次旋转的角度．借助这一实验，学生不仅体会到了数学知识的趣味性，

① 沈吟. 基于新课标的英语阅读课堂管理策略研究［D］. 南京：南京大学，2019.

也理解了"旋转"的概念和相关知识. 初中课本中还有很多活动素材,比如用圆这部分知识设计跑道,二次函数学习时组织学生测试植物生长与温度的关系. 开展课堂实践活动不但有助于促进学生动手与合作能力的培养,还可以让学生了解数学和实践的联系,促进学生应用意识的形成与发展.

初中阶段的数学知识内容相对抽象,同时也体现出很强的综合性. 对于初中生而言,针对某一知识点的学习过程常常会涉及其他相关知识内容,这也会导致学生面对非常大的学习压力. 很多学生认为数学知识难以运用在生活问题的解决过程中,因此很容易出现懈怠情绪. 为改变学生的认知,在实际教学中教师应当为学生创设良好的学习情境,将数学与生活结合在一起,培养与发展初中生的数学应用意识,提升学习效率.

比如,在分段函数这部分内容的教学中,我们选择了"坐出租车"这一较为常见的生活情境,让学生利用本节课的知识对出租车的计费方法展开分析. 又如,针对指数函数这部分内容,可以引入银行存款本息计算的实际案例,让学生对不同本息计算方法展开对比分析,最终选择最划算的存款方式. 这些都有利于激发学生的学习积极性,确保应用意识培养目标的最终实现.

总之,本书通过分析教学设计、要求、策略和过程,明确了应用意识在初中教学中的重要性. 我们提出了相应的结论和建议,并对整个研究进行了反思. 希望本书能为初中数学教学中应用意识的发展提供一定的参考和启示.

9.4 基于应用意识的典型教学案例

9.4.1 教学案例 1

投影

说课内容为《数学》(北师大版九年级上册)第五章《投影与视图》第一节投影.(板书课题:节 5.1.1 投影)根据新课标的理念,对于本节课,我将以"教什么、怎样教、为什么这样教"为思路,从教材、学情、目标、教法、教学过程、总结反思与分层作业几个方面加以说明.

一、教材分析

本节课所研究的是点光源下物体投影的变化,它既是对小学光与影内容的延续与补充,也填补了初中图形相似的应用空白,同时也为学生后面视图的学习做铺垫,起到了承上启下的作用.

二、学情分析

考虑到九年级的学生通过前面的学习已经基本具备了立体几何观,但学生对平面与立体图形间的相互转换的理解仍然停留在数学的知识层面上,认识较为肤浅,我准备在尊重教材的基础上,适当选取一些生活中的投影的实例,来体现这些抽象知识的认知过程,在传授给学生知识的同时,达到培养学生能力的目的.

三、教学目标及重难点

正是基于这样的考虑,我拟定了以下教学目标:

知识目标:通过具体实例认识投影与中心投影,探索并掌握在点光源下物体影子的变化情况.

能力目标:训练学生的观察能力、知识迁移能力,运用投影的基本规律解决实际问题.

情感目标:在实验、探索中获取新知,激发学生学习数学的兴趣,让学生体会到数学可以与生活融为一体,引导学生用数学的眼光看待世界.

为了更好地实施新课程的教学理念,结合具体的学情,这节课的教学重点是理解和掌握投影、中心投影的概念,探索发现物体与投影的关系.

教学难点则是探索投影的特点,并用其解决问题.

四、教学方法

为了实现以上的教学目标及重难点的突破,本堂课我将采用引导探究式教学,主要用到的教学方法有讲授法、讨论法、直观演示法.

五、教学过程

下面我将对我的教学过程进行详尽地阐述,我将我整堂课的教学设计为七个环节,我对每个环节进行了合理的时间安排.

第一个环节:创设情境,导入新课

我会先给学生展示一段视频——手影舞.有明就有暗,有光即有影，光和影相伴相生，和谐共存. 接下来我会展示生活中的一些场景，这样做的目的是让学生通过生活实例感受光与影的存在和重要性. 此时向学生提出问题：投影产生的条件是什么？投影的形状与物体的形状有没有关系？以此让学生初步感知投影的概念，同时培养学生从数学的角度观察生活、思考问题的能力，并顺利过渡到第二个环节——探索新知，形成概念.

第二个环节：探索新知，形成概念

通过对上面图片的观察，结合刚才的问题，我让学生归纳概括出投影的定义：一般地，用光线照射物体，在某个平面（地面、墙壁等）上得到的影子叫作物体的投影.

我将带领学生朗读并勾画出定义中的关键词，"光线""物体""某个平面"，并以动画的形式告诉学生，**照射光线叫做投射线，物体叫做遮挡物，投影所在的平面叫做投影面**. 由此总结出产生投影的三个要素：投射线、遮挡物、投影面，使学生对投影有更深刻的认识.

在这个过程中，我不会直接给出投影的定义，而是通过生活中的例子，让学生自己提炼出数学本质，引导学生分析归纳，及时提出关键问题，帮助学生把握概念，体现了以学生为主体的教学思想.

此时，再次展示刚才的四个场景，让学生体会光线的区别. 学生用自己的生活经验可以很快判断，一类光源是阳光，光线是平行的，这一类称为平行光源；一类光源是灯光，光线可以看作是从一个点出发的，这一类称为点光源. 由此可以通过光源将投影分为两类，并告知学生，由平行光线得到的投影称为平行投影.

学生可以类比平行投影的概念得出中心投影的概念：从一个点出发的光线形成的投影称为中心投影.

第三个环节：实践操作，再探新知

接下来，进入第三个环节——实践操作，再探新知. 我会让学生拿出之前准备好的手电、小棒、三角形纸片等工具，分别观察固定手电筒，改变小棒与纸片的位置和方向，以及固定小棒与纸片，改变手电筒的位置与方向两种情况下投影发生的变化，并让学生尝试寻找投影的特点，即点光源、物体上的点、影子上的对应点之间有何联系，学生通过动手操作，以问题为线索引导学生观察、分析影响投影的因素，以及在点光源下同一物体可能呈现出的不同形状的投影. 为了让学生有更深刻的体验, 我也会进行现场演示. 通过演示, 学生可以很快发现, 物体与光源的距离增大, 投影变大. 改变物体方向, 也就是旋转物体, 投影的形状也会随之变化.

有了前面实验的铺垫, 我会引导学生得出点光源、物体上的点、影子上的对应点三点共线的结论. 物体与投影的关系是本节课的难点, 所以本节课突出物体与投影关系探究过程的教学, 意在培养学生观察、分析、概括的能力, 让他们感到这些知识是自己总结出来的, 从而增强他们的学科自信, 激发他们的学习兴趣.

学习完投影的相关内容后, 进入第四个环节: 巩固新知, 形成技能. 在这一环节我准备了三个例题.

第四个环节: 巩固新知, 形成技能

第一个例题来源于教材. 此题已知物体与投影, 要求确定光源的位置. 乍一看, 学生可能并不清楚该如何下手. 但既然是投影, 就要满足物体上的点、投影上的对应点, 光源三点共线的特征. 借助此特征学生会分别连接木杆顶端与投影顶端, 得到穿过光源的两条直线, 两条线交于 O 点, 故 O 点为路灯灯泡的位置. 这个题目主要让学生感受到自己可以通过所学知识解决实际问题, 体会学以致用的乐趣, 强化对投影特征的掌握.

第二个例题改编自教材. 第一小问已知光源、物体, 要求确定投影的位置. 有了上一道例题的经验, 学生自然而然会用物体上的点、投影上对应点与光源三点共线解决. 此时, 我会追加一个问题, 已知影长、光源, 确定物体的位置. 解决了这三个问题, 学生会发现解决投影问题的关键, 即利用物体上的点、投影对应点与光源三点共线的特性, 从而让学生在解决投影问题时有理可依, 有迹可循.

第三个例题同样源于教材. 前两小问是对前面实验过程的巩固, 学生可快速解答. 第三小问, 在学生作图后, 我会提示寻找过程中存在的图形关系. 只要作图准确, 学生不难发现, 以点光源作为顶点的两个三角形相似, 此处要提醒学生, 地面上投影, 实际上是由光线与球切点围成的圆的投影. 为了帮助学生理解, 我会展示这个过程, 这有助于提高学生分析复杂图形问题的能力, 也让学有余力的学生得到思维的锻炼.

课堂进行到这里已经过了 33 分钟，学生专注度可能有所下降. 此时，我准备了第五个环节.

第五个环节：知识运用，感受文化

我会展示中国古老的传统艺术——皮影戏. 笔挥刀舞，一纸人，刻绘百态人生；灯起影现，一折戏，演尽沧海桑田. 画稿、镂刻、敷彩、缀结……皮影戏的每一个细节，都是手艺人一辈子的坚守，都在诉说着千年匠心的传承.

皮影戏，比京剧早一千年. 它是中国古代人民智慧的结晶，是我们先祖对光影艺术的极致追求. 演示皮影戏，在吸引学生注意力的同时，向学生宣扬中国优秀传统文化，让学生感受中华文化的博大精深、源远流长，树立学生的民族自豪感，让学生感受到知识是可以拿来用的，知识来源于生活，回归于生活.

紧接着，我会让学生列举生活中对投影的应用，有了前面的铺垫，在学生不同回答中本节课收获了较好的教学效果.

第六个环节：总结反思，深化提高

在学生总结本节课所学知识、方法后，我会向学生展示这样的图片：当你面对黑暗的时候，你的背后，就是光明！体现数学与生活的联系，启发学生要勇敢面对困难.

第七个环节：分层作业，自我提升

最后是分层作业，分为必做和选做两部分. 在选作部分，第一项是拍摄夜幕下的校园内的投影，让学生们通过照片的形式感受生活中的美. 第二项是查阅关于力的投影、工业制图与投影的相关资料，让学生体会投影在物理、工业等方面的作用，让学能过剩的学生得到进一步提高，因材施教！

以上就是我说课的全部内容. 在具体设计中突出四个构想：①创设情境，引人入胜；②动手实践，深化概念；③知识运用，提升自我；④情景展现，感受文化.

数学不是一潭死水，当你把兴趣的石子投进去，你才会发现，它是如此鲜活，如此美丽，让人流连忘返.

感谢各位老师的倾听，恳请各位批评指正！

9.4.2 教学案例 2

设计自己的运算程序

一、游戏导入，引入课题

师：古时候，吉卜赛人非常热衷于读心术，预言精准．人们都对他们敬若神明，但是不是真的有这么神奇呢？今天我们一起来试一下．

①请各位同学在心里默想一个两位数写在纸上．

②把这个数的十位与个位数字相加，得到一个和．

③再用两位数减去十位与个位的和．

大家做完没有？现在呢，请在这个图表中把你得到的最终数字对应的图案找到并记住．

好，现在，请大家看看我的眼睛，读心开始．我虽然不知道你心里想的两位数是多少，但是我相信水晶球会告诉我你最后找到的图案是什么．

你们得到的图案就是它，对不对？

有的同学可能不太相信，那我们再试一次．请你再选一个两位数，用上面规定的运算法则再算一次．

好，第二轮答案马上揭晓！睁大眼睛，是不是这个？

问生：在计算过程中你们有什么发现？

生：9 的倍数．（没有说出来就喊几个学生说自己的运算结果，写在黑板上，学生进行总结．）

问生：这些数有什么共同特点？

生：9 的倍数．

师：诶，我们选取了不同的两位数，按照题目中特定的法则进行运算，最后呢我们发现，我们算得的结果都是 9 的倍数．我们就可以大胆地猜想一下，任意两位数按照上面所给的特定的运算法则，最终结果都是 9 的倍数．诶，这是为什么呢，有同学可以解释吗？

设两位数为 a、b，按照题意：$10a+b-(a+b)=9a$，也就是说每一次运算得到的结果都是 9 的倍数．

现在大家明白了吗？

刚才我们玩的读心术的小游戏，按照游戏中所给的特定的运算法则一步一步计算，最后得到的都是设计者想要的结果．这种特定的运算法则我们把它叫作运算程序．这堂课我们就来尝试设计自己的运算程序．（板书课题）

俗话说，知己知彼，百战不殆．为了更好地了解运算程序，我们先来看一些别人设计的运算程序．

二、动手实践、探究新知

师：（出示课件）请同学们看动手实践一．

①写下任何一个四位数，每个数位上的数字全都不相同．

②重新排列各位上的数字，使其组成一个最大的数和一个最小的数．

③然后用最大的数减去最小的数，得到差．

④重复这个过程……

你会得到什么结果？请同学们动手做一做，并把每次的结果记录在纸上（见表9-1）．

表9-1　记录表

重复次数	四位数	最大值	最小值	差值
重复1				
重复2				
重复3				
重复4				
重复5				
重复6				
重复7				
重复8				
重复9				
重复10				

这个程序比上一个程序要复杂一些．我简单地举个例子来说明．

第一步，有没有条件限制？我们在运用程序的时候一定要时刻注意限制条件，不然容易跑偏．那我们以1 302为例．

第二步，重新排序，最大数是多少？最小数呢？是 0123，还是 1023？（噢？我听到两个答案，0123，还有 1 023，到底是哪一个呢？）

有没有同学说说自己的看法.

我们刚说过，一定要注意程序中的条件限制. 我们所说的"运算程序"必须严格按照程序的规则一步一步地进行，最小数都是从小到大排列，1 023 只是最小的四位数，但它不是最小的数，0123 才是最小的数，所以如果遇到所得的差有数字 0，再次排列时，就把 0 放在最高位上.

第三步，最大数减最小数，得差为 3 087.

第四步，将 3 087 排序，用最大数减最小数的差，反复重复第二、三步.

现在大家懂了吗？

生：懂了！

师：好，我们对运算程序的理解更加深入了！请同桌两人为一个小组，一个负责计算，另一个负责把结果记录到表格中，请开始.

（其间，收三个学生的运算过程上来，准备投影仪展示.）

师：好，我看基本完成了. 老师这里有三个同学的运算过程，我们一起来看一下.

比如这位同学列举的四位数是 1 628，先把 1 628 的四个数字由小到大排列得 1 268 和 8 621，再用大的减去小的 8 621-1 268＝7 353，把 7 353 按上面的方法再做一遍，由大到小排列得 7 533，由小到大排列得 3 357，相减 7 533-3 367＝4 176，把 4 176 再重复一遍，即 7 641-1 467＝6 174，然后再重新排列做差 7 641-1 467＝6 174，你看，他写到这儿就没写了，要是再往下写，下一个出现的数是多少？再下一个呢？

也就是说后面就是 6 174 这个数字一直在循环.

另一个同学的，还是 6 174，结尾还是 6 174 的循环.

我们看到，他们的结果均为 6 174.

这是不是一个巧合呢？你们算的结果是多少？

6 174，全都是以 6 174 为结尾的循环.

如果说几位同学算到 6 174，可以说是巧合，如果绝大部分或全部同学也算到了 6 174，这就不一定是巧合了.

通过刚才大家共同的努力，我们发现了一个很有意义的规律，这就是任意写一个各个数位都不相同的四位数，重新排列组合后，用最大的减去最小的，无论你举的四位数是多少，最终都会得到四位数 6 174.

我们熟知的宇宙中的天体——黑洞，它会将周围的所有物质吞噬，就像经过这个运算程序后，所有的四位数都会转化为 6 174，所以我们把 6 174 称作四位数的"黑洞数".

师：既然四位数有黑洞数，那三位数呢？接下来，请各小组继续合作，探究三位数的黑洞数究竟是多少？开始！

（3 分钟后，完成合作.）

师：下面请小组汇报一下你们的探究结果，你们组说一说.

生 1：我们组探究的三位数黑洞数是 495.

生 2：我们组的研究结果也是 495.

生 3：我们组也是 495.

师：有不同的意见吗？

生：没有.

师：当算到 495 的时候，我们再计算，得到的结果是多少？还是 495，得到以 495 为结尾的循环，所以我们得到了三位数的黑洞数是 495. 三位数、四位数都有自己的黑洞数，你们能不能再大胆地猜想一下？

（两位数、五位数、六位数等）都有自己的黑洞数，也就是说算到最后得到跟上面一样的数字循环形式.（循环节的形式出现）

课下同学们还可以探究其他位数的黑洞数.

三、开阔视野，灵活应用

师：在前面的运算程序中，我们用到了加法、减法、排序，其实运算程序还有很多其他不同的形式，比如乘除法、乘方、绝对值等，接下来我们来看看动手实践 2.

阅读下列内容：请写下任何一个三位数，百位数字乘个位数字的积作为下一个数的百位数字，百位数字乘十位数字的积作为下一个数的十位数字，十位数字乘个位数字的积作为下一个数的个位数字，在上面每次相乘的过程中，如果积大于 9，则将积的个位数字与十位数字相加，若仍大于 9，则继续相加直到得出一位数，重复这个过程，你们有什么发现？

生：最终都能运算得到 999 或者 0.

师：算得 999 的同学，谁来说一下自己举的例子？

算得 000 的同学呢？

例子 267，按照程序进行：536—369—999.

例子 815，按照程序进行：815—186—683—936—999.

例子 909，按照程序进行：909—900—000.

例子 660，按照程序进行：090—000.

观察上面的结果，有什么发现？

结果无论是哪一种，运算最终得到的都是某个或某几个数的循环，或者以循环节的方式循环.

也就是说，上面的运算程序最终都得到一个循环.

下面呢，请前后桌四人为一个小组，尝试设计自己的运算程序，以不同的三位数开始重复地运用你的程序（设计过程中，运算结果不超过三位数），看看能有什么发现，并与你的组员相互交流思考的结果.

（教师让 2 到 3 个小组展示）

师：通过上面的各种运算程序，我们看到，对于不同的起始数字，反复运用任何一个固定的"运算程序"，由此顺序产生的数字总会停留在某个数字或某几个数字上，或者以某种重复的方式循环.

那我又要问了，这是为什么呢？

要解决这个问题，我们从两方面入手：

①在整个运算过程中，要出现循环，会是哪些形式？

我们都知道，将一个数代入运算程序，会得到一个新数，把这个新数代入，又会产生一个新新数，就这样不断地重复，整个运算过程中会产生多少个数？

生：无数个.

师：但是我们代入一个数值，假设为 f，只能得到两种结果. 第一，由 f 得到它本身 f；第二，由 f 得到其他数值 a. 第一种 $abcdeffffff$. 第二种 $abcdefa$. 同一个数值代入同一个程序得到的结果是一样的，a 的下一个一定是多少？b，然后是 c，以此类推，形成循环.

②现在我们清楚了，只要出现相同的数字，一定会形成循环. 那整个运算过程中产生的无数个数，一定会出现相同的数字吗？

不要忘了，题目中有一个限制存在，运算结果不超过三位数. 运算的结果可能是哪些？

那同学们现在知道原因是什么吗，可以用什么知识来解释吗？

可以用抽屉原理来解释.

把谁看作抽屉？

0 到 999 共一千个数字我们看作 1 000 个抽屉，而运算得到的结果看作苹果. 抽屉有限个，苹果无限个，把苹果放进去，肯定会有一个抽屉有不止一个苹果.

刚才有些同学设计的程序计算了半天都没有得到循环，那是因为你计算的次数还不够，最倒霉的情况，最多计算多少次能得到循环？

运算程序在实际生活中也有很多运用. 比如密码学中的数字密码表或者双层加密.

师：这节课同学们有什么收获？哪个同学来说一说？

类似的问题在数学中有很多，代入不同数字只能帮助我们发现循环，而要想确定循环必须有严格的证明. 有一些我们已经可以验证（比如前面我们做的这个题，用字母表示数来证明），还有很大一部分到现在都得不到证明，感兴趣的同学可以课后自己阅读知识扩展——冰雹猜想.

很多伟大的发明发现一开始也都是猜想，有了大胆的猜想，再一步步证明实施，人类才会进步，生活才会美好.

作业：1. 自己设计一个运算程序.

2. 小组成员分享自己的运算程序，写成研究报告.

9.4.3　教学案例 3

中心对称

一、引入：

老师给大家表演一个小魔术. 我需要一个小助手，有谁能帮帮我？我手里有 5 张扑克牌，请你从中任意抽取一张，展示给周围的同学看，不要给我看. 然后我将扑克牌放回,打乱. 我已经知道她抽的是哪一张牌（放在投影仪下）. 接下来,就是见证奇迹的时刻. 是这一张! 对不对? 知道我怎么做到的吗? 其实我是运用了一个数学小知识. 学完今天的内容,你们自己就能解密这个魔术了.

很好. 我们已经知道,旋转就是一个图形绕着某个定点按某个方向转动一个角度.

二、探究新知

我们已经学习了图形的基本运动形式：翻折、平移、旋转. 那我们来看这组图片,图9-1（1）经过怎样的运动变化就能与图（2）重合呢?

（1）　（2）　　　　（1）　（2）

图 9-1

问题1：平移行不行? 那怎么办?

什么叫旋转?（旋转是一个怎样的运动?）

问题2：旋转多少合适呢?

问题3：顺时针还是逆时针旋转?

问题4：既然都可以,那我就不管方向了,只说旋转180°可不可以?

问题5：图9-1中（1）旋转的结果是什么呢? 找到自己的另一半.

这样的图形我们已经用几个词语概括了它的运动特征,你能否填几个词语来描述它的定义呢?

这样的图形我们可以把它描述成：将一个图形绕着某一点旋转180°,与另一个图形重合.

这个定义与我们之前所学的一个定义非常像. 我们将一个图形沿一条直线对折（翻折180°）与另一个图形重合,称这两个图形关于这条直线成轴对称.

类似的，称这两个图形关于这个点对称，也可以说两个图形成中心对称.

我们来看一下两张图形成中心对称的形成过程. 这个点，就是旋转中心，当旋转 180°成为中心对称后，称为对称中心. 所以两个图形成中心对称也称为两个图形关于这个点对称.

既然中心对称是通过旋转得到的，那么它就满足旋转的一切性质.

那么旋转具有什么性质呢？××同学，请你跟大家介绍一下.

性质 1：旋转前后图形全等. 对应线段相等，对应角相等.

性质 2：对应点到旋转中心的距离相等，任一组对应点到旋转中心的连线所成的角等于旋转角.（适当引导）

中心对称有什么特殊性质呢？

请同学们拿出自己的图形，自己选取一个旋转中心，把所画的图形绕旋转中心旋转 180°，连接旋转前后一组对应点，有什么发现？

（学生答自己发现的特点.）

我们再来看一次动画. 在旋转过程中，对应点到旋转中心距离相等，当旋转 180°之后，对应点与旋转中心（也就是对称中心）所连线段位于一条直线上，也就是说对应点所连线段经过对称中心，而这时候，这两条线段相等，对称中心是整条线段的中点，所以说，除了经过对称中心，还被对称中心平分.

（若学生没有发现教师做出提醒.）

此时对应线段之间是什么关系？相等已经说过，考虑位置关系.

生：因为对称中心 O 为两条线段中点，所以相等，对顶角相等，所以平行，故对应线段平行且相等.

学了这些内容，我们看一下能用它们解决一些什么问题.（学生回答.）

请找出下列窗花中呈中心对称的.

练习 1：下列窗花构成的图案中（见图 9-2），呈中心对称的是_____.

（1）　　　（2）　　　（3）　　　（4）

图 9-2

第（4）幅图是什么图形？

练习 2：如图 9-3 形式的数字，满足中心对称的两位数有_____.

图 9-3

学生答：11、22、55、69、88、96

3：请你动动手作图.

（见课本 P82 页例题.）

小游戏：两个人轮流在一张圆形桌面上摆放硬币，规则是每人每次摆一个，硬币不能互相重叠，也不能有一部分在桌面的边缘之外，摆好后不许移动，这样经过多次摆放，直到最先摆不下硬币谁就认输，按照这个规则，你用什么方法才能取胜呢？

（学生回答. 教师可适当引导，说出对称中心.）

刚刚我给大家展示了一个小魔术，同学任取一张牌，放回后我能很快确定她所抽取的牌，这是为什么呢？接下来我们放慢节奏，一起来解密魔术.（放在投影之下）首先这几张牌是我特意挑选的，按一定规律排列，请看牌的图案. 黑红桃朝向比较多的统一向上排列. 在同学将牌还给我的时候，我将这张牌旋转 180° 才放回的. 我们试一次.（挡住）我抽一下，旋转 180° 放回，能确定是哪一张吗？为什么？好，再来一次.

能确定我刚刚抽取的是哪一张吗？但是所有的牌好像都没有动过.

黑桃 J 与其旋转 180° 之后的图形一模一样，能重合.

像这样的图形，还有哪些，你知道吗？

比如说雪花.

把一个图形绕某个点旋转 180° 后能与原来的图形重合，这个图形称为中心对称图形.

一起来判断一下，这两个图形（见图9-4）是不是中心对称图形.

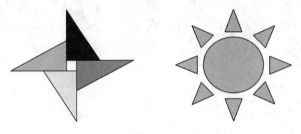

图 9-4

练习4：下列汽车车标采用中心对称设计的是（　　）

下面为重庆本地产的汽车的标志（见图9-5），其中采用了中心对称设计的是哪一个？

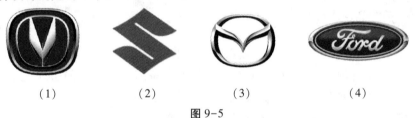

（1）　　　　　　（2）　　　　　　（3）　　　　　　（4）

图 9-5

练习5：在26个英文大写正体字母中，哪些字母是中心对称图形？

A B C D E F G H I J K L M
N O P Q R S T U V W X Y Z

可以把它们倒过来（把手中的试卷倒过来，相当于旋转180°，与原来图形长得一样的就是中心对称图形），再看一次找全没有（多或者复杂图形的处理方法）.

练习6：移动一块正方形；

（1）使得图形（见图9-6）只是轴对称图形；

（2）使得图形（见图9-6）只是中心对称图形；

（3）使得图形（见图9-6）既是轴对称图形又是中心对称图形.

图 9-6

练习7：（1）你能否用一根直线将下列图形（见图9-7）分成面积相等的两份？（展示学生作品.）

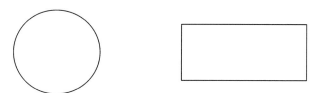

图 9-7

当直线穿过对称中心时，把图形面积平分.

（2）王老汉最近有点烦. 他有一块地（见图9-8），想平均分给两个孩子，但是又不知道怎么办，你能帮帮他吗？（板书，学生作图，我补充.）

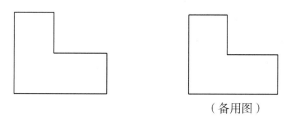

（备用图）

图 9-8

在生产生活中，常常会用到旋转设计，而旋转设计要求稳定性，中心对称图形恰好满足了这一特性，所以也在生活生产中被广泛运用. 比如：单车轮毂、轮船轮桨等.

小结：本节课你学到了些什么？

（1）图形中心对称和中心对称图形的定义.

（2）中心对称图形的性质.

（3）中心对称图形的应用.

10 创新意识

10.1 创新意识的内涵分析

10.1.1 创新意识的研究价值

培养创新型人才是国家、民族长远发展的大计. 我国已全面进入知识创新和科技创新阶段, 创新是社会发展的根本动力以及人类生存和发展的基本能力. 培养创新意识是基础教育的基本任务, 也是现代化数学教育的基本任务, 贯穿数学教育的始终.

数学作为一门基础学科, 其核心素养对于学生未来的学习和职业发展具有重要意义. 然而在传统的数学教育中, 往往注重知识的灌输而忽略了对学生的思维能力、创新能力等方面的培养. 随着社会经济的不断发展和人才需求的变化, 如何培养学生的数学创新意识已成为当前教育领域研究的热点.

《义务教育数学课程标准 (2011 年版)》把 "创新意识" 作为 10 个核心词之一.《课程标准 (2022 年版)》确定了数学学科核心素养, 进一步将 "创新意识" 作为核心素养在义务教育阶段的重要任务之一, 并给出了总目标: ①体会数学与其他学科之间、数学与生活之间的联系, 在探索真实情境所蕴含的关系中, 能发现问题和提出问题, 运用数学和其他学科的知识与方法分析问题和解决问题; ②对数学具有好奇心和求知欲, 发展鉴赏数学美的能力, 提高学习数学的兴趣, 建立学好数学的信心, 养成良好的学习习惯, 形成质疑问难、自我反思和勇于探索的科学精神.

10.1.2 创新意识的内涵意义

《课程标准 (2022 年版)》对核心素养的主要表现, 即创新意识的内涵定义:"创新意识主要是指主动尝试从日常生活、自然现象或科学情境中发现和提出有意义的数学问题. 初步学会通过具体的实例,运用归纳和类比发现数学关系与规律,提出数学命题与猜想,并加以验证;勇于探索一些开放性的、非常规的实际问题与数学问题."创新意识有助于学生形成独立思考、敢于质疑的科学态度与理性精神.

创新,顾名思义是创造"新",意味着在主体的有目的地、主动地行动之下,客体由"旧"的状态到"新"的状态. 意识是主体在觉醒状态下对自身内部状态的认知、觉察、监控和评价. 创新意识就是对创新行为的觉察、对创新方法的认知、对创新结果的评价和对创新过程的监控. 主体的中枢活动包含着互为前提、互相促进的认知过程和情意过程两个方面,即通常所说的智力因素和非智力因素. 创新意识作为一种觉察和认知,包含着智力因素;作为一种评价和监控,又包含着非智力因素.

创新意识是主体对创新活动的认知,以及由此产生的心理活动;是维持创新活动的内在动力,是人们进行创造活动的出发点;是人脑对客观事物的大胆想象、质疑、体验独立探索的过程;是创新人才的本质素质.

创新意识可分为三个层面:第一层是对创新的认知,在客观现实中,人们往往不安于现状、执意突破,从而产生创新的内在动力;第二层是在认知的基础上产生对创新的渴求,第三层是由创新的渴求升华为行为的渴求.

数学创新意识是指在数学教育教学活动中产生、激发、培养的所有带有创新精神和创造意识的现象、思想、行为的总和. 数学是思维的体操,创新是思维的灵魂. 在数学的发展历程中,总是经历着这样的过程:在观察现实世界的基础上,从数量关系和空间形式的角度发现问题、提出问题;运用数学的思维方式分析综合、归纳概括、猜想论证;综合运用各种数学知识,在已有方法中选择最优方法,借助直觉、灵感等组合或创造新方法,分析问题、解决问题或创造新概念、新理论,让思维获得锻炼、认识或实践获得突破性进展. 其中包含着问题意识、质疑意识、独立意识、综合意识、灵感意识等成分;有机结合着各种思维,如形象思维、抽象思维、批判思维、逆向思维、求同思维和发散思维等.

10.1.3 创新意识的研究现状

美国 21 世纪核心素养框架在 2007 年由美国 21 世纪技能联盟公布,旨在帮助学生在 21 世纪获得成功. 该框架同时也吸引了全世界的目光, 成为学界聚焦的中心.

从 2015 年起, 国内学者开始注意到数学核心素养在教育领域的重要作用, 正式开始对数学核心素养的各方面研究, 同时关于对初中生数学创新意识培养的研究在国内也得到了迅速发展, 比如: 焦志娟老师 2012 年发表在《成才之路》上的《培养初中生数学创新思维能力的措施》; 孙新老师 2013 年发表在《数理化学习》上的《初中生数学创新能力培养对策探略》; 田薇薇老师 2013 年发表在《理科考试研究》上的《初中生数学创新思维能力培养策略浅析》; 刘丽婷老师 2016 年发表在《学周刊》上的《对初中生数学创新能力的培养》; 2022 年钱砾妃老师的《善待课中错误 生成智慧学习》; 2023 年赵映松老师的《小学数学课堂教学创新学习实践探究》; 2023 年郑毓信老师的《数学新课标中的几个 "细节" 问题》; 等等.

《中共中央国务院关于深化教育改革全面推进素质教育的决定》中明确指出: "智育工作要转变教育观念, 改革人才培养模式, 积极实行启发式和讨论式教学, 激发学生独立思考和创新的意识, 切实提高教学质量." 可见, 培养学生的创新精神和创新能力是素质教育的关键所在, 要培养创新能力, 首先就得培养学生的创新意识. 那么, 初中数学教学如何培养学生的创新意识呢? 首先, 我们要转变观念, 鼓励学生质疑问难. "教学的艺术不在于传授本领, 而在激励、唤醒、鼓舞." 这是德国教育家第斯多惠指出的, 爱因斯坦也说过: "提出一个问题比解决一个问题重要得多." 由此可见, 教师教学应重视开发学生的智力, 鼓励学生质疑问难, 设法激发学生的创新欲望, 克服思维定式, 学会创新思维. 为此, 教师在教学中要重视学生独到的见解, 独特的发现和特别的做法, 哪怕是一丁点, 也要加以肯定和鼓励, 最大限度地挖掘其潜能, 注重发展学生的独立思考能力和创新能力. 其次, 我们要克服障碍, 提高逆向思维能力. 这里所指的障碍, 指的是人们对已知知识的理解和习惯性的思维方法, 人们会产生一种定势心理, 并严重地妨碍创造性活动的开展. 这种不良的定势心理障碍要是不克服, 思维就不会活跃, 知识就难以应用, 创新意识也就不容易产生. 一个善于创新学习的人, 首先应该具备逆向思维能力. 因为逆向思维是一种突破习惯思维束缚的反向思维方法, 是人们在思维活动中不可缺少的一种思维形式. 思维的灵活性, 要求学生做全面分析, 并双向考虑问题, 养成从不同角度去认识、理解、应用新知识的习惯, 从而提高分析和解决问题的能力. 其次要创设学生探索求异的机会. 探索求异要求教师在教学过程中彻底改革传统的教学思想和方法，树立创造性教学的新观念，充分利用和激发学生的好奇心、求知欲和探索求异的愿望，设法给学生提供主动探索、发现和创新的条件，引导学生在独立探索中获取知识，从而培养他们的探索精神、创新意识和创新能力. 最后要开展课外活动，拓宽学生的知识领域，激发学生的学习兴趣.

10.2　创新意识的主要表现及教材分析

10.2.1　创新意识的主要表现

10.2.1.1　发现数学关系与规律

创新意识主要是指人们主动尝试从日常生活、自然现象或科学情境中发现和提出有意义的数学问题，初步学会通过具体的实例，运用归纳和类比发现数学关系与规律，提出数学命题与猜想，并加以验证. 数学课程要培养学生核心素养，其中一个方面是"会用数学的眼光观察现实世界"."创新意识"则是数学眼光的主要表现之一，而课堂教学是培养学生的创新意识最有效的载体.

我们可以通过联系生活实际问题让学生进入思维情境：教材中运用心电图、人口统计表等问题对数学变化关系与规律进行分析研究，这也为后面的函数表示法埋下伏笔. 在此基础上，函数知识是反映变量世界中数学关系与规律的重要方式. 函数概念的实际背景，渗透"变化与对应"的思想，在建立和运用函数这种数学模型的过程之中，所谓变化与对应的思想包括两个基本意思：世界是变化的，客观事物中存在大量的变量；在同一个变化过程中，变量之间不是孤立的，而是相互联系的，一个变量的变化会引起其他变量的相应变化，这些变化之间存在对应关系. 函数是数量化地表达变化与对应思想的数学工具，变化规律表现在变量（自变量与函数）之间的对应关系上，函数通过数或形定量地描述这种对应关系.

对于方程、方程组和不等式等以线性运算为基础的数学模型与函数的关系，我们要从变化和对应的角度，对运算进行更深入的讨论，从中发现数学关系与规律.

例如，已知气温与海拔之间存在着每上升 1 千米气温下降 6 摄氏度的关系，如果登山队员从气温为 10 摄氏度的地方向上登高 x 千米，而此时环境的温度为 y 摄氏度，那 y 与 x 之间存在着什么样的关系？实际生活情境中提出的问题并非驱动创新意识培养的问题，真正的问题附着其后. 即得到了 $y=10-6x$ 的解析式之后，应当让学生去比较其与此前学过的正比例函数的解析式的区别，这就是问题空间打开的关键. 学生基于直觉产生的问题是：$y=10-6x$ 的解析式与正比例函数解析式 $y=kx$ 不同，这种不同会催生一系列问题. 比如说：解析式不同，那这还是不是正比例函数？于是，学生就需要将正比例函数的性质放到 $y=10-6x$ 中去推理（这是逻辑推理思维的过程），结果发现并不相同，这就意味着这是一种新的函数，那这个函数又如何定义呢？其又有哪些新的性质呢？这个时候教师如果要想培养学生的创新意识与创新思维能力，就不要过于剥夺学生的思维时间与空间，而应当让学生充分地去猜想、探究. 猜想的过程对应着直觉思维，探究的过程对应着逻辑思维，不同的思维方式可以打开学生的创新空间，从而让学生形成新的认识.

教师在教学中让学生充分思考，有学生认为，$y=kx+b$ 与 $y=kx$ 只相差一个 b 值，而其又是一个常数，因此其图像的形状应该是一样的. 不要小瞧学生的这一发现，这可是学生在表象的基础上运用多种思维方式得到的结果，这个结果是学生原来并不知道的，是自己创新的成果. 在这个过程中，学生的思维意识被激活了，创新思维的过程展开了，创新还有了结果. 可以说这是一个虽然较小，但要素俱全的创新过程. 在上述基础上，创新意识的培养还可以更进一步，比如说让学生去自主比较两个不同的一次函数，比较的角度可以由学生自己选择. 这里有两个关键：一是学生自主，二是角度自选. 满足了这两个条件，学生的自主比较过程是非常有意思的：有的学生从函数图像角度去比较，有学生给自己增加难度，如用不同符号的 k 值和 b 值，这实际上也是一种创新，而这个创新使得学生客观上去研究一次函数的四种情形（k 和 b 取值正负的组合）. 这种创新无疑是有深度的，其对应着一次函数的几乎所有性质的学习.

10.2.1.2　提出数学猜想并验证

在数学课堂教学中，教师可以结合具体的问题，首先让学生提出数学命题或猜想，然后加以验证，进而培养其创新意识. 数学猜想是依据某些已知事实和数学知识，对未知的量及其关系所进行的一种似真的推断. 它既有一定的科学性，又有某种假定性，还有很强的创新性. 初中数学猜想有别于其他数学猜想，可以被称为推断，在教学中恰当地运用猜想，一方面能够有效地发展学生的创新意识，另一方面能为学生将来进行真正的数学猜想打下基础. 事实上，在初中数学中通过猜想的方式达到学习目的的内容有很多. 比如：学习"同底数幂的乘法"，教师展示同底数幂的乘法运算，让学生猜想一下，它们的运算结果各是什么? 学生各抒己见，其他学生也形成各种不同的意见，这几种答案，到底哪一种正确呢? 下面请同学们自己验证一下. 在这个过程中，学生会联想前面学习的乘方的有关知识或经验，由于能力的差异而出现不同的结果. 但学生都知道这四种结果不可能都对，那么到底哪一种是正确的呢? 于是形成了认知上的冲突，这样就充分调动了学生继续探究的欲望. 其次，学生在探究中通过验证得出了猜想的正确与否. 最后，学习分式时，教师可以让学生运用类比的思想，通过分数的基本性质猜想分式的有关性质，等等.

因此，教师在日常的教学中应充分通过逻辑推理（如试验、类比、归纳、演绎等）的手段和感性表象的构造（如联想、审美等）以及它们之间的结合，激发学生的猜想意识，提高学生的创新能力.

10.2.1.3 探索实际与数学问题

在初中数学课堂教学中，数学内容大部分来自实际生活，教师应当注重将教学与生活有效融合，营造一种有利于学生能力培养的教学氛围，让学生面对自身熟悉的环境，引起学生的好奇心，引导学生进行思考，让学生自主进入问题的思考中，锻炼学生的创新思考能力，也能让学生体会到学习数学的乐趣.

例如，在讲解"不等式的解集"这一节知识点时，教师可设计以下问题情境："小红和小丽体重相同，她们放学后一起玩跷跷板. 小红走后，小丽的妈妈陪小丽一起玩，这时候跷跷板就会发生倾斜，两个人不能继续游戏. 请同学们回答，这是什么原因造成的呢?"同学们给出的答案是："大人和孩子的重量不一样."教师通过以上情境问题的创设，不仅营造了轻松的学习氛围，同时还对学生观察问题的能力进行了培养.

如在教学"平行线的性质"一课时，教师应将探索平行线的性质与生活常识相结合，复习上节课所学的平行线的判定方法，使学生对平行四边形的知识有简单的复习，同时营造一定的学习氛围. 之后，教师让学生开展实践，画出两条平行线，对平行线的判定方法进行反向思考. 在此过程中，学生会进行一些相关的尝试，对"两条平行线如果被第三条直线所截出现的同位角之间的关系"进行猜想和探究，不仅会联想到平角的知识，还会做出十分有趣的猜想. 之后，让学生利用测量的方式验证猜想，通过剪纸、拼图的方式对平行线的相关角对比和分析，深入探究平行线的性质，通过动手和交流，在灵动活跃的课堂氛围中不知不觉接纳和吸收所学知识. 教师还要让学生在学习过程中充分运用手中的辅助器材，制订方案，联想生活中遇到的相关现象，对所学知识进行更深层次的理解和记忆. 教师可以从生活中选取材料，利用生活元素将知识的难度降低，使得知识更便于理解和记忆，这是一种十分有效的教学方式.

10.2.2 创新意识在教材中的渗透

科技是社会进步的第一生产力，创新是引领发展的第一动力，加快创新型国家的建设，就需要强化应用基础研究，推动科学技术的创新. 具备创新意识是我国培养科技人才和高水平创新团队的前提，这也向我国的教育事业提出了更高的要求，需要教材编写人员在编写教科书的过程中把科技思维与创新意识渗透、融入教材内容中去. 激发与培养学生的创新意识应始终贯穿在教师教育、教学活动的过程中，教师需要帮助学生树立创新意识和与时俱进的学习观念，鼓励学生们用创新的眼光去看待事物.

在创新意识与初中数学教材的联系中，创新意识的培养不是一蹴而就的，创新型人才的成长根植于基础教育阶段，如何使青少年具备创新意识，提高探索能力、想象力和搜集信息的能力，是基础教育阶段的一项重要的研究课题. 教材是教育过程中的重要依托，教材内容的编写要充分考虑到学生的综合素质发展，并且要兼顾中学阶段教育的基础性和现代科学技术发展的时代性，能够体现出符合客观实际的新思想和新事物. 科学技术的创新与发展社会经济、维护生态安全深度融合，是驱动我国经济社会长久发展的新型动力机制，初中数学教材也承担着使学生了解科学、技术、社会、环境四者如何相互关联的任务. 教材编写人员要及时更新教材中陈旧、与时代特征不符的内容并且重点突出学科的科学创新性，以契合我国科技发展状况，要培养社会进步所需的科技人才和具有终身学习能力的劳动者.

我国现行初中数学教材主要有人教版、北师大版、湘教版、华师版、苏科版、鲁教版、湘教版等版本，在北师大版初中（7~9 年级）数学教材中，要求学生经历有理数、实数的形成过程，初步理解数域扩充；掌握数与式的运算，能够解释运算结果的意义；会用代数式、方程、不等式、函数等描述现实问题中的数量关系和变化规律，形成合适的运算思路解决问题；形成抽象能力、模型观念，进一步发展运算能力；经历探索图形特征的过程，建立基本的几何概念；通过尺规作图等直观操作的方法，理解平面图形的性质与关系；掌握基本的几何证明方法；知道平移、旋转和轴对称的基本特征，理解相关概念；认识平面直角坐标系，能够通过平面直角坐标系描述图形的位置与运动. 掌握数据收集与整理的基本方法，理解随机现象；探索利用统计图表表示数据的方法，理解各种统计图表的功能；经历利用样本推断总体的过程，能够计算平均数、方差四分位数等基本统计量，了解频数、频率和概率的意义；形成数据观念、模型观念和推理能力. 在项目学习中，学生能综合运用数学和其他学科知识与方法去解决问题，积累数学活动经验，发展核心素养.

10.2.3　培养初中生创新意识的策略

10.2.3.1　创设情境，激发创新

初中数学教学应构建从真实情境中学习的认知路径，创设丰富、有意义、真实的情境教学环节，让学生有积极、健康的情感体验，激发学生的自主学习意识和探索新知识的兴趣和动机. 培养学生的创新意识，教师首先要从创设教学情境入手. 数学课堂教学情境是激发学生创新意识的重要因素之一. 创设问题情境，可以使学生深度思考. 教学情境能够将枯燥无味的数学知识形象化、趣味化，从而激发学生学习的兴趣. 例如，在学习第一单元"有理数"时，教师向学生介绍我国是最早使用负数的国家. 教师在传授数学知识的时候，介绍数学问题产生的背景，这对培养学生的辩证思维、抽象思维和逻辑推理能力都有很大的作用. 教师通过创设情境教学，利用现有资源，让学生意识到创新意识的重要性，构建创新思维能力. 教师创设激发学生创新能力的课堂活动、小组任务、组内自评组间互评机制，培养学生独立思考、敢于质疑的科学态度与理性精神.

10.2.3.2　尝试学习，鼓励质疑

在初中数学课堂教学中，学生提问是一种重要的教学活动. 它既能使学生更好地发挥自己的主动性和创造性，又能提高教学效率. 教师要给学生创设问题情境，鼓励学生大胆提问，多让学生通过尝试、实践、发现问题来增强自己的创新意识和能力. 如在学习"有理数"时，教师通过设计

优质的数学题目，建立反映实际问题的数量关系，然后运用数学的理论和方法对问题进行分析和解决，让学生运用数学思维方式进行思考，能增强他们发现问题和提出问题的能力，这样，就能在教学中培养学生创新意识和能力，激发、鼓励学生质疑问难．初中生处在长身体、长知识的时期，思维活跃，爱动脑子、爱提问题、爱质疑是初中生的特点．因此在教学活动中，教师要善于利用一些新颖生动的教学手段和方法来培养学生的创新意识和能力．在初中数学教学中，培养学生的探究意识，需要不断鼓励学生质疑，在质疑中不断前进，摸索真理．教师可组织小组合作，发布学习任务，让学生通过学习内容思考，并且将自己心中的想法提出来，大胆质疑所学的内容，从而培养其创新意识．"直线、射线、线段"的教学内容有利于培养学生抽象化、符号化的数学思维能力，使其树立良好的创造性美学观念．教师先通过多媒体设施展示不同的教学图片，如极光、铁轨、输油管道等，之后让学生根据书中的内容短暂自学，然后让学生通过小组讨论说出图片上都有什么样的线，说一说自己见过的哪些物体可看作线段、射线、直线．学生表现得十分积极，当有学生说手电筒射出的光可以看作一条射线时，会有学生质疑："手电筒射出的光并没有无限延伸，所以应该是线段．"只有学生对所学的知识内容进行积极思考，勇于表达自己对数学知识的疑惑，才能加深对数学知识的理解和记忆．质疑活动能培养学生的创新意识．

传统的教学方式基本是以教师讲解为主，学生只需要仔细听就可以．这导致学生养成严重依赖教师的习惯，不会自主去思考、去质疑教师讲解的是否是正确的．就算对内容有疑问，也会认为是自己的问题，而不是教师的问题．这样的教学方式导致学生无法进行创新和自主思考．因此在课堂中教师要采用各种方式，积极鼓励学生提出问题，激发学生思考，教会学生勇敢质疑，培养学生的数学创新意识．

10.2.3.3 学科融合，综合实践

我们要探索数学学科与其他多学科的融合教学，培养学生综合运用多学科解决问题的意识和能力，激发初中生学习数学的兴趣与热情．我们要分析目前初中数学综合与实践课存在的问题及成因，开展以问题为驱动，注重在真实、多样、复杂的情境中与其他学科的融合，实现以问题解决为目标的综合实践课程教学，培养学生创新意识，感受数学学习的乐趣和价值．例如，在"几何图形的初步认识"这一章内容的学习中，教师可将大

单元作为教学内容，设置学习任务单或者导学案，以问题的形式让学生提前了解本单元的内容．这样，学生就会有整体意识．同时，教师要让学生通过自己的思考、分析和探索，提出问题，解决问题，进而培养创新思维．

教师要让学生动手实践，提高学生课堂参与度．考虑到初中生的身心发展特点，教师应充分利用他们较为强烈的好奇心、好动性，在初中数学课堂教学中，培养他们的创新意识．只有在较为愉悦且平等民主的环境中，才能有效鼓励学生去自由发挥，能让学生不受限制地自主思考问题，充分体现出学生在学习中的主体性地位，这样才能从多方面激发学生的数学学习兴趣，鼓励他们在未知的数学知识海洋中探索，形成创新意识．发展学生思维方式的重要途径和手段，就是启发和引导学生自主探究和动手实践．教师在教学过程中，应突出学生的主体地位，将学生课堂参与意识有效地激发出来．在动脑、动手、动眼、动口的实践中，教师应对学生实际操作能力进行锻炼，使学生能主动探索知识，以更好地发展学生的思维能力．如在"三角形的内角和定理"教学时，教师要让学生动手剪下来自己制作的任意形状的三角形，并用剪下来的三个角组成一个图形．学生通过亲身动手实践会得出这样一个结论：一个完整的圆，可由几个三角形组成．通过实践，学生能全面认识数学知识，能更好地理解和掌握数学知识．

10.2.3.4 师生和谐，营造氛围

教师应构建以学生为中心，能关注和尊重学生，能营造师生交互情感体验以及轻松愉悦、敢于质疑的深度课堂，引导学生创新思考．很多学生害怕学习数学，是因为他们认为数学很难理解，而且他们接受数学知识的过程相对较慢．久而久之，他们在课堂上形成了"沉默是金"的风格，毫无与他人交谈的欲望．在这种心态的驱使下，学生不敢提问，也不愿意提问，这对于学生的创新思维的发展十分不利．而且，当所有人都不愿意提出问题和回答问题时，课堂氛围将会愈发沉默，长此以往，沉默的课堂氛围会打消学生创新思考的想法，使学生的思维生僵化．因此在课堂中教师要积极营造互动的氛围，使课堂活跃起来，让学生敢于思考、敢于回答．例如，教师在讲解"等腰三角形的性质和判定"这一知识点时，先让学生在事先准备的硬纸上画一个等腰三角形，让学生对三角形的画法形成初步了解，然后再提出问题："同学们，如何证明等腰三角形为轴对称呢？"教师通过这种提问的方式，为后面更深入地学习奠定基础．教师再接着提问："等腰三角形和等边三角形之间的差别在哪里？"教师通过启发学生对等腰

三角形的相关性质思考，促进学生创新能力的不断提升．

10.2.3.5 *创新作业，形式多样*

初中数学教材中有着大量的变式和习题，对学生提出了许多不同的要求，很多学生不能适应初中数学教学．在学习知识的过程中，由于思维方式较为单一，教师不能对学生提出要求也无法满足他们对知识的渴求，因此初中数学教师要不断为学生创设问题情境．在初中数学课堂教学中，教师应根据新课改的要求灵活运用教学方法．在课堂上，教师通过提问法、谈话法及举例说明等方式让每一个学生都参与到课堂中来，从而激发学生的学习兴趣．如在讲到"一元一次方程"这一节内容时，教师可以先让学生做一些数学习题，通过对习题的解答来培养学生的创新意识．在教学过程中，教师还可以鼓励学生在做题过程中提出自己的想法，这样能够帮助学生树立创新意识．教师可通过设计探究性作业培养学生空间思维能力．在完成了相关基础性教学后，为了培养学生立体几何的空间思维能力，教师可布置适当的探究性作业和拓展教学，帮助学生进一步提高想象能力，提升学生在立体几何方面的核心素质，从而有效应对考试中的难题、怪题和偏题．

10.3 基于创新意识的教学设计

10.3.1 日常生活中的教学设计

"角的比较"新授课教学设计

在教学中如何渗透数学思想，笔者结合"角的比较"教学设计向各位同仁呈现我们的思考与做法．

一、内容分析

波利亚一贯强调把"有益的思考方式，应有的思维习惯"放在教学的首位．本节课是《数学一》（北师大版七年级上册）第四章的内容，角是最为基本的平面图形，是构成其他图形的基本元素．几何图形性质的研究大多最终划归到对其所包含的角的数量与位置关系的研究，所以角的大小和差、等分线都是重要的几何知识，是学习其他图形与几何知识的基础. 学生在小学阶段结合生活中的实例对角的比较已经有了感性认识，而且学生已经经历了比较线段长短的过程，知道比较的方法，但是对角的比较方法以及角的平分线的知识缺乏较为系统的、深刻的、抽象的理解，而七年级的学生的数学思考能力、抽象思维能力，以及使用数学语言、几何语言表达思维对象和思维结果的能力还未到达一定的水平，事实上，这些也是我们希望让学生在学习活动中能够得到发展的方面. 鉴于此，教学设计的学习过程分析如下.

二、学习目标

（1）类比线段的比较方法，探究角的大小的比较.

（2）会比较角的大小，尝试估计一个角的大小.

（3）在操作过程中认识角的平分线，并能进行简单的应用.

设计意图：学生在学习了比较线段长短的基础上，运用类比的数学思想，在探索思考过程中体会角的比较与线段的比较方法的一致性，通过动手折纸研究角平分线，提升学习兴趣，从而有意识地积累数学活动经验，渗透数学思想，培养符号意识，提高数学素养.

三、学习活动

活动 1：新旧类比，提出问题

师：同学们，请回答下列问题.

问题 1：（1）如图 10-1，下列说法不能判断点 C 是线段 AB 的中点的是（　　）

A. $AC = CB$　　B. $AB = 2AC$

C. $CB = AB$　　D. $AC + CB = AB$

（2）如图 10-2，点 D 在 $\angle AOB$ 的内部，点 E 在 $\angle AOB$ 的外部，点 F 在射线 OA 上，下列比较角的大小正确的是（　　）

A. $\angle AOB < \angle BOD$　　B. $\angle AOB = \angle FOB$

C. $\angle BOD > \angle FOB$　　D. $\angle DOE < \angle BOD$

师：巡视学生做的情况以及观察学生的表情，询问有什么问题？

生 1：第（1）题完成了. 第（2）题不会.

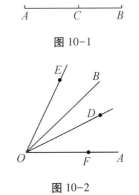

图 10-1

图 10-2

生 2：我也不会第（2）题.

生 3：两个问题都完成了.

生 4：第（2）题有部分不会.

师：会比较角大小的同学也不要骄傲，虚心使人进步，不会比较的也没关系，今天我们一起研究角的比较，请看学习目标（略）.

设计意图：教师通过让学生做两道题，一方面复习线段的相关知识；另一方面，让学生发现新问题，提出疑问，做到新旧知识的类比，培养学生用数学的思维看问题，引入今天的新课，引出本节课的学习目标.

活动 2：分类讨论，合作共识

师：请同学们拿出学具，小组合作探究下列问题，汇报组内形成的结论.

问题 2：比较图 10-3 中角的大小，并总结出比较的方法和注意事项.

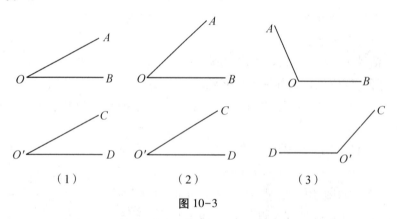

图 10-3

师：讨论结束，现在请第一小组汇报探究结果.

生：我们组认为如果度数相差较大，可以观察，如果相差不大使用量角器量一下，量出它们两个角的度数，就可以得出谁大谁小（该学生边讲边拿着两个角示范，此时笔者就用平板的同屏功能，同步显示 PPT 在屏幕上，以便其他学生看得更加清楚）.

师：用量角器时应该注意什么？

生：中点对应在角的顶点上，下面的线要与这角的一条边重合.

师：我们可以简单地用三个字概括．第一要先"对"，第二是"合"，第三是"读"，在此对小学知识做一个简单回顾．其他组还有方法吗？

师：这是通过度数的大小来比较的，属于从数的角度比较大小．

生：中间那对角我们目测看出来的，第（1）组我们用的量角器量的，一样大；最后一组我们是先让它们两个角的顶点重合，再让它们的一条边重合，就可以得出谁大谁小了（两位学生进行展示）．

师：掌声送给他们小组．这种方法可以称为叠合法，他们说到了几个关键词，哪些要重合？

生：顶点．生：一条边．

师：哦，那我手上的两个角也这样重合了，可以比较它们大小了吗？（笔者故意让另一条边分布在重合边的两侧．）

生：不可以，没有重叠．

师：说明还有一个关键词，当顶点重合，一边重合，另一条边的位置应该在哪里？

生：在重合那条边的同侧．

师：这位同学回答得非常好，运用类比线段叠合法来思考角的叠合法，顾名思义，叠合法，同侧才会存在两角的叠合．另一条边在重合边同侧时，另一边的位置情况有几种？

师：掌声有请最后的小组，小组代表上台用老师的教具摆出来．

生：（两个学生上讲台）第 1 种情况是两个角完全重合，说明这两个角度是相同的；假设一个角比另一个角大，那另一条边在这个角的外部；如果这个角稍微比另一个角小，那另一条边在这个角的内部．

师：感谢你们小组的精彩展示，研究另一边的位置情况，我们用到了什么数学思想方法？

生：分类讨论．

师：同学们，度量法是从数的角度出发的，刚才的叠合法是从什么角度出发的？

生：形．

师：从数和形两个维度研究数学问题是我们经常用到的方法．数形结合的思想也是初中数学的重要内容．

设计意图：学生经历探索思考、小组讨论，形成结论. 学生用类比的思想体会角的比较与线段的比较方法的一致性，从而有意识地积累数学活动经验，运用分类讨论的思想方法分情况去判断两个角的大小关系，从而突出本节课的重点.

活动 3：渗透变换，思维迁移

问题 3：（3）如图 10-4，小亮通过折叠的方法，使 OD 与 OC 重合，OE 落在 $\angle BOC$ 的内部，所以 $\angle BOC$ 大于 $\angle DOE$. 你能理解这种方法吗？

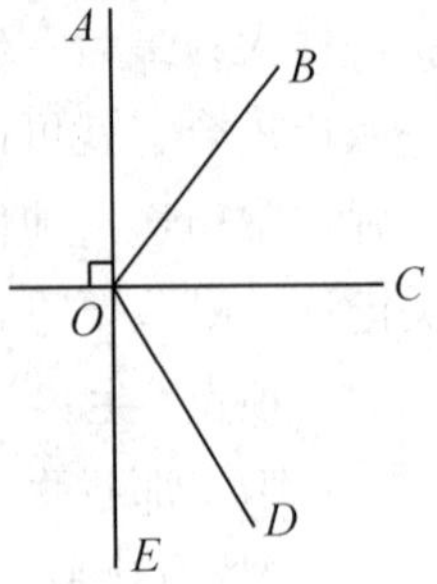

（4）请在纸片上的图形中先按小亮的方法折叠，再画出折痕 OF，$\angle DOF$ 与 $\angle COF$ 有什么大小关系？

师：请同学们拿出半透明纸，折一折.（老师走动，观察学生表情，折叠时有无困难. 如果有个别学生不会，老师观察时马上进行指导，若有多个学生有困难，就执行预案，学生先观看微视频，再跟着合并完成第（4）问.)

师：同学们，把折痕记为 OF，观察 $\angle DOF$ 与 $\angle COF$ 有什么大小关系？

生：相等关系，因为它们完全叠合.

师：若折痕看成从 O 点出发的一条射线，这条射线把 $\angle COD$ 平均分成了两个相等的角，类比线段的中点，我们称这条射线为 $\angle COD$ 的角平分线.

（生：学生打开书勾画定义，老师画出图形，让学生类比线段中点的几何语言来表达角平分线的几何语言.)

师：请同学们完成学案中的做一做，如下列第（5）题.

（5）如图 5，估计 $\angle AOB$、$\angle DEF$ 的度数，并量一量，验证你的估计.

图 10-4

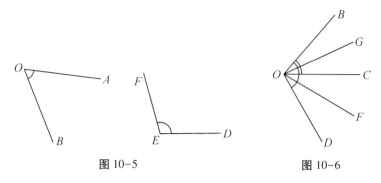

图 10-5   图 10-6

（6）如图 6，已知 $\angle BOC = 50°$，$\angle COD = 60°$，OF 平分 $\angle COD$，OG 平分 $\angle BOC$，求 $\angle FOG$ 的度数.

师：谁来回答第（5）题？

生：$\angle AOB$ 大约 60°、$\angle DEF$ 大约为 110°.

师：你是怎么考虑的?

生：我感觉和三角尺 60° 角差不多，第二个角比 90° 大一些，所以目测的.

生：我用三角尺比了一下，$\angle DEF$ 我用三角尺的 30°+90° 角来拼凑，发现比 120° 小一点，所以估计 110°.

生：还可以用 45°+60° 来拼凑比一下. 它比 105° 小一点点. 所以我估计 $\angle DEF$ 大约为 103°.

生：用量角器测量就知道.

师：同学们量一量，看大家估计的误差大不大. 我们通过估计，可以培养数感. 毕竟目测误差较大，借助三角尺等工具误差一般情况会小一点. 当然测量相对更准确，然而在生活中我们经常会用估计的方法.

设计意图： 在学生最近发展区，教师引导学生动手操作体会折痕等分角，让学生在问题中感受类比的数学思想方法，培养归纳的数学思想，培养学生的符号意识，在估计角大小的过程中，经历多种方法解决问题，感悟数学的化归思想. 数学思想方法教学在学生认识领域内循序渐进、螺旋上升.

四、学习评价

（1）思维导图，构建认知.

教师让学生回忆本节课知识，提出自己的疑惑，评价自己学习目标的达成情况. 思维导图见图 10-7、图 10-8.

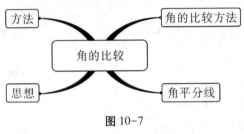

图 10-7

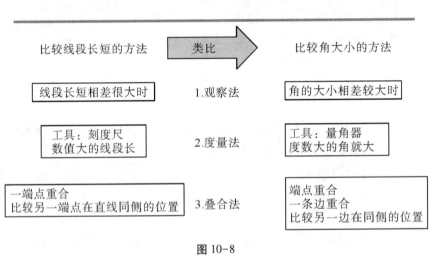

图 10-8

（2）师：出示一组当堂评价题，请学生在 5 分钟内独立完成后，在平板上提交. 我们通过智能统计反馈的数据，开展学生自评、生生互评、师生互评、教师评价.

设计意图：教师通过思维导图，从知识、方法、思想角度复盘本节课知识，构建学生认知，让学生提出自己的疑问，生生互助答疑；最后通过出示一组当堂评价题，让学生在平板上提交. 对学生的知识理解与掌握情况的评价，教师可利用智能平板得到反馈. 对学生的错误，教师可有针对地分析讲解，培养学生分析问题和解决问题的能力.

10.3.2 自然现象中的创新意识

应用一元一次方程——追赶小明

如何从根本上转变现存课堂中教师和学生的角色，帮助学生更有效率地学习数学，从而增强学生的创新意识呢？最近，我学习了《学习性评价行动建议 200 条》（中学版）（以下简称"200 条"），觉得针对学习策略"学用创"会给我的有效教学带来很大帮助．今天我就以数学微课"含参类分式方程有（无）解和特殊解思维探讨"为例，从"说"策略、"用创"策略和"反思"策略三个方面来说明．

一、"说"策略

我们知道，高质量的互动活动有助于激励并帮助学生思考，从而促进他们更好地学习．当学生与教师或同伴分享自己的想法时，教师就处在一个更为有利的位置，可以去了解和发现学生知道哪些，不知道哪些．一节好课的推进，需要提问，需要提好问．

因此今天我主要想和大家分享的是策略 62 和策略 67．

策略 62 是提前设计关键问题．我们在课堂中最多设计 4 个问题，并使这些问题与学习目标相关，再决定问题的层次、顺序和提问时间，要预先给问题一个情境，并在该情境下猜测学生的反应，在此基础上设置一些常规的、基础的追问问题．

策略 67 是从简单的问题开始，逐步延伸到更具挑战性的问题．我们可以选择不同类型的信息，在需要时回忆其内容，在一个新的情境中运用所学的技能，并结合现有因素创造一些新的内容，赋予它意义，让各部分信息形成内在的联系，基于公认的标准，对某件事情的价值作出客观的判断．

二、"用创"策略

我将从教材分析、学情分析、教法分析、教学过程分析四个方面进行说明．

1. 教材分析

（1）教材的地位和作用

本节内容是在学生学习一元一次方程之后，应用一元一次方程来解决生活中的行程问题. 在小学阶段, 学生已经对行程问题有所接触, 但他们的认识并未上升到理性认识阶段, 只是简单地套用公式解题. 而本节课是对小学内容的延续, 可以帮助学生从数量关系等角度更准确、清晰地描述和把握行程问题, 体现数学知识的形成与应用过程, 使学生明确方程是研究现实世界数量关系的重要数学模型.

大纲中对本节的要求是希望通过本节的学生, 学生能够发现、提出日常生活或生产中可以利用一元一次方程来解决的实际问题, 并正确地用语言表述问题及其解决过程.

基于此, 我设计了本节的教学目标和教学重难点.

（2）教学目标

让学生能借助"线段图"分析复杂问题中的数量关系, 列出方程, 解决问题.

让学生能体会"方程"是解决实际问题的有效模型.

开阔学生视野, 培养学生的综合能力.

（3）教学重难点

重点: 让学生能利用行程中的速度、路程、时间之间的关系列方程解应用题.

难点: 让学生学会利用线段图、表格分析行程问题, 寻找等量关系, 建立数学模型.

2. 学情分析

从心理特征来说, 初中阶段的学生的逻辑思维从经验型逐步向理论型发展, 观察能力、记忆能力和想象能力也随之迅速发展. 但同时, 这一阶段的学生好动、注意力易分散、爱发表见解, 希望得到老师的表扬. 所以在教学中, 教师应抓住这些特点, 一方面运用直观生动的形象, 引发学生的兴趣, 使他们的注意力始终集中在课堂上; 另一方面, 要创造条件和机会, 让学生发表见解, 发挥学生学习的主动性.

从认知状况来说, 学生在此之前已经接触过行程问题, 同时对解一元一次方程已较熟练, 这为顺利完成本节课的教学任务打下了基础. 但对于分析行程问题来寻找等量关系, 由于其抽象程度较高, 学生可能会遇到一定的困难, 所以教师在教学中应简单明了、深入浅出地对问题进行分析.

3. 教法分析

现代教学理论认为，在教学过程中，学生是学习的主体，教师是学习的组织者、引导者，教学的一切活动都必须以强调学生的主动性、积极性为出发点.

根据这一教学理念，结合本节课的内容特点和学生的年龄特征，我采用启发式、讨论式以及讲练结合的教学方法，以问题的提出、问题的解决为主线，始终在学生知识的"最近发展区"设置问题，倡导学生主动参与教学实践活动，以独立思考和相互交流的形式，引导学生发现、分析和解决问题.

4. 教学过程分析

数学教学过程是教师引导学生进行学习活动的过程，是教师和学生间互动的过程，是师生共同发展的过程. 为有序、有效地进行教学，本节课我主要安排以下教学环节：

（1）导——视频导入，回顾旧知

学生活动：让学生观看经典动画片《猫和老鼠》，一起回答3个问题.

预设结果：让学生回忆路程、速度、时间之间的关系.

设计意图：建构主义主张教学应从学生已有的知识体系出发，学生在小学已经知道路程、速度、时间之间的关系. 教以学生熟悉的动画片引入，能够极大地激发学生学习的热情.

（2）学——抽象问题，探求新知

学生活动1：基于以上三问，再次提问，请学生独立思考，是否还能轻松解答.

预设结果：此时学生陷入疑惑，现有的知识已经不能解决该类问题，从而引入探求新知环节.

设计意图：以学生熟知的追击问题引入主题，以问题串的形式引起学生的认知冲突，使学生对旧知识产生怀疑，从而激发学生学习新知识的兴趣和求知欲望.

学生活动2：请两位同学上台进行角色扮演，演绎题意，同时请同学们尝试画出两位同学的路线图，进而寻找等量关系.

预设结果：大部分学生能够比较直观地画出线段图，但在找寻等量关系时还需要教师引导.

设计意图：现代数学教学论指出，知识方法的教学必须在学生自主探索、经验归纳的基础上获得，教学中必须展现思维的过程性．在这里，教师通过将实际问题抽象成数学语言，又通过生活实际联想理解数学抽象，引导学生探求新知，获得解决问题的方法．

　　过渡语：通过例题的探究，同学们知道可以借助"线段图"分析复杂问题中的数量关系，从而列出方程，解决问题，这是本节课的重点，同时这也是一个难点．为了突破这一难点，我设计了第三环节．

　　（3）议——挑战探究，加深理解

　　学生活动：小组讨论，突出问题，画"线段图"分析，找出等量关系，列方程，解决问题．

　　预设结果：两种预设结果处理．

　　设计意图：本题是一道开放性的题目，目的在于发散学生的思维．学生在提出问题的同时加深对题目的理解，理解题中的等量关系，解决相遇问题，体现了"提出一个问题比解决一个问题更重要"的教学理念．这种方式使学生的认知结构得到优化、知识体系得到完善，使学生的数学理解又一次突破思维的难点．

　　（4）悟——小结归纳，拓展深化

　　学生活动：最后请学生举手发表通过本节课的学习，取得了哪些方面的收获．

　　预设结果：学生畅所欲言．

　　设计意图：小结归纳是优化认知结构、完善知识体系的一种有效手段．为充分发挥学生的主体作用，先让学生对本次课的感悟畅所欲言，教师再做补充和强调．

　　过渡语：为了让学生进一步感受一元一次方程在实际生活中存在的价值，以及让学生对本节内容理解更加深刻、牢固，我设计了课堂练习和课后作业两个板块．

　　（5）练——内化知识，感受文化

　　学生活动1：学生独立完成巩固训练，请一名同学上台讲解并板书解题过程．

　　预设结果：学生能够将简单的文言文翻译成白话文．有了前面的学习经验，学生能够将其抽象出数学语言，画出"线段图"，找到等量关系，并解答．

设计意图：数学文化的培养，有助于学生更好地理解数学的本质，同时有利于学生的品格塑造以及综合素质的提升."骐骥一跃，不能十步，驽马十驾，功不在舍."让学生懂得唯有坚持不懈，方可达到我们想要的远方！

学生活动2：每位同学都要做必做题，学有余力的同学进一步思考选做题.

预设结果：必做题能让学生对本节课所学知识进行巩固，选做题能开阔学生视野，提高学生思维的广度和深度.

设计意图：布置的题目由浅入深、由易到难、各有侧重，体现了让不同的学生在数学上得到不同发展的教学理念.

三、教学反思

本节课的设计从学生认知规律出发，经历画"线段图"，找出等量关系，建立方程，体会"方程"是解决实际问题的有效模型，渗透数学问题的探究从简单到复杂、特殊到一般的思想方法. 让学生学会用数学的眼光观察世界，用数学的思维思考问题，用数学的语言表达世界！

10.3.3 科学情境中的数学问题

线段的垂直平分线

一、问题提出

在七年级下册学生已经了解了垂直平分线，但是如何用尺规作图，尤其是对于生活中的实际选址问题，仍是学生学习中的一大难点. 同时，学生在学习几何证明的时候往往感觉到比较枯燥. 如何借助平板教学的优势，比较轻松愉快地把学生在几何学习中遇到的困难加以解决呢？

二、问题解决

在分析教材的基础上结合课标要求，理解和掌握线段垂直平分线性质及判定定理是本节课的重难点. 结合我校办学理念，笔者在课前出示学习目标与达成指标，再将目标细化，以"导—思—议—练—悟"三阶五元素教学法则，设计平板教学. 笔者以生活中的选址问题为背景激发学生兴趣；借助微课便于学生在平板上观摩用尺规作图. 对于学生在几何书写中可能出现的错误，教师直接拍照并在平板上修改，同时用黑板示范并拍照分享. 对于重难点内容，学生还可截图保存便于课后复习. 教师可利用大数据统计对学生当堂检测的作答情况进行客观分析，然后可进行有针对性的讲解. 笔者将主要探究过程的教案整理如下：

生活中的数学——选址问题

（一）引导词

师：某新城区的轻轨规划路线同侧有两个小区 A、B（见图 10-9），为便于两个小区居民乘坐轻轨，政府计划在某处修建轻轨站，使得到两个小区的距离相等，问轻轨站 C 选在何处？

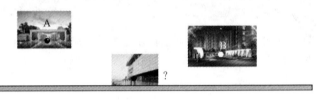

图 10-9

生：连接 A、B 两点，作它们的垂直平分线，与轻轨规划路线的交点，即为轻轨站 C 的位置（见图 10-10）.

（教师平板同屏展示问题，在学生作答后展示答案.）

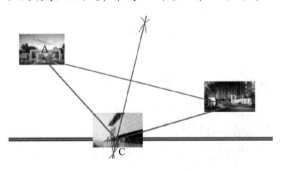

图 10-10

师：没错，咱们今天继续学习线段垂直平分线，一起来看看这节课的学习目标与达成指标.

（二）学习目标

（1）理解和掌握线段垂直平分线性质及判定定理.

（2）经历探索、证明等活动，发展演绎推理能力.

（三）达成指标

（1）描述垂直平分线的性质及判定定理，并完成证明.

（2）会用垂直平分线的性质及判定解决有关问题.

（四）【导】——回顾旧知、引入新知

（教师用平板同屏展示下列三个问题、第一问学生齐答；第二问微课展示作图方法，学生模仿完成作图；第三问学生自行动手并回答.）

1. 线段垂直平分线的定义：经过线段__中点__并且__垂直于线段__的直线，叫作这条线段的垂直平分线（又叫线段的中垂线）.

2. 尺规作线段 AB 的垂直平分线.

3. 在线段 AB 的垂直平分线上任找一点 P，连接 AP、BP，发现 $AP = BP$.

（五）【思】——观察猜想、验证证明

活动一：证明垂直平分线的性质

师：这个定理的文字语言以及图像语言有了，怎样将其转化为数学语言呢？

生：已知 $MN \perp AB$，$AC = CB$，求证：$PA = PB$.

师：咱们清楚了已知和求证，并且将条件问题上图（见图 10-11），现在请大家思考如何证明这个定理？

（学生独立思考，口述证明，教师用平板投影展示证明过程与结论，在黑板上板书重点.）

证明：∵ $MN \perp AB$（已知），

∴ $\angle ACP = \angle BCP = 90°$（垂直定义）.

在 $\triangle ACP$ 和 $\triangle BCP$ 中，

$AC = BC$，

$\angle ACP = \angle BCP$，

$PC = PC$，

∴ $\triangle ACP \cong \triangle BCP$（$SAS$）.

∴ $PA = PB$（全等三角形的对应边相等）.

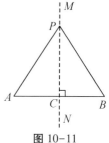

图 10-11

结论：

线段垂直平分线的性质定理：线段垂直平分线上的点到线段两端点的距离相等.

几何语言：

∵ $AC = BC$ ，　　$PC \perp AB$ （或者 P 在 AB 的垂直平分线上）

∴ $PA = PB.$

（六）【建议】—— 分组探究、得出结论

活动二：探索并证明判定定理

师：这个定理（线段垂直平分线上的点到这条线段两个端点的距离相等）的逆命题是什么？

生：到线段两个端点的距离相等的点，在这条线段的垂直平分线上.

师：那这个逆命题是不是一个真命题？如何证明？

已知：$PA = PB$.

求证：点 P 在线段 AB 的垂直平分线上.

（小组活动：①独立思考，在草稿本上写出证法.②组内分享，选派代表总结.）

（组间活动：学生们拍照展示方法，教师在图片上订正学生书写过程中的错误，并有针对地表扬.）

结论：

线段垂直平分线的判定定理：到一条线段两个端点距离相等的点在这条线段的垂直平分线上.

几何语言：

∵ $PA = PB$ ，

∴ 点 P 在 AB 的垂直平分线上.

（七）【练】—— 学以致用、及时反馈

1. 直线 CD 是线段 AB 的垂直平分线，P 为直线 CD 上的一点，已知线段 $PA = 5$，则线段 PB 的长度为（　　）

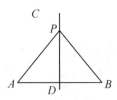

A. 6　　　　　　　　　　　　B. 5

C. 4　　　　　　　　　　　　D. 3

2. $AB \perp CD$，$CO = OD$，下列说法正确的是（　　）

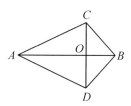

A. AB 垂直平分 CD 　　　B. CD 垂直平分 AB

C. AB 与 CD 互相垂直平 　D. CD 平分 $\angle ACB$

3. $\triangle ABC$ 中，AB 的中垂线交 AC 于 E，连接 BE，$AC + BC = 16$cm，则 $\triangle BCE$ 的周长是_____ cm.

（学生前三题在平板上提交答案，平板自动生成结果报告，教师针对性讲解.）

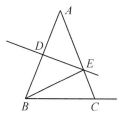

4. 已知：如图 10-12，$AB = AC$，$BD = CD$，P 是 AD 上一点.

求证：$PB = PC$.

师：来看看这道证明题，你有哪些方法完成证明呢？

生 1：先证明 $\triangle ABD \cong \triangle ACD$（$SSS$），得到 $\angle BAP = \angle CAD$，再证明 $\triangle ABP \cong \triangle ACP$（$SAS$），所以 $PB = PC$.

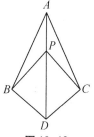

图 10-12

生 2：因为 $AB = AC$，所以 A 在 BC 垂直平分线上，因为 $BD = CD$，所以 D 在 BC 垂直平分线上.

所以 AD 垂直平分 BC，又 P 是 AD 上一点，所以 $PB = PC$.

师：比较不同的证明方法，哪种方法书写起来更简洁呢？

生齐答：第二种.

（教师在黑板上示范板书过程，并拍照分享，学生在平板上观摩书写过程并自行梳理.）

证明：连接 BC

$\because AB = AC$，

$\therefore A$ 在线段 BC 的垂直平分线上.

$\because BD = CD$，

$\therefore D$ 在线段 BC 的垂直平分线上.

$\therefore AD$ 是线段 BC 的垂直平分线（两点确定一条直线）.

$\because$ P 是 AD 上一点，

$\therefore$ $PB = PC$.

5. 已知：如图 10-13 所示，$\triangle ABC$ 的边 AB、AC 的垂直平分线相交于点 P.

求证：点 P 在 BC 的垂直平分线上.

（学生讨论方法，教师平板展示过程，学生截图保存.）

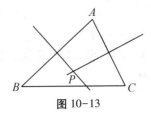

图 10-13

（八）【悟】——学后反思、拓展延伸

你学会了哪些知识？体会到什么思想？还有哪些疑惑？课堂小结如图 10-14 所示

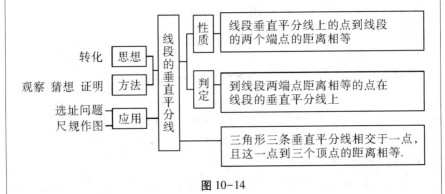

图 10-14

（九）拓展

1. 在此新区有三个小区 A、B、C（见图 10-15），为方便学生们就近入学，政府规划在这附近修建一所学校，试问：该学校应建于何处，才能使它到三个小区的距离相等？

图 10-15

2. 如果三个小区 A、B、C 作为顶点所连成的三角形形状不同（见图 10-16），依然要让学校离三个小区距离相等，这时候 P 点位置有怎样的变化呢？与三角形形状又会有怎样的关系呢？

（学生借助平板中的超级画板应用软件，课后完成探究作图.）

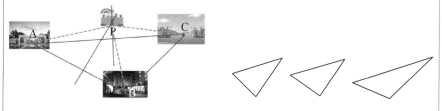

图 10-16

三、教学反思

在进行了这堂课的课堂设计及参与实际上课的过程之后，笔者发现平板教学下的智慧课堂对于本节课来说有以下几大特色：

（1）在导的阶段，学生作垂直平分线的环节时，需要进行尺规作图.这个时候传统的教学可能是教师带着学生一起画，但是在智慧课堂中，笔者先提前找一位学生录制好微课，再当堂播放.学生们可以通过平板直观清楚地看到作图的步骤和方法，仿佛有位小老师在给他们现场指导一样.

（2）在练的阶段，前三题包含了基础的选择题、填空题，学生们可以很快地在作答后把答案提交至平板上，我们可以现场得到作答的数据，生成直观的统计图，并让教师有针对性地进行讲解.

（3）在议与练的阶段，涉及几何大题的书写，这里借助平板采用了三种不同的方法. ①在议的环节，笔者直接对学生的答案拍照，让全班一起订正答案中的问题；②在练的阶段，尤其是新知识的运用，笔者带着大家一起板书，有的学生记笔记，写完后再把黑板上的板书拍照分享给全班同学，这对于后面几排可能看不清楚黑板的同学是很有帮助的；③对于注重思维难度的几何题，在向学生讲解清楚思考过程后，笔者直接把作答的过程展示在课件上，学生此刻可以截图保存，方便今后查看. 这三种方法都是传统课堂不能实现的，也更好地保障了所有的孩子能够更加平等、更加有效地在数学课堂上收获知识.

10.4 基于创新意识的典型教学案例

10.4.1 教学案例 1

探索勾股定理

一、学习目标

（1）学会用勾股定理的数量关系和面积关系计算线段长度和面积.

（2）学会用动手操作、小组头脑风暴、组间旋转舞台轮转合作方式学习任务 1、2，并学会用测量数据和割补法计算图形面积，通过观察、发现、猜想、验证，形成直角三角形三边平方的数量关系和相关正方形的面积关系.

任务 1：探索直角三角形三边平方的数量关系.

任务 2：探索直角三角形三边正方形的面积关系.

（3）学会在团队测验中，认真聆听和积极思考老师讲解任务 3、4，然后完成任务 3、4 的团队出题、答题任务，加强知识的应用与迁移.

任务 3：运用直角三角形三边正方形的面积关系求解面积问题（例 1）.

任务 4：运用勾股定理所隐含的方程思想，解答直角三角形相关边长问题（例 2 第一问是知二求一中的直接求解问题，例 2 第二问是知二求一中的间接求解问题）.

设计意图：勾股定理是初中数学一个重要的定理．它揭示了直角三角形中三边之间的数量关系，可以解决许多直角三角形中的计算问题．教师应重视对学生动手操作能力和观察分析问题能力的培养，学生通过观察、拼图、分析等活动，获得较为直观的印象．八年级的学生已经具备一定的观察、探索、归纳和推理的能力．学生普遍学习积极性较高，探究意识较强，课堂活动参与较主动，也有小组合作学习的基础．

二、学习过程

（一）分享学习目标，达成互启共识

1. 创设情境，导入课题

师：每个小组有四个形状大小完全相同的直角三角形，用它们你能拼出哪些几何图形，以小组为单位进行拼图．

师生交流：期待如图 10-17 拼图的出现；阐述此图的历史意义，引入课题．

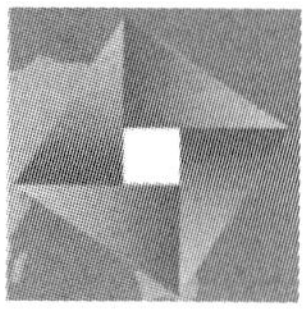

图 10-17

2. 教师直观展示，阐明目标

师：用大白纸将学习目标始终呈现在全班学生看得见的地方．

师：①阐明终极目标——用测量方法和面积法探索勾股定理及勾股定理的价值；②阐明实现指标——学习方法（动手操作、头脑风暴、旋转舞台、团队测验等），学习内容 1、2；③数学思想方法（方程思想、割补法、几何直观、运算能力）．

3. 教师让学生阐述观点，达成共识

设计意图：创设四个全等的直角三角形拼图的情境，让学生在拼图过程中直观感受数学美，引入赵爽弦图，丰富勾股定理的文化内涵，从而导入课题，在动手操作中激发学生对知识的探索欲望和学习热情．教师在课前阐明学习目标，帮助学生树立课堂学习的期望；直观展示学习目标，便于学生在学习过程中随时关注，有助于目标的达成．

（二）学习真实发生，绽放平等共学（见表 10-1）

表 10-1　示例

知识线索	学习活动	素养体现
1. 探索勾股定理	活动 1：自主学习、小组头脑风暴和组间旋转舞台轮转合作学习，完成任务 1 和任务 2. 任务 1：探索直角三角形三边平方的数量关系，具体内容如下： 　①用直尺测量每个小组给定的直角三角形三条边长度； 　②计算三边长度的平方； 　③探究三边长度平方的结果有什么数量关系. 　任务 2：探索直角三角形三边正方形的面积关系，具体内容如下. 　观察图 1，图 2，并填写表格. | 类别	A 地面积（单位面积）	B 地面积（单位面积）	C 地面积（单位面积）
---	---	---	---
图 1			
图 2			| 【教学具体流程】 　（1）针对任务 1，每个人独立尝试，再三人小组头脑风暴交流，最后形成小组结论 1. （2）组间旋转舞台轮转交流结论 1：先将组内人员编号为 0 号、1 号、2 号，然后按轮转规则——0 号不动，1 号转到下一组，2 号转到再下一组进行轮转；轮转的任务——0 号介绍本小组结论，1 号、2 号补充新点子（原三人组与之不同的结论）. 在三人分别介绍的过程中，三人都要认真倾听和记录其他两人的介绍，最后形成原三人小组结论 1	动手操作、积极参与、深度思考、勇于探究、归纳总结

表 10-1（续）

（3）针对任务 2，新三人小组重复以上流程（针对任务 2，新三人小组再尝试、交流、轮转，最后形成新三人小组结论 2）.

（4）每个学生回到最初的原三人小组，交流结论 1 和结论 2，形成本组最后的结论 1 和结论 2.

（5）全班展示交流结论：在大组内遴选 2 个小组分别汇报结论 1 和结论 2，其他组认真倾听并质疑与补充.

结论 1：根据测量法的测量结果，直角三角形两直角边的平方和等于斜边的平方.

结论 2：根据面积法的验证结果，直角三角形两直角边的平方和等于斜边的平方.

（6）教师点评讲解.

①点评学生学习活动中的参与度，上台展示、表述的思路.

②针对任务 1，引导学生从特殊到一般进行归纳，并用几何画板演示任意直角三角形的边长都存在平方关系，非直角三角形不存在此关系.

③针对任务 2，展示学生用割补法计算正方形 C 面积的思路（如图 3、图 4 所示）：

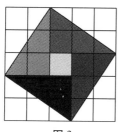
图 3

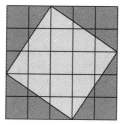
图 4

方法一（割）：分割为四个直角三角形和一个小正方形.

方法二（补）：补成大正方形，用大正方形的面积减去四个直角三角形的面积.

④针对整个活动 1，完善勾股定理的探究过程：观察—操作—猜想—验证（同时板书）.

⑤针对整个活动 1，解读探究过程蕴藏的数学思想方法：

从测量到用图形面积验证，体现从特殊到一般的学习方法；

用割补法计算正方形 C 的面积体现转化的数学思想

表 10-1（续）

	（7）师生共同获得勾股定理的具体内容： ①结合探索过程，学生用自己的语言叙述直角三角形的两条直角边与斜边的关系； ②阅读教材，勾画关键词； ③结合图形，用数学符号表示勾股定理； ④教师深度解读勾股定理所隐含的方程思想和几何直观的面积关系	
2. 应用勾股定理	活动2：团队测验学习任务3和任务4. 任务3：运用直角三角形三边正方形的面积关系求解面积问题，具体内容如下： 例1（教材第3页随堂练习第1题）：求图5、图6中字母所代表的正方形的面积（注：为演示计算，省略面积单位）. 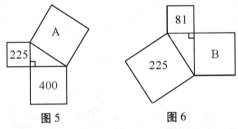 图5　　　　　图6 任务4：运用勾股定理所隐含的方程思想，解答直角三角形相关边长问题，具体内容如下： 例2（老师自己改编的题目） （1）求图7中直角三角形的斜边长. 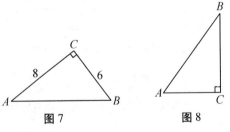 图7　　　　　图8 （2）如图8，△ABC中，∠C=90°，BC=4，AB+AC=8，求AC的长. 【教学具体流程】 （1）教师出示例题1，并在讲解例题1前先告知学生学习活动分组情况及讲解后的命题、答题任务要求. 具体如下：	认真倾听、思考提问、积极合作、理性思维

表 10-1（续）

①全班 14 个小组（每小组均为 3 个人），第 1、2、3 小组为 A 大组，第 4、5、6 小组为 B 大组，要求 A、B 大组在老师讲解完后以小组为单位自主命制一道与例题或者变式题类似的题.

②第 7、8、9 小组为 C 大组，第 10、11、12、13、14 小组为 D 大组，要求 C、D 大组在 A、B 大组命题时做好答题的讲解内容准备.

（2）针对例 1，教师先讲解：

师：观察图 5，思考正方形 A 的面积与什么有关？为什么？

生 1：与中间直角三角形的斜边平方有关，因为正方形 A 的边长平方正好是直角三角形斜边长的平方.

师：非常正确，本题就是运用勾股定理的几何直观，把面积问题转化为边长平方问题.

师追问：斜边长的平方能求吗？是多少？

生 2：能求，等于这个直角三角形两直角边的平方和，由于两直角边的平方分别等于 400 和 225，所以 A 的面积为 400+225＝625.

师追问：为什么两直角边的平方又分别等于 400 和 225？

生 3：根据勾股定理的几何直观，可以将直角边平方转化为以直角边为边的正方形面积，所以观察图 5 中已知即可得.

师追问：图 6 中 B 的面积等于多少？为什么？

生 4 答：225－81＝144，根据勾股定理的几何直观和正方形面积关系可得.

师：非常好，例 1 中的面积问题解答，充分运用了勾股定理的几何直观及正方形面积关系，还用到了平方的整体思想求解. 有的同学用先求解正方形 A 或 B 的边长，再用面积的方法求解，也是可以的，但希望能根据具体问题，正确选择简便方法求解.

结论：以直角三角形的三边向外作三个正方形，以两直角边作的正方形的面积分别表示为 S_A、S_B，以斜边作的正方形的面积表示为 S_C，则 $S_C = S_A + S_B$.

（3）针对例 1 的教师讲解，A 组、B 组学生各命制一道与例 1 类似的题，同时 C、D 组同学温习教师的解法，并准备回答 A 组、B 组提出的问题. A 组、B 组命题完成后开始测验：A 组提问 C 组，C 组若答不上，则由 D 组答；C 组若答上，则 B 组提问 D 组，D 组若答不上，则提问 C 组

表 10-1（续）

（4）教师讲解例 2（1）：

师：请观察图 7，可发现，直角三角形的两边为已知，因此根据勾股定理可得，$AB = \sqrt{8^2 + 6^2} = 10$.

师小结：例 2（1）为直角三角形的二求一中的直接求解问题，即已知直角三角形两边长，可以直接求第三边的长.

教师讲解例 2（2）：

师：首先认真仔细读题，将已知条件勾画出来：已知斜边和另两条直角边的关系，求一直角边的长. 如何求解呢？

师：像这类问题，可以利用已知中两直角边关系，设其中一个量为未知数 x，而另一个量利用此关系，就可用含 x 的代数式表示出来，然后再运用勾股定理的边长平方关系，列方程、解方程，从而使问题得解. 具体书写如下：

师板书演示：设 $AC = x$，则 $AB = 8 - x$，由勾股定理得方程 $x^2 + 4^2 = (8 - x)^2$，解此方程，可得 x，即所求 AC 的长.

师小结：例 2（2）与（1）不同，它是直角三角形知二求一中间接求解问题，需设未知数，列方程、解方程，从而求解. 这类问题在几何的求线段长中经常会出现，希望大家一定要掌握. 这类问题考查了数形结合思想，还考查了方程思想的灵活运用.

结论：在直角三角形中，已知两边长，利用勾股定理可以直接求第三边长；在直角三角形中，已知一边长和其他两边的关系，可以设未知数，利用勾股定理列方程求解边长.

（5）针对例 2 的教师讲解，C 组或 D 组学生各命制一道与例 2 类似的题，同时 A、B 组学生温习教师的解法，并准备回答 C 组、D 组提出的问题；C、D 组命题完成后开始测验：C 组提问 B 组，若 B 组答不上，则提问 A 组；D 组提问 A 组，若 A 组答不上，则提问 B 组

设计意图：此学习活动将教学策略"头脑风暴"与教学策略"旋转舞台"综合运用，让每个学生都有独立思考和参与发言交流的机会，让课堂教学能真正活起来. 教师重点讲解与勾股定理相关的面积计算问题和边长计算问题，示范方法和板书，呈现清晰的解题思路和答题规范. 教师运用"团队出题与答题测验"，帮助学生学以致用，巩固学习内容的同时，向迁移学习迈进.

（三）认知自评互评，彰显对标共识

1.【学生自评】根据学习目标，完成课堂小结"思维导图票"

学生根据以下提纲完成"思维导图票"（图10-18）.

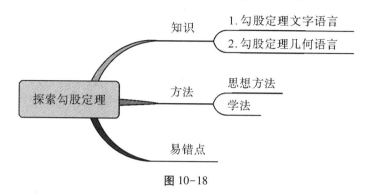

图 10-18

教师细化的"思维导图票"（图10-19）.

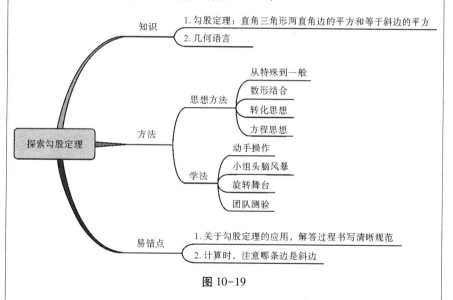

图 10-19

2.【生生互评】小组内展示交流"思维导图票"，小组内进行互评.

3.【交"票"】下课时，学生将署名的"思维导图票"交给教师，教师将收回的"思维导图票"归类，并对学生进行针对性的辅导.

设计意图：通过学生的自评，教师带领学生回顾本节课的学习内容，形成知识网络，在有形的知识网络中感受无形的数学思维深度和美感．学生通过互评，进一步补充知识漏洞，及时进行自我反思．教师通过运用"出门请交票"这一教学策略来了解学生在本节课中学习的情况．

三、布置作业

基础性（2个）：教材第4页习题1.1的1、2题．

1. 如图10-20，求出下列直角三角形中未知边的长度．

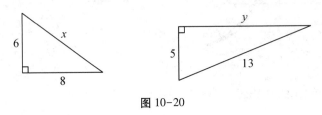

图 10-20

2. 求斜边长是17 cm、一条直角边长为15 cm 的直角三角形的面积．

拓展性（1个）：教材第4页习题1.1的第4题．

3. 如图，求等腰△ABC 的面积．

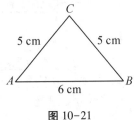

图 10-21

弹性（1个）：教材第4页习题1.1的第3题．

4. 如图10-22，所有的四边形都是正方形，所有的三角形都是直角三角形，请在图中找出若干个图形，使得它们的面积之和恰好等于最大正方形①的面积，尝试给出两种以上的方案．

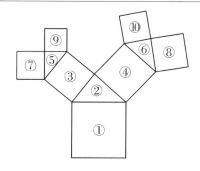

图 10-22

设计意图：课后作业包括基础性作业、拓展性作业、弹性作业，满足不同层次学生的学习需求，让不同层次的学生都能通过作业有所收获. 特别是弹性作业，此题具有一定的开放性，学生在多种方案的寻求中，进一步加深对勾股定理的理解，发散学生的数学思维和创新意识. 教师用几何画板向学生展示"勾股树"形成的过程，学生进一步在几何直观中感受图形变换带来的视觉冲击和美丽，让数学在学生心中动起来、活起来.

10.4.2　教学案例 2

信息技术与初中数学学科整合的初步探究

结合新课程改革的不断深化与素质教育的不断实施，对于计算机与初中数学课堂融合方面，笔者针对《数学（北师大版八年级下）》第一章第一节进行了一次具体教学实践探索，并对今后的学科整合提出了一些思考改进方案.

一、问题背景

（一）未来社会对公民数学素养的要求

随着科学技术的迅速发展，特别是以计算机为标志的信息时代的到来，数学正以前所未有的方式向社会的一切领域渗透.

（二）当下学生的认知特点

（1）学生不是一张白纸，每一个孩子都有着丰富的生活体验和知识积累. 其中就包含着大量的数学活动经验, 特别是运用数学解决问题的策略. (2) 每个学生都有自己的生活背景、家庭环境, 这种特定的社会文化氛围, 导致不同的学生有不同的思维方式和解决问题的策略.

（3）学生的学习不是一个被动吸取知识、记忆、反复练习、强化储存的过程. 有意义的学习过程是学生以一种积极的心态, 调动原有的知识和经验尝试解决新问题, 同化并构建新知识的过程.

（4）所有的新知识只有通过学生自身的"再创造"活动, 使其纳入自己的认知结构中, 才可能成为有效的知识. 对于每一个学习主体, 没有活动、没有做就形不成学习.

（5）从现实中学数学、做数学.

（6）让学生体验做数学的成功乐趣, 树立学好数学的自信心.

二、问题提出

在上课期间, 笔者发现许多教师在《数学（北师大版八年级下）》第一章第一节的教学过程中, 会让学生亲自动手绘图, 体验对图形进行分割填补等操作. 然而这样做有一定的缺点, 就是画图过程中, 学生用铅笔绘图, 不停地擦来擦去, 动作较慢, 造成本课时内容未讲解完, 需要留给下节课继续学习. 因此, 这启发笔者利用几何画板这种重要的数学工具, 而这个软件必须用到电脑, 因此需要在机房让学生完成探究与作图过程.

笔者与学校信息技术老师马上对这一方案进行讨论, 并在专家的指导下, 明确了这件事情正是由于没有人做过, 才体现了"创课"的意义. 于是, 笔者便大胆地思考如何将初中数学内容与信息技术融合.

三、问题解决

在分析教材的基础上, 笔者认为, 在格子中探索并发现勾股定理是本节课的重难点, 因此将目标细化, 结合"导—学—议—练—悟"的五环三维教学法则, 设计课程教学: 全程在机房上课, 侧重在"学"与"议"的部分. "学"是指教师通过指导归纳一般方法教会学生如何使用几何画板对图形进行分割; 而"议"的部分则交给学生利用计算机中的"几何画板"进行自主探索, 并得到勾股定理的一般性结论. 笔者将主要探究过程的教案整理如下:

活动1 探索等腰直角三角形

内容：投影显示如图10-23的示意图，引导学生从面积角度观察图形。

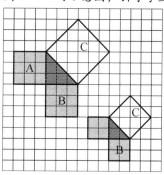

图 10-23

师：如果将每个小方格的长度记作1个单位长度，那么每一个方格的面积是多少？A的面积是多少？B呢？C呢？

（学生回答。）

师：那么你能说说你是怎么看出来的吗？

（学生回答。教师在补充后，及时进行归纳。）

学生通过观察，归纳发现：

结论1：以等腰直角三角形两直角边为边长的小正方形的面积的和，等于以斜边为边长的正方形的面积。

设计意图：体现研究数学问题由特殊到一般的思想方法。

活动2 探索直角三角形勾股定理

内容：由结论1我们自然产生联想：一般的直角三角形是否也具有该性质呢？

（1）观察图10024：

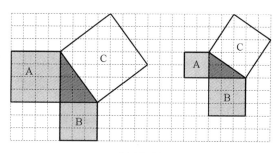

图 10-24

（教师将勾股定理相关素材传送给学生，并教他们打开安装.）

师：借助一种重要的数学软件——几何画板，让我们一起来简要地了解它.

（教师将几何画板中怎样连线、隐藏/撤销对象的基本知识教给学生.）

师：结合之前我们提到的方法，现在请大家自主探究出图10-24中C的面积.

[教师下台走动，并通过总控制电脑查看每位同学的探究情况，发现闪光点，通过学生作品展示思想方法（如图10-25）]

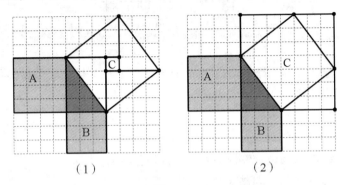

（1）　　　　　　　　　　（2）

图 10-25

方法一：

如图10-25（1），将正方形C分割为四个全等的直角三角形和一个小正方形.

方法二：

如图10-25（2），在正方形C外补四个全等的直角三角形，形成大正方形，用大正方形的面积减去四个直角三角形的面积.

师：类似的，通过上述两种方法找出图10-25中正方形C的面积.

（学生独立完成，师生共同得出结果.）

师：分析表格（见表10-2）中的数据，你发现了什么？

表 10-2 样表

类别	A 地面积 （单位面积）	B 地面积 （单位面积）	C 地面积 （单位面积）
图 10-25（1）			
图 10-25（2）			

学生通过分析数据，归纳出：

结论 2：以直角三角形两直角边为边长的小正方形的面积的和，等于以斜边为边长的正方形的面积.

设计意图：计算正方形 C 的面积是一个难点. 学生利用几何画板进行自由发挥，对图形进行割补，突破难点，提升了动手操作能力.

效果：学生通过自主探索，提升数学学习兴趣，在探究出 C 的面积后得到结论 2.

结论 3：勾股定理

勾股定理：直角三角形两直角边的平方和等于斜边的平方. 如果用 a、b、c 分别表示直角三角形的两直角边和斜边，那么 $a^2 + b^2 = c^2$.

四、实践与反思

笔者在上课过程中发现，如学生对在机房上数学课很感兴趣. 在好奇心的驱使下，孩子们积极踊跃发言，课堂氛围较好.

在具体操作中，笔者发现当下的孩子电脑操作水平普遍较高. 他们能很快上手操作几何画板软件. 在评课环节，教学经验丰富的教师对于这节课的评价是，"这节传统意义上需要上两节的课，在计算机的帮助之下仅仅花了一节课的时间就达成了我们想要的内容与目标".

同时在教学之中，笔者更是与学生碰撞出不可思议的火花. 比如，在"练"的环节中有这样一道实际生活背景问题.

例 1 小明家买了一台 19 英寸（约 48 厘米）的电脑（如图 10-26 所示）. 小明量了电脑的屏幕后，发现只有 39 厘米长和 28 厘米宽，他觉得一定是售货员搞错了. 你能解释这是为什么吗？

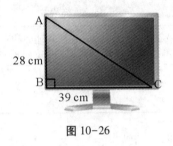

图 10-26

解得：

$48^2 = 2\ 304$，$39^2 = 1\ 521$，$28^2 = 784$.

∵ $39^2 + 28^2 = 2\ 305$，$48^2 = 2\ 304$，荧屏对角线大约为 48 厘米.

∴ 售货员没搞错.

设计意图：该题是实际应用问题，体现了数学来源于生活，又服务于生活，意在培养学生"用数学"的意识. 学生运用数学知识解决实际问题是数学教学的重要内容.

笔者原本以为学生会利用电脑中的"计算器"功能去计算这三个平方数，却无意间发现有一个孩子在几何画板软件中发现了有个软件本身自带计算器功能. 这更是让人感受到学生的思维是灵活的，他们在计算机的世界中可以发掘出令人意想不到的答案.

美国数学科学教育委员会在《重建中小学数学》（*Reshaping School Mathematics*）一书中提出了六条原则. 其中之一：数学课程从始至终都应当使用计算器和计算机，学生只有把数学看成现代的科目才能获得数学能力. 在数学学习中，不积极参与数学的交际活动过程（猜想与争论、探索和推理、问题提出和解决、计算和检验），一般很难理解有关知识. 计算器功能像"快笔"，所以能够使学习数学过程比用纸笔更有用、更有效率. 同样，计算机能使学生算得快. 使用计算器和计算机的数学教学比传统数学教学更有潜力，更能使学生获得深刻理解.

同时笔者对于哪些数学内容适合在机房上教学进行了进一步思考，如：几何动态类、实践操作类（几何画板）、实际问题类（计算量大）等．在新课标的指导下，各年级的数学教学都应当使学生成为更积极的学习者．除了使用新技术之外，关于学生如何学习的研究提出了更多教数学的有效方法．当下信息技术与中学数学学科整合是必要的，也是今后发展的必然趋势．

10.4.3　教学案例3

三阶多策略

"三阶多策略"教学，是本校建设学习型学校，促进教与学变革的课堂教学范式，其目的是实实在在呈现学习目标、学习活动、学习评价的一致性，让学生的思维从表层学习到深度学习再到迁移学习．

一、学习目标

（一）终结指标

让学生学会正确求解一次函数解析式、比较大小、确定方程（组）解的基础问题，学会正确求解一次函数与三角形面积、与线段最值问题综合的中档问题．

（二）实现指标

（1）学生通过活动1的独立思考、小组头脑风暴、组间旋转舞台活动完成任务1，学会用转化和数形结合思想方法，将面积计算问题不断转化为利用点坐标求线段长问题，并归纳其解答思路；学会用思维导图梳理问题类型、知识技能、思想方法及易错点．

任务1：凝练问题1类型，归纳形成解答思路1（思路结论1），梳理形成本章复习小结结构1（小结结论1）．

（2）学生通过活动2的团队测验完成任务2，学会认真倾听和积极思考老师的讲解，完成任务2的团队出题、答题，学会迁移应用；学会用转化和数形结合思想，将其周长最小值问题转化为求两条折线段和最小的"将军饮马"问题，并归纳其解答思路，学会再梳理.

任务 2：凝练例题 1 类型，归纳形成解答思路 2（思路结论 2），完善形成本章复习小结结构 2（小结结论 2）.

设计意图：将学习目标创新设计为终结指标和实现指标，是学校教与学变革的重要举措之一，其目的一是通过终结指标让师生知道自己要到达的目的地；其目的二是通过实现指标让师生知道自己用什么方法可以到达目的地，还可以通过实现指标判断自己现在正在哪里. 这样设计有利于教学评一致性的实现，有利于减负提质.

二、学习活动

（一）分享学习目标，达成互启共识

1. 创设情境，导入课题

教师出示自查题并请学生在 3 分钟内完成.

自查题：

（1）已知点 A 的坐标为（-2，-2），点 B 的坐标为（2，4），求直线 AB 的解析式.

（2）若点（3，y_1）和点（1，y_2）在（1）题中的直线 AB 上，则下列结论正确的是（　　　）.

A. $y_1 < y_2$　　　B. $y_1 \leqslant y_2$　　　C. $y_1 > y_2$　　　D. $y_1 \geqslant y_2$

（3）已知直线 $x - 4y = 0$ 与 $2x - y + 2 = 0$ 交点为（1，4），则方程组 $\begin{cases} x - 4y = 0 \\ 2x - y + 2 = 0 \end{cases}$ 的解是＿＿＿＿＿＿＿.

学生独立解答并举手回答自查题的答案，简要阐述解答理由.

教师引入课题"一次函数"进行复习（说明：本章复习共 2 课时，今天是 1 课时）.

2. 直观展示、阐明目标

教师用课件展示学习目标. 在学习过程中学生随时都能看到学习目标，在课堂小结时也可对照学习目标进行自我总结.

教师阐明目标：（1）结合自查题，阐明基础问题解决的关键，是用待定系数法求解一次函数解析式，用数形结合方法和一次函数图像的增减性比较大小和确定方程（组）的解；（2）结合实现指标阐明终结指标中的中档问题，将通过什么样的学习方式和挑战性任务才能达成，让学生学会用实现指标自始至终自评和互评已达到的程度.

3. 阐述观点，达成共识

学生通过自查，反馈自己存在问题，通过本复习课及时查漏补缺；在解决问题的过程中，学会归纳中档问题的解答思路，会从问题入手梳理复习小结结构图，从而学会迁移；学会有的放矢地完成学习任务，实现减负提质.

设计意图：苏霍姆林斯基曾说"正确的组织复习是让学生完成实际作业". 教师通过创设直观的自查问题情境引入本节课复习题，这是学生完成实际作业的具体体现；接着分享本节课的终结指标和实现指标，达成互启共识，这是学校"三阶多策略"教学范式第一阶的具体体现. 其第一个目的是检测学生新课学习情况和遗忘程度，从而更准确确定本复习课的起点及重难点；第二个目的是为梳理本章内容做直观、具体铺垫；第三个目的是由浅入深调动学生的积极性，使基础问题的解决和学习目标的分享与互启共识更加井然有序.

（二）学习真实发生，绽放平等共学（见表10-3）

表10-3 示例

知识线索	学习活动	素养体现
1. 一次函数与图形面积计算	活动1：学生通过自主学习、小组头脑风暴和组间旋转舞台轮转合作学习完成任务1. 任务1：凝练问题类型，归纳解答思路（思路结论1），梳理形成本章复习小结结构图（小结结论1）. 具体内容如下： （1）解答下列问题1，凝练此问题类型、归纳其解答思路（思路结论1）. 问题1：如图1，已知一次函数的图像经过 A $(-2, -2)$，B $(1, 4)$ 两点，并且交 x 轴于点 C，交 y 轴于点 D，求 $\triangle COD$ 的面积和 $\triangle AOB$ 的面积. 图1	自主动手积极参与深度思考归纳总结

表 10-3（续）

（2）结合自查题和问题 1 的解答，梳理形成本章复习小结结构图（小结结论 2）.

【教学具体流程】

（1）教师出示任务 1，让每个人独立尝试. 三人小组进行头脑风暴交流，最后形成小组思路结论 1 和小结结论 1. 调头脑风暴时，每人依次发言，教师只回答一个问题，并且不重复.

（2）组间旋转舞台轮转交流思路结论 1 和小结结论 1：先组内人员编号为 0 号、1 号、2 号，然后按轮转规则——0 号不动，1 号转到下一组，2 号转到再下一组进行轮转；轮转的任务——0 号介绍本小组结论，1 号、2 号补充新点子（原三人组与之不同的结论）. 在三人分别介绍的过程中，三人都要认真倾听和记录其他两人的介绍，最后形成原三人小组思路结论 1 和小结结论 1.

（3）每个学生回到原三人小组交流，形成本组最后的思路结论 1 和小结结论 1.

（4）全班展示交流结论：在大组内遴选 2 个小组分别汇报思路结论 1 和小结结论 1，其他组认真倾听并质疑与补充.

（5）教师点评讲解：

①点评学生学习活动中的参与度以及上台展示的表述思路.

②讲解求面积的思路结论 1 和本章复习小结结论 1. 小结结论 1 如图 2 所示.

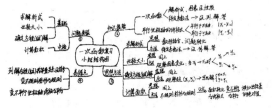

图 2

思路结论 1：一是观察所求面积图形是否是规则图形，若不是，则需将不规则图形转化为规则图形；二是根据公式求相关线段的长；三是求平行于坐标轴的线段长是根据该线段两端点坐标差的绝对值计算的；四是求不平行于坐标轴的线段长是根据作辅助线将其转化为求平行于坐标轴的线段长，再由勾股定理计算的.

表 10-3（续）

2. 一次函数与线段最值确定	活动2：用团队测验完成任务2 任务2：凝练例题1类型，归纳形成其解答思路（思路结论2），梳理形成本章复习结构图2（结构结论2）. 具体内容如下： 解答下列例题1，凝练此问题类型、归纳其解答思路（思路结论2），完善形成本章复习小结结构图（小结结论2）. 例题1 如图3，在平面直角坐标系中，直线 l 的解析式为，与 x 轴交于一点，且，直线 l 有一点 B 的横坐标为 $\sqrt{3}$，点 A 是 OC 的中点，在直线 BC 上有一点 P，使得 ΔOAB 的周长最小，请画出点 P 的位置并写出画法. 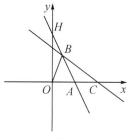 图3 【教学具体流程】 （1）教师出示例题1，并在讲解前先告知学生学习活动分组情况及讲解后的命题、答题任务要求. 具体如下： ①全班14个小组（每小组均为三人）的第1、2、3小组为A大组，第4、5、6小组为B大组，要求A、B大组在老师讲解完后以小组为单位自主命制一道与例题1类似的题. ②第7、8、9小组为C大组，第10、11、12、13、14小组为D大组，要求C、D大组在A、B大组命题时做好答题的讲解内容准备. （2）教师讲解例1，归纳解答思路，完善复习小结结构图. （1）教师启发讲解例1的解答思路. 首先，根据定义，将 ΔOAP 周长具体化为三条线段的和，即 ΔOAP 周长 $= OA + OP + AP$. 由于 OA 是定值，从而将三线段 $OA + OP + AP$ 和的最小值问题转化为两线段 $OP + AP$ 和最小值问题. 思考：如何确定两线段和的最小值呢？	认真倾听、思考提问、积极合作、几何直观

表 10-3（续）

师讲解：联想"将军饮马"问题解答的方法是变曲为直，我们可以结合图形想象，在直线 BC 同一侧的两段线段 OP、AP 能否直接将其拉直为直线段？（答案是不行.）

其次，再思考：如果将两段线段 OP、AP 中的一条变到直线 BC 的另一侧，结合图形再想象，能否直接将其拉直为直线段呢？（答案是可以，此时教师可借助教具直观演示.）

再思考：如何将其中的一条线段变到另一侧呢？（此时教师可以请生观看"将军饮马"问题的小微课视频.）

最后，教师演示作出 P 点.

（2）教师根据以上讲解，归纳形成这类问题的解答思路（思路结论2）.

思路结论2：一是将周长具体化为三线段的和；二是将三线段和最小值问题转化为两条折线段和最小值问题；三是根据轴对称变换将同侧的两线段转化为异侧的两线段，并做出变换后线段的相应对称点；四是过原线段的一个不同端点与变换线段的不同端点的对称点作直线，与原对称线的交点，即所确定的最小值点.

（3）教师引导凝练此问题类型，并引导完善形成本章复习小结结构图 2（小结结论2）.

小结结论2如图4所示.

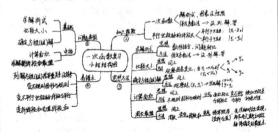

图 4

（3）A、B 大组命题，C、D 大组作答题的温习准备.

（4）A、B 大组轮换出题，C、D 大组轮换答题.

师：此时充分关注学生的互动参与，及时解答学生不能解答的问题.

设计意图：采用三列表格形式呈现本环节，这是学校"三阶多策略"教学范式第二阶段的具体体现．其第一个目的是通过第一列，凸现学科知识线索，促进师生对学科的理解；第二个目的是通过第二列，重点呈现学习真实发生的挑战性任务、任务达成的内容载体及学习策略设计等；第三个目的是通过第三列，强化核心素养如何在学科教学中落实、落细．

（三）认知自评互评，彰显对标共思

（1）根据学习目标和小结结论2，请学生独立补全自己的结构图，小组再进行自评互评．

（2）出门时请交"票"，具体流程如下：

①引导学生结合学习目标，填写如下"门票"内容：

今天，我知道了自己的易错点在＿＿＿＿＿＿＿＿＿＿＿＿＿＿＿＿；

我还有疑问是＿＿＿＿＿＿＿＿＿＿＿＿＿＿＿＿＿＿＿＿＿＿；

今天放学后我还可以教给其他人的是＿＿＿＿＿＿＿＿＿＿＿．

②下课时，学生将写好姓名的"门票"交给老师，老师将收回的"票"归类有并针对性的对学生进行辅导．

设计意图：引导学生学会结合学习目标进行自我反思，其第一个目的是帮助学生自评、互评与诊断，提升学生的评价素养；第二个目的是帮助学生建立认知结构和在第一个遗忘点到来时强化记忆，这符合学习的认知规律和遗忘曲线规律．

三、布置作业

基础性：2个，教材P107复习巩固第3、4题（全班必做，完成好）．

拓展性：1个，完善学案上的变式题的解答过程（作为弹性作业）．

设计意图：分层布置基础性作业与拓展性作业，便于学生及时巩固一次函数图像与性质．待定系数法运算，完善学案中的变式题，掌握难点知识与方法．

四、课例点评

俄国教育家乌申斯基说，"与其借助复习去恢复记忆，不如借助复习去防止遗忘"，这说明及时复习是非常重要的. 为了发挥课堂主阵地，提高课堂教学的有效性，在学习型学校建设的教与学变革行动中，珊瑚中学探索形成了"三阶多策略"教学范式，该范式不仅可用于新授课教学，也可用于复习课教学.

该课例是"三阶多策略"教学范式在初中数学复习课教学中应用的真实写照，值得以课例设计与课例点评的形式进行分享交流，以求"同读一策略、同构一堂课、同研一问题". 下面，笔者从三个方面进行点评交流.

（一）整体评析

（1）改变三种教学低效行为：一是复习课一开始就梳理知识结构；二是重知识传授，轻学法指导；三是采用师讲生听的单一教学模式.

（2）重塑三种有效教学主张：一是自始至终呈现学习目标，树立目标意识，让学生能及时诊断评价自己的学习效果；二是运用多种教学策略设计问题，帮助学生实现从表层学习到深度学习再到迁移学习；三是营造人人出彩的平等共学氛围，帮助学生用多种学习策略进行学习.

（二）分阶段评析

第一阶段：分享学习目标，达成互启共识.

本环节是"三阶多策略"教学范式中的第一阶段，主要呈现的是师生运用"师述生识""师启生识""生启生识"等策略，达成对本课时学习目标的共识. 其意义在于学生一开始就对一次函数复习的内容、教与学方法和复习后应达到的目标做到心中有数，有效提高了学习目标达成的信度，成为高效的学习者，实现目标、活动、评价的一致性.

教师陈述的终结指标，简单明了、直观可测，易于学生理解掌握；陈述的实现指标关注了教法、学法和任务化的挑战性问题，符合课程标准、学生最近发展区及课程教学变革的要求，易于学生在经历、体验、感受多种学习策略时，养成会倾听的习惯和与人相处的谦和性格，逐渐养成用数学眼光、思维、语言来观察、思考、表达世界的学科综合素养.

第二阶段：学习真实发生，绽放平等共学.

本环节是"三阶多策略"教学范式中的第二阶段，主要呈现的是师生运用"头脑风暴""旋转舞台（三人轮转）""团队测试"等多种教与学策略，绽放出学生独学、同伴互学、师启生学等平等共学新形式.其价值在于学生的课堂学习生成与及时反馈，鲜活真实.

在学习型学校建设的过程中，教师将书中策略进行图解，不仅直观，而且操作性强.学习策略的图解方法，值得大家学习借鉴和推广.本环节重要的两个策略是"旋转舞台（三人轮转）"和"团队测试"，其具体直观图解如下：

（1）旋转舞台（三人轮转）策略（见图10-27）.

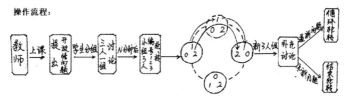

精彩之处：

1. 在上课之初，通过开放性问题让学生变得积极主动.

2. 通过学生移动位置，能让学生坦诚、开放地分享观念与感受，改善积极学习环境.

3. 轮转讨论能够让问题得到深入解决，让学生的思维不断发散.

图 10-27

（2）团队测试策略.

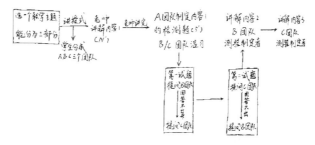

精彩之处：

1. 用出考题方式，促使学生认真听老师讲解.

2. 学生不仅认真听，还要认真思考，提出考试问题.

3. 有助于学生觉得他们正在以一种有趣的、无威胁方式学习.

4. 有助于学生学会合作，积极获得知识.

图 10-28

第三阶段：认知自评互评，彰显对标共思.

本环节是"三阶多策略"教学范式中的第三阶段. 师生采用思维导图及"出门请交'票'"等策略，对照学习目标（特别是对照实现指标）互查系统反思. 本节课，通过思维导图，从知识、思想方法、易错点的角度复盘，不仅有利于学生认知结构形成，给学生提供自我认识的机会，还帮助教师精准分析学情和课后有针对性的辅导学生.

本环节重要的一个策略是"出门时请交'票'"，其具体直观图解如图 10-29 所示.

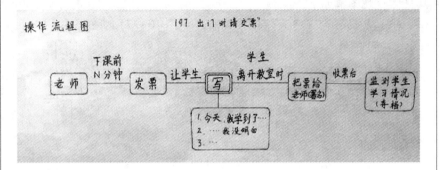

图 10-29

（三）课例改进评析

反思是学习的生命线. 我们每个人不能在事前像诸葛亮那样料事如神，但我们可以养成在做完一件事后回头看的习惯，以便在下次做相同事时，不再犯类似错误. 当然，教学更不例外，下面就本课例所存在的问题反思如下.

1. 复习课的变式拓展不够，学生迁移能力难于形成

在活动1的旋转木马策略应用中，教师应设计2个问题1的变式问题（如图30（1）和（2）），让学生在2次的旋转交流中，体会其解答思路的关键所在，学会举一反三的迁移能力.

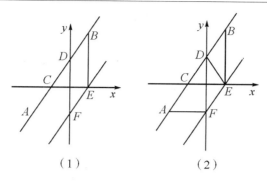

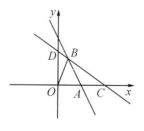

（1）　　　　　　　（2）

图 10-30

变式 1：如图 10.30（1），已知一次函数的图像经过 A（-2，-2），B（1，4）两点，并且交 x 轴于点 C，交 y 轴于点 D，过点 B 做 $BE \perp x$ 轴，E 为垂足，过点 E 作 $EF /\!/ AB$ 交 y 轴于点 F，求平行四边形 $BDFE$ 的面积.

变式 2：如图 10.30（2），已知一次函数的图像经过 A（-2，-2），B（1，4）两点，并且交 x 轴于点 C，交 y 轴于点 D，过点 B 做 $BE \perp x$ 轴，E 为垂足，过点 E 作 $EF /\!/ AB$ 交 y 轴于点 F，分别连接 DE、AF，求四边形 $ADEF$ 面积.

2. 例题的科学性、严谨性不够，条件中的数据是多余的

在设计活动 2 的例题 1 时，需要将原例题 1 改编为以下新例题 1，同时将原例 1 作为新例 1 的变式 1. 这样做，有利于让学生模仿教师命题，有利于两轮团队出题答题，让学生参与体验的机会更多.

新例 1：如图 10-31，一次函数的图象 CD 与 x 正半轴交于点 C，与 y 正半轴交于点 D，过线段 CD 的中点 A 作直线 AB 交线段 CD 于点 B. 已知直线 BC 上存在一点 P，使得 ΔOAP 的周长最小，请在图 10-31 中画出点 P 的位置并写明画法.

图 10-31

3. 认知自评互评，彰显对标反思的策略应用不够好

在第三阶段的学习环节中，既有思维导图，又有"出门时请交的'票'"，这两项内容同时放在这里重复，容易加重学生负担，降低学习的效率. 笔者建议，学生将思维导图，作为下课时交的"票"，可能效果会更好.